복음주의 역사 시리즈 ①

복음주의 발흥
에드워즈, 휫필드, 웨슬리의 시대

마크 A. 놀 지음
한 성 진 옮김

기독교문서선교회

기독교문서선교회(Christian Literature Center: 약칭 CLC)는
1941년 영국 콜체스터에서 켄 아담스에 의해 시작되었으며
국제 본부는 영국의 쉐필드에 있습니다.
국제 CLC는 59개 나라에서 180개의 본부를 두고, 약 650여 명의
선교사들이 이동도서차량 40대를 이용하여 문서 보급에 힘쓰고 있으며
이메일 주문을 통해 130여 국으로 책을 공급하고 있습니다.
한국 CLC는 청교도적 복음주의 신학과 신앙서적을 출판하는
문서선교기관으로서, 한 영혼이라도 구원되길 소망하면서
주님이 오시는 그날까지 최선을 다할 것입니다.

The Rise of Evangelicalism
The Age of Edwards, Whitefield and the Wesleys

by
Mark A. Noll

translated by
Sung-Jin Han

Copyright © 2004 by Mark A. Noll

Originally published in the U.S.A. under the title as
The Rise of Evangelicalism*: The Age of Edwards, Whitefield and the Wesleys*
by INTER-VARSITY PRESS

Translated and used by the permission of
INTER-VARSITY PRESS
Norton Street, Nottingham NG_7 $3HR$, England

All rights reserved

Korean Edition
Copyright © 2012, 2020 by Christian Literature Center
Seoul, Korea

추천사

홍치모 박사
총신대학교 명예교수

    CLC에서 번역 출간 중인 '복음주의 역사 시리즈'는 총 다섯 권으로 1730년대부터 1990년대까지 영어권 세계에 있었던 복음주의 운동의 대표적인 신앙 인물과 신앙 운동, 신앙 이념에 대한 연속적인 역사를 최초로 제공하고 있다. 미국의 마크 놀 교수와 스코틀랜드의 데이비드 베빙턴 교수가 공동으로 편집계획을 세움과 동시에 집필까지 한 '복음주의 역사 시리즈'는 총 다섯 권으로 영국과 미국 IVP출판사에서 각각 출판했다. 이 시리즈는 회개, 성경에의 의존, 실천주의(특히 선교), 그리스도의 십자가의 중심성을 강조하는 복음주의의 공통된 정의를 사용하면서 총 다섯 권을 하나로 연결하고 있다.

    특히, 본 시리즈 중에서 본서 『복음주의의 발흥』은 1730년대에서 1790년대의 처음 두 세대 동안 이루어진, 복음주의 운동의 기원과 발전 그리고 급속한 확산에 연루된 여러 나라의 이야기를 잘 연결시켜서 제시한다. 주요 대상은 영국과 북미지만, 유럽과의 역사적인 연계성과 아프리카 및 호주와의 접촉 그리고 이를 넘어선 다른 세계와의 관련성 또한 중요하게 다룬다.

    그리고 본서의 논의의 대부분은 신앙의 이정표를 이룬 인물들과 사건 그리고 단체에 대한 것이다. 특히, 조나단 에드워즈, 존 웨슬리, 찰스 웨슬리, 조지 휫필드, 셀리나(헌팅든 백작부인), 존 뉴턴, 한나 모어 등 당대의 명사들과 이들보다는 덜 알려진 여러 인물들의 전기적인 스케치도 본서에 포함되어 있다.

또한, 본서는 초기 복음주의의 정황을 집중적으로 다루고 있는데, 이는 언제나 영적 현실이 발생하는 정황을 다루는 것이 현실 자체보다 더 좋은 역사 탐구의 준비가 되기 때문이다.

복음주의는 존 칼빈과 루터의 입장, 이신칭의에 근거를 두고 있고, 독일 경건주의와도 맥을 같이 하고 있으며, 18세기 부흥운동과도 깊은 관련이 있다. 이는 믿음과 실천을 강조하는 광범위한 동질적 네트워크이다. 단순히 믿음만이 아니라, 사회의 빛과 소금으로서의 역할을 강조하기 위한 복음주의 운동이다.

오늘날 복음주의자들의 세계적 분포는 모국어나 제2외국어를 영어로 사용하는 사람들의 절반을 넘는다. 복음주의는 범세계적이며, 오늘날에도 유용한 운동임에 틀림없다. 그러므로 한국에 적합한 신학적 운동으로서 복음주의 운동의 역사를 통해, 한국교회 부흥의 근간이 되었던 신학적 줄기를 올바로 파악할 수 있을 것이다.

복음주의 운동은 교회의 부흥에서 출발했다. 교회의 부흥운동은 신자 한 사람 한 사람의 회개운동에서 출발했다. 하지만, 오늘날 전 세계 교회의 특징은 신앙의 냉각, 세속화, 무기력이다. 우리는 지금 18세기 이후 영국과 미국에서 일어났던 부흥운동, 즉 복음주의 운동을 다만 향수에 젖은 심정에서 바라만 보고 있을 뿐이다. 한국교회를 비롯하여 전 세계 교회 안에 다시금 부흥이 일어나기를 염원하는 마음에서 본 시리즈를 일독하기를 염원해 마지 않는다.

감사의 글

필자는 강연을 통해 본서의 여러 부분을 소개하는 특권을 가졌습니다. 본서는 고무적인 의견 교환의 결과입니다. 다음 단체의 독자와 청취자들에게 감사드립니다. 캔사스의 베델대학(케이쓰 스프룬거와 진 준커), 시카고의 뉴베리도서관, 밴쿠버의 리젠트대학(테나 아이레스 그리고 마릴린 후프너), 토론토의 틴데일대학 및 틴데일신학교(제프 그린햄과 브라이언 스틸러), 휘튼대학 교수진(마크 허즈번즈와 팀 라르센). 하버드 신학대학원, 시카고대학의 신학과 그리고 휘튼대학 강좌의 학생들은 인내심을 가지고 강의를 들었으며, 조사연구를 열심히 했습니다. 또한 책의 주제에 관해 지성적인 토론을 벌였습니다.

작고한 친구인 조지 롤릭은 저에게 캐나다 복음주의에 관한 진지한 연구를 소개해 주었습니다. 또한 전 세계의 역사가들 사이에 세밀한 연결망을 만들어 주었습니다. 그는 이 프로젝트에 있어 끊임없는 영감의 원천이었습니다. 조지의 젊은 친구인 호주 시드니의 마크 허친슨은 격려와 여러 서적들을 통해 특별한 도움을 주었습니다. 또 다른 친구인 데이비드 헴턴은 제5장을 친절히 감수해 주었습니다. 대학원 조교로서 비범한 도움을 준 루크 할로우에게 감사를 드리게 되어 기쁩니다. 휘튼대학의 미국복음주의자연구소(Institute for the Study of American Evangelicals)는 한결같은 우정과 격려, 가르침을 주었습니다. 저의 가족도 여러 가지 방법으로 도와주었습니다.

데이비드 베빙턴과 브루스 힌드마쉬는 공감을 표해줌과 동시에 초고를 완벽히 교정해 주었습니다. 시각의 균형감을 더해주었고, 도서목록을 맡아주었습니다. 또한 풍부한 상상력으로 해석상 도움을 주었습니다.

　마지막으로, 본서를 네 분의 학자들에게 헌정하여, 그분들의 역사학적인 영감에 감사할 수 있게 되어 기쁩니다. 그분들의 혁신적인 연구, 정확한 문장, 적절한 판단은 시종일관 본서를 뒷받침했습니다. 본서의 실수는 모두 저의 탓이며, 통찰력은 대부분 그분들의 몫입니다.

약어표

BDEB	*The Blackwell Dictionary of Evangelical Biography, 1730–1860*, 2 vols. Donald M. Lewis (ed.) (Oxford: Blackwell, 1995).
Bebbington, *Evangelicalism*	D. W. Bebbington, *Evangelicalism in Modern Britain: A History from the 1730s to the 1980s* (London: Unwin Hyman, 1989).
Ch. Wesley, *Reader*	*Charles Wesley: A Reader*, John R. Tyson (ed.) (New York: Oxford University Press, 1989).
Dallimore, *Whitefield*	Dallimore, Arnold A., *George Whitefield: The Life and Times of the Great Evangelist of the Eighteenth-Century Revival*, 2 vols (Westchester: Cornerstone, 1970, 1979).
DSCHT	*Dictionary of Scottish Church History and Theology*, Nigel M. de S. Cameron et al. (eds.) (Edinburgh: T. & T. Clark; Downers Grove: InterVarsity, 1993).
Edwards, *Works*	*The Works of Jonathan Edwards*, Perry Miller, John E. Smith and Harry S. Stout (eds.) (New Haven: Yale University Press, 1957–).
Evangelicalism	*Evangelicalism: Comparative Studies of Popular Protestantism in North America, the British Isles, and Beyond, 1700–1990*, Mark A. Noll, David W. Bebbington and George A. Rawlyk (eds.) (New York: Oxford University Press, 1994).
Heitzenrater, *Wesley*	Heitzenrater, Richard P., *Wesley and the People Called Methodists* (Nashville: Abingdon, 1995).
Rack, *Wesley*	Rack, Henry D., *Reasonable Enthusiast: John Wesley*

	and the Rise of Methodism (Philadelphia: Trinity, 1989).
Tyerman, *Wesley*	Tyerman, Luke, *The Life and Times of the Rev. John Wesley*, 3 vols, 3rd ed. (London: Hodder & Stoughton, 1876).
Tyerman, *Whitefield*	Tyerman, Luke, *The Life of the Rev. George Whitefield*, 2 vols (London: Hodder & Stoughton, 1876).
Ward, *Awakening*	Ward, W. R., *The Protestant Evangelical Awakening* (New York: Cambridge University Press, 1992).
Watts, *Dissenters*	Watts, Michael, *The Dissenters*, vol. 1: *From the Reformation to the French Revolution*; vol. 2: *The Expansion of Evangelical Nonconformity, 1791–1859* (Oxford: Clarendon, 1978, 1995).
Wesley, *Journal*	*The Journal of the Rev. John Wesley*, 8 vols, Nehemiah Curnock (ed.) (London: Epworth, 1938 [orig. 1911–1912]).
Wesley, *Letters*	*The Letters of the Rev. John Wesley*, 8 vols, John Telford (ed.) (London: Epworth, 1938).
Wesley, *Works* (new)	*The Works of John Wesley*, Bicentennial Edition, Richard P. Heitzenrater and Frank Baker (eds.) (Oxford: Oxford University Press, and Nashville: Abingdon, 1975–).
Wesley, *Works* (1872)	*The Works of John Wesley*, 14 vols, Thomas Jackson (ed.) (London: Wesleyan Conference Office, 1872).
Whitefield, *Journals*	*George Whitefield's Journals* (London: Banner of Truth, 1960).

역자 일러두기

1. '복음주의 역사 시리즈'는 영국 IVP에서 기획하고, 영국과 미국의 IVP에서 각각 출판하였다. 이 두 권의 본문에는 차이가 없으나, 각국의 편집방식에 따라 각주의 수, 쪽, 레이아웃 등에는 약간의 차이가 있다.

2. 원문에 'England'(English)로 기록된 경우에는 '잉글랜드'로, 'United Kingdom'과 'Britain'은 '영국,' 'British'는 '영국인, 영국의'로 각각 번역했다. 저자가 'Britain' 대신 'England'로 표현한 경우는 반드시 지리적으로 'Scotland'와 'Wales' 및 'Northern Ireland'를 제외한 영국 제도의 남부/남동부 지역만을 의도한 것이기 때문에, '영국'이라고 번역할 경우 저자의 의도를 놓치게 된다. 언어를 의미하는 경우의 'English'는 '잉글랜드어'라고 하지 않고, 널리 수용된 표현인 '영어'로 옮겼다.

3. 'Anglican Church' 또는 'Church of England'는 '잉글랜드 국교회'로 번역했다. '영국 국교회'와 '성공회'라는 표현이 널리 사용되고는 있지만, '영국 국교회'로 번역할 경우 전혀 다른 교회 정치제도와 문화를 보유한 장로교를 독립적으로 국교로 정하고 있는 스코틀랜드 때문에 혼돈과 오류가 생긴다. 또한 '성공회'라는 표현은 '잉글랜드 국교회'라는 표현 속에 내재되고 강조되어 있는 지역성을 전혀 반영하지 못한다. 따라서 앞으로 한국교회에 '잉글랜드 국교회'라는 표현이 정착되기를 기대하며, 본서 전체에서 '영국 국교회' 대신 '잉글랜드 국교회'라는 표현을 사용한다. 이 교단이 미국 및 해외로

진출하면서 교회정치 형태를 따서 정착시킨 이름인 'Episcopal Church'는 모두 '감독교회'로 번역했다.

4. 'Church of Scotland'는 장로교회 체제를 갖춘 스코틀랜드의 국교이므로 '스코틀랜드 국교회'로 번역했다. 분리된 장로교 일파인 'Free Church of Scotland'는 '스코틀랜드 자유교회'로 옮겼다.

5. 'Roman Catholic Church'는 한국 가톨릭교회의 공식표기법에 따라, 개신교 일반에서 흔히 쓰이는 '가톨릭'이라는 용어를 지양하고 '로마 가톨릭교회'로 번역했다.

6. 인명 및 현지 지명 등은 백과사전 및 영어사전에서 공통으로 표기되는 대로, 사전에 나오지 않는 경우는 현지에서 쓰이는 발음에 가깝게 번역했다.

7. 잡지와 학술지, 신문 등은 뜻을 번역하지 않고 발음 그대로 옮겼다. 예) 「크리스천 옵저버」(*Christian Observer*)

목 차

추천사 • 5
감사의 글 • 7
약어표 • 9
역자 일러두기 • 11
서론 • 17

제 1 장 이정표: 정치적, 교회적, 영적 이정표

1. 정치, 인구, 공간 • 33
2. 교회적 지형 • 40
3. 영적 지형 • 45
4. 잉글랜드 국교회 • 46
5. 잉글랜드 비국교도 • 50
6. 웨일즈, 아일랜드, 스코틀랜드 • 52
7. 미주 식민지 • 55
8. 영적 현실과 정치적 현실 • 58

제 2 장 과거 사례와 시작

1. 폭넓은 유럽 배경 • 61

2. 청교도와 국제 칼빈주의자 • 64
3. 대륙 경건주의 • 73
4. 고교회(高敎會) 영성 • 79
5. 합류점 • 82
6. 시작 • 84

제3장 부흥, 1734-1738년

1. 1734년 말부터 1735년 초까지 • 93
2. 1735년 중반에서 말까지 • 97
3. 1735년말에서 1737년까지: 조지아 식민지 • 101
4. 1736-1737년: 잉글랜드, 웨일즈, 뉴잉글랜드 • 106
5. 1738년 • 114

제4장 부흥, 분화, 통합, 1738-1745년

1. 1739년 • 126
2. 조지 휫필드와 아메리카의 복음주의(1740년) • 129
3. 스코틀랜드 복음주의와 조지 휫필드(1742년) • 135
4. 출판의 조직화(1740년 후반부) • 143
5. 신학 차이 • 149
6. 감리교의 조직화(1744년) • 155
7. 세계 칼빈주의의 갱신 • 159
8. 복음주의 설교의 정교화 • 165

제5장 해설

1. 성령 운동 • 172
2. 행위자와 행동 단체 • 175
3. 역사의 흐름 • 176

   4. 구조 전환 • 180

   　1) 사회-교회적 구조변화 • 181

   　2) 지적 구조변화 • 185

   　3) 심리적 구조변화 • 187

   5. 결론 • 189

제 6 장 발전, 1745-1770년

   1. 잉글랜드 국교회의 복음주의 • 194

   2. 잉글랜드 비(非)국교회 • 200

   3. 웨일즈 • 204

   4. 스코틀랜드 • 207

   5. 아일랜드 • 212

   6. 아프리카계 미국인 • 214

   7. 북미주 본토 • 221

   　1) 회중주의자 • 222

   　2) 침례교인 • 224

   　3) 장로교인 • 228

   　4) 시민 종교 • 230

   　5) 감리교인 • 233

제 7 장 분화, 1770-1795년

   1. 기성교회로서 • 243

   2. 기성교회 밖으로 • 252

   3. 기성교회와 함께 • 256

   4. 기성교회의 종언 이후 • 261

   5. 기성교회에 대항하여 • 271

   6. 기성교회를 완전히 넘어 • 277

제8장 세상 속으로

1. 특색 있는 접근법 • 291
2. 귀족(Patrician) • 293
3. 평민(Plebeian) • 298
4. 부르주아지(Bourgeois) • 303
5. 노예 제도 반대 • 306
6. 복음주의적 노예 반대 운동의 한계 • 314
7. 세상 속으로 • 317

제9장 참된 신앙

1. 성별 • 326
2. 신학 • 330
3. 찬송가 • 338
4. 그리스도인의 체험 • 351

후기 • 361
참고문헌 • 364
색인 • 386

서 론

 1740년 9월 19일 금요일, 조지 휫필드(George Whitefield)는 메사추세츠주 보스턴에서 잉글랜드 국교회 성직자 한 사람과 신학적인 대담을 나누고 있었다. 이 때 휫필드는 당대만이 아니라 모든 시대를 통틀어 가장 놀라운 성공을 거두게 될 설교 여행을 방금 시작한 참이었다. 그는 11월 말 설교 여행이 끝나기까지, 미국 식민지 일곱 곳에서 설교했다. 때때로 하루에 두, 세 차례나 하기도 했다. 모인 청중은 언제나 수천 명에 이르렀다. 10주 동안 청중 총수는 (물론 여러 번 참석한 사람도 있겠지만) 일곱 개 식민지 총 인구의 거의 절반에 육박했다.
 카리스마가 넘치는 이 인물은 아직 스물다섯 살도 안 된 잉글랜드 국교회 목사였다. 청년은 4년 넘게 영국에서 수많은 청중에게 설교해 왔다. 1739년 초 이래, 그는 야외 설교라는 급진적 발걸음을 내딛었다. 결과는 환상적이었다. 그리스도 안에서 새로운 탄생(New Birth, 新生, 이하 '신생'으로 표현)이라는 감동적 메시지를 듣고자 수천의 군중이 운집했다. 한편 잉글랜드 국교회(Church of England)의 지도자들과 상류계층의 구성원들은 이를 공공질서의 위협으로 생각, 신경이 곤두섰다. 전에도 휫필드가 북미를 여행한 적이 있었다. 새로운 조지아 식민지에서 설교를 하고, 고아원을 조성하기 위해서였다. 지금 그가 다시 돌아왔다.
 휫필드는 조지아에서 잠시 휴식을 취한 뒤, 북쪽을 향해, 9월 14일 로드

아일랜드의 뉴포트에 도착했다. 9월 16일 화요일 작은 항구도시에 운집한 최소 수천 명의 청중에게 두 차례 설교했다. 뉴포트는 활발한 무역 중심지였다. 노예무역 그리고 영국 검시관의 눈을 피해 물건을 밀수하는 능력에 도시의 번영이 좌우되고 있었다. 이 도시에 머물면서 휫필드는 사실 추궁식의 질문으로 청중을 경악시켰다. '도대체 당신들은 어떤 사람들이 될 거요? 누가 세금으로 국왕을 속이는 것이요?' 그러나 그는 열중한 청중에게 '예수 그리스도 안에서 평안을 찾기 전에는 안식이 없다'(어거스틴의 『고백론』에 나오는 유명한 경구: 역자주)는 사실의 중요성을 집중적으로 전했다.[1]

휫필드는 뉴포트를 떠난 지 이틀 후 고대하던 보스턴에 도착했다. 지역 출판업자들은 그의 새로운 설교와 이전에 쓴 일기 그리고 그의 사역을 공격하는 소책자 등 다양한 출판으로 관심의 군불을 지펴가고 있었다. 보스턴의 주요 4대 신문은 여러 달 동안 식민지와 모국에서 거둔 휫필드의 승리에 대해 인기몰이 식의 보도를 했다. 휫필드와 그의 홍보 담당자인 윌리엄 수어드(William Seward)는 기대감을 고조시키려 보스턴 지역의 목회자들과 신문사에 정기적으로 글을 보냈다. 풍부한 영적 수확을 거두기 위한 토대가 잘 마련되어 있었다.

그러나 우선적으로 극복해야만 하는 저항이 있었다. 9월 19일 아침 휫필드는 총독과 면담을 했다. 그 다음 보스턴 소재 올드 노스 잉글랜드 국교회(Old North Anglican Church)의 기도회에 참석했다. 예배 후, 그는 티모시 커틀러 박사(Dr. Timothy Cutler)의 영접을 받았다. 그는 잉글랜드 국교회의 주교 대리이자, 뉴잉글랜드의 중견 목회자였다. 비판에 당당히 직면할 시간이 다가왔다.

휫필드는 후일 출간된 일기에서 그날 일을 회고한다. 그가 방문했을 때, 잉글랜드 국교회 성직자 다섯 사람이 기다리고 있었다. 그들은 그를 정중히 맞이했지만, 지체 없이 비난조의 질문 공세를 퍼붓기 시작했다.

• 우리는 귀하가 뉴저지의 장로교 부흥주의자인 길버트 테넌트(Gilbert

---

1) Whitefield, *Journals*, 456, 455. (각주에 사용된 축약된 제목과 약어를 알아보려면, 9-10페이지의 약어표를 참조하라.)

Tennent)를 '예수 그리스도의 충실한 목회자'로 칭했다고 들었습니다. 그렇지만 장로교인으로 안수 받은 사람이 참된 목회자가 될 수 없음은 명백하지 않습니까? 휫필드는 테넌트가 정말로 충실한 목회자라고 생각한다고 확실히 대답했다.

- 당신이 친구이자 동료로 여기는 찰스 웨슬리(Charles Wesley)는 잉글랜드 국교회를 열렬히 지지하는데, 당신은 왜 그렇게 하지 않습니까? 휫필드는 대답했다. 저는 하나님께서 이에 관해 웨슬리의 마음을 바꾸셨다고 믿습니다. 그리고 지금 웨슬리는 본인처럼 비(非)국교도인들과도 기꺼이 동역하고 있습니다.

- 우리는 귀하가 사바나에 있을 때, 당신이 주재한 성찬 예식에 침례교 목회자의 참여를 허용했다고 들었습니다. 이것이 진정 사실입니까? 휫필드가 응답했다. 그 소문은 사실입니다. 뿐만 아니라 잉글랜드 국교회에서 제대로 안수를 받은 목회자로서, 저는 참으로 침례교인의 손으로 행해지는 성례도 받아들일 준비가 되어 있습니다!

바로 그 순간, 휫필드는 가장 중요한 진술을 하게 된다. '신생과 경건의 능력에 대해 설교하는 것이 최상입니다. 그리고 지나치게 형식을 고집하지 맙시다. 사람들이 형식 때문에 한 마음으로 모이지는 않을 것이며, 예수 그리스도께서도 형식만 바라신 것은 아니기 때문입니다.'[2)]

휫필드의 동료 잉글랜드 국교회 목회자들은 결코 수긍할 수 없었다. 그렇지만 그들은 휫필드를 통해 개신교 복음주의의 원리가 분명하게 정의되는 순간을 함께 한 셈이다. 휫필드, 찰스 웨슬리, 동생인 존 그리고 길버트 테넌트 및 수많은 부흥주의자들과 함께 시작된 복음주의 운동은 수세기를 지나면서 지구촌 모든 대륙으로 전파되게 된다. 회심(신생)과 적극적인 성결(경건의 능력)의 삶이 필요하다는 확고한 신념이 토대가 되었다.

1740년 9월 19일 보스턴의 논의가 계속되면서, 휫필드는 회의적인 심문

---

2) Ibid., 458.

자들에게 더욱 분명히 진술한다. 그의 진술은 기독교 복음주의의 향후 역사에 결정적 역할을 하게 된다. 참석자 중 한 사람인 보스턴에 있는 잉글랜드 국교회 목회자는 잉글랜드 국교회야말로 유일한 참된 교회라고 주장했다. 잉글랜드 국교회만이 예수 그리스도가 직접 제시하신 교회의 형식을 정확히 따르기 때문이라는 것이다. 휫필드는 동의하지 않는다. 그에게 복음은 보다 큰 유연성을 지닌 것이었다. '나는 침례교인 중에서, 장로교인 중에서, 독립파 중에서, 잉글랜드 국교회 중에서도 중생한 영혼들을 보았습니다. 모두가 하나님의 자녀입니다. 그러나 모두가 다양한 예배 형식을 통해 다시 태어났습니다. 과연 어떤 사람이 자기 교파야말로 제일 복음적이라고 말할 수 있겠습니까?'[3]

회심과 성결한 삶에 대한 강조 그리고 교회 형식이나 유서 깊은 종교적 전통에 대한 유연성이야말로 휫필드 사역의 특징이었다. 또한 향후 복음주의 운동의 중요 특징으로 지속된다. 바로 이 운동이 시리즈에 포함된 본서와 다른 네 권의 관심사다. 시리즈는 18세기 이래 영어 사용권 내부에서 일어난 총체적인 복음주의 역사를 제공하고자 한다. 아울러 복음주의자들의 활동으로 촉발된 다른 지역의 역사도 포함한다. 그러나 '복음주의자' 또는 '복음주의'라는 말이 복잡한 실체를 묘사한 것이므로, 시리즈의 시작부터 이 용어를 정의하는 것이 현명할 것이다.

'복음(주의)적'(evangelical)이라는 단어는 역사를 통해 다양한 의미를 전달해 왔다. 어원적 의미의 대부분은 '복음'(good news)과 관련이 있다. 영어단어 'evangelical'은 그리스어 명사 '유앙겔리온'(euangelion)의 음차어(transliteration, 음을 따서 원어에서 빌려온 단어: 역자주)다. 신약 저자들이 예수 그리스도의 희소식(좋은 소식, 복음)을 표현하고자 정기적으로 사용한 말이다. 즉 도움이 절실한 인류에게 구원을 주시려는 하나님의 계획을 이루고자 하나님의 아들이신 예수 그리스도가 이 땅에 오셨다는 소식이다. 신약 번역자들은 흔히 유앙겔리온을 '복음'(gospel)이라는 단어로 사용했다. 로마서 1

---

3) Ibid.

장 16절은 다음처럼 번역된다. '왜냐하면 나는 그리스도의 복음(euangelion)을 부끄러워하지 않기 때문입니다. 왜냐하면 복음은 믿는 모든 자를 구원하시는 하나님의 능력이기 때문입니다. 첫 번째는 유대인을 그리고 또한 그리스인을'(킹 제임스 성경). 따라서 '복음주의적' 종교는 언제나 '복음'의 종교이거나 예수 그리스도가 죄인들을 구원으로 이끄시는 '복된 소식'을 핵심으로 삼는 종교다.

중세 영어에서도 형용사 '복음(주의)적'은 다양한 방식으로 사용되었다. 첫째, 예수 안에 있는 구원 메시지를 묘사하기 위해서 사용되었다. 둘째, 이 메시지를 담고 있는 신약성경을 지칭하기 위해서 사용되었다. 셋째, 중세의 성경연구자들이 예수의 삶과 죽음 그리고 부활을 묘사하고 있는 4복음서(마태, 마가, 누가, 요한)를 구체적으로 선별하기 위해서 사용되었다.[4] 이런 활용법들과 아울러 빈번히 구약 이사야서를 '복음적인 선지서'로 지칭했다. 기독교 주석가들이 이사야서가 그리스도의 삶과 사역을 예언한다고 주장했기 때문이다.

16세기에 단어 '복음적'은 구체적으로 개신교 종교개혁과 결부된 의미를 지니기 시작했다. 최초의 위대한 개신교 지도자인 마틴 루터(Martin Luther)는 부패한 로마 가톨릭교회의 교리에 대항하는 그리스도 안의 구원 이야기를 '복음적'인 것으로 천명했다. 이렇게 사용되면서, '복음적'은 즉시 비판적인 색채를 지니게 되었다. 단어가 신약의 복음 메시지에 대한 성실한 고수와 가톨릭의 메시지 악용이라는 대조를 드러냈기 때문이다. 투쟁의 열기 속에서, '복음적'에 대한 긍정적 함의와 부정적 함의가 급속도로 증대되었다.

- 구원에 이르는 길로서 인간의 공로에 대한 신뢰 대신, 믿음에 의한 칭의를 상징한다.
- 교회를 통한 인간적 중보(종종 부패한) 대신, 구원을 위한 그리스도의 유일하신

---

[4] 의미의 범위에 대해서 참조하라. *The Oxford English Dictionary*, 2nd ed. (Oxford: Clarendon, 1989), 5:447-450.

충족성을 옹호한다.
- 가톨릭 미사에서 그리스도의 희생이 반복된다고 보는 대신, 십자가 도상에서 그리스도의 죽으심으로 단번에 모든 것이 이루어진(once-for-all) 승리를 바라본다.
- 가톨릭 교회가 성경의 의미를 결정하는 대신, 일반 성도들이 읽는 성경 속에서 최종 권위가 발견된다.
- 교회가 안수한 사제 집단에 대한 부적절한 의존 대신, 모든 기독교 신자들이 제사장임을 수용한다.

16세기 종교개혁 이후 수세기가 경과되면서, 날카로운 대조는 사라져 버렸다. 그러나 이 시리즈는 20세기와 21세기 초반까지 다루고 있으므로, 현재의 복음주의와 로마 가톨릭으로 불리는 그룹에 대한 고려도 포함할 것이다.

16세기에는 차이점이 너무나 컸기 때문에 '복음(주의)적'은 '개신교'와 실질적 동의어가 되었다. 복음주의와 개신교의 동일시는 유럽 대륙에 강하게 남아있다. 예를 들어, 1817년 프러시아(Prussia)의 루터파 교회와 칼빈파(또는 개혁주의) 교회가 한 교회로 통합되었을 때, 통합 교회의 명칭은 '복음주의 교회'였다. 오늘날 루터파 교회는 세계 여러 곳에서 이 용어의 옛 의미를 유지하고 있다. 예를 들면, 파푸아뉴기니 복음주의 루터교회(the Evangelical Lutheran Church of Papua New Guinea), 미국 복음주의 루터교회(the Evangelical Lutheran Church in America), 또는 인도의 타밀 복음주의 루터교회(the Tamil Evangelical Lutheran Church) 등이다.[5]

본서와 시리즈에 사용되는 용어 '복음적'의 구체적 의미는 유럽 대륙의 산물이 아닌 18세기 영국의 산물이다. 따라서 어떠한 확신, 실천, 습관 및 기질의 집합을 가리키는 뜻으로 사용되며 유럽인들의 '경건주의'(pietism)와 유사하다. 영적 갱신을 위한 경건주의는 17세기 후반부 독일, 네덜란드, 스위스 및 중부 유럽 일부 지역의 루터파 및 개혁주의 국가교회에서 발생했다. 운동은 다양했다. 그러나 경건주의 운동의 가장 두드러진 인물은 필립 야

---
5) 현대 독일에서, 새롭게 만들어진 단어인 *evangelikal*은 영어의 'evangelical'보다 더 많은 의미를 생성하고 있다. 역사적 용어인 *evangelisch*는 루터파 교회에서 계속 사용되는 용어이다.

콥 슈페너(Philip Jakob Spener)였다. 그는 프랑크푸르트의 루터파 목회자이며, 1675년 『피아 데시데리아』(*Pia Desideria*, 우리가 바라는 경건)라는 제목의 선언서를 출간했다. 본서는 영적 삶의 내적 갱신, 기독교 일상생활에 평신도의 보다 적극적인 참여, 교회의 관습에 대한 고착 완화, 교회 안에서 모든 사람의 성경 사용 확대 등을 요청했다. 우리가 본서 후반부에서 보겠지만, 유럽 경건주의 운동은 영국 복음주의 운동에 중요한 역할을 담당한다. 경건주의의 주요 테마를 통해 복음주의의 주요 테마를 미리 보는 셈이다.

18세기 중반 이후, 잉글랜드, 웨일즈, 아일랜드 및 영국의 북미 식민지에서 상호 연관된 갱신 운동이 일어나기 시작했다. 이 운동들이 이 시리즈에 등장하는 복음주의의 시초다. 운동은 영국 제도(諸島)가 경험한 개신교 종교개혁에서 발생한다. 그러나 종교개혁의 신앙과 실천을 단순 반복한 것이 아닌 그 이상의 무엇이 있다. 일련의 부흥(즉 거룩한 삶에 대한 이례적인 노력 그리고 이와 결부된 복음적 설교에 유례 없는 강렬한 반응이 나온 시기)은 복음주의 역사에 독특한 서막을 장식했다. 영국의 맹렬한 사건이 '복음주의 부흥'(Evangelical Revival)으로 알려지게 된다. 아메리카 식민지에는 '대각성'(Great Awakening)으로 불린다.

부흥과 함께 시작된 복음주의의 역사 정의에 유용한 두 가지 보완적인 시각이 있다. 한편으로, 복음주의(evangelicalism)는 개인과 모임, 서적, 실천, 개념 및 영향력의 네트워크를 통해 조성되었으며, 18세기의 부흥과 후속운동이 이를 공유했다. 따라서 부흥을 통해 성장한 복음주의파는 국교회의 구성원이면서, 동시에 국교회 안에서 자신들의 강조점을 꾸준히 강화시켜 갔다.[6] 동일한 역사적 관점에서 볼 때, 현재의 오순절파는 넓은 의미에서 복음주의 가족의 일부로 생각할 수 있다. 그들은 성결과 성령의 사역을 강조한 19세기 지도자들의 후예이며, 이들 지도자들 역시 18세기의 부흥주의자, 특히 존 웨슬리와 찰스 웨슬리의 핵심 가르침을 통해서 결정적인 틀을

---

6) '복음적'이 대문자 'Evangelical'로 시작될 경우, 잉글랜드 국교회 안의 복음주의 파를 가리킨다. 보다 포괄적인 용법으로는 'evangelical', 소문자로 시작한다(따라서 본서에서 대문자로 사용될 경우 잉글랜드 복음주의(자)로 번역한다: 역자주).

만들었기 때문이다. 마찬가지로 지난 75년 동안 급성장한 제2세계와 제3세계의 수많은 신생교회도 복음주의와 연결되었다고 볼 수 있다. 이 교회 대부분이 발전 단계에서 북미, 영국 또는 대륙에서 파송된 복음주의(또는 경건주의) 선교사들과 소중한 접촉을 누렸기 때문이다. 이런 측면에서 볼 때, 복음주의 역사는 18세기 부흥에 뿌리를 둔 늘 확장되는, 늘 다양해지는 계보를 추적하려는 시도라고 할 수 있다.

복음주의는 언제나 확신을 통해 이루어진다. 부흥 속에서 확신이 솟아나면, 그리스도인의 삶을 살도록 지지자들을 몰아간다. 이런 의미에서, 복음주의는 1730년 이래 수세기를 넘어 유지되고 있는 지속적인 확신과 태도를 가리킨다. 이러한 확신과 태도를 요약해 보려는 수많은 노력이 있었다. 데이비드 베빙턴(David Bebbington)의 노력이 가장 효과적이다. 그는 복음주의의 핵심 요소를 네 가지로 구분했다.

- 확신, '삶의 변화가 필요하다는 신념'
- 성경, '모든 영적 진리가 그 안에서 발견된다는 믿음'
- 행동주의, 평신도를 포함하는 모든 신자가 특히 복음 전도(복된 소식의 전함)와 선교(복음을 다른 사회로 전달하는)에서 드러나는 하나님을 섬기는 삶으로의 헌신
- 십자가 중심주의, 즉 그리스도의 죽음은 죄를 대속하는 가장 결정적인 사건이라는 확신(즉 거룩하신 하나님과 죄인인 사람 사이의 화해를 제공한다)[7]

복음주의의 핵심 골자가 있다고 해서 결코 이것들이 그들을 결집력 있고, 제도적으로 탄탄하거나 분명히 구분되는 기독교 집단으로 만든 것은 아니다. 오히려 교회들, 자발적인 모임과 서적 그리고 간행물, 개인적 인맥 그리고 믿음과 실천을 강조하는 광범위한 동질적 네트워크로 자신들을 인식하는 데 핵심 골자들이 기여한다.

본서와 시리즈에서 복음주의를 계보적인 연결성과 원칙적인 확신에 기초

---

7) Bebbington, *Evangelicalism*, 1-17, 3, 12의 인용문과 함께.

하여 구분함으로써, 필자는 핵심과 유연성을 모두 유지할 수 있었다. 18세기 영국과 북미의 부흥에서 이어진 인물들과 운동에 초점을 맞추겠지만, 부흥과의 연관성이 어떠하든지 간에 영어 사용권 국가의 기독교 운동에도 관심을 둘 것이다. 역사적 복음주의의 원칙을 포용할 수 있기 때문이다. 비록 독립파(Independent)나 회중파(Congregationalist) 다수가 18세기 부흥에 참여했지만, 그들의 후예 중 상당수는 그리스도-중심의 대속이라는 전통적인 복음주의의 확신을 팽개치고 유니테리언파(Unitarianism, 유니테리언파는 삼위일체를 부인하고 유일신격을 강조한다: 역자주)로 표류해 갔다. 따라서 여기서 그 후예는 다루지 않는다.[8] 이와는 대조적으로, 메노나이트파(Mennonites)와 퀘이커파(Quakers) 같은 다른 종교 집단들은 18세기 부흥과 전혀 관련이 없었지만, 역사적 복음주의 원칙 안으로 그들의 신념이 이동했으므로 시리즈에서 묘사되는 복음주의 역사의 일부를 차지한다. 특히 그들이 복음주의로 인정받는 그룹들과 활동을 공유하기 시작한 시기가 포함된다.

복음주의는 상당히 느슨한 명칭이므로 역사적 기록이 그다지 많지 않다. 물론 분명한 복음주의 교단들에는 사용이 편리한 잘 정리된 문서 보관소가 있다. 그러나 복음주의자 다수가 교단이 혼재된 채 활동했기 때문에 복음주의적 강조점도 자신들이 소속한 개별 교단의 신념과 함께 존재했다. 또한 복음주의자들은 일종의 자립형 교회를 설립했기 때문에 문서화하기 어려웠다. 더욱이 복음주의자 대부분은 자생적인 초교파 모임에 자기 에너지를 투여했다. 주제를 다루면서 생기는 어려움에도 불구하고, 계보와 원칙에 따라 정의함으로써 일관성 있는 복음주의 역사를 제공할 수 있다.

그러나 동일한 이유에서, 복음주의의 강조점 또한 여러 시대와 장소에서 표현된 것이므로 변화가 있음을 인식해야 한다. 작고한 캐나다 역사가인 조지 롤릭(George Rawlyk)은 모국의 복음주의 교회와 운동의 역사를 발전시키는 데 심혈을 기울였다. 그는 복음주의에 유동적인 주제를 형성시킨 몇 가

---

8) 이 분파에 대해서, 18세기와 19세기 초, 영국에서 보통 사용된 명칭은 'Independent'이며, 북미에서는 'Congregationalist'다.

지 상황을 지혜롭게 관찰했다.[9] 데이비드 베빙턴이 분류한 4대 핵심 원리가 모든 시대와 장소에서 동일한 비율로 효력을 미치지는 못한다. 때로는 회심 경험이 우위를 점하기도 하고, 때로는 최고의 신앙적 권위로서 성경에 초점이 맞추어지기도 한다. 또 다른 사람들은 여전히 선교 또는 사회적 행동을 중요시하기도 한다. 복음주의 전통은 지속적으로 복음주의의 주요 특질들을 유지해 오고 있지만, 강조점, 관계 및 특별관심사 등에서 아주 다양한 조합을 이룬다.

마찬가지로, 복음주의 그룹들이 발견한 다양한 형태에서 복음주의의 유연성이 드러난다. 본서에서 우리는 잉글랜드, 웨일즈, 스코틀랜드, 아일랜드, 뉴잉글랜드, 아메리카 중부와 남부 식민지, 캐나다의 두 지역, 서인도 제도에서 형성된 복음주의의 신념을 검토할 것이며, 책의 끝부분에서 호주, 인도 및 남아프리카도 다룰 것이다. 지역의 조건(교회의 업무 그리고 정치적, 경제적, 문화적, 사회적 생활 등)은 결코 동일하지 않다. 복음주의 기독교는 지역 환경의 적응성 정도에 따라 눈에 띄게 다른 형태를 취하고 있다. 동일한 방식으로, 18세기에 국가가 지원하는 기성교회와 침례교인, 독립파(뉴잉글랜드를 넘어서), 장로교인(스코틀랜드를 넘어서) 및 기성교회를 반대하는 다양한 반대자들 사이에서 복음주의적 강조점은 상이한 역할을 감당한다. 잉글랜드와 웨일즈 기성교회 안에서 자원자 운동을 전개한 감리교인들은 18세기 말 독립교단을 창설했고, 여전히 다른 환경에서 복음주의적 확신을 표현하고 있다. 이 시리즈에서 나중에 나올 시리즈의 다른 책들은 보다 교회적이며 보다 지역적인 배경 안에서 복음주의자들의 다양한 운동을 파헤칠 것이다.

달리 말해, 본서와 시리즈 후속서의 주제문제에 있어 결코 선명하고, 좁게 정의된 교파를 고려해서는 안 될 것이다. 오히려 단순 명사보다 하나의 형용사(예를 들어, 복음주의적 잉글랜드 국교회신자, 복음주의적 선교사의 활동, 복

---

9) 예를 들어, G. A. Rawlyk, 'Introduction', in Rawlyk (ed.), *Aspects of the Canadian Evangelical Experience* (Kingston and Montreal: McGill-Queen's University Press, 1997), xiv-xvii. 시간상 내부 변화의 중요성에 관해서, Bebbington, *Evangelicalism* 3-4을 또한 참조하라.

음주의적 교리)로 복음주의를 보는 것이 더욱 쉽게 그 믿음과 실천 체계를 알 수 있게 했으며, 지금도 그럴 것이다. 그러나 복음주의는 출발에서부터 언제나 부흥에 대한 공통적인 헌신과 확신을 확실힌 공유함으로써 결속력을 다지고 있다. 본서는 복음주의의 심대한 내적 차이를 결코 무시하지 않으면서도, 그러한 결속력에 대해 설명할 것이다.

1. 복음주의 시리즈

다섯 권짜리 '복음주의 역사 시리즈'는 저자들의 교육, 전망, 가입 교단, 신학적 헌신의 세부사항, 지리적 위치 등에서 같지 않으므로 어느 정도 내용이 상이할 것이다. 그러나 시리즈는 위에 나온 윤곽에 따라 복음주의의 일반적 정의를 공유할 것이다. 또한 시리즈의 공동 목표 아래 하나 될 것이다. 필자는 광범위한 독자층이 이 총서를 읽기를 소망한다. 이 책들은 단순한 사실적 세부사항 이상의 흥미로운 해석과 충분한 학문적 참고 자료를 제공할 것이므로, 관심 있는 독자들은 자신의 심층 연구를 모색할 수 있을 것이다. 총서는 가능한 한 1차 자료에 의존하고 있다. 그러나 종합적 해석이라는 총서의 특성으로 인해 믿을 만한 2차 자료 또한 폭넓게 사용한다.

각 권마다 그 시대의 주요 인물이나 핵심 인물이 활약하는 복음주의 역사의 구체적 '시기'에 집중할 것이다. 그러나 저자들은 시대화란 언제나 피상적임을 잘 알고 있다. 따라서 저술 동기에 잘 부합되게끔 다른 시간대나 장소를 언급할 것이며, 이를 위해 주저함 없이 과거와 미래로 왔다 갔다 할 것이다. 각 권 사이에는 심하지 않을 정도의 시대상 중첩도 있을 것이다. 주요 강조점이나 발전 유형이 각 권에 할당된 시대적 패러다임과 깔끔히 들어맞는 것만은 아니기 때문이다. 그러나 중첩을 최소화할 것이며, 이 다섯 권에서 복음주의 발전의 3세기를 연속적인 이야기로 표현하는 데 있어 어떤 타협도 하지 않을 것이다.

또한 시리즈는 진정으로 국제적인 이야기를 담느라고 최선을 다했다. 저자들은 넓은 지역의 전망을 동시적으로 유지하려고 노력했다. 어쩌면 저자들은 가능한 2차 문헌들이 넘치도록 많은 개별 국가의 역사를 총체적으로 다루는 것을 포기하는 대신, 역사적인 관련 문헌이 부족한데도 범세계적인 복음주의 연결망을 확장시킴으로써 혼동을 부추길지도 모르겠다. 그러나 국제적 관점을 유지하려는 두 가지 이유가 있다.

첫째, 한 지역에서 두드러진 복음주의 운동은 거의 언제나 다른 지역의 복음주의 운동과 연결된다는 그동안 무시된 역사적 현실을 인정하기 때문이다. 둘째, 이 책들에는 영국과 북미라는 지리적으로 협소한 한계를 뛰어넘어 복음주의 기독교 운동이 더욱더 널리 확산된 현재의 세계에도 유용하게 사용되게끔 하려는 의도도 담겨있기 때문이다.

데이비드 바레트(David Barret)의 2001년판 『세계 기독교 백과사전』(*World Christian Encyclopedia*)은 현 상황을 아주 잘 증명한다. 위에 제시된 정의와 상당히 유사한 정의를 따르는 바레트는 복음주의자의 수가 두 배 이상임을 발견한다. 나이지리아에 이천이백삼십만(22,300,000) 명, 브라질에 이천칠백칠십만(27,700,000) 명, 영국에 천백육십만(11,600,000) 명이다. 나이지리아와 브라질을 합하면 오천만(50,000,000) 명으로 미국의 사천육십만(40,600,000) 명보다 많다. 게다가 인도, 대한민국, 남아프리카, 케냐, 에티오피아에는 각각 오백만 명 이상의 복음주의자가 있다. 또한 아프리카 8개국, 아시아 또는 태평양 연안의 5개국, 중남미 5개국, 유럽의 3개국, 북미의 1개국에는 각 나라마다 적어도 백만 명 이상이다. 오늘날 복음주의자들의 세계적 분포는 모국어나 제2외국어를 영어로 사용하는 사람들의 절반을 넘는다.[10] 그러므로 본 시리즈는 초창기 복음주의자들의 확신과 활동이 어떻게 현재 복음주의의 범세계적인 현실로 이어졌는지 보여주려고 한다.

---

10) 이 수치는 David B. Barrrett 등의 *World Christian Encyclopedia* 2판, (New York: Oxford University Press, 2001)의 것이다.

2. 본서

시리즈 제1권에서 영국와 북미대륙이 필자의 관심사다. 런던, 브리스톨, 캠버스랭(Cambuslang, 스코틀랜드), 더블린, 노스앰턴(Northampton, 매사추세츠주와 잉글랜드에 한 곳씩 있다), 필라델피아, 팔모쓰(Falmouth, 노바스코샤)에서 발생한 역동적인 복음 신앙이 급속도로 영국, 북미의 대영제국 식민지 그리고 그 영역을 훨씬 뛰어 넘어 전개된 이유가 드러날 것이다.

필자가 이 역동적인 신앙의 '내부에서' 그리고 '외부에서' 다룰 계획임을 밝혀두는 것이 좋다. 필자는 또한 복음주의 기독교인으로서, 풍부한 종교적 언어의 흐름이 초기 복음주의 운동 위에 흐르면서, 영적 실체에 상당히 부합했음을 확신한다. 필자의 소견으로, 런던 출신의 칼빈주의 독립파이면서 감리교인들이 그의 찬송을 널리 출간한 조셉 하트(Joseph Hart)의 1759년 찬송을 함께 불러본다면, 심리적 안정감을 주고, 말 그대로 실체에 대해 잘 전해 줄 것이다.

> 함께 오라. 그대 죄인들과 가난한 자, 궁핍한 자여.
> 약하고 상처 입은 사람들, 환자와 비통한 이들이여.
> 예수께서 그대를 구하시려 와 계신다네.
> 그분은 동정과 사랑과 권능이 넘치시는 분
> 그분은 하실 수 있네.
> 그분은 원하시네. 이제 더 이상 의심이 없다네.

따라서 복음주의자 당사자들이 이해하는 복음적 신앙이 다음 장들에서 두드러진 부분으로 구성될 것이다.

그와 함께 복음주의의 초창기 수십 년을 다룰 경우, 초기 복음주의가 당대의 사회적, 공동체적, 정치적, 지성적 역사라는 세례를 흠뻑 받았으므로 이러한 연관성 속에서 다룰 필요가 있다. 기독교는 성육신한 그리스도에 대한 신앙이므로 기독교 역사가들 또한 기독교 공동체의 이야기를 다룰 때,

이야기가 상황에만 매몰되지 않는 한 당시 상황 속에서의 성육신을 취급하는 완벽한 자격을 지닌 셈이다. 신학자 데이비드 웰스(David Wells)가 신학에 대한 관심사를 다음과 같이 말한 것처럼, 역사가들도 역사적 내러티브에 관한 한 이 사실에 수긍해야 할 것이다. '신학은 사상에 관한 것이다. 그러나 사람이 없으면 사상도 없다. 교회가 없으면 어떤 기독교인도 존재할 수 없으며, 본질상 정치적, 사회적, 문화적 컨텍스트(context, 정황) 없는 교회가 존재할 수 없다.'[11] 혹시 본서가 초기 복음주의의 정황에 주의를 집중한다면, 이는 내부의 영적 이야기의 부재로 인한 것이 아니라, 언제나 영적 현실이 발생하는 정황을 다루는 것이 현실 자체보다 더 좋은 역사 탐구의 준비가 되기 때문이다.

본서는 초창기 두 세대에 걸쳐 일어난 복음주의 운동의 기원, 발전 및 확산이라는 다국적 이야기(multi-national narrative)의 일관성 있는 제공에 주력한다. 또한 초창기 복음주의에서 실제로 중요하게 관심을 가졌던 측면인, 신학, 찬송가, 성(性), 전쟁, 정치와 과학을 간략히 다룬다. 사실 이 주제들은 하나하나 모두 깊이 다루어져야 할 주제이자, 세심한 연구가 필요한 분야들이다. 따라서 필자는 본서의 이야기가 보다 풍성한 연구의 촉진제가 되었으면 한다. 그러나 제1권은 서론 격이므로, 본서의 핵심은 이야기다. 특히 최근의 연구조사가 제시하듯이, 종종 무시되는 주제들도 다룰 것이다. 유럽 대륙 및 영국과 대서양을 넘는 내부적 연계, 초창기 복음주의에 기름을 부은 아프리카인, 여성 및 평신도의 중요성이 이런 주제에 포함될 것이다. 동시에 이정표를 세운 개인, 사건 및 단체를 다루는 데 본서의 많은 부분을 할당한다. 복음주의 운동을 여러 방식으로 다루는 특색 있는 부분이기도 하다. 책의 목차는 중심이 되는 이정표들이 유지되는 방법을 암시한다.

본서는 1790년대 중반의 발전에서 끝을 맺는다. 휏필드, 호웰 해리스(Howell Harris) 같은 위대한 초기 감리교인들, 또한 웨슬리 형제들과 헌팅

---

11) David F. Wells, 'The Debate over the Atonement in Nineteenth-Century America', *Bibliotheca Sacra* 144 (October-December 1987): 372.

든 백작부인이 무대를 떠난 시기다. 또한 프랑스혁명에 대항하고자 영국에서 총동원령이 발동되는 시기이기도 하다. 이야기는 캐나다와 몇몇 선교 지역을 조금더 깊이 살펴볼 것이다. 이는 보다 전에 일어난 사건의 충격을 살펴보기 위함이다. 그러나 1795년이 대체로 본서의 이야기가 끝나는 시점이 될 것이다.

본서에는 수많은 전기적 묘사가 포함되는데, 가장 길게 다루어지는 대상은 당대의 유명한 지도자들이다. 조나단 에드워즈, 존 웨슬리, 조지 휫필드, 찰스 웨슬리, 셀리나(Selina), 헌팅든 백작부인, 존 뉴턴, 윌리엄 윌버포스, 한나 모어 같은 지도자들과 이들보다 덜 알려진 지도자도 많이 등장한다. 이들의 전기 자료를 모으면서, 『블랙웰 복음주의 전기 사전』(Blackwell Dictionary of Evangelical Biography, 1995년)이 큰 도움이 되었다. 도날드 루이스(Donald Lewis)가 편집장인 이 사전은 전에는 결코 다루지 않았던 운동의 내적 상호관련성이라는 문을 열어 젖혔다.

전기 자료를 기타 자료와 같이 사용한 중요한 이유는 수백, 그다음은 수천, 그리고 수만의 사람들이 조지 휫필드의 '신생과 성결의 능력을 설교하는 것이 가장 좋습니다. 너무 형식만 고집하지 맙시다'라는 말에 동의하기 시작하면서, 어떤 일이 생기게 되었는가라는 중요한 문제를 명백히 하기 위해서다. 이 목표를 달성하고자, 본서는 보스턴에 있는 잉글랜드 국교회 목회자들과 면담 후, 휫필드가 제기한 핵심 문제가 암시한 것이 무엇인지 알아보려 한다. 그는 다양한 사람들이 '다양한 예배 형식을 통해 중생했음'을 주장하면서, 말을 이어 나간다. '어느 교단이 가장 복음적인지 누가 말할 수 있겠습니까?'

The Rise of Evangelicalism

제 1 장

정치적, 교회적, 영적 이정표

18세기 동안 영국 제도(諸島)와 영국의 첫 번째 해외 제국의 확장으로 발생한 정치적 사건들로 인해, 영어 사용권의 지도는 중대한 변화를 맞이했다.[1] 물리적 지형과 정치적 지형에서 이러한 전개는 교회적 지형과 영적 지형에도 관련된 발전을 추동시켜, 복음주의 기독교의 등장에 큰 영향력을 발휘한다.

1. 정치, 인구, 공간

찰스 2세가 잉글랜드 왕으로 복귀한 1660년부터, 워털루 전투에서 나폴레옹에 대한 최종 승리가 확정됨으로써, 몇몇 역사가들이 프랑스와 영국 사이의 '제2차 100년 전쟁'이라고 이름 붙인 전쟁이 끝나는 1815년까지, 정치적 변화의 정도는 각 나라들이 소유한 식민지와 지역의 명칭 변경을 통하여

---

[1] 1장에서 일반적인 참고서로 사용한 책은 구체적으로 다음과 같은 책이다. *The Oxford History of the British Empire*, vol 1: *The Origins of Empire*, ed. Nicholas Canny; vol 2: *The Eighteenth Century*, ed. P. J. Marshall (Oxford and New York: Oxford University Press, 1998).

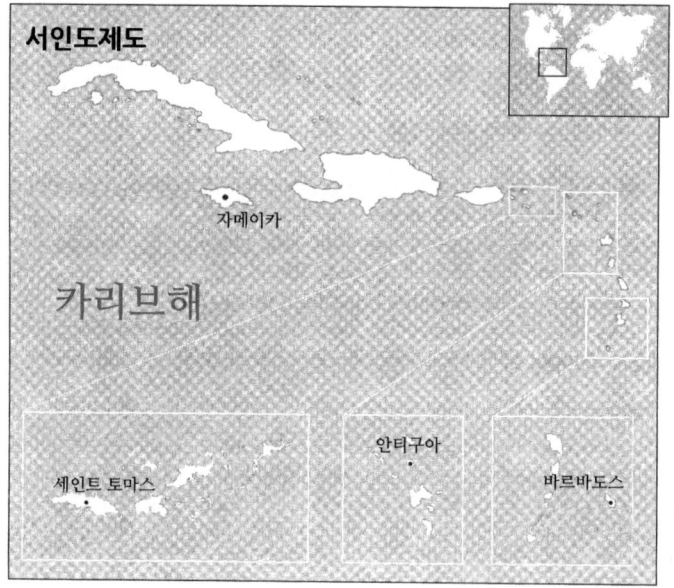

제1장 정치적, 교회적, 영적 이정표　**35**

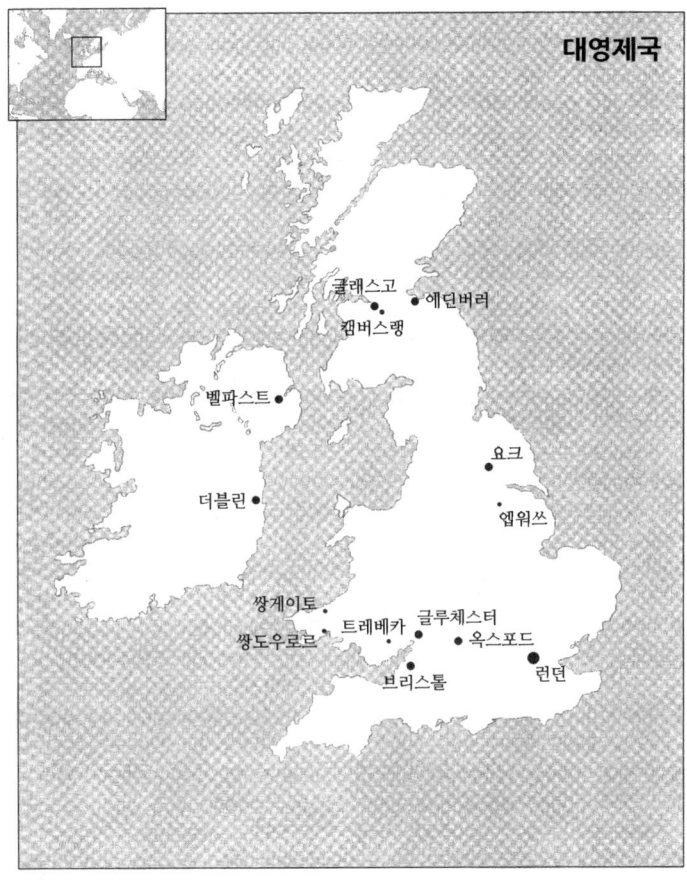

짐작할 수 있다. 1660년 잉글랜드 군주가 잉글랜드와 웨일즈를 포함하는 연합 왕국(united kingdom)의 통치자가 되었다. 아울러 잉글랜드 국왕은 스코틀랜드의 군주였다. 그러나 스코틀랜드인 사이에는 자기 의회와 법전, 장로교가 있기 때문에, 일종의 독립 국가를 구성하고 있다는 생각이 팽배했다. 아일랜드 또한 잉글랜드 국왕이 통치자였으나, 자매 왕국으로 남게 되었다. 그러나 지배자인 잉글랜드인들이 1649년에서 1652년, 그리고 1689년에서 1691년 사이 두 차례나 재정복을 위해 침공하여, 자신들의 의지를 이 섬에 관철시키려고 했다. 잉글랜드 지배자들에게 있어 아일랜드의 가톨릭 주민은 스코틀랜드 주민 이상으로 항구적인 장애물이었던 것이다.

1815년 무렵, 스코틀랜드와 아일랜드는 자신들이 누리던 독립국 지위를 상실해, 두 나라 모두 잉글랜드, 웨일즈와 함께, 대브리튼 및 아일랜드 연합왕국(the United Kingdom of Great Britain and Ireland)으로 병합되었다.[2] 1707년 스코틀랜드와 이루어진 연합은 일종의 거래였다. 스코틀랜드인들은 정치적 독립과 의회를 포기하는 대신, 급속히 팽창하는 대영제국 안에서 무역의 자유 및 자유로운 이동의 권리를 확보했다. 자유이동 조항이 복음주의 역사에서 특별히 중요했음이 입증된다. 스코틀랜드와 북아일랜드 출신의 열정적인 신앙 지도자들이 신세계 복음주의 운동의 주요 지도자가 되기 때문이다.

1801년 아일랜드 합병은 아주 비극적인 역사의 절정을 보여준다. 1789년 영국은 '연합 아일랜드인'(United Irishmen)의 봉기를 폭압적으로 진압했다. 이 단체는 미국혁명과 프랑스혁명의 모범에 고무된 장로교인과 가톨릭 교인들이 이끌었다. 진압 직후 영국 의회는 아일랜드와 전면적인 정치적 통합을 결의한다. 향후 아일랜드의 소요에 대항할 수 있는 안정 세력을 확보하기 위한 조치였다. 아일랜드의 다수파인 가톨릭 주민들에게, 병합으로 인해 더욱 완전한 시민권이 보장될 것이라는 공약이 선포된다. 그러나 약속이 완벽히 지켜지지는 않았다. 일전의 스코틀랜드 병합처럼, 아일랜드의 '대영제국'으로의 합병도 미래의 종교적 발전에 심대한 역할을 하게 된다. 아일랜드식 복음주의는 잉글랜드 복음주의보다 자기주장이 더 강하고, 더 종말론적이며, 더 선교 지향적인 성향이 있었기 때문이다. 수십 년이 지나 대규모 이민의 물결이 아일랜드로부터 몰아치면서, 아일랜드의 이런 성향이 전 세계로 울려 퍼졌다.

영국 제도 밖의 발전과정에도 변화가 분명했다. 1660년 잉글랜드는 뜻밖에 북미(뉴펀들랜드, 뉴잉글랜드, 체사피크 베이)와 서인도 제도에 소규모 식민

---

[2] 이 국가정체가 1922년까지 지속되었다. 그해 Irish Free State가 연합왕국에서 이탈했다. 북아일랜드 6개주가 남아, the United Kingdom of Great Britain and Nothern Ireland으로 통합되었다(이것이 지금 우리가 말하는 영국이며, 약자로 UK라고 한다: 역자주).

지를 감독하게 된다. 이 식민지에 정착한 사람들은 종종 식민지를 상업과 문명의 강력한 중심지로 성장시키고 싶다는 커다란 포부를 드러냈다. 그러나 잉글랜드 통치자들은 프랑스에 맞서는 새로운 세계 경쟁을 위한 식민지라는 가치에 더 신경 쓰고 있었다. 프랑스는 아카디아(후에 노바스코샤)와 세인트 로렌스 강의 북부지역을 식민지로 삼았으며, 네덜란드는 뉴암스텔담(후에 뉴욕시)으로부터 허드슨 강까지 뻗어가고 있었다. 스페인은 이미 플로리다와 카리브 제도, 중남미 등 광대한 식민지에 정착했다. 1660년 영국식민지에 있어, 바르바도스 및 자메이카 등 서인도 제도에 뉴잉글랜드나 체사피크(버지니아와 메릴랜드)보다 더 많은 정착민들이 거주하고 있었다.

   1815년경 식민지 관계에 두 가지 변화가 일어났다. 첫 번째 변화는 북미 본토에서 매사추세츠에서 조지아에 이르는 13개 식민지에서 일어났다. 이 정착지들은 대영제국과 독립 전쟁을 성공적으로 치룬 결과, 1776년부터 더 이상 대영제국의 영토가 아닌 새로운 미합중국의 일부가 되었다. 두 번째 변화는 한 세기 동안 진행된 프랑스와의 산발적인 전쟁의 부산물로, 13개주를 상실한 데 따른 보상을 받은 셈이다. 두 번째 변화는 캐나다와 서인도 제도에서 영국 지배의 정착과 정복의 심화로 이어졌다. 이에 따라 중남미 해안 지대, 아프리카 서해안, 아프리카 최남단의 케이프 식민지, 인도양의 모리셔스 군도, 인도 아대륙의 남동부 해안지대 및 호주의 남동부 지역 등 여기저기 새로운 영역이 전개되었다. 나폴레옹 전쟁 말기 영어권은 두 개의 독립된 나라(영국과 미국)와 전 세계에 펼쳐진 수많은 영국 식민지를 포괄하게 된다. 영국인들과 미국인들이 무역하고, 식민지로 삼거나 탐험한 곳에서 복음주의 신앙의 확장도 함께 이루어졌다는 사실이 중요하다.

   정치적 경계선의 극적 변화와 더불어 급격한 인구 팽창이 있었다(38쪽 표 1을 보라). 외진 지역의 인구 증가율이 가장 높았다. 예를 들어, 후에 미합중국을 이룬 13개 식민지의 인구수는 18세기에만 20배나 증가되었다. 이 시기에도 영어 사용권 세계의 중심지는 종교사, 정치사, 경제사 모든 측면에서 여전히 잉글랜드였음을 기억할 필요가 있다. 면적 비교 지표(또한 부, 영향력, 가시도에 있어서도)에 의하면, 18세기 초기 북미 본토 인구보다 웨일즈 인구가 더 많았다. 이미 1700년 무렵 동쪽에서 서쪽 4마일까지 꽉차버린 런던만으로도 모든 영국 식민지의 전체 인구보다 많았다. 1725년쯤에도 미 대륙의 13개 식민지 인구보다 많았으며, 1800년 말에도 뉴잉글랜드의 전체 인구를 상회했다. 아메리카 식민지의 상실에도 불구하고 대영제국의 인구는 백여 년 동안 거의 배가되었으며, 특히 후반 50년 동안 증가율이 가장 두드러졌다. 복음주의에 있어, 이처럼 유례없는 인구팽창은 끊임없이 성장하는 신참자의 수원이었다. 한편 사람들의 급속한 공급은 사회적 풍토를 각박하게 하거나, 몇몇 도시 지역에 과도한 긴장감이 흐르게 만들었다.

표 1. 인구 추정치[3]

(모든 수치는 천 명 단위이며, 아메리카 원주민은 포함되지 않았다)

	1700	1750	1800
잉글랜드와 웨일즈[4]	5,300	6,300	9,061
-런던	520	675	1,050
스코틀랜드	1,050	1,265	1,625
아일랜드[5]	2,500	3,191	5,216
미국-뉴잉글랜드	92	360	1,233
미국-대서양 중부	51	268	1,454
미국-남부	107	542	2,621
서인도 제도	147	330	760
캐나다[6]	17	71	362
합계	9,264	12,327	22,332

---

3) 출처: B. R. Mitchell, *Abstract of British Historical Statistics* (Cambridge: Cambridge University Press, 1962); B. R. Mitchell, *International Historical Statistics: Europe, 1750-1988* (3rd edn., New York: Stockton, 1992); B. R. Mitchell, International Historical Statistics: The Americas, 1750-1988 (2nd ed., New York: Stockton, 1993), 7(1800년의 캐나다); *Historical Statistics of the United States: Colonial Times to 1957* (Washington: US Bureau of the Census, 1960); *The Oxford History of the British Empire*, vol. 2: *The Eighteenth Century*, ed. P. J. Marshall (New York: Oxford University Press, 1998), 100, 433 (서인도 제도); 그리고 Stephen Inwood, *A History of London* (New York: Carroll & Graf, 1998), 411.
4) 1800년 웨일즈 인구는 이 수치의 대략 1/16.
5) 나중에 북아일랜드가 된 6개국의 1800년 인구는 이 수치의 대략 1/5.

프랑스	19,669	21,000	27,349

인구 성장 비율
1700년에서 1750년: 33%
1750년에서 1800년: 81%

'미국'과 관련된 모든 수치는 1776년 이전 영국 식민지 당시의 수치다.

영국(그리고 미주)의 **빠른** 인구 성장과 함께, 이 시기 내내 서유럽에서 프랑스가 가장 큰 나라였음을 상기할 필요가 있다. 이 사실은 개신교가 프랑스와 프랑스의 로마 가톨릭교회를 두려워한 이유를 설명하는데 도움이 된다. 따라서 대영제국 전 지역에 걸친 중요 사안이었다.

복음주의 역사에서, '영어 사용' 세계의 인종 구성과 언어 구성의 중요성에 주목해야 한다. 영국 제도와 영국의 해외 정착지에 사는 대다수 개인들이 자연스럽게 다양한 영어를 사용했다. 그러나 다양한 켈트어(잉글랜드 먼 남서부 지역의 콘월어, 스코틀랜드 고지 및 아일랜드에는 여러 종류의 갈릭어, 웨일즈의 웨일즈어)도 여전히 사용되고 있었다. 또한 상당한 인구가 서부 아프리카어를 모국어로 하고 있었는데, 그들의 자녀 세대나 손자 세대도 마찬가지였다. 1800년 영국과 식민지 그리고 미국에는 이천이백만 명 정도의 인구가 있다고 추산되는데, 그중 10%가 아프리카 혈통이었다. 절반을 약간 넘는 인구가 때국에 있었으며, 그 나머지 인구는 영국령 서인도 제도에 편중되어 있었다. 또한 북미에는 다양한 원주민들이 상당한 수를 이루고 있었다. 동시에 미국의 주가 된 지역에는 네덜란드어나 독일어를 모국어로 하는 수천 명의 사람들이 있었다. 캐나다(영국령 북미주로 더 알려진)에는 불어 사용자 이십만 명이 살고 있었다. 압도적으로 로마 가톨릭으로 남은 프랑스계 캐나다인들을 제외하고, 소수 언어 사용자들은 18세기 후반기의 어떤 시점에 일반적인 '영어 사용' 세계의 사람들보다 훨씬 더 복음주의 설교와 회심 그리고 실천에 마음의 문을 활짝 열었다.

---

6) 프랑스와 영국 정착지의 합.

2. 교회적 지형

복음주의 역사에서, 영어 사용권을 형성하는 아홉 개 개별 지역(잉글랜드, 웨일즈, 스코틀랜드, 아일랜드, 뉴잉글랜드, 대서양 중부, 미국 남부, 서인도 제도, 캐나다)의 교회적 지리는 자연적 지리만큼 중요하다. 18세기 초반부 교회적 지리는 매우 단순하면서도 복잡한 그림이었다. 단순한 측면은 세금으로 지원되는 국교회라는 기성교회 원리에 보편적 존경도 있었다는 점이다. 한편 기성교회에 대항하는 비국교도 운동이라는 역류가 있었으며, 대영제국의 여러 지역에 다른 체계의 기관들이 존재하고 있었다는 사실이 복잡성을 이룬다.

국교회 운동과 비국교회 운동 모두에서 복음주의자들이 등장한다. 사실 이들은 복음주의 강조점들이 눈에 띄게 드러나자마자 비국교도와 국교도 사이의 교제와 협력의 다리로 기능했다. 그럼에도 불구하고, 18세기 교회적 이정표의 모습은 복음주의의 발전에서 결정적인 중요 사항이었다. 개인적 종교 경험, 따스한 마음을 지닌 그리스도인의 교제, 개인의 성경 해석 등에 대한 강조가 모든 복음주의자들 사이에 너무나 강력했기 때문에, 출발 초기부터 복음주의 운동은 딱딱한 교회관(教會觀)을 부드럽게 만드는 윤활유로 작용했다. 복음주의가 국교회와 비국교회 사이의 교회사적 지평에 성공적으로 자리 잡으면서, 교회 자체의 성격, 역할, 영적 상태와 관련된 모든 문제들을 상대화시키는 효과를 가져왔다.

이 시기 내내, 잉글랜드 교회는 잉글랜드와 웨일즈, 아일랜드와 서인도 제도에서 조세 지원을 받았으며, 법률에 따라 조직된 국교회였다. 그리고 미국 독립전쟁 이전까지, 북미 본토 남부 식민지의 국교회이기도 했다. 또한 18세기 내내 동부 캐나다의 해안지역 식민지에서 준(準) 국가교회의 위치를 누렸다. 비(非)잉글랜드 국교회들의 지역 내 지위는 상당히 다채로웠다. 18세기 초, 잉글랜드 인구의 대략 6%가 엘리자베스 1세(1558-1603년)와 제임스 1세(1603-1625년)의 통치이래 청교도나 또 다른 개신교 운동에서 비롯된 비국교회에 속해 있었다.[7] 잉글랜드와 웨일즈 비국교도의 절반이 약간 넘는 수를 장로교인이 차지하고 있었지만, 독립파(또는 회중주의자), 침례교, 퀘이커파도 실제적인 세력을 형성하고 있었다. 엄밀한 감시를 받는 소수 로마 가톨릭 교인들도 있었다. 1689년 명예혁명을 통하여 개신교 비국교회에 대한 관용이 공식적으로 획득되었다. 다소 불안하기는 했지만, 앤 여왕(1702-1714년)의 마지막 통치시기에 합법성을 갖추게 되었다. 추방된 제임스 2세와 함께 로마 가톨릭의 후예들도 영국의 권좌를 되찾으려는 시도로 프랑스의 지지를 누리기도 했다. 그래도 잉글랜드의 로마 가톨릭교인들은 개신교 비국교도들보다 더 많은 공식적 반대에 직면했다.

아일랜드에는 종파 비율이 역전되었다. 아일랜드 국교회는 비교적 재정이 풍부했지만, 아일랜드 인구 중 소수 분파의 지지밖에 얻지 못했다. 비록 영국이 가톨릭의 입지를 줄이려는 시도로, 여러 가지 혹독한 형벌 정책을 법제화(때로는 강화)했지만, 아일랜드인의 다수가 로마 가톨릭으로 남았다. 당국은 대조적으로 상당수의 아일랜드 장로교인들에게 커다란 관용을 베풀었다. 이들은 17세기 스코틀랜드와 잉글랜드 정착민의 후손들로서, 주로 얼스터(Ulster) 북부 지방에 집중되어 있었다. 1672년부터 아일랜드 개신교인들은 영국 국왕으로부터 간헐적인 '왕가의 선물'(regium donum)을 받기도 했다. 이 선물은 두 가지 사건을 계기로 더욱 확대되었으며, 정기적으로 되어갔다. 우선, 얼스터 개신교인들은 폐위된 제임스 2세와의 충돌(1688-1689년)에서 성공적으로 윌리엄 3세를 지지했기 때문이다. 다음으로, 1714년 하노버 왕조가 새롭게 영국의 권좌를 계승한 일이다. 18세기 내내 아일랜드 인구에서 대략 75%에서 80%가 가톨릭으로 남았다. 나머지는 거의 비슷한 수의 아일랜드 국교도와 아일랜드 장로교인이었다. 아일랜드 국교회는 아일랜드 개신교에서 근소한 차이로 다수를 이루었으며, 장로교인은 북부에서 압도적이었다.[8]

---

7) 이 수치는 Watts, *Dissenters*, 1:270의 것이며, 그 다음 쪽들에 나온 비국교도 분포도의 도움을 받았다.
8) 다음 R. F. Foster, *Modern Ireland, 1600-1972* (London, Penguin, 1989), 200; 그리고 S.

식민지에는 다른 형태의 잉글랜드 국교회가 있었다. 버지니아, 메릴랜드, 노스캐롤라이나, 사우스캐롤라이나, 조지아 등지에서 잉글랜드 국교도들은 자신들의 국교회 권리를 모국에서 보다 더욱 격렬히 방어했다.[9] 1770년대까지 비-국교도들은 이들 주에서 걸림돌처럼 취급되었다. 1740년대 말과 1750년대 초, 버지니아에서 새뮤얼 다비즈(Samuel Davies)가 복음주의 개신교 모임의 네트워크를 창설하는데 성공했다. 그렇지만 이런 성공도 식민지 정부와의 조심스러운 예비협상을 거치고, 본인 스스로 프랑스-인디언 전쟁동안 식민지의 열렬한 지지자임을 증명한 이후에나 가능했다.[10]

잉글랜드 국교회는 서인도 제도에서 국교회였을 뿐만 아니라, 명목상으로 18세기 중엽까지 유일한 교회의 역할을 했다(비록 교회 건물의 건축과 설교자 배치는 공식적으로 교구 지정 이후 뒤늦게 이루어지기는 했어도, 1700년경 바베이도스에는 11개 교구가, 자메이카에는 15개 교구가 있었다).[11] 노바스코샤에는 모든 준비가 잉글랜드 국교회에 호의적으로 이루어졌다. 그러나 서인도 제도와 비교해 볼 때, 정착 초기부터 회중주의자, 침례교인, 루터파와 또 다른 개신교인들 그리고 소수의 로마 가톨릭교인들이 권한을 두고 잉글랜드 교회와 각축을 벌였다. 결과는 일종의 연옥이었다. 잉글랜드 국교회와 노바스코샤 정부는 잉글랜드 교회가 국교도인 것처럼 행동했지만, 비-국교도들은 그렇게 여기지 않았다.[12]

그러나 첫 번째 대영제국에서 유일한 국교회는 잉글랜드 국교회였음을

J. Connolly, *Religion, Law, and Power: The Making of Protestant Ireland, 1600-1760* (Oxford: Clarendon, 1992), 144-197을 참조하라.
9) 메릴랜드는 1630년대 초 신세계의 로마 가톨릭 거주지로 건설되었다. 그러나 1688년 메릴랜드의 개신교인들이 명예혁명에 참여하면서, 당시 정부에 대항하는 혁명을 일으켜, 잉글랜드 국교회가 이 지역의 국교회가 되었다.
10) George William Pilcher, *Samuel Davies: Apostle of Dissent in Colonial Virginia* (Knoxville: University of Tennessee Press, 1971).
11) Boyd Stanley Schlenther, 'Religious Faith and Commercial Empire', in *Oxford History of the British Empire*, 2:129-139.
12) Ann Gormon Condon, '1783-1800: Loyalist Arrival, Acadian Return, Imperial Reform', in Phillip A. Buckner and John G. Reid (eds.), *The Atlantic Region to Confederation: A History* (Toronto: University of Toronto Press, 1994), 195-198.

아는 것이 중요하다. 스코틀랜드는 지역의 스코틀랜드 국교도들과 동맹한 왕권의 도전을 여러 차례 받았지만, 종교개혁 이전까지 국가교회로서의 장로교를 유지했다. 그러나 북부의 국민들이 1688년에서 1689년 사이 명예혁명 기간에 윌리엄과 메리의 새 왕조에 지지를 선언하고, 1707년 통일령(the Act of Union)을 통하여 대영 제국에 합류하면서, 장로교회는 스코틀랜드의 국교회로서 만장일치의 지지를 획득했다. 그러나 트위드 강(River Tweed)의 북부, 달리 말해 감독교회 신도들은 국교회 반대자가 되었다. 1730년대 무렵 장로교 기성교회인 키르크(Kirk)에서 벗어나고자 하는 소규모의 저항운동이 시작되었다. 그러나 이들 그룹들은 본래 장로교이며, 그룹 지도자들은 키르크가 참된 장로교 이상에 부합하지 못함을 비판한 것뿐이다. 스코틀랜드 고지대에는 또 다른 유형의 비국교회 운동이 있었다. 가난하고, 소외된 이들인 갈릭어 주민들은 대개가 가톨릭이나 감독교 또는 이교도였다.

뉴잉글랜드에는 청교도 정착민들이 회중파 국교회를 세웠다. 이 교회는 17세기 동안 제국의 어떤 국교회보다 지역 인구 대다수의 충성을 누린 듯하다. 18세기 초, 소수의 침례교인과 퀘이커교도가 발판을 세웠다. 1720년대부터 잉글랜드 국교회가 조금씩 생기기 시작했다. 그러나 매사추세츠, 코네티컷, 뉴햄프셔 등 청교도 식민지들은 자신만의 '뉴잉글랜드 방식'을 소중히 여겼기 때문에, 국교회 원칙에 대해서 마지못한 정도의 느슨한 헌신을 보여주었다(회중교회에 대한 국가 지원의 흔적이 1818년까지 코네티컷에, 1833년까지 매사추세츠에 간간히 남았다).

1763년 프랑스 인디언 전쟁(또는 유럽에서 7년 전쟁으로 불린다)의 종언으로 사실상 또 다른 유형의 국가교회가 생겼다. 프랑스는 퀘벡(Quebec)을 영국에 양도했다. 가장 프랑스적이고 가장 가톨릭적인 퀘벡 사람들을 선량한 영국 개신교인으로 전환시키는 것이 영국 정책의 공식 목표였다. 그러나 이 정책은 전혀 기회를 얻지 못했다. 영국은 주기적으로 현실을 인정했다. 가령 1774년의 퀘벡 조례는 가톨릭교회가 조세지원과 국가지원을 받게 함으로써, 퀘벡에서 로마 가톨릭교회의 중심성을 강화시켰다. 이에 대한 대가로 퀘벡의 가톨릭 주교들은 퀘벡 남쪽 13개주에서 일어난 반란에 지역 주민들이 참여하지 못하도록 단속한다.

끝으로, 북미 본토 대서양 중부 식민지에는 변형된 교회-국가 제도가 있었다. 어떠한 국교회도 이 지역에 자리 잡지 못한다. 뉴잉글랜드의 로드아일랜드에는 국교회가 전혀 없었다. 로저 윌리엄스(Roger Williams)가 지도하는 이 작은 식민지는 초창기부터 보다 존중받는 식민지들로부터 온갖 비국교도 찌꺼기들이 안심하고 흘러들어가는, 별종이라는 평판을 널리 얻고 있었다. 뉴욕, 뉴저지, 펜실베이니아는 이와 달랐다. 급속한 성장, 경제적 번영, 좋은 교회가 있었다. 그러나 다양한 유형의 교회가 존재했다. 18세기 초까지, 다양한 사람들이 이 지역에 유입되었다는 단순한 사실로만으로도, 식민지의 단일한 국가교회 수립 가능성은 애초에 배제되었다. 이들은 잉글랜드 국교도, 퀘이커교도, 로마 가톨릭교인, 유대인, 장로교인, 회중주의자, 네덜란드 개혁파, 메노나이트파, 모라비아 교도, 독일 개혁파 및 다양한 종파의 회중이었다.[13]

결과적으로 규제 없는 신앙 환경에서 복음주의가 가장 번성한다는 사실이 미국의 중부 식민지에서 증명되었다. 국교회가 잉글랜드 국교회인지, 장로교인지 또는 회중주의인지에 따라 풍미의 차이는 있었지만, 18세기 잉글랜드와 스코틀랜드 그리고 뉴잉글랜드 등 국교회가 확립된 지역에서 복음주의의 영향이 더욱 두드러졌다. 1789년 새로운 미국 헌법으로, 정부가 어떤 특정한 교파를 선호하여 국교회를 세우려는 시도(이 법령은 개별 주는 자유롭게 선택할 수 있도록 했다)가 금지되었을 때, 복음주의 역사와 미국 역사에 있어 중대한 전환이 이루어졌다. 국교회 회원들이 18세기에 복음주의 역사를 주도했으며, 비국교도는 부차적인 역할을 담당했을 뿐이다. 그런데 18세기 후반 들어 비국교회 복음주의자들이 명성을 얻게 되면서, 국교회 출신

---

13) 특히 다음을 참조하라. Richard W. Pointer, *Protestant Pluralism and the New York Experience : A Study of Eighteenth-Century Religious Diversity* (Bloomington: Indiana University Press, 1988).

의 복음주의자들이 덜 중요시 되는 상황 역전이 일어난다.

3. 영적 지형

복음주의 부흥 전야에 영어권 세계의 영적 건강 상태는 언제나 논쟁거리다. 영적 생명이 시들해지고 있었는가? 갱신의 시기가 무르익은 것인가? 또는 1730년대 최초의 조직화된 부흥 이래, 부흥의 시계가 중단 없이 원활히 움직였는가 하는 논쟁이 있다. 일단 자의식적인 복음주의 그룹들이 등장하면서, 복음주의 각성이 일어나기 전 시대의 영적 상태를 그림으로 나타낼 경우, 검은색으로 칠하리라는 점은 예상되는 일이다. 예를 들어, 조나단 에드워즈(Jonathan Edwards)는 1734-1735년의 놀랄만한 부흥이 일어나기 전, 노스앰턴과 매사추세츠의 거주민들을 '신앙적 일에 대단히 민감하지 못한' 상태라거나 '신앙 면에서 끔찍할 정도의 지루한 시기'를 보내고 있다고 묘사했다. 이는 당연한 묘사였다.[14] 마찬가지로 후대의 복음주의자들은 1736년 아일랜드의 감독이자 철학자인 조지 버클레이(George Berkeley)가 내린 평가를 인용하면서 내용에 동의한다. 관리들의 불경건으로 인해 영토가 위협받고 있다. 불경건은 차례차례 백성들을 재빨리 전염시켰다. '우리의 전망은 대단히 끔찍하다. 중세는 나날이 심해지고 있다…어린이들이 사악한 시대에 태어나 양육되고 있다. 초기 훈육이나 주입된 견해를 통한 착한 성향은 전무하다. 이들이 자라 성년이 되면, 참으로 괴물이 되어버리고 만다. 괴물들의 시대가 멀지 않았다는 사실이 두렵다.'[15] 1830년대 고교회(高敎會) 옥스퍼드 운동(the High Church Oxford Movement)의 주창자들은 18세기에

---

14) Edwards, *A Faithful Narrative of the Surprising Work of God* (1737), in Edwards, *Works*, vol. 4: *The Great Awakening*, ed. C. C. Goen (1972), 146.

15) George berkeley, *A Discourse Addressed to Magistrates and Men in Authority. Occa-sioned by the Enormous Licence, and Irreligion of the Times* (Dublin, 1736), in *The Works of George Berkeley*, 3 vols., ed. George Sampson (London: George Bell & Sons, 1898), 3:195.

영적 생활이 저하되고 있다며, 더 강한 어조로 주장했다. 그러나 열렬한 지지자들의 판단이 전체 논의의 틀을 형성하게 해서는 안 될 일이다. 보다 공평한 판단에 의하면, 당시의 종교 상태가 후기 복음주의자들이나 잉글랜드 국교회-가톨릭파 사람들이 생각하는 정도로 피폐된 것은 아니라는 결론을 내린다. 오히려 객관적인 평가자들조차 확신에 찬 종교 생활, 설득적인 복음 설교 및 효율적인 기독교 목회가 18세기 첫 십 년 동안에는 비교적 잘 갖추어지지 않았다는 점을 인정한다.[16]

4. 잉글랜드 국교회

잉글랜드 국교회(the Church of England)는 의회, 영국 왕실 및 제국과 아주 밀접하게 연결되어 있기 때문에, 전체 영어권 세계에서 특별한 중요성을 지닌다. 잉글랜드 국교회는 영어사용 인구 중 반 이상의 공식 종교였을 뿐 아니라, 잉글랜드, 웨일즈 및 아일랜드의 비국교회와 제국의 다른 국교회들에도 주요한 표준이었다.

잉글랜드 국교회는 규모와 중심적 역할로 인해, 향후 복음주의 발전에도 중요성을 지니지만, 18세기 초 심각한 어려움을 겪고 있었다.[17] 교회의 주교들과 교구 성직자들이 언제나 자리 욕심으로 시간만 때우는 삯꾼들(이들은 보통 이렇게 묘사되었다)로만 구성된 것은 아니었지만, 복수직(複數職)과 비거주제(非居住制)가 널리 시행되어 잉글랜드 국교회의 효율성을 좀먹고 있었다. 한 지역 교회에 공식적으로 임명된 교구 사제가 그 교구에 살지 않았

---

16) 18세기 잉글랜드 국교회주의가 잉글랜드 국교회-가톨릭 비평가, 복음주의 비평가 및 세속 비평가들이 나중에 논쟁하던 만큼 노쇠한 것은 아니라고 역설한 핵심저작이 있다. Norman Sykes, *Church and State in England in the Eighteenth Century* (Cambridge: Cambridge University Press, 1934). 18세기의 전반적인 상황에 대한 적절한 평가를 위해서 다음을 참조하라. John Walsh, Colin Haydon and Stephen Taylor (eds.), *The Church of England, c. 1689-c. 1833* (Cambridge University Press, 1993)에서 특히, Walsh와 Taylor의 'Introduction: The Church and Anglicanism in the "Long" Eighteenth Century', 1-64.

17) 이 어려움들이 다음에 잘 조사되어 있다. Walsh, Haydon and Taylor, *Church of England*.

기 때문에(비거주제), 목사보의 대리역할이 필요했지만, 항상 그런 것만도 아니었다. 비거주제는 복수직과 관련되어 있기 때문이다. 한 목회자가 다른 교구에 대한 권리나 성당 또는 대학의 직책을 확보했을 때, 복수 성직록(聖職祿)의 보유자로서 한 군데 이상의 장소에 동시에 있을 수는 없었기 때문에, 비거주제는 복수직에서 파생된 것이다. 다른 종류의 비거주제가 잉글랜드와 웨일즈의 잉글랜드 국교회 주교 27명의 걸림돌이 되었다. 그들은 상원 의원직을 보유하고 있었으므로, 의회의 연례모임에 출석하도록 요구되었기 때문이다. 잉글랜드 국교회 교구제의 몇 가지 취약점이 불충분한 기금이나 단순한 구조적 결함의 결과라고 변명할 수도 있고, 문제가 탐욕이든지 뭔가 좋은 일 때문이라 할지라도 결과는 같았다. 영혼에 대한 잉글랜드 국교회의 관심은 잉글랜드, 웨일즈 및 아일랜드 교구민들의 인구 성장률 또는 영적 필요와 보조를 맞추지 못했다.

18세기의 초 수 십 년에 걸친 정치적 혼란 또한 잉글랜드 국교회를 심각하게 괴롭혔다. 1709년 비국교도인 휘그(Whig)당과 저교회(Low Church)파 잉글랜드 국교회 교인들이 왕국에 사악한 위협이 된다고 고교회파 토리(Tory)당원 헨리 세처버렐(Henry Sacheverell)이 선동했을 때, 열광적인 반응이 있었다.[18] 1715년 이번에는 휘그당과 저교회파 잉글랜드 국교회 교인들이 토리당과 고교회파 연합이 프랑스를 지지하고 있다고 비난하자, 비슷한 소요가 발생했다. 프랑스군은 폐위된 제임스 2세의 손자를 통해 로마 가톨릭 군주를 회복하려는 목표 하에 스코틀랜드를 침공 중이었다. 1717년 또 다른 큰 소동이 일어났다. 저교회파 휘그당인 방거(Bangor)의 주교 벤자민 호들리(Benjamin Hoadly)는 토리당과 고교회 원리가 교회와 사회의 전제주

---

18) 'Whig'라는 용어는 원래 잉글랜드의 교회적 제국주의에 대항한 스코틀랜드 반대자들에 대한 지칭이었다. 그러나 가톨릭인 Duke of York이 제임스 2세로 등극하는 것을 원하지 않는 사람들을 비난하는 용어로 잉글랜드에서 차용되었다. 나중에 이 말은 1689년 William과 Mary의 계승에 찬성하고, 1714년 하노버가의 왕위계승을 지지한 사람들을 말하는 것으로 보다 넓게 사용되었다. 'Tory'라는 용어는 아일랜드식 별명의 하나였으나, 잉글랜드의 어휘로 차용되었다. 이 용어는 새로운 William과 Mary의 통치와 하노버가의 왕위계승에 반대로 기울어진 사람들을 말하게 되었다. 참조. DSCHT, 865-866 (John Wolfe, 'Whigs').

의를 강화한다고 공격했다. 이례적으로 런던에서 일어난 시민들의 동요가 고지대까지 미쳤다. 충돌 기간 동안 격동의 정치 논쟁이 일상의 종교적 신념과 실천에 대한 관심을 희생시키는 결과를 빚었다.

또한 잉글랜드 국교회가 관용주의의 비옥한 기반으로 보임으로써, 초기 복음주의자들을 포함하여 진지한 신자들을 근심하게 만들었다.[19] 상당수 잉글랜드 국교회 지성인들은 청교도의 과도한 열광주의와 로마 가톨릭의 강압적인 압제라고 간주한 신앙에 대항하여, 보다 평온하고, 보다 자기-통제적이며, 보다 이성적인 신앙을 제시하고 있다고 믿었다. 1694년 사망 이후에도 한 세대 이상 영국과 식민지에서 널리 읽힌 대주교 틸로트슨(Tillotson)의 설교는 원죄, 대속적 속죄 및 성령의 사역보다 의무, 인간의 노력 그리고 일반적 도덕성을 더욱더 강조했다. 존 로크(John Locke)의 저작, 특히 『관용에 관한 편지』(Letters Concerning Toleration, 1689-1692년), 『인간 이해에 관한 에세이』(Essay on Human Understanding, 1690년), 『기독교의 합리성』(The Reasonableness of Christianity, 1695년)이 주는 인상적인 무게감은 이 책들을 어떤 전통적 종교 권위도 넘어서는 인간 이성에 관한 강력한 추천서로 만들었다. 1712년 성직자인 새뮤얼 클라크(Samuel Clarke)가 유니테리언적 성경해석에 경도된 『성경의 삼위일체 교리』(Scripture-doctrine of the Trinity)를 출판했을 때 호된 공격이 일어났지만, 교회는 철회를 요구하지 않았다.

존 웨슬리와 찰스 웨슬리의 아버지인 새뮤얼 웨슬리(Samuel Wesley) 같은 경각심을 지닌 전통적인 기독교 정통주의의 수호자들에게, 잉글랜드 국교회의 관용주의적 표류는 곧장 이신론(deism, 理神論)을 향해가는 것으로 보였다. 이신론은 결코 공식적으로 조직화된 운동이 아니었다. 오히

---

[19] 전문가적 논의가 있다. Isabel Rivers, *Reason, Grace and Sentiment: A Study of the Language of Religion and Ethics in England, 1660-1780*, 2 vols (New York: Cambridge University Press, 1991, 2000) 그리고 David A. Pailin, 'Rational Religion in England from Herbert of Cherbury to William Paley', in Sheridan Gilley and W. J. Shiels (eds.), *A History of Religion in Britain* (Oxford: Blackwell, 1994), 211-233.

려 전통적인 기독교를 순수한 도덕성과 아주 초연한 하나님으로 대체하기 원했던 지성인들의 생각을 드러내는 표어였다. 존 톨란드(John Toland)의 『신비롭지 않은 기독교』(*Christianity Not Mysterious*, 1696년)는 초자연에 대한 대중적 혐오감을, 앤쏘니 콜린스(Anthony Collins)는 『자유로운 사고의 대화』(*A Discoures of Free Thinking*, 1713년)로 기독교 목회에 대한 경멸을 드러냈다. 토마스 울스톤(Thomas Woolston)은 『기적에 관한 여섯가지 대담』(*Six Discourses on Miracles*, 1727-1730년)에서 기적을 부인했다. 또한 매튜 틴달(Matthew Tindal)은 『창조만큼 오래된 기독교』(*Christianity as Old as the Creation*)에서 기독교의 독특한 지위를 헐뜯었다. 이신론에 대한 염려로 이런 책들에 대한 반응이 나타났다. 조셉 버틀러 감독의 『신앙의 유비』(*The Analogy of Religion, Natural and Revealed, to the Constitution and Course of Nature*, 1736년)와 윌리엄 워버튼(Willam Warburton) 감독의 『모세의 신적 법령제정』(*The Divine Legislation of Moses*, 1737-1741년) 같은 정통파 변증가들의 저작은 이신론 저작들에 대항하여 기독교 교리를 방어하는 큰 업적을 남겼다.[20] 그러나 1730년대 무렵까지, 이신론적인 주장은 의심을 불러일으켰고, 정통파의 반응은 합리적 논증에 집중되어 있었다. 이 두 가지 주요 요인으로 인해, 잉글랜드와 제국의 변방 지역에는 좀 더 정서적으로 만족할 수 있는 기독교를 촉진하려는 새로운 시도를 위한 길이 마련되었다.

그러나 잉글랜드 국교회를 염려하는 많은 사람들에게, 잉글랜드 국교회의 가장 큰 문제는 지적 도전에 대한 구체적인 반응의 실패가 아니라, 오히려 전반적인 무기력에 있었다. 자기 개혁에 느렸으며, 시대의 헝클어진 정치 속에서 치유의 목소리를 찾는 데 지체되었고, 새로운 도시 인구를 위해 교회를 맞추는 데 빠르지 못했으며, 국내의 미전도 지역이나 인도 같은 새로운 해외 점유지의 비기독교 대중들을 복음화시키는 데 둔했다. 교회 내

---

20) Warburton의 변증이 거둔 당시의 성공에 대해서 그리고 감리교의 'enthusiasm'에 대한 잉글랜드 국교회 정통파의 반감에 관해서 참조하라. B. W. Young, *Religion and Enlightenment in Eighteenth-Century England: Theological Debate from Locke to Burke* (Oxford: Clarendon, 1998), 151-157, 167-212.

부에 활동적으로 기독교를 수호하고자 한 사람들이 전혀 없었던 것은 아니었다. 예를 들어, 윌리엄 로(William Law)는 『뱅거의 감독에게 보내는 세 통의 편지』(Three Letters to the Bishop of Bangor, 1717년)로 기독교 전통을 훌륭하게 방어했으며, 『이성의 변호』(The Case of Reason, 1732년)로 매튜 틴달의 이신론을 반박했고, 『경건한 생활로의 초대』(A Serious Call to a Devout and Holy Life, 1728년)를 통해 많은 사람들을 고무시켰다. 그러나 이런 영향은 비교적 드물었기 때문에, 그들이 추구하던 잉글랜드 국교회의 부활은 요원해 보였다.

5. 잉글랜드 비국교도

잉글랜드의 비국교도들이 종교적 갱신의 원천이 될 전망은 없어보였다.[21] 그러나 비국교도들은 우수한 교육기관을 자랑할 수 있었다. 지역 목회자들이 학생들에게 고전, 신학 및 현대 과학 과목을 제공했다. 이들은 대학생들로 39개조의 승인과 잉글랜드 국교회 예배에 참석해야 한다는 조건 때문에 옥스퍼드나 캠브리지에서 추방된 비순응자들이었다. 가장 유명했던 곳은 필립 도드리지(Philip Doddridge, 1702-1751년)가 잉글랜드 중부 노스앰턴(Northampton)에서 이끌었던 학교다. 이 학교는 잉글랜드만이 아니라, 스코틀랜드와 아일랜드에서 온 모든 종류의 비국교도 학생들을 위해 봉사했다. 도드리지 개인의 뜨거운 경건성, 열정적인 성경 배포와 선교 추진, 17세기 리차드 백스터(Richard Baxter)의 에큐메니칼적 이상을 따른 그의 '순전한 기독교' 신학, 웨슬리 가문 및 조지 휫필드와의 친밀한 교제는 차후 복음주의 운동이 그를 가장 중요한 선구자의 한 사람으로 기록하게 만들었

---

21) 연구를 위해 참조하라. Watts, Dissenters, 1:263-393. 그러나 비국교도가 18세기 중엽의 부흥에 강력하게 기여했음을 강조한 설명으로 다음을 참조하라. Geoffrey G. Nuttall, 'Methodism and the Older Dissent: Some Perspectives', United Reformed Church Historical Society Journal 2 (1981): 259-274.

다. '기쁜 소리에 귀 기울이라! 구세주 오셨다'(Hark the glad sound! the Saviour comes)와 '오 기쁜 날, 내 선택을 정하셨네/내 구세주, 내 하나님인 당신에게'(O happy day, that fixed my choic/On thee, my Saviour and my God!) 등 찬송에 끼친 공헌도 작지 않다. 이런 노력을 통해 도드리지는 18세기 초 잉글랜드 비국교도의 위대한 지도자였던 아이잭 와츠(Isaac Watts, 1674-1748년)의 반열에 올랐다. 기독 교회의 가장 위대한 찬송가 작가군에 속하는 와츠는 이후의 복음주의자들이 수많은 곳에서 불러, 빛나는 효과를 불러일으킨 많은 찬송을 제공했다. 예를 들면, '와서, 주님을 사랑하자'(Come, ye that love the Lord), '모든 영광스런 이름들'(Join all the glorious names), '내 이름을 분명히 읽을 수 있을 때'(When I can read my title clear), '예수가 해 아래 모든 곳을 다스리시리라'(Jesus shall reign where'er the sun) 그리고 '놀라운 십자가를 생각할 때'(When I survey the wondrous cross) 등이 있다.

그러나 도드리지, 와츠 그리고 웨일즈의 침례교 설교자인 에녹 프란시스(Enoch Frances) 같은 비국교도들의 활약에도 불구하고, 비국교회 운동은 동력을 잃어갔고, 신학적 힘이 약화되었다.[22] 쇠퇴 정도에 대한 평가가 다양하지만, 비국교도들이 총인구의 증가에도 불구하고 예전 인원수도 유지할 수 없었다는데 관측가 대부분이 동의한다. 결국 근심에 찬 지도자들이 반전을 호소하는 서적들을 상당수 출판한다. 도드리지의 『비국교의 대의를 회복시키는 방책』(*Free Thoughts on the Most Probable Means of Reviving the Dissenting Interest*, 1730년), 와츠의 『실천 신앙의 부흥』(*An Humble Attempt towards the Revival of Practical Religion among Christians*, 1731년) 등이다.

18세기 초 비국교도 사이에 가장 우려할 만한 전개는 무엇보다 교리, 구체적으로 말해 서서히 다가오는 아리우스주의였다. 1719년 2월 런던의 솔터스 홀(Salters' Hall)에서 백 명 이상의 장로교, 회중교회 및 침례교 지도자들이 회집하여 이 중대한 문제에 대한 장시간의 논의를 가졌다.[23] 데본

---

22) Frances에 대해서 참조하라. Eifion Evans, *Daniel Rowland and the Great Evangelical Awakening in Wales* (Edinburgh: Banner of Truth, 1985), 15.
23) 여기 나온 이야기는 Watts, *Dissenters*, 1:374-377에 의한 것이다.

(Devon)과 콘월(Cornwall)의 비국교회 목사들이 공식적인 조언을 요청하면서 회의가 소집되었다. 지역의 몇몇 목회자들이 새뮤얼 클라크(Samuel Clarke) 및 여러 진보 사상가들의 저작을 읽은 후, 전통적인 삼위일체 고백에 서약을 거부하자, 어찌할 바를 몰라 조언을 요청한 것이다. 목사들에게 오직 성경을 따르겠다는 서약만으로 충분한지 여부가 기술적 문제였다. 전통적인 삼위일체 종파에, 그리스도를 인간보다는 우월하지만, 완전한 하나님으로는 분명히 부족하다는 아리우스주의자들을 위한 공간이 있는가 하는 것이 실제 문제였다. 솔터스 홀의 투표가 완료되었지만, 고백적 삼위일체주의자에 반대되는 결과였다. 그 시간부터 잉글랜드 장로교인과 일반(또는 아리우스적) 침례교인 사이에 아리우스주의가 급속히 전파되었다. 또한 아일랜드 장로교인 사이에도 성장해 갔으며, 속도는 다소 느리지만 스코틀랜드 국교회에도 발생했다. 아이잭 와츠조차 말년에는 전통적인 삼위일체 공식의 타당성을 의심할 정도였다. 잉글랜드와 웨일즈 지방에서 교리적 우유부단과 비국교도의 쇠퇴가 결합되면서, 확고한 복음적 신앙을 환영하는 분위기가 생기기 시작했다.

6. 웨일즈, 아일랜드, 스코틀랜드

제국 중심부인 잉글랜드에서 기독교의 불확실성이 발생하면서, 제국 주변부에도 정도를 달리하는 반향이 일어났다. 웨일즈, 아일랜드 및 스코틀랜드 고지에서 권력을 점유하는 영어 사용자들과 켈트어를 사용하는 다수 인구 사이에 긴장이 감돌았다. 기성교회에 대한 적대감 때문에 켈트 지역에는 영적 갱신을 위한 길이 순조롭게 준비되지 못했다. 아일랜드 국교회는 세금을 거두는 기성교회로서 보다 많은 가톨릭 인구와 급속히 성장하는 장로교에 대항하여, 지위를 고수해야한다는 압력을 받고 있었지만, 갱신면에서는 불운한 위치를 점하고 있을 뿐이었다. 그것은 분명히 그저 권력 유지에 급급했기 때문이다.

스코틀랜드와 북아일랜드, 즉 역사적 칼빈주의가 보다 강한 흐름으로 살아있는 지역의 장로교인 사이에 갱신의 기초토대가 보다 튼튼히 확립되었다. 이러한 흐름에 '성례 기간'의 열렬한 경건성이 더해졌다. 성례 기간은 주의 성찬을 축하하는 예식이다. 몇 주에 걸친 예비적 설교가 포함되고, 설교와 성례에 집중하는 열렬한 주말이 이어진다.[24] 1620년대의 성례 기간에도 놀랄만한 지역적 부흥이 촉발되었다. 스코틀랜드에서 아일랜드로, 그 다음 얼스터에서 다른 식민지로 이어진 이민의 물결 그리고 잉글랜드와 미주 대륙 그리고 뉴잉글랜드에서 여러 칼빈주의 교회와의 지속적 교류는 스코틀랜드와 얼스터의 장로교인들이 국제 칼빈주의자 내부에서 일어나는 부흥의 밀물과 썰물에 민감하도록 만들었다. 출간된 잉글랜드 청교도의 설교가 네트워크를 통하여 널리 회람되었고, 일상의 성결에 필요한 회심, 신적 은총 및 확신에의 집중에 대한 관심도 마찬가지였다.

스코틀랜드 국교회와 아일랜드 장로교인 사이에 복음적 경건을 둘러싼 엇갈리는 경향성이 선명히 드러났다. 스코틀랜드에는, 1712년의 의회령(Act of Parliament)으로, 통일령(the Treaty of Union, 1707년)의 조건이 수정되어, 성직 수여권자가 지역 교회 목회자를 지명(또는 때때로 단순한 후보추천)하는 권리가 회복되었다. 이 체계에 대한 불만이 다음 두 세기 동안 지속적으로 끓어올랐다. 때로는 논쟁과 분열에 이르기까지 비등점이 치솟았다. 성직수여제도를 둘러싼 찬반(贊反)의 유익이 무엇이든지 간에, 성직수여자의 법률권과 소유권에 대한 스코틀랜드인의 지속적인 애착은 영적 갱신을 향한 혁신적 발걸음을 내딛으려는 전 국민의 마음을 흐트러트렸다.

아일랜드 장로교인들은 아일랜드 국교회(the Church of Ireland)에 대항하

---

24) 특별히 다음을 참조하라. Leigh Eric Schmidt, *Holy Fairs: Socttish Communions and Ame-rican Revivals in the Early Modern Period* (Princeton: Princeton University Press, 1989), 21-31, 41-49; Marilyn J. Westerkamp, *Triumph of the Laity: Scots-Irish Piety and the Great Awakening, 1625-1760* (New York: Oxford University Press, 1988), 15-42; 그리고 DSCHT, 200 (D. E. Meek, 'Communion Seasons').

는 비국교도였지만, 얼스터에서 만큼은 국가교회에 준하는 역할을 하고 있었다. 이들은 대체적으로 성직수여권을 둘러싼 스코틀랜드의 뒤얽힘을 회피할 수 있었다. 그러나 그들 또한 스코틀랜드 동료들과 마찬가지로, 전통적 칼빈주의 세력을 약화시키는 계몽주의의 확산에 영향을 받았다. 18세기 초, 스코틀랜드 국교회는 글래스고우대학의 주류 신학 교수였던 존 심슨(John Simson, 1667-1740년)과 관련된 재판을 두 차례 치렀다.[25] 심슨이 아이작 뉴턴(Isaac Newton)의 기계 과학을 너무 많이 도입, 웨스트민스터 신앙고백서를 묽게 만들었다는 혐의였다. 이신론과 투쟁하고자 합리적 논증에 깊이 의존했으며, 너무 아리우스주의에 가깝게 다가갔다는 것이다. 재판은 결론 아닌 결론을 내렸다. 결국 심슨은 가르치는 의무에서 면직되었지만, 신학 교수직은 유지했다. 웨스트민스터 신앙고백서에 서명은 단지 인간이 작성한 신조에 부적절한 존경을 부여하는 행위라며 서약에 반대하는 아일랜드 목회자의 수가 늘어나자, 장로교 정통의 운명을 걱정하는 이들은 안심할 수 없었다. 1720년대 무렵, 아일랜드 '새빛파'(new lights)에는 낡아빠진 아리우스주의의 길을 따르는 이들이 생겨났다.

프랜시스 허치슨(Francis Hutcheson, 1694-1746년)의 영향력 있는 가르침과 저작 때문에, 아일랜드해 양안의 장로교인들이 칼빈주의 유산의 복음주의적 측면에서 멀어지고 있는 것으로 보였다.[26] 허치슨은 아일랜드 태생으로, 글래스고우(Glasgow)에서 심슨 교수 밑에서 수학했다. 그의 진정한 영향력은 1730년부터 사망시까지 글래스고우에서 도덕철학 교수로 봉직할 때 나타났다. 허치슨은 칼빈주의의 정통교리인 원죄론에 대항하고자, 모든 사람 속에 보편적으로 존재하는 자연적 도덕관념이 적절한 윤리적 행위를 알려

---

[25] 특히 다음을 참조하라. Anne Skoczylas, *Mr. Simson's Knotty Case: Divinity, Politics, and Due Process in Early 18th-Century Scotland* (Kingston and Montreal: McGill-Queen's University Press, 2001).

[26] 서론을 위해 참조하라. Mark Valeri, 'Francis Hutcheson', in Emory Elliott (ed.), American Colonial Writers, 1735-1781 (Detroit: Gale, 1984); 그리고 Mark A. Noll, *America's God, from Jonathan Edwards to Abraham Lincoln* (New York: Oxford University Press, 2002), 97-101.

준다는 견해를 긍정적으로 인정했다. 그의 정치적 가치관은 그를 급진주의자들과 연계시켰다. 그들은 정통 종교를 교회-국가라는 공적 질서의 속박이며, 인간의 행복을 막는 장벽으로 간주했다. 허치슨이 전통적 칼빈주의 교리를 구체적으로 공격한 것은 아니었다. 그러나 전통적 경건 대신 심미적이며, 고상한 이상을 지향하는 인간의 본성과 선한 삶이라는 생각을 밀어붙이고 있음이 분명했다.

1730년대 경, 스코틀랜드와 얼스터에는, 잉글랜드와 웨일즈에서 잉글랜드 국교회가 누리는 것과 비슷한 지위를 장로교가 누렸다. 초창기부터 보다 고백적인 기독교가 살아있었으므로, 신선한 복음주의적 관심을 위한 여지가 남아있었다. 그러나 신학의 자유화 그리고 소유와 자산에 대한 관심이 널리 퍼져, 교회 안에 전반적인 세력을 늘려나가고 있었다. 이런 계기들을 통해 몇몇 목회자들이 동기부여를 받았다. 그들은 죄인의 회심을 위한 특별한 신적 은총의 분출만이 복음적 대의를 구해낼 수 있다고 주장했다. 1723년 글래스고우의 존 맥클로린(John Maclaurin)이 이런 생각을 품고 대중에게 다가섰다('말씀을 유효하게 하는 신적 은총의 필요성'). 그러나 그의 소리는 오랫동안 외로운 외침이었다.[27]

7. 미주 식민지

영국 제도보다 훨씬 더 인구가 분산되어 있는 미주 식민지 역시 어느 정도 모국에서 진행 중인 종교적 흐름을 공유했다. 도시의 성장, 서부 변경지대로의 통상 증가와 인구 확산으로, 영국에서 시작된 사회의 산업화와 비슷한 사회적 불확실성이 생겼다. 미주 식민지에는 종교, 민족, 심지어 식민지 사이에 결부된 무역에도 유대감이 없었기 때문에, 영국화라는 공통적 과정

---

27) 전문적 논의로 참조하라. Michael J. Crawford, *Seasons of Grace: Colonial New England's Revival Tradition in its British Context* (New York: Oxford University Press, 1991), 41.

을 통해 영국 중심주의로 인입되어 갔다. 식민지 사이의 거리는 멀었다. 그러나 모국의 옷, 정치, 언어, 종교의 유행으로 인해 모국과는 더 가깝게 연결되었다.28) 복음주의 지도자들은 도시적 유행과 런던의 사치품에 대한 집착이 커지는 것을 비판했지만, 런던에서 대각성의 소식이 전해질 때, 그들이야말로 그 소식의 최고 수혜자였다. 영국 전역이 식민지와 교통하고 있었다. 그러나 식민지는 북미 전역에 유행 중이던 영국풍을 넘어, 각자의 신앙적 행로를 추구하게 된다.

뉴잉글랜드의 청교도 전통은 점점 약화되고 있었지만, 여전히 대영제국 전체에서 가장 활기찬 종교 체계였다. 약화의 징후에는 아주 이른 시기부터 공무원의 묘사에 포함되어 있었다. 목회자들이 참된 거룩함이 지나가고 있다고 탄식한다는 기록도 있다. 벤자민 프랭클린(Benjamin Franklin) 같은 벼락출세한 속물조차 소중한 청교도 전통을 비웃을 수 있었다. 그는 1722년 열여섯 살의 나이로 형의 보스턴 신문에 그런 글을 기고했다. 보스턴 외곽의 목회자들은 우아한 대도시 교회 건물의 건축과 전반적인 사치 풍조에 대해 염려했다. 한편 코네티컷 리버벨리에서 목회를 하는 조나단 에드워즈는 알미니안주의가 동료 목회자들의 성경주석에 영향을 미치기 시작했다고 우려한다. 청교도적 의무감과 하나님의 직접적인 검열을 받으며 살고 있다는 청교도적 자의식은 뉴잉글랜드를 종교적 미성숙의 상태로 몰아갔다. 목회자들에게는 은총을 약속하는 평온한 말보다 죄책감을 불러일으키는 저주가 더 적합했던 것 아닐까? 신실한 설교, 살아있는 신학적 유산 그리고 신실한 종교 감각 등의 자원이 종교적 재생이라는 목표를 위해 사용될 수 있었다. 따라서 스코틀랜드(잉글랜드 국교회적인 대영제국 안에서 활기찬 목회자 그룹이 일하는 칼빈주의 기성조직이 있는 지역으로, 뉴잉글랜드와 가장 유사한 지역)보다 더 가능성이 있었다.29)

---

28) 특히 다음을 참조하라. T. H. Breen, 'An Empire of Goods: The Anglicization of Colonial America, 1690-1776', *Journal of British Studies* 25 (1986): 487-499.
29) 이러한 유산이 지닌 거대한 지속력이 이 저작의 테마다. Harry S. Stout, *The New England Soul: Preaching and Religious Culture in Colonial New England* (New York: Oxford University Press, 1986).

뉴욕, 뉴저지, 펜실베이니아 같은 대서양 중부 식민지의 사정은 상당히 달랐다. 황무지와 다를 바 없는 서부로 팽창되어 가는 인구의 필요성을 충족시키고자 교회들이 투쟁 중이고, 정착 지역에는 수많은 교단이 경쟁 중이었다. 장로교와 침례교가 항상 복음적 강세를 유지하고 있었지만, 퀘이커파, 네덜란드 개혁교회, 독일 개혁교회, 독일의 분파 교회 등도 있었다. 특히 중부 식민지의 장로교인들은 스코틀랜드, 북아일랜드, 뉴잉글랜드와 심지어 대륙에 있는 형제 칼빈주의자들과 활발한 연결망을 유지하고 있었다. 이런 연결망을 통해, 뉴저지 뉴브룬스윅(New Brunswick)의 길버트 테넌트(Gilbert Tennennt) 같은 장로교 지도자들은 부흥의 소식을 위한 준비를 할 수 있었다. 당시의 민족적 다양성, 그 배경의 다양성 그리고 교회의 다양성은 역사상 유례가 없었다. 목회자와 평신도가 함께 전진하려면 서로를 묶을 무엇이 필요하다는 뜻이기도 했다. 뉴욕, 필라델피아 같이 부상 중인 대도시의 외곽에는 교육, 시민적 지침, 정기적인 목회 사역을 제공하려는 투쟁이 벌어지고 있었지만, 인구 분포가 희박한 곳에서는 교회의 에너지가 너무 많이 지출되고 있었다. 돌이켜 보면, 뉴잉글랜드 같은 중부 식민지 또한 부흥의 준비가 되어가는 것 같다. 그러나 이 경우, 강력한 복음주의 요소를 지닌 통일된 신앙적 전통 때문이라기보다, 새로운 경험의 쇄도로 아직 실현되지 않은 신앙적 갈망이 생겼기 때문이다.

뉴잉글랜드 남부 개척 지대의 모든 식민지의 상황은 캐나다, 스코틀랜드 고지대, 서인도 제도의 상황과 유사했다. 이 지역 교회들은 대부분 생존이라는 근본적 문제나 세속적인 부의 추구에 사로잡혀있었기 때문에, 복음주의 전파의 초기 단계가 시작되어도 별 반응이 없었다.

북미주 남부 지역에는 다양한 형태의 공식 종교에 대한 특별한 도전이 있었다. 원래 체사피크(Chesapeake) 식민지인 버지니아와 메릴랜드의 인구가 급속히 증가되었다. 노스캐롤라이나(1663년에 공인됨), 사우스캐롤라이나(1712년에 노스캐롤라이나에서 분립), 조지아(1732년) 등 새로운 식민지의 정착이 진지하게 이루어졌다. 그러나 한 생산자가 요구조건을 구술한 바에 따르면, 담배 농사의 성장이 경제적 기반을 이루고 있었다. 강을 따라 분산되거나, 해변의 작은 공동체나 미개척지의 농장으로 산개되어 정착이 이루어지는 경향이 있었다. 반대파의 묘사와는 달리, 잉글랜드 국교회 목회자들은 기독교 전통에 아주 충실했으며, 열심히 일했다. 그러나 그들의 임무가 너무 방대했다. 목회자가 감당해야 할 자연적 범위는 영국에서 상상한 것 이상이었다. 남부 성직자들은 잉글랜드에서 감독이 담당하는 지역보다 더 넓은 지역을 감당해야 했다. 미주 대륙의 대서양 방면에 감독이 없는 이유는 성직 후보자가 잉글랜드로 길고 위험한 항해를 하고, 다시 돌아와야 했기 때문이다. 1690년대에 아프리카-아메리카의 노예 제도가 굳건히 정착되면서, 긴장감이 고조되었다. 노예 사회는 폭력 문화를 고무시켜, 흑인과 백인에게 야수성을 지니게 만들었다. 도덕적 책임감이 분열되어 종교란 가정에서 여성들이나 관심 갖는 것으로, 백인 남성에게는 개인적 명예와 결부된 집착 정도로 남게 되었다. 결국 남부에서 흑인만이 아니라 백인도 복음적 설교에 진정한 열정으로 화답하게 되었지만, 전반적인 남부 사회는 다른 어떤 식민지 지역보다 복음주의에 적대적인 요소를 포함하고 있었다.

8. 영적 현실과 정치적 현실

끝으로, 대영제국 전체의 영적 지형에는 두 가지 특색이 있었다. 이 특색은 복음적 메시지의 전파를 위한 길을 손쉽게 하는 방식으로 작용했다. 첫번 째, 18세기 내내 충성스러운 영국인들은 열정이 커지면 커질수록, 로마 가톨릭교회에 대한 적개심이 날카로워지는 느낌을 받았다. 많은 사람들의 가슴 속에 영국 왕실을 향한 신실한 충성심과 자유, 번영, 킹 제임스 성경 등에 대한 친밀감이 자연스레 형성되었다. 그러나 이 친밀감은 압제, 빈궁, 라틴식 미사, 프랑스에 대한 비겁한 충성심의 반대였다. 역사학자인 린다 콜레이(Linda Colley)는 '가톨릭과 가톨릭 국가'에 대한 '거대한 편견의

상부구조'라고 불렸는데, 과거의 유산이 18세기를 통해 더욱 강고해진 셈이다.[30]

두 번째 역사적 유산은, 모호하거나, 추상적인 의미가 아닌, 고전 기독교 신학의 삼위일체라는 구체적 의미에서 영국이야말로 고백적인 기독교 국가를 이루었다는 공통의 단정이었다.[31] 18세기 내내, 국교회는 하나님께서 위임하신 기구이며, 틀림없는 역사적 기독교 신앙 위에 국가-교회의 기초가 놓여있다는 신념에 많은 도전이 일어났다. 그리고 영국의 통치가 확장되는 전지역에 이 두 가지 신념이 강력하게 지속되었다. 이러한 단정을 붙잡고 있었다고, 결과가 반드시 개인의 능동적인 경건이나 자발적인 성결의 삶으로 나타난 것은 아니다. 그러나 이 관념은 오랫동안 사그라지지 않았다. 영국에서 가톨릭에 대한 반감이 지속된 결과로, 개신교 신앙이 승인된 공식 제도로 유지되었다. 복음주의 설교자들은 기독교 국가라는 시체에 생기를 불어넣는 어려운 과업에 직면한 것일지도 모른다. 그러나 적어도 어떤 관점에서 보면, 아주 짧은 기간에, 기독교를 처음부터 다시 창조해야만 하는 노력보다는 덜 복잡한 것이었다.

---

30) Linda Colley, *Britons: Forgiving the Nation, 1707-1837* (New Haven: Yale University Press, 1992), 36.
31) 필자는 여기서 다음을 따른다. J. C. D. Clark, *English Society, 1660-1832*, 2nd ed. (Cam-bridge: Cambridge University Press, 2000), 26-34.

The Rise of Evangelicalism

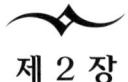

제 2 장

과거 사례와 시작

영국에는 복음주의 부흥으로, 미국에는 대각성으로 알려진, 대중의 경건성 고양이 희박한 공기 속에서 이루어진 것은 아니다. 부흥의 시작은, 옛날부터 존재하던 세 가지 기독교 운동의 직접적인 영향을 받아 형태가 갖추어졌다. 즉 잉글랜드 청교도가 핵심적 지위를 점유한 국제 칼빈주의 네트워크, 유럽 대륙의 경건주의 부흥 그리고 열성적 영성과 혁신적 조직을 갖춘 고(高)교회파 잉글랜드 국교회 등이다.[1] 한편, 종교개혁으로 시작된 거대한 종교적 변화의 구체적인 증거가 이 운동들이기도 했다.

1. 폭넓은 유럽 배경

1520년대 개신교 종교개혁이 일어나고 150년 동안, 유럽은 신앙에 따라 변모했다. 일부 변혁은 직접적이었다. 루터파, 칼빈파, 잉글랜드 국교회파

---

1) 잉글랜드 국교회 및 청교도의 뿌리에 대해서, 가장 우수하고 짧은 진술로, John Walsh, 'Origins of the Evangelical Revival', in G. V. Bennett and Walsh (eds.), *Essays in Modern Church History in Memory of Norman Sykes* (New York: Oxford University Press, 1966), 132-162; 마찬가지로 경건주의의 영향에 대한 열쇠로, Ward, *Awakening*, 296-352.

및 재세례파 열성 당원들 그리고 예수회(Jesuits), 우르술라회(Ursulines) 및 테아틴회(Theatines)를 포함하는 열렬한 가톨릭 군단이 똑같이 변혁에 참가했다. 이들은 두 교회의 생활과 개인의 기독교적 실천을 개혁하기 시작했다. 그러나 많은 부분에서 변화는 간접적이기도 했다. 총체적 교회 개혁에 대한 경쟁적 시도로 유럽 기독교 국가의 분열이 야기되었다. 이는 권력 중심부에 지성적, 정치적 공간을 창출했으며, 이해관계의 각축으로 교회의 감시를 벗어나게 되었다. 한때 권위 있는 교회의 성스러운 지도아래로 통합된 단일한 유럽이라는 압도적인 이상이 바뀌었다. 무역 확대, 절대 군주, 민족 국가의 대두, 과학적 절차에 대한 확신의 증가 등이 대안이었다. 17세기 중엽 1618년에서 1648년까지, 30년 전쟁 동안 끔찍한 유혈 사태 그리고 1640년에서 1660년까지 잉글랜드, 스코틀랜드, 아일랜드에서 일어난 청교도 혁명은 공통의 유럽, 통일된 유럽, 모두를 포괄하는 유럽의 기독교 국가 연합이라는 오랜 이상에 치명타를 가했다. 종교적 대의와 비종교적 대의 모두 변화를 촉진시켰기 때문에, 곧이어 유럽 사회에서 종교가 차지하는 지위 그리고 신앙적 삶의 실천 또한 변하기 시작했다.[2]

그러나 유럽의 종교 변화는 결코 단일하지 않았다. 어떤 지역에는 전통적인 기독교 교회가 절대 군주제에 헌신하는 정치 도구가 되었다. 프랑스의 루이 14세(Louis XIV, 1643-1715년 통치)와 로마 가톨릭, 러시아의 피터 대제(Peter the Great, 1689-1725년)와 정교회, 팽창중인 브란덴부르크-프러시아의 계승자(위대한 선제후 프레데릭 윌리엄 1640-1688년, 프레데릭 1세 1688-1713년, 프레데릭 윌리엄 1세 1713-1740년)들과 개신교가 이런 관계를 형성했다. 변혁은 몇몇 엘리트 지성인들에게 이성과 과학이라는 자의식적인 새로운 체계

---

2) 넓고 도움이 되는 개관으로 참조하라. Paul Hazard, *The European Mind*, 1680-1715 (ET, London: Hollis & Carter, 1953); Jaroslav Pelikan, *The Christian Tradition*, vol. 4: *Reformation of Church and Dogma* (1300-1700) (Chicago: University of Chicago Press, 1984), 332-385; Charles Taylor, *Sources of the Self: The Making of the Modern Identity* (Cambridge, MA: Harvard University Press, 1989); J. B. Schneewind, The Invention of Autonomy: A History of Modern Moral Philosophy (New York: Cambridge University Press, 1998); 그리고 W. R. Ward, *Christianity Under the Ancient Régime, 1648-1789* (New York: Cambridge University Press, 1999).

가 종교 권위를 대체한 것이었다. 합리주의의 르네 데카르트(René Descartes, 1596-1650년), 자연과학의 아이잭 뉴턴 경(Sir Isaac Newton, 1641-1727년), 실증철학의 존 로크(John Locke, 1632-1704년) 그리고 무엇보다 18세기 프랑스 철학의 세속성을 증진시킨 사람들이 그러한 길을 추구했다. 17세기 중엽이 되기 전, 유럽의 지성인들은 신적 계시와 교회의 권위 있는 해석자(가톨릭이건 개신교이건 간에)들을 공공연히 무시할 배짱이 없었다. 그러나 그 이후 수많은 사상가들이 그런 생각을 퍼트리기 시작했다. 베네딕트 스피노자(Benedict Spinoza, 1632-1677년), 피에르 베일(Pierre Bayle, 1647-1706년), 리처드 사이먼(Richard Simon, 1638-1712년), 볼테르(Voltaire, 1694-1778년), 루소(Rousseau, 1712-1778년) 및 『백과사전』(*Encyclopédie*, 1751년에서 1780년에 출판됨) 저자들이 포함된다.[3] 정치적 환경과 지성적 환경은 일부 전통 가톨릭 지도자들에게, 단순한 권위 행사보다 잃어버린 권위를 되찾는 데 집중하라고 권고했다. 19세기가 되고 교회에 대한 나폴레옹의 조정이 끝나면서, 가톨릭은 활력 회복을 위한 자기 방향성의 설정이라는 투쟁에서 일정부분 성공을 거두었다.

유럽 종교의 변화는 널리 전파되었다. 그러나 개인이나 지방 공동체 사이에 실제로 종교의 변화를 불러일으킬 초기 조직화가 미약했다. 변화는 일련의 경향성과 연동되어 있었다.

- 올바른 교리로 규정되는 기독교 신앙으로부터 올바른 삶이 규정하는 기독교 신앙으로
- 교회 관심사의 핵심이 성스러운 질서에서 기본 목표가 성스러운 교제로
- 교회 엘리트들의 출처인 권위적 성경 해석으로부터 평신도의 보다 민주적인 성경의 사용으로
- 순종으로부터 표현으로
- 잘 훈련된 전문가가 연주하는 음악에서 보통 사람들이 공유하는 표현으로의

---

[3] 이 과정을 민감하게 다룬 것을 참조하라. Michael J. Buckley, SJ, *At the Origins of Modern Atheism* (New Haven: Yale University Press, 1987).

음악으로
- 하나님에 관한 학적 강론의 설교로부터 그리스도로 끝을 맺는 열정적 호소의 설교로

이러한 새로운 강조점을 통해, 새로운 신앙은 '가슴의 종교'로 불리게 되었다. 프랑스 포트 로얄의 얀센주의자 같은 일부 가톨릭교도, 러시아의 옛 신자파(the Old Believers) 및 기타 분파 운동 같은 동방정교회 신자 일부에서 이러한 경향성이 발견되었다. 또한 18세기 하시드파 유대교의 등장으로 더욱 잘 드러나기도 했다.[4] 그러나 중부유럽과 유럽의 서부 변경인 영어 사용권 제도에 있는 개신교들 사이에 가장 강력한 변화가 지속적으로 나타났다. 물론 기독교 역사에는 보다 개인적이며, 경험적인 동시에 덜 형식적이며, 덜 위계적인 기독교 신앙의 사례들이 상존해 온 것은 틀림없는 사실이다. 그러나 이제 근대 초기 유럽에 그런 사례가 확산되고 있었다. 이런 사례들이 복음주의로 직접 연결된다.

2. 청교도와 국제 칼빈주의자

후에 18세기 복음주의자들은 특별히 구원하시는 그리스도에 대한 설교와 청교도들이 잉글랜드 국교회를 오염시킨다고 여기는 단지 형식뿐인 신앙에 대한 의도적인 반대가 필요하다는 열렬한 설교를 통하여, 잉글랜드 청교도 운동의 특징이었던 여러 주제들을 더욱 발전시켰다. 일반적 의미에서, 청교도 운동은 교회와 사회 그리고 자기 정화라는 과업을 완수하여, 잉글랜드의 종교개혁을 이루자는 열망이 표출된 운동이다. 잉글랜드의 종교개혁은 헨리 8세(Henry VIII, 1509-1547년)와 에드워드 6세(Edward VI, 1547-1558

---

4) 개요를 위해 참조하라. Ted A. Campbell, The Religion of the Heart: *A Study of European Religious Life in the Seventeenth and Eighteenth Centuries* (Columbia: University Press of South Carolina, 1991).

년 재위) 통치시기에 시작되어, 메리 1세(Mary I, 1553-1558년 통치) 치하에서 잠시 로마 가톨릭으로 회귀했다가, 결국 엘리자베스 1세(1558-1603년 통치)에 의해 공고해 졌다.[5] 청교도들은 16세기 잉글랜드 역사의 일반 경로를 밟아가면서, 이미 시작된 선한 과업을 완수하려면 열정적인 전진이 필요하다고 생각했다. 16세기 말과 17세기 초, 운동이 세를 얻게 되면서, 청교도는 경건서적을 봇물처럼 쏟아내었다. 이 책들은 구속받은 사람들이 경험한 하나님의 사역을 직접적으로 다루었다. 국내와 해외에서, 특히 독일어, 네덜란드어 번역판으로 재출간되었다. 이런 번역판은 유럽의 경건주의자들에게 커다란 의미를 안겨주었다. 그 다음에는 경건주의자들의 작품이 영어로 번역되어 복음주의자들에게 영감을 주었다.

윌리엄 퍼킨스(William Perkins, 1558-1602년) 같은 신학자들에 의해 청교도 운동이 지속되었다. 그는 회개한 죄인들이 구세주를 발견하는 경로를 도표화하여 유명해졌다.[6] 매사추세츠의 존 윈쓰럽(John Winthrop, 1588-1649년)과 잉글랜드의 호국경인 올리버 크롬웰(Oliver Cromwell, 1599-1658년)도 여기에 포함된다. 그들의 공적 삶의 상당부분이 성경적 신앙으로의 회심과 진지한 헌신을 통해 만들어졌다.[7] 청교도들은 또한 존 코튼(John Cotton, 1584-1652년)과 토머스 셰퍼드(Thomas Shepard, 1605-1649년) 같은 은혜로운 설교자들의 인도를 받았다. 그들은 잉글랜드에서 경력을 시작했고, 뉴잉글랜드로 이주한 청교도들의 영적 지도자가 되었다.[8] 이런 모든 사례는, 나중에 청교도가 복음주의자의 다수를 차지할 것이라는 예상을 가능하게 했다.

청교도 정신은 기독교 신앙을 더욱 개인적이며 더욱 내적인 실천으로 이

---

5) 특히 참조하라. Patrick Collinson, *The Elizabeth Puritan Movement* (Berkeley: University of California Press, 1967).
6) *The Works of William Perkins*, ed. Ian Breward (Abingdon: Sutton Courtenay, 1970).
7) 특히 도움이 된다. S. Morgen, *The Puritan Dilemma: The Life of John Winthrop* (Boston: Little, Brown, 1958). 그리고 Robert S. Paul, *The Lord protector: Religion and Politics in the Life of Oliver Cromwell* (London: Lutterworth, 1955).
8) 특히 참조하라. *God's Plot: The Paradoxes of Piety, Being the Autobiography and Journal of Thomas Shepard*, ed. Michael McGiffert (Amherst: University of Massachusetts Press, 1972).

끝었다. 그럼에도 여전히 전통적인 유럽의 기독교 국가 내부에 소속된 전통 종교의 자리에 머물렀다. 영국내란(1640년 이래)과 크롬웰 부상(浮上) 이전의 청교도는 개인의 개혁이 교회와 국가 체제의 개혁과 분리될 수 없다는 개념은 상상조차 할 수 없었다. 청교도는 가슴으로 느끼는 개인적 신앙의 필요성을 고양시킨 그대로, 총체적인 사회 개혁을 위한 강제적인 계획을 추진하기 시작했다. 1649년에서 1660년까지(찰스 1세의 처형에서 찰스 2세에 의한 왕정복고까지의 공백기 동안), 점점 많은 청교도들이 관용을 제한해서라도 사회 질서를 유지해야 한다는 크롬웰의 생각에 동의하게 된다. 그러나 주의 깊게 자발적으로 선택한 청교도 정신이 잉글랜드 백성의 대부분을 심한 두려움에 빠뜨려버렸다. 잉글랜드는 1658년 크롬웰이 사망하자, 부랴부랴 과거로 회귀했다. 또다시 왕의 보호를 갈구했고, 국가교회를 강화시켰다. 비국교도에 대한 새로운 박해에 돌입하면서, 하나님, 군주제도, 민족적인 잉글랜드 국교회 아래 통일된 하나의 사회라는 이상(理想)을 찬양했다.

1620년 비국교도 식민지 플리머스(Plymouth)로 청교도의 뉴잉글랜드 이주가 시작되었다. 1630년부터 매사추세츠, 코네티컷, 뉴헤이븐 식민지가 수립되면서(나중에 플리머스 식민지는 매사추세츠에, 뉴헤이븐은 코네티컷에 합병되었다) 세력이 확대되었다.[9] 뉴잉글랜드에서 청교도 통치의 헤게모니는 잉글랜드보다 더 오래 지속된다. 이는 청교도 지도자들이 포괄적인 기독교적 사회 구조를 유지하고자, 교회 멤버십의 자격요건에 있어 회심에 대한 초창기의 스트레스를 완화시키려 노력했기 때문이다. 뉴잉글랜드인들에게, 1662년의 중도 언약(the Half-Way Covenant)은 일종의 타협책이었다. 언약은 구원의 열쇠로서 하나님의 은혜 언약이 필요하다는 가르침을 살렸으며, 그러한 은혜를 경험한 사람들만이 성례에 참석할 수 있다고 규정했기 때문이다. 그러나 한편으로 대부분의 어린이를 중도 언약의 참여자로 포함시켜 다시 사회적 포용성을 발휘했다. 이에 따라 삶 속에서의 은혜를 입증하

---

9) 두 지역이 연결된 가장 우수한 연구로, Stephen Foster, *The Long Argument: English Puritanism and the Shaping of New England Culture, 1570-1700* (Chapel Hill: University of North Carolina Press, 1991).

지 못한 부모의 자녀들도 세례를 받을 수 있게 되었다. 타협을 통해 개인 구원에 대한 청교도적 관심을 지속시킬 수 있었으며, 동시에 포괄적 사회, 통일된 사회라는 이상을 지속시킴으로써 염려를 불식시켰다. 17세기라는 넓은 맥락에서 볼 때, 뉴잉글랜드 교회의 청교도는 자신들이 떠났던 잉글랜드의 정세변화에 따라 부유하는 듯 했다. 특별히 공적 고백의 강조, 교회와 국가 사이의 협력 강화, 비국교도 종교인에 대한 강력한 저항 등에서 그래 보였다. 그러나 복음주의적 실천이 활기차게 이루어지고 있었다 해도, 뉴잉글랜드 청교도들은 너무 수가 적었고, 잉글랜드와도 멀리 떨어져 있었기 때문에 복음주의적 영향력으로 영국에서의 신앙생활을 모두 포괄하기에는 미흡했다.

청교도는 일종의 은혜 중심의 개신교 사상을 만들었는데, 복음주의 부흥을 통해 이 정신이 다시 고개를 들었다. 그러나 한편으로 타협도 있었다. 1640년대의 의회 반란, 그에 이은 더욱 쓰라린 전쟁(아일랜드 가톨릭과 개신교 사이의 대유혈 사태를 포함), 거의 군사독재에 가까운 크롬웰 시대의 경험, 1640년대와 1650년대 새로운 종파들의 엄청난 확산 등으로 인해, 수많은 잉글랜드 사람들이 종교적 공포에서 회복되기까지 거의 1세기 이상 걸렸다.[10] 청교도 정신이란 아마 강력한 회심 설교, 개인적 경건의 추구, 평신도 성경공부로의 헌신 등을 뜻하겠지만, 조금은 비교육적인 결과를 불러일으키기도 한 것 같다.

- '열광주의'는 특히 하급 계층의 사람들은 자기 귀로 하나님의 음성을 듣는 체 했다.
- 율법폐지론(antinomianism)은 사적인 종교적 영감을 이유로 사람들을 일반법, 도덕적 의무, 합리적인 공적 의무의 준수를 회피하도록 이끌었다.
- 뒤바뀐 관용, 박해받던 당사자였던 '성도들'이 맹렬하게 적들을 박해하게 되었다.

1660년 군주제가 회복되었을 때, 국가로서 잉글랜드는 많은 이들이 청교

---

10) 이러한 공포감이 최근의 대중 소설에 잘 반영되어 있다. Iain Pears, *An Instance of the Fingerpost* (London: Jonathan Cape, 1997).

도 정신의 논리적 결과라고 간주한 사상으로 가득 차 있었다. 퀘이커 교도들은 정규 예배를 방해하고자 옷을 벗은 채 거리를 질주했다. 우상파괴론자들은 유서 깊은 교회 안에 있는 귀중한 조각들과 스테인드글라스를 닥치는 대로 부쉈다. 공격적인 도덕주의자들은 극장을 닫게 만들었고, 술집을 폐업시켰다. 교리적 완벽주의자들은 예정론, 성찬론 및 적절한 교회법을 둘러싸고 인정사정없이 논전을 벌렸다. 청교도 설교자들은 신앙 서적과 가정 예배의 습관을 통해, 보다 경험적인 신앙을 유지할 수 있었지만, 청교도 정신의 과도함(많은 사람들이 생각하기에) 때문에 많은 사람들이 미래의 복음주의 운동 또한 열광주의, 율법폐지주의, 거만한 불관용, 사회의 전반적인 무질서와 연루된 신앙이 아닌가 하고 의심했다.

1660년대부터 1730년대까지, 잉글랜드에는 공격적인 가슴중심의 종교가 남긴 사회적, 지적 결과에 대한 불안감이 있었다. 이 때문에 복음주의 운동이 대규모 군중을 모집하기란 사실 불가능에 가까웠다. 그럼에도 청교도 시대의 중요 인물들은 영국과 북미에서 복음주의 강조점을 생동감 있게 만드는 데 성공했다. 이들 중 가장 중요한 두 사람은 모두 영향력 있는 목사이자 저술가였으며, 그 중 한 사람은 독학한 문학의 천재였다.

조셉 올레인(Joseph Alleine, 1634-1668년)은 장로교 목사였다. 1662년 찰스 2세가 잉글랜드 국교회의 원칙에 순응하지 않는 모든 목회자들을 추방했을 때(전체 2,000명 이상), 그 또한 타운튼(Taunton)의 강단에서 축출되었다. 후에 신앙 때문에 투옥되었으며, 다시는 정식 목회직에 돌아올 수 없었다. 그럼에도 차세대는 그의 소책자 『회심하지 못한 자들에게 주는 경고』(*An Alarm to the Unconverted*, 1672년 초판 출판)를 열렬히 움켜쥐었다. 이 책은 성경 공부와 설교를 회심의 수단으로 강조했다. 올레인은 '내적 요인으로는⋯오직 거저주시는 은총만이' 그리고 '외적 요인으로는⋯예수의 보혈의 공로와 중보로'라는 두 가지 사상을 결합하여 이 책을 기술했다.[11]

리처드 백스터(Richard Baxter, 1616-1691년) 또한 1662년에 추방되었으나,

---

11) Joseph Allein, *An Alarm to the Unconverted* (London: Banner of Truth, 1959), 27.

수많은 확신자들의 적극적인 지지로 살아남아 미래의 복음주의 운동을 추동할 수 있었다. 『성도의 영원한 안식』(The Saints' Everlasting Rest, 1650년) 같은 책이 후대의 복음주의자 사이에 유명해졌다. 그러나 그의 복음주의적 특징은 자기 시대의 신앙적 삶에 대한 대처 방식에서 드러난다. 한 가지 예를 들면, 당시 청교도 복음 설교자 대부분은 엄격한 칼빈주의를 향하고 있었고, 일부는 후에 웨슬리가 주창한 세상 속에서 하나님의 사역이라는 보다 알미니안적인 개념을 지니고 있었다. 백스터는 이 두 입장의 중간에 서있었다. 또 다른 사례로, 그는 자신의 언급을 통해 유명해진 '순전한 기독교'(mere Christianity)의 앞선 수호자였다. 순전한 기독교란 수많은 기독교인들이 서로를 가르는 요인 때문에 다투기보다 협력하는 것이 더 좋다는 원리를 말한다. 그는 다음처럼 주장한다. '만일 기독교인(CHRISTIAN)이라는 이름만으로 부족하다면, 나를 보편교회의 기독교인(CATHOLICK CHRISTIAN)이라고 불러주십시오. 이 말은 계급서열적인 감독들의 집합체를 뜻하는 것이 아니고, 어떤 종교를 믿고 있다는 말도 아닙니다. 이 말은 그리스도와 사도들이 보편교회, 즉 예수 그리스도의 몸을 이 땅 위에 남기셨다는 말입니다.'[12] 백스터의 두 가지 태도(중도적 입장과 보편적 기독교)가 대지에 아로새겨졌으며, 다음 세대의 복음주의가 그 땅을 차지한다.

커다란 복음주의적 영향을 주었음에도, 전혀 그럴 것 같지 않는 출처가 존 번연(John Bunyan, 1628-1688년)이다. 베드포드(Bedford)의 사상가이자, 비국교회 평신도 설교자인 그는 1660년에서 1672년까지 청교도 신념 때문에 번번이 투옥되었다. 번연의 『천로역정』(Pilgrim's Progress, 1678년, 1684년)은 멸망의 도성에서 출발하여 십자가 앞에서 자기 죄 짐을 벗고 천상의 도성으로 들어가는 '그리스도인'(Christian)의 여행을 추적하는 감동적인 알레고리다. 수많은 독자들이 이 책을 즐겼다. 번연의 『죄인의 괴수에게 충만한

---

12) Baxter에 대한 C. S. Lewis의 언급으로 다음을 참조하라. *Mere Christianity* (London: Geoffrey Bles, 1952), vi. 여기서 인용한 Baxter는 다음 책이 출처이다. N. H. Keeble, *Richard Baxter: Puritan Man of Letters* (Oxford: Clarendon, 1982), 24. Lewis와 Baxter의 연관성을 위해서 다음을 참조하라. Keeble, 'C. S. Lewis, Richard Baxter, and "Mere Christianity"', *Christianity and Literature* 30 (spring 1981): 27-44.

은총』(*Grace Abounding to the Chief of Sinners*, 1666년)도 널리 읽혔다. 이 책에는 신중한 자아-성찰, 내면의 죄에 대항하는 강렬한 투쟁, 위로를 주는 성경의 은총 약속에 대한 신뢰가 들어 있는데, 이것들은 미래 복음주의자의 중요 덕목이 되었다. 청교도 저작을 통해 살아남은 주제를 보면, 18세기 복음주의의 발흥은, 청교도 정신이 완전한 사회 운동으로 부활했다고 할 수는 없지만, 초창기의 영적 주제가 복원되었다는 증거인 셈이다.[13]

북미 교회 내부에는 형식주의의 발호와 재난과도 같은 살렘 마녀재판(살렘 마녀재판은 1692년 미국 매사추세츠 식민지의 살렘 빌리지에서 행해진 재판이다. 뉴잉글랜드 총독의 명령으로 구성된 특별재판부에 의해 185명이 감옥에 갇혀 19명이 교수형을 당하는 등 모두 25명이 목숨을 잃었다. Salem witch trials, 1692-1693년: 역자주)이 끝났음에도, 국가교회의 신앙을 강요하는 국가 권력의 위협이 가중되고 있었다. 그럼에도 경험적인 기독교 신앙 또한 상당히 강한 흐름으로 살아남았다.[14] 보스턴 올드노스 회중교회(Old North Congregational Church)의 목사이자 다작가인 코튼 마터(Cotton Mather, 1663-1728년)는 십여 권이 넘는 책을 통해, 수많은 미래의 복음주의자들을 고무시킬 원칙을 반복적으로 강조했다. 이 원칙에는 성령의 자비로운 사역으로 여겨지는 회심, 모든 중생한 그리스도인의 타고난 권리인 고양된 성결함, 귀천을 막론하고 강권되는 복음주의, 이 세상에서 하나님의 사역을 완수하는 성령의 도구로 높은 평가를 받는 자발적인 교제가 포함된다. 비록 마터의 책이 올레인, 백스터, 번연만큼 자주 출판되지는 않았지만, 뉴잉글랜드 대각성의 정점에서 부흥의 동지들이 자신들의 대의를 뒷받침하고자 마터의 책을 연속적으로 재출간했다는 점은 주목할 만하다. 1740년의 『가정신앙의 활기와 장려』(*Family*

---

13) 복음주의 대각성의 지도자들이 재출판한 17세기 청교도 저작들에 대한 카탈로그와 전문가의 평가에 대해서 참조하라. Charles E. Hambrick-Stowe, 'The Spirit of the Old Writers: The Great Awakening and the Persistence of Puritan Piety', in Francis J. Bremer (ed.), *Puritanism: Transatlantic Perspectives on a Seventeenth-Century Anglo-American Faith* (Boston: Massachusetts Historical Society, 1993), 277-291.

14) 이 구문은 다음에 의존한 것이다. Richard F. Lovelace, *The American Pietism of Cotton Mather: Origins of American Evangelicalism* (Grand Rapids: Eerdmans, 1979).

Religion Excited and Assisted)는 가정에서 복음의 주제를 가르치는 부모들을 안내했다. 1741년의 『한 불안한 사람의 사례』(The Case of a Troubled Mind)는 죄의식 속에서 고뇌하는 사람들에게 그리스도의 자비를 중심으로 하는 도움을 제공했다. 1742년의 『어린이 경건의 귀감』(Early Piety Exemplified)은 어린 나이에도 성결한 삶이 가능함을 보여준, 여덟 살 어린이의 장례식 설교다.

스코틀랜드의 상황은 정치사와 교회사 양 측면에 걸친 몇 가지 이유 때문에, 잉글랜드 및 북미 식민지 상황과 구별되어야 한다. 스코틀랜드 지도자들은 국가-교회적인 전제 그리고 교리적 정통에 있어 높은 기준을 지니고 있었다. 이들은 17세기 말과 18세기 초 독특한 복음주의 강조점을 고양시켰다. 예를 들어, 에든버러 남쪽 에트릭(Ettrick)의 토마스 보스턴(Thomas Boston, 1676-1732년)은 순결, 본성(타락 이후의), 은총 그리고 영생(영광스러운 영생 또는 저주받은 영생)이라는 인간의 4중적 상태와 관련된 주제로 영향력 있는 설교자와 저자의 경력을 쌓았다.[15] 1720년 보스턴의 설교모음집인 『인간 본성의 네 가지 상태』(Human Nature in its Fourfold State)는 출간과 동시에 지명도를 얻었다. 강력한 복음주의적 메시지가 유명세의 주된 이유였으며, 지명도가 계속 유지되었다(아마도 18세기 스코틀랜드에서 가장 자주 출판된 책). 보스턴은 회심의 초자연적 성격 그리고 성령의 능력으로 성결한 삶이 가능하게 되는 출발점으로 회심을 강조했다. 조지 횟필드, 조나단 에드워즈, 존 웨슬리를 포함한 복음주의 운동의 여러 지도자들이 이 책을 읽었다.

또한 보스턴은 1718년 『현대 신학의 정수』(The Marrow of Modern Divinity)의 재출간에 핵심 역할을 한 인물이다. 이 책은 잉글랜드 청교도인 에드워드 피셔(Edward Fisher)의 저작으로, 1645년 런던에서 처음 출판되었다.[16]

---

15) 보스턴에 관한 이 자료의 출처는 다음과 같다. Philip Graham Ryken, *Thomas Boston as Preacher of the Fourfold State* (Edinburgh: Rutherford House, 1999), 널리 회람된 보스턴의 주요 저작에 관해서 299쪽에서 303쪽까지 나온다.

16) 결정판으로 다음을 참조하라. David C. Lachman, *The Marrow Controversy* (Edinburgh: Rutherford House, 1988).

이 책의 주장은 다음과 같다. 일반적으로 중생한 기독교 신자는 구원의 믿음에 대한 참된 확신을 지닌다는 것이 17세기 중반 청교도의 당연한 표준이었다. 그런데 지금은 이 사실이 스코틀랜드 국교회 지도자들을 곤란하게 만든다. 확신에 대한 강조야말로 통상적인 율법적 관례를 무시하는 율법폐지론을 파생케 한다는 두려움을 지도자들이 지니고 있다는 것이다. 대규모 팸플릿 전쟁이 시작되었다. 스코틀랜드 방식 그대로, 노회, 대회, 총회에 대규모의 청원, 항소, 재판 소동이 이어졌다. 논쟁의 결과, 스코틀랜드 장로교회(the Presbyterian Kirk)는 법률적 언약 해석(하나님과 인류는 쌍무적인 의무 관계를 맺었다)에 기우는 입장을 인정했다. 보스턴 일파는 은혜적 언약 해석(뉘우친 인류에 대한 하나님의 친교 허용은 전적으로 그리스도 안에 있는 그분의 자비에 의존한다)을 수용했다. 후대의 복음주의자들은 이 사건을 스코틀랜드 국교회의 신학적 연약함이 드러난 신호이자, 보스턴과 동료들이 복음을 수호한 용감한 행동으로 평가한다. 잉글랜드 및 미주 청교도주의의 개인적 측면 그리고 영적 측면과 아울러, 스코틀랜드의 칼빈주의 장로교 내부의 깊은 개인적 경건의 흐름 또한 복음주의 대각성에 이르는 도상에 중요한 중간기지 역할을 했다.

1730년대 말, 근대 복음주의가 등장했을 때, 대영제국 전역에서 경험주의적 칼빈주의 전통은 상당히 약화되어 있었다. 그럼에도 매사추세츠, 코네티컷의 많은 설교자들, 스코틀랜드와 아일랜드의 유능한 목회자들, 필립 도드리지(Philip Doddridge), 아이잭 와츠(Isaac Watts) 같은 잉글랜드 비국교도의 외로운 음성을 통해 명맥을 유지하고 있었다. 그 다음에 이어진 가장 중요한 사건은 이들 칼빈주의자들을 묶는 네트워크였다. 제국의 외딴 현장에서 부흥의 빛이 반짝였을 때, 네트워크는 즉각적인 행동에 돌입한다. 칼빈주의자로부터 다른 칼빈주의자에게 소식이 전해지면서 잔잔한 미풍처럼, 더욱 큰 부흥의 생기를 불러일으킨다.[17]

---

17) 18세기 초 대서양 사이의 연락이 느려졌다는 견해가 Bremer에 의해 제기되었다. J. Bremer, *Congregational Communion: Clerical Friendship in the Anglo-American Puritan Community, 1610-1692* (Boston: Northeastern University Press, 1994), 249-256. 그렇지만

3. 대륙 경건주의

중부유럽에서 미래 복음주의의 준비에 중차대한 사건이 발생한다. 역사가 리지놀드 워드(Reginald Ward)의 설득력 있는 묘사처럼, 영국과 미주 대각성의 모든 단계마다, 문학, 개인, 목회, 찬송가의 접촉이 이루어지면서 대륙 경건주의의 영성이 스며들었다.[18] 잉글랜드 청교도의 저서를 통해 큰 유익을 얻었던 경건주의자들은 참된 신앙이라는 이상, 조직적 자선 모델, 회심을 설명하는 구체적 방법, 구원의 확신에 대한 새로운 집중으로 영어권 복음주의자를 이끎으로써, 수차례에 걸쳐 은혜를 갚는다.

17세기의 행로에서, 독일어 사용 국가들은 신앙생활에 대한 관심이 중대되는 것을 목격했다.[19] 루터파와 개혁파 내부에 강경 개신교 정통파가 생겼으며, 이들은 교리적 정확도를 꼼꼼히 챙기는 특징이 있다. 정통 개혁주의 교회와 루터파 교회는 사회적, 지성적 질서 문제에 더 몰입되어 간 반면, 적극적이며 활기찬 개인적 신앙을 부르짖는 또 다른 목소리도 있었다. 이 목소리 중에서, 주요한 인물이 요한 아른트(Johann Arndt)다. 독일 북부 브룬스윅의 루터파 목사인 그는 17세기 초, 여러 권으로 이루어진 호소력 있는 제목의 『참된 기독교』(*On True Christianity*, 1605-1610년)를 내 놓았다. 이 책은 향후 수십 년 동안 독일어 및 여러 언어로 계속 출판되었을 뿐 아니라, 미래의 경건주의자들과 복음주의자들이 교회와 국가의 영적 상태를 분석하는 도구 역할을 하였다. 이 분석틀에 따르면 두 종류의 기독교가 있다. 한 기독교는 명목적이고, 형식적이며, 성급하고, 강하게 통제한다. 그러나 참된 기

결코 네트워크의 연결이 사라지지는 않았다는 것이 다음 책의 결론이다. Susan Durden O'Brien, 'A Transatlantic Community of Saints: The Great Awakening and the First Evangelical Networks, 1735-1755', *American Historical Review* 91 (1986): 311-332.

18) Ward의 *Awakening*과 함께 다음도 참조하라. Ward, *Christianity Under the Ancient Régime*, 131-146 그리고 Ward, *Kirchengeschichte Großbritanniens vom 17. bis zum 20. Jahrhundert* (Leipzig: Evangelische Verlagsanstalt, 2000), 19-86.

19) 탁월한 요약으로 다음을 참조하라. Ward, Awakening. 그리고 Martin Brecht (ed.), *Geschichte des Pietismus*, vol. I: *Der Pietismus vom Siebzehnten bis zum frühen achtzehnten Jahrhundert* (Göttingen: Vandenhoeck & Ruprecht, 1993).

독교는 지성을 갖춘 가슴의 종교다. 신자들을 그리스도의 사랑으로 행동하게 만드는 전혀 다른 기독교다. 아른트에게, 중세 영성의 선택적 사용이 '참된 기독교'로 가는 길이다. 예를 들어, 토마스 아 켐피스(Thomas à Kempis)의 『그리스도를 본받아』(On the Imitation of Christ)에 표현되어 있는 그런 영성이다. 그러나 후대의 대각성 운동가들은 평신도의 성경사용, 회심에 대한 분명한 호소, 기도와 교제 목적의 평신도 모임 등 소그룹의 혁신을 보다 직접적으로 강조하면서도, 국교회의 무기력하고, 관료적이며, 형식적이며 비영적인 종교성을 갱신하는 방법의 일환으로, 참된 기독교적 실천의 제안에 있어 아른트의 인도를 따랐다.

17세기 마지막 사분기에 시작된 독일 경건주의 운동은 아른트의 중요성을 입증하는 분명한 사례다. 경건주의 운동은 관련된 여타 운동들과 영어 사용 국가에서 일어난 미래의 복음주의 대각성에 중요한 동기가 된다. 또한 개신교 해외 선교의 첨병 역할을 담당한다. 몇몇 경건주의 그룹이 문화적 격차를 줄이려는 줄기찬 노력을 하면서, 미래의 영국과 미국 복음주의자들에게 큰 기여를 하게 된다. 1675년 요한 아른트의 설교집에 장문의 서문이 덧붙여져 다시 출간된 사건이 가시화된 운동으로 경건주의의 시작이라는 점이 의미심장하다. 바로 필립 야콥 슈페너(Philip Jakob Spener)가 이 중요한 서문의 저자다. 그는 당시 프랑크푸르트에 소재한 주류 루터파 교회의 목사로, 40세였다. 프랑크푸르트는 지금처럼 당시에도 상업과 통신의 중심지였다.

곧 슈페너의 서문은 『우리가 바라는 경건』(Pia Desideria)이라는 제목으로 독립되어 출판되었다. 이 책은 독일 영적 문제의 유형 분석에서, 아른트에게 빚지고 있다. 무수한 교회활동에도 불구하고 독일에서 '(단지 명백한 악행을 회피하거나, 외형적 도덕 생활을 넘어서는) 참된 기독교를 진정으로 이해하고 실천하는 사람은 거의 없다.' 단지 형식적 신앙을 실천하고 있는 이들이 거짓된 신앙을 참된 신앙 항목이라고 주장하면서, 자신과 다른 사람들을 바보로 만들고 있다. '그들이 신앙이라고 여기는 것, 그들이 자기 교리의 기초로 여기는 것은 결코 성령께서 조명하시며, 증인되시고, 인 치신 하나님의 말씀을 통해 일깨워지는 참된 신앙이 아니다. 그것은 인간의 공상에 불과하다.[20]

슈페너는 독일의 위태한 신앙적 상황에 대처하고자, 여섯 가지 치유책을 제시한다. 다음 세기 경건주의자들과 복음주의자들은 그가 제출한 치유책의 핵심을 반복하여 추종한다. (1) 반드시 성경으로 회귀해야 한다. 우리는 오직 성경 안에서만 복음의 좋은 소식과 하나님을 기쁘시게 하는 '선행의 규칙'을 발견할 수 있기 때문이다. (2) 신앙생활에서 또다시 평신도가 적극적인 역할을 맡아야 한다. 슈페너는 평신도의 영적 주도권 강화를 위한 권면에서, '고대와 사도 시대의 교회 모임'이라고 부르는 모임의 계획안을 제시했다. 남녀 평신도들이 정규 예배 시간 외에 성경공부와 영적 격려를 위해 모이는 모임이다. 이미 슈페너는 프랑크푸르트에서 실제로 모임을 가졌고, 경건회(collegia pietatis)라고 불리게 되었다. 무수한 소모임의 변종이 생기면서, 이런 소모임이 향후 복음주의 생활의 결정적인 특징이 된다. (3) 그리스도인은 반드시 정확한 믿음에 대한 인식을 넘어, 능동적인 경건의 삶에 도달해야 한다. '만일 우리가 우리들 그리스도인 사이에 열렬한 사랑을 일깨우려면, 먼저 서로에게, 그 다음 전 인류에게 다가가야 한다. 그리고 그런 사랑을 실천한다면, 우리가 바라는 모든 일이 실제로 완수될 것이다.' (4) 무자비한 신앙 논쟁은 즉시 중단되어야 하며, 이는 '모든 불신자와 이단을 향한 가슴 뜨거운 사랑의 실천'으로 대체되어야 한다. (5) 목회는 '그 자신이 참된 그리스도인'인 사람을 위해 예비되어야 한다. 단지 권력과 특권 추구에 열심인 자리를 섬기는 사람을 위한 것이 아니다. (6) 끝으로, 목회 준비생의 훈련은 경건의 실천에 능통하도록 만드는 것이어야 한다. 영적 생활에 대한 앵무새 같은 이론 훈련이 아니어야 한다.[21]

시대를 향한 슈페너의 논문은 엄청난 반향을 불러일으킨다. 몇몇 정통파

---

20) Philip Jacob Spener, *Pia Desideria*, 번역. Theodore G. Tappert (Philadelphia: Fortress, 1964), 45-46.
21) Ibid, 87, 89, 96, 99.

목회자들은 논문을 '광신적'이라며 비난했다. 그들은 교육 받지 못한 평신도에게 자유의 고삐를 주는 일은 건전한 신학과 안정된 교회 질서를 갉아먹는 일이라고 주장했다. 종교적 안정을 바라는 비판자들이 완전히 틀린 것은 아니라 하더라도, 슈페너가 그토록 직접적으로 호소하는 영적 필요성을 그들이 간과한 것만은 사실이다.

사실상 긍정적 반응이 비판을 압도했다. 드레스덴(작센)과 그 다음 베를린(브란덴부르크-프러시아)의 향후 정세를 보면, 슈페너는 충실한 추종자의 확보에 성공했다. 특히 조직의 천재인 아우구스트 헤르만 프랑케(August Hermann Francke, 1663-1727년)도 지지자에 포함되어 있었다. 모두가 경건주의자로서 같은 마음을 지닌 이 팀은 엄청난 규모의 종교적 건설에 착수했다. 1694년 할레대학 설립, 대규모 경건서적과 영적 서적 출간, 유럽에서 가장 큰 고아원 설립, 최초의 개신교 선교사 파송이 이들의 활동이었다. 또한 활동 기금 마련의 한 방도로 의약품 제조와 배포의 효과적인 개발도 들어 있었다.

18세기가 시작되자, 경건주의자들의 추진력은 할레 서클을 넘어 급속히 뻗어나갔다. 슈페너를 통해 경건주의에 헌신한 신비주의 역사가 고트프리드 아놀드(Gottfried Arnold, 1666-1714년)는 호기심으로 널리 읽힌 『교회와 이단에 관한 편견 없는 역사』(*Impartial History of Churches and Heretics*, 1699-1700년)로 자기 방향성을 모색해 나갔다. 공격적인 현존 교회 비판과 영적 몸인 보이지 않는 교회에 관한 역사적 자료가 방대하게 결합된 이 책은, 만일 진지한 탐구자라면 성령과 진리를 발견할 수 있다고 주장했다.[22] 경건주의의 영향력은 곧바로 독일의 남서부 뷔르템베르크(Württemberg)에도 미치게 되었다. 몇 년 만에 성경학자인 요하네스 알브레히트 벵엘(Johannes Albrecht Bengel, 1687-1752년)이 기념비적인 신약 문서 비평과 주석 연구를

---

22) Hans Schneider, 'Der radikale Pietismus im 17. Jahrhundert', *Geschichte des Pietismus*, vol. 2: *Der Pietismus vom 17. bis zum frühen 18. Jahrhundert* (Göttingen: Vandenhoeck & Ruprecht, 1993), 410-418 그리고 Schneider, 'Gottfried Arnold', *Geschichte des Pietismus*, vol. 2: *Der Pietismus im 18. Jahrhundert* (Göttingen: Vandenhoeck & Ruprecht, 1995), 116-119.

이곳에서 시작했다. 그 무렵 형식상 종교에 대항하는 경건주의 신앙과 실천 그리고 경건주의적 비판이 스칸디나비아, 네덜란드, 스위스로 신속히 확산되었다. 또한 오스트리아 가톨릭 군주의 엄한 통치 밑에서 생존 투쟁 중이던 보헤미아, 모라비아, 잘츠부르크, 실레지아의 박해받는 개신교 사이에도 번져갔다. 1722년 프랑케의 제자인 작센의 니콜라스 루드비히 폰 진젠도르프(Nicholas Ludwig von Zinzendorf) 백작이 실레지아에서 망명 온 소규모 그룹에 피난처를 제공했다. 그의 작은 행동이 영어 사용권과 전 유럽에 엄청난 결과를 초래한다.

명랑하면서도, 별나고, 고집도 센 작센 귀족 진젠도르프(1700-1760년)가 강력한 그리스도-중심의 신앙에 고무되었다.[23] 젊은 진젠도르프는 작센 남동부에 실질적인 영지를 얻자마자, 가톨릭 당국의 억압으로 보헤미아와 모라비아(현재 체코공화국)에서 추방당한 피난민을 위한 장소를 마련했다. 이들은 종교개혁 이전 후스파 교회의 후예로, 형제단(the Unity of Brethren) 즉 모라비아파 교인이었다. 가톨릭 합스부르크 왕조가 이들을 내쫓았다. 그는 할레에서 프랑케로부터 배운 자신의 경건주의 루터파 신앙과 모라비아 교도들이 고향에서 가져온 부흥 신앙이 결합되어, 새로운 신앙 운동이 자기 영지 '헤른후트'(Herrnhut, 주님의 보호)에 형성되는 것을 앞서서 볼 수 있었다. 이처럼 새롭게 된 형제단 대표들과 잉글랜드의 초창기 복음주의 대표들이 만나게 되면서, 상상 가능한 가장 원대한 결과가 빚어졌다.

그러나 모라비아 교도가 영어 사용권 지역에 미친 영향은 경건주의의 광범위한 영향의 일례에 불과하다. 강력한 억압이 존재하는 오스트리아 지역에 부흥이 일어났다. 곧바로 이들 개신교인들이 가톨릭 영토에서 추방되었다는 소식이 전해진다. 이 소식은 영어 사용권 전역의 수많은 목격자에게 분노와 격려와 함께 동시에 영감을 불러일으켰다. 향후 영미 복음주의의 주요 인물인 길버트 테넌트, 조나단 에드워즈, 존 웨슬리는 개인적으로 또는

---

23) Ward, *Awakening*, 116-159; Ward, *Christianity Under the Ancient Régime*, 112-125 그리고 *BDEB*, 1226-1227 (Peter Lineham, 'Zinzendorf').

서신연락을 통해 경건주의자들과 접촉하고 있었다. 경건주의자들은 영어를 사용하는 동지들에게 개인적 경건 노선에 적극 동참하라고 권유한다. 단지 형식뿐인 교회라는 질병의 치료제로, 참된(또는 진정한) 기독교를 추구한 경건주의자들은 비슷한 분석 틀을 통하여 청교도들이 실천했던 바를 강화시킨 셈이다. 대륙과 영국의 연결이 중요했다는 한 가지 단서가 있다. 1746년 존 웨슬리가 감리교 순회설교자들을 위해 '기독교 선집'을 시작할 때, 첫 시리즈가 아른트의 『참된 기독교』를 요약한 것이다. 나중에 웨슬리의 『신약 노트』(Notes on the New Testament)도 대개 벵엘의 주석을 요약한 것이다.[24]

경건주의자의 거룩성 추구가 개인 성경공부를 통해서 인정받고, 하나님의 사역을 내적으로 경험하는 것이라는 정의를 받게 되면서, 영국과 식민지의 복음주의자들을 고무시켜, 경건주의 예배 스타일과 설교, 자발적 조직을 모방하게 만들었다. 경건주의자들이 고아와 노예, 공동체 내의 특수 그룹(남녀노소)과 한 번도 복음을 듣지 못한 사람들을 위해 조직한 선행의 실천 사례는 18세기 영미 복음주의자들이 행하게 되는 가장 중요한 실천 작업 대부분에 직접적인 동기가 되었다.

또한 대륙의 경건주의자들은 영어 사용권 복음주의자들에게 찬송에 대한 강렬한 애착도 전해주었다. 아른트 시대와 슈페너 시대(특히 끔찍한 학살이 벌어진 1618년에서 1648년까지, 30년 전쟁 동안) 독일 교회는 대개의 경우 슬픈 인간 존재의 현실에 유일한 희망의 원천인 그리스도의 은혜로우신 자비를 선포하는 찬송을 통해, 영적 생활이 유지되고 있었다. 후에 많은 찬송가가 영어로 번역되었다. 요한 헤에르만(Johann Heerman, 1585-1647년)의 '오 거룩한 예수님, 어떻게 고난받으셨는지…당신을 부인한 것은 저였으며, 제가 당신을 십자가에 못 박았나이다', 게오르그 노이마르크(Georg Neumark, 1621-1681년)의 '너 하나님께 이끌리어', 가장 위대한 찬송가 작사가 파울 게르하르트(Paul Gerhardt, 1607-1676년)의 '왜 십자가와 고난이 나를 슬프게 하나?' 그리고 라틴어 번역인 '오 성스러운 머리, 지금 상처 입으셨네' 등의 찬송가

---

24) Ward, *Christianity Under the Ancient Régime*, 133 그리고 Rack, *Wesley*, 347, 382.

가 번역되었다. 슈페너, 프랑케, 벵엘 및 여러 사람의 작품을 통해 공식적인 경건주의 운동이 조직될 때, 열렬한 평신도 찬양자들의 인간정신을 통해 만들어진 직설적이면서 단순한 복음 중심의 찬송집에서 새로운 찬양들이 엄청나게 샘솟았다. 대륙 경건주의자들은 구체적인 몇 몇 찬송을 통하여, 그리고 영적 양육과 경험의 한 형태인 찬양에의 헌신을 통하여, 영어 사용권 복음주의자들이 열렬히 따르게 되는 길을 밝혔다.

청교도주의와 경건주의의 가슴에 대한 관심이 복음주의의 가슴에 대한 관심과 완전히 같은 것은 아니었다. 정치적 통일체에 대해서 복음주의자들은 앞선 청교도들과 다른 태도를 견지했다. 영어 사용권 복음주의자들은 유럽 경건주의자들과 다른 사회적 배경에서 복음 신앙을 이해했다. 그러나 이러한 정황상 차이를 인정하고 나면, 청교도주의, 경건주의, 복음주의는 밀접히 연결된 비슷한 신앙 운동임을 알게 된다. 가장 중요한 유사성은 하나님께서 하나님을 믿고 회개하는 죄인을 실제로, 능동적으로 그리고 분명히 변화시키신다는 공통적인 확신이다.

4. 고교회(高教會) 영성

복음주의에 선행한 세 번째 중요 흐름의 출처는 고교회파 잉글랜드 국교회(High Church Anglicans)다. 잉글랜드 국교회 내 고교회파는 1740년 이전 두 세대에 걸쳐 큰 손상을 입었다.[25] 1688년의 명예혁명 당시, 토마스 켄(Thomas Ken, '하나님을 찬양하라. 그로부터 은혜가 흐르네'의 작사가) 주교처럼 매력 넘치는 지도자들도 직위를 박탈당했다. 추방된 군주인 제임스 2세에게 충성서약을 했으므로, 윌리엄과 메리에게 충성서약을 하지 않았기 때문이었다. 제임스 2세의 후예에게 다시 왕위를 찾아주려고 시도한 야곱파와

---

25) 특별히 다음 저작의 앞 장들을 참조하라. Walsh, Colin and Stephen Taylor (eds.), *The Church of England, c.1689-c.1833* (New York: Cambridge University Press, 1993).

연루되면서, 비 서약자들과 고교회 동료들의 운명은 다시 한 번 바닥으로 전락한다. 그러한 난관에도 불구하고, 고교회 영성의 활기찬 흐름이 런던과 많은 지역 교구에 살아남는다. 이 운동의 긴요한 영적 강조점은 '고대 기독교', 즉 첫 몇 세기에 교회가 위대한 순전함으로 실천했다고 여겨지는 초대 교회의 신앙에 있었다. 윌리엄 케이브(William Cave)의 『초대 기독교: 또는 복음의 첫 세기들에 있어 고대 기독교인들의 신앙』(*Primitive Christianity: or the Religion of the Ancient Christians in the First Ages of the Gospel*, 1673년)과 앤쏘니 호넥(Anthony Horneck)의 『행복한 고행자…초대 기독교인들의 성스러운 삶에 대하여』(*The Happy Ascetick…Concerning the Holy Lives of the Primitive Christians*, 1681년) 등이 이상(理想)에 대해 설명했다. 초대 성도들의 믿음과 삶의 모방, 자아를 위한 금욕적 실천, 사회에 대한 거룩한 규율, 교회 성례 예식의 정기적인 참여라는 이상이 드러나 있다.[26]

존 웨슬리와 찰스 웨슬리의 부모인 새뮤얼 웨슬리(Samuel Wesley)와 수재나 웨슬리(Susannah Wesley)도 고교회의 사도적 고대성을 열렬히 지지했다. 1710년 이목을 집중시켰던 고교회 성직자 새시버렐(Sacheverell) 박사의 재판에서 그를 변호하는 초안을 새뮤얼이 작성한 것으로 보인다. 노부부는 비국교도 가정에서 자랐지만, 잉글랜드 국교회로 개종했다. 실제로 수재나는 자신의 고교회 원리에 대단히 진지했다. 새로운 군주를 위한 가족 기도회의 참여를 (법에 저촉되는 방법으로) 거부함으로써, 남편과 일시적인 별거를 할 정도였다. 중년기의 웨슬리 부부는 고교회 원리의 세부적인 사항에서는 견해가 달랐지만, 기독교의 고대성이라는 고교회 이상의 추구에는 하나였다. 이런 헌신으로부터 자기 자녀들과 다른 사람의 자녀들에게 신앙문답을 가르치는 노력이 솟아났다. 개인의 도덕적 표준에 대해 공들여 가르쳤고, 성찬에 자주 참여하도록 했다. 미래의 복음주의 운동은 고교회의 강조점을 일정부분 수정한다. 특히 초대 기독교의 모델로서 사도행전을 강조하게 된

---

26) 참조. Eamon Duffy, 'Primitive Christianity Revived: Religious Renewal in Augustan England', in Derek Baker (ed.), *Renaissance and Renewal in Christianity History* (Oxford: Blackwell, 1977), 287-300.

다. 그럼에도 복음주의의 탄생에 있어, 초대주의자들의 노력은 고교회가 남긴 중요한 유산이다.

또한 새뮤얼 웨슬리는 1670년대 말, 고교회파 잉글랜드 국교회 교인들이 창설한 자발적 신앙 협회의 헌신적인 지지자 중 한 사람이다.[27] 협회는 런던에서 처음 설립되었고, 그 다음 잉글랜드 각지에 세워졌다. 목적은 개인적 경건의 촉진과 전체 대중 안에서 선행의 추진이었다. 1699년 조시아 우드워드(Joshia Woodward)가 감화력 있는 소논문 『런던종교협회의 설립과 발전 이야기』(An Account of the Rise and Progress of the Religious Societies in the City of London)를 출간했다. 논문에는 협회의 목적이 아주 세밀히 설명되어 있다. 논문은 25년 사이 적어도 네 번 이상 재출간되었고, 특별히 소그룹에 모범적 규칙을 제공하는 것으로 유명했다. 우드워드의 영향력 있는 논문이 출간된 지 일 년 후, 새뮤얼 웨슬리는 열정적인 팸플릿, 「종교협회에 관한 편지」(Letters Concerning the Religious Societies)를 세상에 내놓는다. 소책자는 광범위한 영적 갱신의 주요 동인으로 협회를 묘사했다. 소수의 잉글랜드 국교회 주교들이 협회에 대한 우려를 표명했다. 협회는 특히 진지한 청년들에게 매력적이므로, 청년들을 열광주의로 유도할 수 있다는 것이다. 그러나 우드워드, 새뮤얼 웨슬리 및 여러 지지자들은 협회가 일상적 교회 기능의 유용한 보완물이 될 수 있다고 변호한다.

당시 잉글랜드 국교회에는 특별한 목적을 수행하는 두 기구가 있었는데, 잉글랜드 국교회의 사회적 관점의 확장인 셈이다. 기독교지식진흥회(SPCK, Society for Promoting Christian Knowledge, 1698년 창설)는 성경과 기독교 서적을 배포하고, 잉글랜드와 웨일즈, 기타 식민지에 자선 학교를 설립했다. 해외복음전도회(SPG, Society for the Propagation of the Gospel in Foreign Parts, 1701년)는 해외의 잉글랜드 국교회 예배를 관장하고, 군주의 통치 범

---

27) 이 대목에서 필자는 다음을 따른다. John Walsh, 'Religious Societies: Methodist and Evangelical, 1738-1800', in W. J. Shiels and Diana Wood (eds.), *Voluntary Religion* (Oxford: Blackwell, 1986), 279-302 그리고 Henry D. Rack, 'Religious Societies and the Origins of Methodism', *Journal of Ecclesiastical History* 38 (October 1987): 582-595.

위 안에 있는 불신자의 복음화라는 목표를 가졌다. 두 기구 모두 지역 종교 협회를 통해 잘 성장한 고교회의 행동주의를 확대시켰다. 두 기구는 초창기 복음주의자, 특히 존 웨슬리와 찰스 웨슬리에게 다양한 기독교적 봉사를 모색할 수 있는 기회를 제공한다.

복음주의가 고교회파 잉글랜드 국교회의 자원자 제도에 큰 빚을 졌다는 사실이 종종 무시되고 있다. 특히 많은 복음주의자들이 잉글랜드 국교회 제도를 활기 없는 형식주의로 간주하고, 강력한 대항을 위해 결집했다는 점 때문에 더욱 그러했다. 그러나 잉글랜드 국교회 전통의 중요성은 잉글랜드 국교회의 경계선 내부만이 아니라, 어디서나 현저했다. 웨일즈, 스코틀랜드, 뉴잉글랜드의 초창기 복음주의 지도자들은 잉글랜드에서처럼, 복음적 설교에 반응하는 사람들을 국교회 안의 자원자 협회로 조직화했다. 해외의 경건주의자들이 방법을 보여주었고, 최근의 잉글랜드 국교회 역사에도 평신도 자원자 조직이 널리 받아들여지고 있기는 하지만, 협회로의 조직화는 거의 본능적인 행동이었다.

5. 합류점

1720년대 말, 옥스퍼드와 헤른후트에서 서로 연결되지 않은 두 가지 사건이 일어난다. 이 사건들은 청교도 정신, 경건주의, 고교회파 잉글랜드 국교회주의가 복음주의 형성에 미친 중요성을 암시하고 있었다. 1728년 또는 1729년 옥스퍼드대학 당국은 이신론의 위험성에 관한 공식 경고를 발하고 있었다. 바로 그 때, 새뮤얼과 수재나의 막내 아들인 찰스 웨슬리는 크라이스트 처치(Christ Church)의 학부생이었다. 그는 신앙 문제로 고심중이었다.[28] 충성스러운 잉글랜드 국교회 신자인 그가 동일한 마음을 품은 학생 로버트 커크햄(Robert Kirkham)과 윌리엄 모건(William Morgan)을 발견한 일

---

28) 참조. Wesley, *Reader*, 4-6.

은 자연스러웠다. 이들은 기도, 영적 독서, 자기 성찰, 불우한 사람들을 위한 선행을 목적으로 모이게 된다. 점점 모임이 자라갔다. 조직이 분명 반세기 전 번성했던 고교회파 협회의 색채를 드러내며 형성되었음이 분명하다. 다음해 찰스의 형인 존이 옥스퍼드에 돌아온다. 협회 조직이 견고해지면서, 조금씩 회원이 는다. 사람들이 모임을 '신성 클럽'(Holy Club)이라거나, 회원들을 '성경-나방'(Bible-Moths), '열광자'(Enthusiasts), '공덕(功德) 쌓는 사람들'(Supererogation-Men), '방법론자'(methodist) 등으로 비웃기 시작했다.[29] 몇 년 후, 존 웨슬리는 감리교 순회설교자들을 위해 케이브의 『초대 기독교』와 호넥의 『행복한 고행자』를 출판했다. 동시에 많은 청교도 저자들과 경건주의 저자들의 책이 출간되었다.[30]

작센의 헤른후트에서 보다 극적인 사건이 일어난다.[31] 1727년 여름, 진젠도르프의 초청을 받아들인 이백 명 이상의 사람들이 그의 영지에 정착했다. 일부가 모라비아와 보헤미아에서, 또 일부가 독일어 사용권 전역으로부터 도착한다. 진젠도르프 본인은 루터파 경건주의 서적들을 홍보하느라 바쁜 와중에도 요하네스 아모스 코메니우스(Johannes Amos Comenius, 1592-1670년)를 읽고 있었다. 코메니우스는 헤른후트로 피난 온 후스파 보헤미아인의 위대한 스승이었다. 8월의 막바지, 진젠도르프의 초라한 망명자와 이주민들이 오순절 같은 영적 체험을 하게 된다. 어린 소녀 네 명이 회심하면서, 그들에게 불이 붙었다. 소녀들은 자신의 구원에 관한 의심과 싸우고 있었는데, 하나님의 은총에 대한 특별한 확신을 받게 되었다. 이들 중, 두 소녀의 첫 번째 성례식은 예배 중 특별한 감동의 순간이었다. 며칠 후, 8월 29일 밤 10시부터 새벽 1시까지, 별도의 모임으로 모인 소년 소녀들이 '마음을 드리는 기도와 찬양'에 몰입되었다. 당시 모라비아 연대기의 묘사는 다음과 같다. '성령께서 너무 강력하게 아이들 안에 임하셨기 때문

---

29) 이 명칭들에 대해서 참조하라. Heitzenrater, *Wesley*, 41 그리고 Rack, *Wesley*, 84.
30) Duffy, 'Primitive Christianity Revived', 299-300.
31) 이 설명은 다음을 따른다. Ward, *Awakening*, 126-128.

에 말로 표현할 수 없다.'³²⁾ 이 경험에서 근대 모라비아 운동이 태동되었다. 진젠도르프는 몇 주 만에 모라비아 교인들을 영적 상호격려를 위한 소그룹(또는 밴드)으로 나누었다. 많은 모라비아인들이 개인의 영적 여정을 일기와 편지로 기록하기 시작했다. 전체 구성원이 개인의 영성을 드러내었고, 협력 방향을 논의하고자 자주 모였다. 모든 사항이 주의 깊게 기록되었다. 간단히 말해, 그들은 방법론적 통일이라는 새로운 주화(鑄貨)를 제조하는 중이었다.

한편 아이잭 와츠를 포함한 소수의 잉글랜드 비국교도들은 벤자민 콜만(Benjamin Colman) 같은 뉴잉랜드 회중주의자들과 서신을 주고받고 있었다. 1728년 코튼 마터(Cotton Mather)가 사망하자, 콜만이 보스턴의 핵심 목회자로 부상한 시기였다. 청교도, 고교회파 잉글랜드 국교회 그리고 경건주의 노선의 영적 영향력이 함께 모이기 시작한다.

6. 시작

18세기 초반 이래, 눈에 띄는 세력으로 인정받는 여러 경건주의 분파가 있는 대륙의 사정과 달리, 영어를 사용하는 '복음' 신앙 운동은 수십 년이 지난 후에도 준(準)조직체 수준의 모임도 갖지 못했다. 그러나 세기 초, 영국과 식민지에서 일어난 몇 몇 사건들이 조직 면에서 향후 복음주의 운동사에 상당한 의미를 지니게 되었다. 사건과 상황은 널리 분산되어 있지만, 이 모든 것이 부흥의 불을 촉발시킬 조건을 만들고 있었다. 영어 사용권의 수많은 목회자와 평신도가 요한 아른트의 기독교적 관점을 공유하기 시작했다. 그리고 삶을 바꾸는 회심 경험을 하게 되면서, 입장 변화를 보이는 사람들이 증가하기 시작한다.

현재 관점에서 회고해보면, 서로 연결되지 않았던 18세기 초의 여러 사

---

32) Ibid, 127.

건들이야말로, 복음주의 갱신을 기대하게 하는 일들이었다. 1707년 실레지아(Silesia) 벽지에서 별난 사례가 보고된다. 실레지아는 로마 가톨릭 국가인 폴란드와 루터파 공국인 작센(Saxony) 사이에 자리 잡은 공국이다. 공국은 오스트리아 왕이자 신성로마제국 황제인 가톨릭 황제의 근심어린 통치를 받고 있었다.[33] 그해 스웨덴 왕 찰스 12세가 실레지아의 개신교인들을 위해 개입하면서, 사람들의 마음이 들뜨기 시작한다. 그러나 이미 실레지아의 모든 개신교 교회들이 폐쇄된 후였기 때문에, 찰스의 원조를 용이하게 받아들이기 어려웠다. 이런 충돌의 소용돌이 속에서, 경건파 스웨덴 병사들이 야외에서 공개 예배를 드리기 시작했다. 실레지아 어린이들이 막사 모임에 참여하여 기도하고, 들판과 요새에서 찬송했다. 곧이어 어른들도 자기 죄를 고백하고, 삶을 개선하기 시작했다. 다양한 순회설교자들이 새로운 신앙의 시간을 지속하고자 구성된 소그룹을 방문했다. 수년에 걸쳐, 모라비아에서 독일로 탈출이 계속되는 동안, 실레지아 및 이웃 테쉔(Teschen)에 비슷한 일들이 되풀이된다. 테쉔 공국은 오스트리아의 가톨릭 지배가 공고한 나라였다. 개신교인들의 자의식 속에 새로운 부흥 형태를 활성화시키는 새로운 방법들이 생기기 시작한 것이다.

바로 같은 시간, 머나먼 웨일즈에도 젊고 열정적인 잉글랜드 국교회 목사 그리피스 존스(Griffith Jones)가 온갖 혁신으로 점철된 목회 활동을 시작하고 있었다.[34] 존스는 지방의 문법학교에서 교육을 받고, 1716년 남부 웨일즈 카마덴셔(Carmarthenshire)에 있는 쌍도우로르(Llanddowror) 교구의 잉글랜드 국교회 목사로 임명되었다. 존스가 정기 순회 활동을 하자마자, 밀려드는 청중을 감당할 수 없게 되었다. 때로는 교회 묘지나 들판에서 설교해야만 했다. 설교 시간은 소란과 축제, 기타 사람들의 방탕함에 대한 저주

---

33) Ibid, 70-77.
34) Eifion Evans, *Daniel Rowland and the Great Evangelical Awakening in Wales* (Edinburgh: Banner of Truth, 1985), 31-33; Owain W. Jones, 'The Welsh Church in the Eighteenth Century', in David Walker (ed.), *A History of the Church in Wales* (Penarth: Church in Wales Publications, 1976), 107-109; 그리고 *BDEB*, 620-621 (Geraint H. Jenkins, 'Griffith Jones').

로 가득 찬 각성의 시간이었다. 귀족이든 천민이든 주님의 이름을 듣고 온 모든 사람이 회개하고, 중생해야 하며, 그리스도와 연합해야 한다고 주장했다. 곧이어 존스는 웨일즈어 성경과 기독교 서적의 배포를 촉진한다. 어린이, 어른 할 것 없이 모두를 위한 기초 웨일즈어 교육을 활발히 전개한다. 1731년 순회 학교가 설립됨으로써, 웨일즈어 교육이 공식화되었다. 이 학교는 교사들이 교구에서 교구로 이동하며 가르쳤다. 지역 잉글랜드 국교회 당국자의 승인을 얻게 되면서, 교사들이 성경과 잉글랜드 국교회 기도집 및 기독교 서적을 웨일즈어로 읽을 수 있도록 가르쳤다. 순회 학교의 노력이 누적되면서, 웨일즈어 가독율(可讀率)이 크게 높아졌다. 가독율의 증가 또한 부흥의 준비였다. 순회 학교가 웨일즈에서 가장 잘 진행되었기 때문에, 후에 감리교가 이 지역에서 가장 빨리 전파되는 요인이 된다.

뉴잉글랜드 교회 내부에도, 청교도적 과거와 연관된 활기찬 경건의 신호들이 포착되고 있었다. 뉴잉글랜드 청교도 역사를 통해, 직접적인 회심 설교와 하나님을 위한 삶의 강렬한 추구가 영고성쇠(榮枯盛衰)를 겪게 된다. 18세기 초, 보다 많은 뉴잉글랜드 사람들이 일종의 물질적 번영을 누리게 되었다. 보다 많은 사람들이 고향에서 더 멀리 진출했고, 더욱더 잉글랜드 젠트리의 생활양식을 모방하게 되었다. 초창기의 활기찬 경건이 점점 사라졌다고 보는 것이 공정한 평가다. 그러나 복음에 대한 강렬한 경험과 효과가 모두 사라진 것은 아니었다. 보스턴에서 코튼 마터의 오랜 사역과 내륙 벽지에서 그 증거가 발견된다. 조나단 에드워즈의 후일담이다. 그의 조부는 매사추세츠주 노스앰턴에서 선대 목회자였다. 솔로몬 스토다드(Solomon Stoddard)가 특이한 영혼의 '추수' 몇 건을 목격했다. 1712년의 사건이 최근의 가장 대규모 사건이었으며, 1718년에도 작은 규모로 반복되었다고 한다.[35] 역사가 마이클 크로포드(Michael Crawford)는 뉴잉글랜드의 추수에 대해 최소 열다섯 개 이상의 기록을 발견했다. 대체적으로 1712년부터 1732년까지 이

---

35) Edwards, *A Faithful Narrative of the Surprising Work of God* (1737), in Edwards, *Works*, vol. 4: *The Great Awakening*, ed. C. C. Goen (1972), 146.

십년 사이, 코네티컷 강 주변 마을에 집중되어 있었다.[36]

스토다드의 마지막 수확 후 몇 년 만에, 중부 뉴저지의 래리탄 리버 밸리(Raritan River Valley)에 희박하게 분포된 네덜란드와 잉글랜드 이주민 사이에 전례 없는 신앙적 흥분이 나타났다. 1720년 초, 여섯 군데의 소규모 네덜란드 정착지의 목사로 테오도르 프렐링하이젠(Theodore Frelinghuysen, 1691-1747년 추정)이 부임한다. 그는 회심 메시지를 설교하면서, 회중을 소그룹 공부와 기도 모임으로 재편, 공개적이며, 즉흥적인 기도를 하게했다. 또한 구원 신앙을 확실히 고백하는 사람들을 위해 성례를 준비했다. 그는 정치가 온전한 영적 과제에서 교회를 엇나가게 할 위험에 대해서도 경고했다.[37] 프렐링하이젠은 동프리지아(East Frisia)식 경건주의의 열매를 미국에서 수확한 셈이다. 동프리지아 경건주의는 서부 독일과 북부 독일 및 몇몇 네덜란드 갱신 운동의 강조점이 혼합된 것이다. 프렐링하이젠의 노력으로 그가 설교한 네덜란드 개혁파 사이에 불이 지펴졌으며, 아울러 영어를 사용하는 적은 수의 목회자들도 고무되었다. 1727년, 길버트 테넌트(Gilbert Tennent)는 뉴브룬스윅(New Brunswick) 장로교회의 목사직을 맡자마자, 프렐링하이젠이 교회에서 시도한 모델을 자기 사역 모델로 확신했다. 조만간에 테넌트는 자기 교회에도 프렐링하이젠식 경건이 필요하다는 사실을 젊은 목회자들에게 납득시킬 수 있었다.

공간상 신대륙의 먼 곳에서, 그러나 영적으로는 놀랄 만큼 가까운 사건이 또다시 발생했다. 이 사건의 결과는 장기간 지속될 복음주의적 중대성을 담고 있었다. 잘츠부르크(Salzburg)시 및 근교에서 대규모 개신교 추방 사건이 일어났다. 이 지역은 오랫동안 가톨릭의 통제를 받고 있었으나, 개신교인들은 관용을 누리고 있었다. 그들이 시 당국과 대주교 관구에 재정적으로 기

---

36) Michael J. Crawford, *Seasons of Grace: Colonial New England's Revival Tradition in its British Context* (New York: Oxford University Press, 1991), 108.

37) Milton J. Coalter, Jr, *Gilbert Tennent, Son of Thunder: A Case Study of Continental Pietism's Impact on the First Great Awakening in the Middle Colonies* (Westport: Greenwood, 1986), 12-16 그리고 Ward, *Awakening*, 229-230, 244-246.

여할 힘이 있기 때문이었다. 따라서 이들의 추방은 막대한 국제적 이해관계가 맞물린 충격적 사건이었다.[38] 1720년대 말, 아슬아슬하던 지역적 평화가 깨졌다. 활동적 경건주의자들이 마을과 시골을 순회방문하고 있었다. 개신교 평신도들은 야간 찬양 모임과 열성적인 평신도(여성을 포함한)의 훈계를 듣는 모임을 만들었다. 1731년 초, 오랜 개신교 전통을 지닌 지역 광부들이 명목상 개신교 신자이자, 명목상 가톨릭 신자였던 이웃 사람들에게 적극적인 복음화 사역을 시작한다. 그 결과 지역 대주교의 급작스런 탄압이 가해졌다. 1731년 11월, 대주교는 지역 내 모든 개신교인에게 짐을 꾸리고 지역을 벗어나는 데 겨우 8일간 말미를 주었다. 그 다음 몇 주 동안 대략 이만 오천 명의 개신교가 행진을 시작했다. 많은 사람들이 북쪽 먼 지방인 프로이센으로 향했다. 어떤 사람들은 네덜란드나 잉글랜드(새로운 조지아 식민지로 떠나는 중간 기착지인), 또는 다른 개신교 국가로 떠나야만 했다.

　잘츠부르크 사람들의 곤경은 북유럽 대중매체에 즉각적인 센세이션을 일으킨다. 이 사건을 통하여, 이주민과 지지자 모두, 특히 경건주의의 가르침을 통해서 커다란 위안을 받는다. 이 사실은 향후 유럽의 개신교 역사에서 아주 의미심장한 일로 기록된다. 그들의 이야기는 건물과 소유, 안전과 역사적 공동체는 소멸될지라도, 개인에 대한 그리스도의 용서하심과 그리스도와의 연합이 주는 변화의 효력은 결코 뺏을 수 없다고 말하는 듯 했다. 존 웨슬리, 조지 휫필드, 조나단 에드워즈는 잘츠부르크 피난민에게 영향 받은 일부의 복음주의자일 뿐이다. 간단히 말해, 조직적인 복음주의 운동이 존재하기 훨씬 전, 영국과 식민지, 유럽 대륙의 주요 그룹들은 이미 독특한 복음주의적 형태의 기독교 신앙을 실천하고 있었다고 할 수 있다.

　18세기의 처음 수십 년 동안, 참된 기독교 대(對) 인위적인 모방품 사이의 대조는 의를 추구하는 진지한 구도자들이 즐겨 읽는 책들의 지속적인 주제였다. 젊은 옥스퍼드 대학생인 조지 휫필드는 이미 개인적으로 하나님을 찾

---

38) Ward, *Awakening*, 93-107.

는 일에 빠져 있었다. 1732년 또는 1733년, 그는 찰스 웨슬리를 만난다. 웨슬리는 즉시 경건서적을 통해 새 친구를 양육하기 시작했다. 경건주의 지도자 아우구스트 헤르만 프랑케 그리고 헨리 스쿠갈(Henry Scougal)의 『사람의 영혼 안에 계시는 하나님의 생명』(The Life of God in the Soul of Man)이 책 속에 포함되어 있었다. 그는 스코틀랜드 국교회주의자(1650-1678년)로 단명했다. 잉글랜드 청교도들과 스코틀랜드 장로교인들은 충성을 바치는 교단이 달랐음에도, 그를 존경했다. 휫필드가 책에서 읽은 내용은 다음과 같다. 비록 많은 사람들이 '정통적 입장 정통적 의견' 또는 '외적 의무' 또는 '열광적 마음과 금욕적인 헌신'이 기독교라고 생각하고 있더라도, 이런 표현은 전부 잘못된 것이다. 오히려, '참된 신앙이란, 영혼과 하나님의 연합, 신적 성품에의 진정한 참여, 영혼에 새겨진 하나님의 참된 형상, 또는 사도의 표현대로 우리 안에 계신 그리스도'다.[39] '오랫동안 금식하고, 경성하며, 기도하고, 성례를 받았지만, 결코 참된 신앙이 무엇인지 알 수 없었다. 그러나 이제 하나님께서 내 친구의 손을 통하여 결코 잊지 못할 훌륭한 논문을 내게 보내주셨다'고 휫필드가 책에 대해 평가했다.[40]

윌리엄 로(William Law)의 『독실하고 거룩한 삶으로의 진지한 부름』(A Serious Call to a Devout and Holy Life, 1728년)에도 비슷한 평가가 보인다. 존 웨슬리와 지도적인 복음주의자들에게 이 책은 특별히 중요했다. 그는 이 책에서, 설령 교회와 결부되어 있더라도 '부와 번영, 쾌락과 탐닉, 사회적 지위와 명예'에 만족하는 삶과 '우리 삶의 일상적인 행위를 다스리는 종교 또는 헌신을 찾는 사람' 사이를 줄기차게 대립시켰다.[41] 아이잭 와츠도 동일한 대립을 강조했다. 그의 찬송만큼 그의 글도 널리 배포되었다. 그는 글에서 서

---

39) WHenry Scougal, *The Life of God in the Soul of Man* (Boston: G. Rogers & D. Fowle, 1741), 4-6.
40) Whitefield, *Journals*, 46-47 그리고 Dallimore, *Whitefield*, I:72-73.
41) William Law, *A Serious Call to a Devout and Holy Life* (1728), 여기서 인용된 것은 다음 책에서이다. David Lyle Jeffrey (ed.), *A Burning and a Shining Light: English Spirituality in the Age of Wesley* (Grand Rapids: Eerdmans, 1987), 146, 143. Wesley에 미친 Law의 영향력에 대해 참조하라. Heitzenrater, *Wesley*, 43.

술한다. '가슴 속에 깃든 참된 기독교는 자기 삶의 순결을 통해 드러나며…성령의 열매는 삶과 마음에서 동시에 발견된다…그러므로 우리의 부패한 열정이 조금이나마 수그러드는 느낌이 없다면, 절대로 생동감 있는 헌신을 실천하고 있다는 자기만족에 빠지지 말자.'42) 부흥이 일어나기 전 영국에서, 명목상 신앙에 대한 비판은 별로 압도적이지 않았다. 그러나 1730년대 초, 비판의 강도와 비중이 커지고 있었다.

그리고 삶을 바꾸는 회심 사례가 증가했다. 1740년대의 회심 경험이야말로 보다 형태를 갖춘 복음주의 운동의 심장이었다. 그러나 회심에 대한 확신 여부를 둘러싼 고뇌에 찬 혼란과 회심 과정에서 하나님과 인간 각자의 역할을 둘러싼 강도 높은 신학 논쟁이 벌어지기도 했다. 이제껏 개인적인 회심이라는 논쟁의 여지없는 현실을 통해 많은 생명이 돌이킨다. 이것은 명백한 사실이다. 서로 알 수는 없었지만, 회심자들은 어떤 경험을 했으며, 그 경험이 미래 복음주의의 전형이 되었다. 어떤 일이 일어날지 예상할 수 있게 되었으며, 자신들이 경험한 은총을 어떻게 전해야 할지 알게 되었다.

새로운 세기의 시작 직후 남부 웨일즈, 10대의 그리피스 존스(Griffith Jones)는 양을 돌보는 목동이었다. 꿈속에서 한 천사가 나타나 그에게 천상의 기쁨과 지옥의 공포를 보여주었다. 그리고 나서 설교를 통해 영혼을 구하라는 하나님의 명령을 전달해 주었다.43) 그로부터 몇 년 후인 1717년 얼스터, 길버트 테넌트(Gilbert Tennent)는 존스가 꿈을 꾸었을 무렵의 젊은 나이였다. 그는 자기가 '율법의 공로'라고 부르게 된 상황을 경험한다. 정죄감이 점점 심해졌다. 자신을 하나님의 율법적 표준에 달아 볼 때, 자기는 도덕적 실패자였다. 양심의 위기가 여러 해 지속되었다. 마침내 1723년, 돌파구가 마련된다. 예수 그리스도 안에서 자기에게 주어진 하나님의 은총의 뜻을

---

42) Isaac Watts, *Abuses of the Emotions in Spiritual Life* (1746), 여기서 인용된 것은 다음에서다. Jeffrey, *Burning and Shining Light*, 76.
43) 정통성에 관한 질문들과 설명에 대해서 참조하라. A. Skevington Wood, *The Inextinguishable Blaze: Spiritual Renewal and Advance in the 18th Century* (Grand Rapids: Eerdmans, 1960), 41 그리고 *BDEB*, 620.

깨닫게 되었다. 이 무렵 테넌트는 가족과 미국으로 이민을 오게 되었다. 그는 아버지 윌리엄이 주는 조언의 혜택을 입고 있었다. 구세계에서 아버지는 아일랜드 국교회의 목사로 장로교인이었다. 그는 신세계에 도착하자마자 교회와 나란히 고전문법학교를 개설했다.[44] 젊은 테넌트가 경건주의자 프렐링하이젠의 사역에 진지한 관심을 갖게 된 배경은 자신의 개인적 회심 경험이었다.

길버트 테넌트가 회심을 확장시키던 1721년, 동년배인 뉴잉글랜드 젊은이 한 명이 테넌트처럼 극적인 심경 변화를 겪고 있었다. 조나단 에드워즈(Jonathan Edwards)였다. 그는 이미 신학을 공부하고 있었지만, 하나님의 완전한 주권 교리로 인해 큰 고뇌에 차 있었다. 그는 '하나님 안에서 내적으로, 달콤한 희락 그리고 그 이후부터 내가 지금까지 신적인 것들을 수없이 누리며 살게 되는' 경험을 하게 된다. 에드워즈가 디모데전서 1장 17절(영원하신 왕, 곧 썩지 아니하고, 보이지 아니하고, 홀로 하나이신, 하나님께 존귀와 영광이 영원무궁하도록 있을 지어다 아멘)을 읽는 순간의 체험이었다. 이후 에드워즈는 '그리스도, 구속 사역, 그분의 영광스러운 구원 방법에 관한 새로운 사고와 이해력을 지니게 되었다.'[45]

영적 변화를 경험한 사람들의 수가 지속적으로 증가했다. 1733년 콘웰의 세인트 지니(St. Genny)에서, 35세인 잉글랜드 국교회 교구 목사 조지 톰슨(George Thomson)이 로마서 3장 24절, '그리스도 예수 안에 있는 속량으로 말미암아 하나님의 은혜로 값없이 의롭다 하심을 얻은 자 되었느니라'는 바울의 메시지를 읽는 중, 자신의 죽음과 심판에 관한 꿈을 꾸게 되면서 회심했다.[46] 바로 직후 링컨셔(Lincolnshire), 토마스 아담(Thomas Adam, 1701-1784년)이 윌리엄 로의 신비주의 서적을 통해, 형식적 신앙에서 복음주의적 확신으로 전환했다.[47]

---

44) Coalter, *Gilbert Tennent*, 9.
45) Edwards, 'Personal Narrative' (c. 1740), in Edwards, *Works*, vol. 16: *Letters and Personal Writings*, George S. Claghorn (ed.) (1998), 792-793.
46) Bebbington, *Evangelicalism*, 30.
47) *BDEB*, 4 (Peter Lineham, 'Thomas Adam').

변화가 널리 전해졌다. 분명 무슨 일이 일어나고 있었다. 복음을 통해 더 많은 개인이 깊은 영향을 받았다. 곧이어 더 많은 연결망을 통해 경험한 사람들끼리 서로 연결되기 시작했다. 더 많은 사건이 일어났다. 수많은 사람들이 하나님의 필요성에 대해 진지해졌다. 그리고 부흥이 찾아왔다.

제 3 장

부흥, 1734-1738년

복음주의는 언제나 신앙 부흥 이상의 것이 결부된다. 그럼에도 출발부터 부흥 그리고 부흥에 대한 갈망이 중심을 차지했다. 1730년대 중반부터 퍼져 나간 신앙의 불씨가 전적으로 새로운 것은 아니었다. 그러나 전통 신앙에서 폐기되어야 할 측면의 대체라는 점에서, 그리고 발생빈도와 대중성 면에서, 복음주의 부흥은 예외적이다. 그러나 결코 쉬운 길을 밟아온 것은 아니다.

1. 1734년 말 부터 1735년 초까지[1)]

---

1) 이 책의 연대에 있어, 필자는 현대 달력의 규정을 사용한다. 따라서 일 년은 1월 1일에서 시작된다. 연대를 정하는 데 사용된 대부분의 책들은 *BDEB*에 있다. Richard Bennett, *The Early Life of Howell Harris* (1909 in Welsh), trans. G. M. Roberts (London: Banner of Truth, 1962); Milton J. Coalter, Jr, *Gilbert Tennent, Son of Thunder* (Westport: Greenwood, 1986); Dallimore, *Whitefield; Edwards, Works*, vol. 4: *The Great Awakening*, C. C. Goen (ed.) (1972); Eifion Evans, *Daniel Rowland and the Great Evangelical Awakening in Wales* (Edinburgh: Banner of Truth, 1985); Heitzenrater, *Wesley*; Derec Llwyd Morgan, *the Great Awakening in Wales*, trans. Dyfnallt Morgan (London: Epworth, 1988); Colin Podmore, *The Moravian Church in England, 1728-1760* (Oxford: Clarendon, 1998); Tyerman, *Whitefield*; Ch. Wesley, *Reader*, Wesley, *Works* (new), vols. 18 그리고 19: *Journals and Diaries I(1735-1738)* and II*(1738-1743)*, ed. W. Reginald Ward and Richard P. Heitzenrater (1988, 1990); 그리고 Whitefield, *Journal*.

1734년 늦가을, 매사추세츠 노스앰턴(Northampton)에서 일어난 사건은 여러 지역에서 연이어 발생한 사건들 중 하나였다. 그러나 외부로 영향력이 파급되고, 연속성 없이 분리된 현상을 연결된 복음주의 운동으로 변모시킨 최초의 사건이었다.[2] 이 사건은 앞선 몇 달 동안 지역 공동체에서 일어난 다른 사건들과 떨어질 수 없다. 평신도 사이에 청교도적 진지성이 회복되었다. 마을 젊은이들이 신앙에 특별한 관심을 보였다. 그런데 호평을 받던 두 청소년이 갑자기 사망한다. 근처 정착지인 패스커먹(Pascommuck)에 신앙에 대한 이례적인 관심이 일어났다. 노스앰턴의 서른한 살 된 목사 조나단 에드워즈가 진심으로 노력하고 있었다. 1734년을 거치면서, 에드워즈(에드워즈의 외할아버지인 솔로몬 스토다드가 겨우 5년 전 마을 교회의 목사였는데, 에드워즈가 후임 목사가 되었다)는 위험한 신학 사상이 코네티컷 리버 밸리(the Connecticut River Valley) 지역의 목회자와 평신도에게 악영향을 미치고 있음을 확신하게 되었다. 에드워즈는 그 경향성이, 하나님 앞에서 구원을 획득하는데 자아와 선천적 능력에 의존하는 알미니안적 경향으로 간주했다. 그는 이에 맞선다. 11월부터 '오직 믿음에 의한 칭의'를 주제로 두 편의 설교를 계속한다. 칭의 교리는 분명했다. '우리는 그리스도 안의 믿음에 의해서만 의롭게 된다. 우리 자신의 어떤 미덕이나 선함 때문에 의로워지는 것이 아니다.'[3]

12월말이 되면서, 반응이 뚜렷해졌고, 새해가 되면서 더욱 커진 반응은 가히 충격적이었다. 에드워즈는 일차 보고서에 다음처럼 기록한다.

> 모두가 영원한 구원에 대해서 심한 걱정에 사로잡힌 듯 보였습니다. 회사의 모든 대화도, 모든 내용이 신앙에 대한 것이었습니다. 어디에서도 다른

---

2) 이 사건의 핵심 요소들은 Edwards 서문의 설명이다. 그리고 *Faithful Narrative*(1737), in Edwards, *Works*, 4:99-110, 130-211; 여기에 더하여, C. C. Goen의 책들 속에 있는 전문가적인 주석이 있다. 나는 또한 Marsden에게도 혜택을 받았다. George Marsden, *Jonathan Edwards: A Life* (New Haven: Yale University Press, 2003), ch. 9.
3) Edwards, 'Justification by Faith Alone' (1738), in Edwards, *Works*, vol. 19: *Sermons and Discourses, 1734-1738*, ed. M. X. Lesser (2001), 149.

대화의 낌새가 없었습니다. 그리고 마을 전체에 영원한 세계의 위대한 것들에 관심이 없는 사람은 단 한명도 없었습니다…활기찬 경험적 신앙을 혐오하는 성향의 사람, 자기 이성에 큰 자부심을 지닌 사람, 마을의 명문가, 마을의 최고령 노인, 그리고 수많은 어린이들조차 놀라운 영향을 받았습니다. 내가 아는 어떤 가정의 어떤 사람도 예외가 없었습니다.[4]

에드워즈는 영적 불꽃을 북돋우려는 노력의 일환으로, 경건주의와 고교회파 잉글랜드 국교회의 전례를 따랐다. 나이와 성별에 따라 소그룹을 조직했으며, 거룩한 격려를 위해 개별 가정에서 모이게 했다.

1735년 3월 무렵, 햄프셔 군(Hampshire County)의 다른 마을들도 가슴 뜨거운 절실한 신앙을 향해 동일한 공동체적 변화를 겪게 된다. '예수 그리스도의 탁월성과 죄인을 구원하시는 충족성과 의지 그리고 자신의 커다란 세상 사랑을 버리고자 작정한'[5] 수십, 수백의 사람들 사이로 순식간에 소식이 퍼져나갔다. 부흥에 감화된 마을에는, 놀라운 일치감이 충만했다. 젊은이들이 그리스도에 대해 나누려고 모였다. 성경이 높여졌다. 놀라운 집중력으로 설교를 경청했다. 사람들은 자기 죄를 위해 피 흘리시는 생생한 예수의 이미지를 보게 되었다. 서부 매사추세츠와 중부 코네티컷 전역에서, 모두 25개의 공동체가 노스앰턴에서 에드워즈가 개인적으로 겪은 일들을 경험했다. 1735년 봄부터 부흥의 강도가 약해지면서, 초기 청교도 각성 운동이 떠올랐다. 그러나 이번 '감동'은 더 널리 전파되었고, 더욱 강렬해졌으며, 더욱더 목회자의 통제를 벗어났다.

코네티컷 리버 밸리 성도들에게 부흥의 의미가 아주 컸더라도, 보스턴 브래틀회중교회(Brattle Congregational Church)의 존경받는 목회자 벤자민 콜만(Benjamin Colman)이 부흥의 바람을 감지하고, 조나단 에드워즈에게 보고서를 요청하지 않았더라면, 부흥은 단순히 국지적 관심을 모은 지엽적 사건으로 남았을 것이다. 1735년 5월 30일로 날짜가 찍힌 에드워즈의 보고는 상

---

4) Edwards, 'Unpublished Letter of May 30, 1735', in Edwards, *Works*, 4:101.
5) Ibid, 104.

당히 간단했다. 그러나 노스앰턴의 자체 사건 보고서가 범대서양적 부흥의 촉진제가 된다.

그러나 노스앰턴의 드라마틱한 첫 번째 장면부터 에드워즈가 콜만에게 보낸 보고서 초안까지 6개월간 영어 사용권에서 일어난 여러 사건의 중요성도 주목해야한다. 1734년 12월 17일, 아우구스트 고트리프 슈팡엔베르크(August Gottlieb Spangenberg, 1704-1792년)가 런던에 도착했다. (겨우 2년 전에 설립된) 새 식민지 조지아의 신탁통치이사회에, 그와 동료 모라비아 교인들이 헤른후트로부터 북미주 본토의 남부 정착지로 이주할 수 있는지 문의하기 위해서였다. 수년간 진젠도르프의 헤른후트와 잉글랜드인들 사이에 접촉은 거의 없었다. 그래도 조지아 이사회가 망명한 잘츠부르크 사람들에게 피난처를 제공했고, 잉글랜드 국교회 기독교지식진흥회(SPCK)의 사역을 적극적으로 후원하고 있음을 모라비아인들은 알고 있었다. 기독교지식진흥회는 이전부터 모라비아인들과 독일 경건주의 그룹들을 격려하고 있었다.[6] 한 달 후, 1735년 1월 23일 슈팡엔베르크와 첫 번째 모라비아 일행을 태운 배가 신세계로 출발한다.

1735년 봄, 넓은 세계에서 별 비중이 없는 젊은이 몇 사람이 인생이 바뀌는 경험을 하고 있다. 옥스퍼드에서, 조지 휫필드의 길고도 강렬한 영적 투쟁이 절정에 도달했다. '바로 그 순간 하나님께서 내 영혼을 밝히 비추시기를 기뻐하셨다. 그리고 당신의 거저주시는 은혜에 대한 지식을 알게 하시고, 또한 당신의 눈앞에서 의로워지기 위해서 오직 믿음만이 필요함을 깨닫게 해주셨다.'[7] 후에 휫필드는 이 비추심이 회심임을 깨닫는다. 사건은 부활절 7주후에 일어난다.

휫필드가 영적 목적지에 도달한 그 날이, 웨일즈 브레콘셔(Breconshire)의 작은 마을 트레베카(Trevecca, 또는 Trevecka)에서 비슷한 여정이 마감된 바

---

6) 독일 경건주의자들과 SPCK와의 광범위한 관련성에 대해 참조하라. Daniel L. Brunner, *Halle Pietists in England: Anthony William Boehm and the Society for Promoting Christian Knowledge* (Göttingen: Vandenhoeck & Ruprecht, 1993).
7) Whitefield, *Journals*, 62.

로 그날일지도 모른다. 호웰 해리스(Howell Harris)의 나이는 휫필드보다 몇 개월 많은 21살이었다. 그는 학교 교사로, 가끔 영적 문제에 관심이 있을 뿐이었다. 해리스는 부활절 직후, 교구 목사의 추천으로 오래된 경건서적『인간의 전적 의무』(The Whole Duty of Man)를 읽게 된다. 이 책의 저자는 청교도 내전 때 찰스 1세에 충성했던 잉글랜드 국교회 교인 리처드 올레스트리(Richard Allestree, 1619-1681년)다. 해리스는 책을 읽으면서, 자기 성찰과 금식의 시간을 가지게 된다. 그는 죄와 신앙적 절망으로 씨름했다. 5월 25일, 부활절 후 일곱 째 주일의 성찬식 도중, 하나님께서 진정 당신의 은혜로 그를 돌보고 계신다는 확신을 얻는다.

5일 후 금요일인 5월 30일, 조나단 에드워즈는 벤자민 콜만에게 보내는 노스앰턴 부흥에 관한 편지를 완성했다. 그러나 보스턴으로 편지를 부치기 전, 장기간의 영적 우울증을 겪고 있던 에드워즈의 삼촌 조셉 하울리(Joseph Hawley)가 자기 목을 칼로 그었다. 소름끼치는 자살로 노스앰턴 부흥의 열광이 움츠러들었다. 그리고 미래의 어느 날, 에드워즈가 콜만에게 보낸 편지에 묘사된 경험을 추구하고 있을 호웰 해리스와 조지 휫필드에게도 주의를 촉구하는 교훈이 될 것이다.

2. 1735년 중반에서 말까지

1735년 6월초, 에드워즈의 보고서가 벤자민 콜만에게 도착했다. 콜만은 편지 내용에 크게 감동한다. 마침 그는 존 기즈(John Guyse, 1680-1761년)에게 편지를 보내려던 참이었다. 콜만은 에드워즈의 편지에서 일부를 옮겨서, 편지의 부록형식으로 첨부했다. 존 기즈는 런던 독립교회의 지도적인 목회자로, 알미니안 교리와 아리우스 교리의 열렬한 지지자였다. 기즈는 콜만의 편지를 받자마자, 친구이자 동료인 아이작 와츠와 에드워즈의 이야기를 공유했다. 또한 뉴브로드 가(New Broad Street)의 자기 교인들에게 전한다. 멀리 떨어진 매사추세츠의 사건 소식에 대단히 놀란 기즈의 교인들은 설교의 출판 여부를 담임목사에게 물어보았다. 기즈는 (출판된 설교에) 노스앰턴에 관한 상세한 내용을 포함시켜도 좋은가 묻는 답장을 콜만에게 보냈다. 콜만은 에드워즈에게 기즈의 요청을 전달한다. 에드워즈는 노스앰턴의 회중에게 그 요청에 대해 (그들이 의의 길을 충실히 준수하라고 권고하면서) 알려주었다. 동시에 그는 (비록 병과 여러 가지 의무 때문에 지체되긴 했지만) 보다 장문의 설명을 준비하기 시작했다.[8]

에드워즈는 여전히 문서화 작업에 열중하고 있었다. 문서는 단순한 출판물을 뛰어넘어, 복음주의 회심과 복음주의 부흥의 표준 예상치를 정하게 될 것이다. 그 사이 많은 일이 일어났다. 노스앰턴의 사건에 대해 모르는 다른 사람에게도 각자의 상황 속에서 에드워즈가 삶에서 경험한 비슷한 일들이 일어나기 시작했다.

1735년 6월 또는 7월, 24세의 청년 다니엘 로우랜드(Daniel Rowland)는 웨일즈 국교회의 안수를 받은 성직자였다. 그럼에도 당시 그는 진지한 신자가 아니었다. 그런 그가 회심했다. 그를 보다 활동적이며 개인적인 신앙으로 이끈 사람은 쌍도우로르(Llanddowror)의 그리피쓰 존스(Griffith Jones)였다. 즉시 다니엘 로우랜드의 설교가 변했다. 결과가 놀라웠다. 그의 쌍게이토(Llangeitho)교회로 수백 명, 곧바로 수천 명이 물밀듯이 몰려왔다. 한 남자가 유창한 웨일즈어로 사람을 사로잡은 열정적인 메시지를 설교하는 것을 보려고 모인 것이다. 로우랜드의 회심 후 첫 설교의 특징은 하나님의 율법의 필요성이었다. 그러나 대략 2년 후부터, 처음과 같은 강도로 하나님의 자비로운 은총을 옹호한다. 로우랜드의 사후 널리 회람된 시에, 그의 설교가 남긴 충격이 담겨져 있다.

그의 이름은 보아너게였다.
천둥의 아들, 불타오르는 진리

---

8) 이런 세세한 내용들의 출처는 Goen의 서문과 Edwards의 주석이다. Edwards, *Works*, vol. 4.

하늘과 땅을 모두 흔드네.
강력하고도 새로운 목소리로…
이 날들은 시내산의 영광의 날들과 같도다.
트렘펫 소리, 자욱한 연기,
폭풍과 번개, 불과 태풍,
하나님의 음성이 두렵게 발하시네…
그리고 그는 매력적으로 복음을 노래했네.
그는 하나님의 구원을 선포하네.
완전하고, 완벽한, 충분하고도, 거저주시는,
메시아의 죽음을 통하여
그대에게 단번에 그리고 영원히 주어지는.[9]

로우랜드는 머지않아 여행을 떠나 다른 교회에도 설교해야만 하게 된다. 그는 곧바로 카디건셔(Cardiganshire), 글라모르간셔(Glamorganshire), 브레콘셔(Breconshire), 몽고메리셔(Montgomeryshire), 카마덴셔(Carmarthenshire) 등 웨일즈 중부 5개군(郡)의 신앙적 관심을 촉발시키는 불꽃이 된다.

한편 1735년 가을, 옥스퍼드에서 복음적 돌파구로 새롭게 된 조지 휫필드는 고향인 서부 잉글랜드의 글로체스터(Gloucester)에서 소모임 두 개를 조직 중이었다. 한 모임은 남성, 한 모임은 여성 모임인데, 기도와 상호 권면을 위해 그와 만나는 사람들로 이루어졌다. 여전히 존 웨슬리와 찰스 웨슬리는 신성클럽의 원칙을 대단한 성실성으로 추구하고 있었다. 그들은 미래에 대해 고심했다. 직업으로 교구 목사를 선택해야 하나(새뮤얼 웨슬리는 존에게 엡워쓰로 돌아와 자신의 부사역자로 일해 달라고 계속 강권하고 있었다), 아니면 자유로이 배회하는 성직자 겸 학자(존의 링컨칼리지 펠로우직은 거의 사무적 의무를 요구하지 않았으므로, 자신이 끌리는 일을 추구할 수 있는 큰 자유를 허락하고 있었다. 찰스는 펠로우로서 전망도 좋았다) 역할을 감당해야 할까? 또 한편으로, 슈팡엔베르크 및 조지아의 동료들과 합류를 준비하는 두 번째 모라

---

9) William williams, Evans의 *Daniel Rowland*, 41, 43-44에 나오는 Daniel Rowland를 위한 애가.

비아 그룹이 런던에 도착했다. 호웰 해리스는 웨일즈에서 가택 방문을 시작했다. 때때로 야외에서 설교했다. 그는 가택 방문한 가정에서 죄를 회개하고, 예수 그리스도 안에서 하나님의 은총을 찾으라고 권면했다. 또한 코네티컷 뉴헤이븐의 예일대학에서, 많은 학생들 그리고 아론 버(Aaron Burr, 후에 유력한 장로교 목사이자, 뉴저지주 프린스턴대학의 총장이 되었다)가 포함된 최근 졸업생들이 결정적인 개인적 경험을 겪고 있었다. 버 본인의 설명을 들어보자.

> 나는 주권적인 은혜의 발판위로 옮겨졌다. 내 자신이 태생적으로도 실천적으로도 부패했음을 알게 되었다. 나는 하나님의 진노를 받아 마땅한 애처로운 상황이었다. 내 안에는 절망적인 도움 외에는 아무것도 없었다. 그리고 나의 은총의 날은 지나갔다고 거의 결론을 내렸다…마침 내 하나님께서는 복음 안에서 당신의 아들, 충만하시고 의지가 있으신 구세주이신 당신의 아들을 내게 드러내시기를 기뻐하셨다. 그리고 나는 복음의 조건에 따라, 그분을 받아들이기를 원하게 되었다.[10]

뉴저지에서, 길버트 테넌트가 테어도르 프렐링하이젠에게 배운 보다 활동적인 형태의 경건으로 장로교회를 이끌려고 노력 중이었다. 그는 이미 1734년 봄 필라델피아 대회에 두 가지 건의사항을 발송했었다. '그들의 끔찍하고, 변함없는, 끊임없는 염려를 자신을 하나님과 그들 자신의 양심과 그들의 청중에게 인정받도록, 즉 하나님의 신비에 대한 진지하고 충실한 청지기로써 그리고 거룩하고 모범적인 회심으로'[11] 향하려는 목회자들의 노력을 지지하려 했던 것이다. 바로 1735년 그는 첫 저작 『두려운 존엄자이신 하나님으로부터 안전한 세상 또는 주제넘은 죄인으로 드러난 자들에게 주어지는 장엄한 경고』(*A Solemn Warning To the Secure World, From the God of Terrible Majesty, Or, the Presumptuous Sinner Detected*)를 출판했다. 테넌트는

---

10) William B. Sprague, *Annals of the American Pulpit*, vol. 3: *Presbyterians* (New York: Robert Carter, 1863), 68.
11) Coalter, *Gilbert Tennent*, 41.

청교도식 '율법의 공로' 형식을 통해, 자기만족적인 자기 신뢰로부터 죄인들을 일깨워 적합한 복음의 '위안'을 경험시키는 방법의 하나로, '공포'의 설교를 강조했다.

3. 1735년 말에서 1737년까지: 조지아 식민지

1735년 말, 고교회파 잉글랜드 국교회와 모라비아 흐름 사이에 결정적인 합류가 일어나, 복음주의 부흥을 향하여 흘러간다. 7월, 기독교지식진흥회(SPCK)의 한 임원이 존 웨슬리에게 조지아 식민지의 초청에 응해 잉글랜드 정착민들을 섬기고, 아메리카 본토인(아메리카 인디언)에게 설교하라고 강권했다. 친구들과 논의를 마친 존은 즉시 가기로 마음먹는다. 찰스는 동행을 원하지 않았다. 존은 동생의 거절을 (여러 번) 뒤엎었다. 여행을 준비하면서, 찰스는 안수를 서둘렀다(9월 21일 집사 안수, 9월 29일 성직 안수). 그 다음 웨슬리 형제는 동료들로 사역자팀을 꾸리기 위해 신속히 움직인다. 그러나 결국 두 사람만이 합류한다. 찰스 들라모트(Charles Delamotte)와 벤자민 잉검(Benjamin Ingham)이었다. 웨슬리 형제와 떠나려는 들라모트(1714-1786년)의 결심이 부유한 설탕 상인인 부친의 마음을 변하게 했다. 그의 상속권이 박탈되었다. 그러나 이 사건으로 들라모트는 웨슬리 형제, 모라비아 교도, 휫필드와 교제 관계를 맺게 되었다. 이 관계가 그의 나머지 삶을 이끌었다. 잉검(1712-1772년)은, 1733년에 벌써 웨슬리 형제의 옥스퍼드 신성클럽에 가입했다. 조지아 여행으로 그가 모라비아 교도들에게 알려지게 된다. 그리고 이 일은 후에 요크셔의 지도적 순회설교자가 된 그의 경력에 결정적인 영향을 미친다.

존 웨슬리는 위험한 항해에 대비해야 하고, 아직 분명하게 정해지지도 않은 과업을 철저히 낯선 환경에서 시작해야만 한다. 그곳에는 투쟁만이 지속될 것이다. 출발 당일 존은 유명한 학자이자 조지아 통치위원의 한 사람인 존 버튼(John Burton)에게 편지를 보낸다. 버튼은 조지아 총독 제임스 오글리쏘프(James Oglethorpe)에게 웨슬리를 소개했다. 영국을 떠나는 '그의 주요 동기는 자신의 영혼을 구원하려는 희망에서였다.' 웨슬리는 그가 목회하기를 바라는 인디언들을 '헛된 철학'이 없고, '사치, 관능, 탐욕, 야망'도 없는 이상적인 모습으로 묘사했다. 그는 그처럼 소박한 사람들에게 설교하면서, '한때 성도들에게 전해졌던 신앙의 순수성을 배우게 되기'를 소망했다.

조지아가 웨슬리를 위한 땅이 될 수 있을까? 그는 단순히 '땅의 물과 열매만으로' 살 수 있으며, '나와는 완전히 다른 종족을 보게 되므로', 오히려 어떤 여성도 쳐다보지 않게 되어 '순전한 생각'이 솟아나오게 될까? 그리고 '아메리카의 야생은 삶의 교만'이 소멸된 곳이리라. 그는 '일단 내 자신이 완전히 회심하면', 하나님께서 당신의 이름을 높이시는 데 사용하여 타인에게 좋은 일을 할 수 있기를 소망했다.[12] 존 웨슬리는 새로운 과업의 수행에 있어, 참으로 자기 영혼이 하나님을 향해 준비되기 위해 열심히 일하기로 마음먹었다. 그와 들라모트, 잉검은 기독교지식진흥회의 자원봉사 선교사로 일할 예정이었다. 그렇지만 찰스는 오글리쏘프 총독의 비서로 지명된다. 총독은 군인으로 대륙에 큰 기여를 했었는데, 기독교지식진흥회의 프로젝트를 지원한 일도 있었다.

10월, 젊은 이상에 가득 찬 옥스퍼드 졸업생들이 승선하고서 자신들이 모라비아 교도와 함께 신대륙으로 향하고 있음을 발견했다. 이번 만남의 의미를 과도하게 강조할 필요는 없다. 앞으로 이들 영국 성직자들은 식민지에 체류하면서, 목숨을 걸만한 가치를 지닌 사건임을 알게 되겠지만, 당시에는 그런 일이 생길지 알 수 없었기 때문이다. 따라서 모라비아 교도와의 접촉은 가장 중요한 사건이 될 것이다.

찰스 웨슬리의 잉글랜드 국교회 성직자 겸 총독 비서라는 애매모호한 지위는 불과 몇 개월 지속되었다. 좋은 교육을 받고 바르게 자란, 성실한 고교회 성직자가 자신과는 조금도 맞지 않는 조지아라는 환경에 던져졌다. 주일

---

12) Wesley가 John Burton에게 보낸 편지, 1735년 10월 10일자, Wesley, *Letters*, I:188-190.

의 사건(1736년 3월 21일)과 여러 경험들로 인해 그는 거의 좌절 상태에 빠진다. 충격으로 주일 설교가 중단된다. 어떤 부인이 분노하여, 그가 종교적 위선자이므로 때려눕히겠다고 협박하기도 한다.[13] 찰스는 1736년 7월 말에 사임하고, 8월초 잉글랜드로 돌아가 버린다.

존은 좀 더 오래 버텼다. 인디언들과 영국 정착민에게 정성을 다해 설교했지만, 거의 성과가 없었다. 그는 비국교도와 다투었으며, 그들에게 주의 성찬을 베풀지 않았다. 식민지 관리와도 충돌했다. 또한 꼴사나운 애정 문제에도 휘말려, 미래의 배필로 점찍은 여성과 멀어지게 된다. 그녀가 웨슬리 대신 선택한 남자가 웨슬리를 고발했다. 존은 찰스와 함께 최초의 찬송가를 편찬했다. 또한 아프리카 노예들이 감내해야 하는 비참함에 심각하게 주목했다. 새로운 찬송가와 노예 선교를 통해, 웨슬리 형제는 미래 감리교 역사에서 가장 중요한 반전을 기대하게 되었다. 그러나 존 웨슬리가 조지아에서 거둔 영적 수확은 전반적으로 미미했다. 종종 자기 일지에 말하곤 했다. '나는 조지아의 인디언들에게 기독교의 본질을 가르치고자 조국을 떠났다. 그러나 그동안 내가 배운 것이 무엇이란 말인가? 왜…다른 사람들을 개종시키려 미대륙에 왔지만, 나 자신은 하나님께로 전혀 회심하지 못했는가?'[14]

선교 실패에도 불구하고, 그들의 조지아 체류는 삶을 변화시켰다.[15] 웨슬리 형제의 동료 벤자민 잉검의 신대륙 경험이 그 이유를 알려준다. 잉검은 슈팡엔베르크 및 여타 모라비아 교도와 접촉하면서, 고통 받는 자기 영혼의 평안, 신앙의 확신, 하나님과의 화해에서 오는 기쁨을 발견했다.[16]

웨슬리 일행과 신세계로 항해한 모라비아 교인 스물여섯 명은 항해 외적인 측면에도 소중했다. 아메리카로 향하는 동안, 모라비아 교인 한 사람이

---

13) Ch. Wesley, *Reader*, 68.
14) Wesley, 1738년 2월 1일자; Wesley, *Works*(new), vol. 18: *Journals and Diaries I(1735-1738)*, W. Reginald Ward and Richard P. Heitzenrater (eds.) (1988), 214.
15) John Wesley가 자기 일지에 기록하려고 선택한 내용들과 방법에 대한 평가로 참조하라. Heitzenrater, *Wesley*, 58-74 그리고 Rack, *Wesley*, 111-136.
16) *BDEB*, 590 (E. Alan Rose, 'Benjamin Ingham').

존 웨슬리에게 독일어를 가르쳐주었다. 존은 모라비아 교인들의 예배에 매일 열심히 참가했다. 그리고 화재가 발생했을 때, 모라비아 교인들의 평온함에 그가 경이감을 느꼈다는 사실이 아주 중요하다. 배를 거의 파손시킬 정도의 격렬한 폭풍이 몇 차례나 불어 닥쳤다. 영국 승객들은 공포에 질려 울부짖었고, 존 웨슬리 본인도 임박한 죽음의 예감에 움츠러들었다. 오직 모라비아 교인만이 시편을 찬송하면서, 폭풍이 지나가기를 잠잠히 기다렸다.

웨슬리 형제와 함께 조지아로 향하던 모라비아 교인들은 할레의 경건주의자들과 몇 가지 세부사항, 특히 구원관에서 달랐다. 이들 모라비아 교인들은 그리스도인의 확신 문제에 분명한 입장을 지니고 있었다. 이들은 사람이 하나님 앞에서 용납되었다는 견고한 지식을 누리는 것은 기독교 전반의 경험에서 평범한 일이라고 주장했다. 더욱이 이들은 회심은 아주 빨리 진행된다고 강조했다. 회심을 위해서라면 죄에 대한 오랜 절망의 시간이 필요한 것도 아니며, 금욕 실행이나 예식적 의무에 막대한 노력을 기울일 필요도 없다는 것이다. 할레의 경건주의보다 더 나간 입장이다. 사실상, 모라비아 교인들은 종종 선행에 대한 관심이나, 성례 준수의 결벽증은 하나님과 평화를 추구하는 사람과는 관련이 없다고 말했다(존 웨슬리는 이런 이유로 나중에 모라비아 교인들과 절연한다). 그러나 웨슬리를 가장 당황하게 만든 일은 슈팡엔베르크와 나눈 직접 대화였다. 이런 대화 중에, 1736년 2월 7일 육지에 도착하고 하루 뒤에 나눈 짧은 대화도 있다.

[슈팡엔베르크]가 말했다. '형제여, 우선 그대에게 한 두 가지 질문을 해야만 하겠습니다. 그대 안에 증거가 있습니까? 하나님의 성령이 그대 영혼과 함께, 당신이 하나님의 자녀라는 증거를 품고 계십니까?' 나는 놀랐다. 어떻게 대답해야 할지 몰랐다. 그가 나를 지켜보더니 물었다. '예수 그리스도를 아십니까?' 나는 멈추었다. 그 다음 대답했다. '그분이 세상의 구세주임을 압니다.' 그가 대답했다. '맞습니다. 그렇지만 그가 당신을 구원하셨다는 사실도 아십니까?' 내가 대답했다. '나는 그분이 나를 구하시려 돌아가셨기를

바랍니다.' 그는 단지 다음 말만 덧붙였다. '자신이 누군지 아세요?' 나는 '압니다'라고 대답했지만, 공허한 대답이 아닐까 두려웠다.[17]

이 대화는 앞으로 웨슬리의 구원관에 혼란을 주게 될 모라비아 교도와의 수많은 대화 중 하나였을 뿐이다. 그들과의 대화를 통하여, 웨슬리는 하나님의 계시에 대한 반응으로 도덕적 의무를 직설적으로 중시하는 고교회 입장에서 실험적 신앙으로 이동했다. **실험적 신앙은 신적 은총을 하나님의 거저 주시는 선물임과 동시에 봉사를 위해 하나님께서 주시는 능력으로** 바라본다. 신학적으로 말하자면, 그는 율법무용론(은총에 대한 지나친 강조에서 생기는 사상)과 열광주의(하나님이 직접 개인을 다루시는 일에 대한 지나친 관심에서 비롯된 사상)라는 극단적인 공포감에서 벗어나기 시작했다는 말이다. 그런 두려움은 당시 존경받는 잉글랜드 국교회 성도인 그가 태생적으로 물려받은 것이다. 존 웨슬리가 열정적인 의무감을 던져버리는 위험에 처한 것은 아니다. 그렇지만 모라비아 교인들을 통하여 배울 수 있었던 것은 하나님의 자비에 대한 전통적 루터파의 인식과 분명한 하나님 체험이라는 경건주의의 새로운 강조점이었다.

조지아에서 모라비아 교인들은 웨슬리에게 철저한 실천을 가르쳐 주었다. 그는 슈팡엔베르크나 여러 모라비아 지도자들이 적절한 안수를 받지 않고서, 종교적 권위를 행사하기 때문에 걱정했다. 그럼에도 그들의 협회와 악단 모임에 열심히 참가했다. 함께 애찬을 나누었고, 은혜 경험을 표현하는 노래를 불렀다. 1737년 12월 존 웨슬리가 조지아를 떠날 때, 도착 당시보다 더 안 좋아 보였다. 사랑은 꼬였고, 여전히 마음이 괴로웠다. 첫 사명에 실패했다. 그러나 성장 중인 그의 고교회적 진지성은 아직도 풍부한 영적 토양이었다. 이제 생기 있는 모라비아의 씨앗이 그 토양 위에 뿌려졌다.

---

17) Wesley, 7 February 1736; in Wesley, *Works*(new), 18: 146.

4. 1736-1737년: 잉글랜드, 웨일즈, 뉴잉글랜드

1736년 초, 조나단 에드워즈는 확장판 노스앰턴 각성 이야기를 준비 중이었다. 웨슬리 형제는 조지아에 전진 사역 기지를 구축하느라 분투하고 있다. 타 지역에도 복음주의 갱신이 착착 이루어지고 있었다. 평신도 설교자 호웰 해리스는 순회설교를 더욱 확대했다. 그러자 소수의 웨일즈 비국교도, 특히 침례교인들이 그에게 우호적인 신호를 보내기 시작한다. 그해 5월, 그는 그리피쓰 존스(Griffith Jones)를 만나려고 쌍도우로르를 방문했다. 곧바로 젊은 열성분자를 자기 팀으로 영입한다. 그 후 해리스는 소그룹 모임을 조직하기 시작했다. 1736년 9월 무렵, 트레베카(Trevecca)의 첫 모임이 자리 잡는다. 삼년도 안 되어 삼십 개가 넘는 모임이 움직이게 되었다. 그리고 12월, 해리스는 프랑케의 글을 읽게 된다. 할레의 경건주의자들이 가난한 사람을 돕는 구빈원과 여러 시설을 어떻게 설립했는가라는 내용이었다.

1736년 6월 20일, 조지 횟필드가 글로체스터 감독인 마틴 벤슨(Martin Benson)으로부터 집사 안수를 받았다. 벤슨은 동료 감독 대부분과 달리, 열정적 경건주의에 대한 적대감이 적었다. 그 다음 주일 6월 27일 횟필드가 첫 번째 설교를 한다. 횟필드의 보고에 의하면 설교가 잘 받아들여졌는데, 옥스퍼드의 학부생이었을 때부터 죄수들에게 설교하고, 신성클럽에서 친구들에게 권면했던 경험의 결과라는 것이다. 횟필드는 자기 성격대로 자만심과 겸손함이 혼재된 상태에서 보고한다. '나는 어느 정도 복음적 권위를 지닌 설교를 할 수 있다고 확신했다. 참석자 몇몇이 조롱했지만, 대부분은 감동한 듯했다. 얼마 후, 내 첫 번째 설교가 열다섯 사람을 미칠 지경으로 몰고 갔다는 불평이 감독에게 접수되었다는 소식을 들었다.'[18]

여섯 주가 지난 8월 8일, 횟필드는 자신의 첫 번째 대도시 설교를 위해 런던에 도착했다. 두 달 동안 임시 임무를 맡아 설교를 계속한다. 그해 말까지 친구의 설교를 떠맡아, 햄프셔의 시골 교구에서 계속 설교했다. 횟필드는

---

18) Dallimore, *Whitefield*, 1:97.

제3장 부흥, 1734-1738년   **107**

출발부터 많은 인파와 경청하는 청중을 끌었다. 그러나 장기적 전망에서 볼 때, 그 또한 같은 서클의 다른 사람들처럼 여전히 망망대해에 있는 셈이다. 그렇기에, 제국의 먼 구석 조지아에 일할 사람이 필요하다는 웨슬리 형제의 편지가 도착했을 때, 휫필드가 관심을 가진 것도 당연했다. 1736년의 막바지, 그는 존 웨슬리로부터 아주 급한 편지를 받는다. 존의 상황 묘사다. '추수할 것은 많으나 일꾼이 너무 없도다.' 그리고 '휫필드씨, 당신이 필요를 채울 그 사람이 되면 어떻겠습니까?'라고 직설적으로 물어왔다.[19] 12월이 되면서, 휫필드는 웨슬리 형제의 부름에 응해 조지아로 가기로 결심한다.

휫필드의 결심 직전, 조나단 에드워즈가 확장판 노스앰턴 부흥 이야기를 완성하여, 원고를 벤자민 콜만에게 부쳤다. 콜만은 즉시 원고에서 발췌, 18쪽짜리 요약본을 만들고, 그것을 설교 두 편에 부록으로 첨부하여 출판업자에게 달려간다. 설교문은 에드워즈의 삼촌인 매사추세츠 하트필드(Hatfield)의 윌리엄 윌리엄스의 설교였다. 노련한 목사인 윌리엄스는 1734-1735년 대각성 당시 설교를 했었다. 콜만은 책이 출판되자마자, 아이잭 와츠에게 보낸다. 1737년 2월(그리고 3월에 다시 한 번), 와츠는 런던에서 출간하기 위해서, 에드워즈의 전체 원고를 소포로 보내달라고 요청한다. 1736년 12월 대서양을 왔다 갔다 하는 서신왕래가 시작될 무렵, 지치고 패배한 찰스 웨슬리가 런던으로 돌아왔다. 한 달도 안 된, 1737년 1월, 진젠도르프 백작 또한 런던에 나타났다. 며칠 후 백작은 아이잭 와츠와 찰스 웨슬리 그리고 몇 사람에게 모라비아 선교 사역에 대한 자신의 비전을 설명했다.

아메리카에 가기로 결정한 존 휫필드에게 개인적인 격려를 할 만한 근거리에 찰스 웨슬리가 있었다. 그러나 오글리쏘프 총독과의 사전 약속이 완료되고, 적당한 항로가 확보된 것은 완전히 일 년이 지나서였다. 그 일 년 사이, 오직 믿음에 의한 칭의를 설교하는 젊은 초보 설교자 휫필드는 전국적인 센세이션이 된다. 1737년 초, 그는 배쓰(Bath), 브리스톨(Bristol), 글로체스터서 외곽과 런던에서 설교했다. 설교는 주로 런던에서 이루어졌는데,

---
19) Whitefield, *Journals*, 79.

8월에 시작된 설교가 12월까지 계속되었다. 그의 설교를 듣고자 유례없는 인파가 모여들었다.

횟필드의 런던 업무는 다양했다. '나는 크리플 게이트, 세인트 앤즈, 포스터 래인 교회의 설교초청을 받았다…또한 와핑 예배당, 런던 탑, 루드게이트, 뉴게이트 및 많은 교회에서 매주 강연 했다.' 맹렬한 강행군이었다. '나는 엄청나게 감동한 수많은 청중들 앞에서 매주 네 번이나 설교해야 했다. 거기다 기도문을 두, 세 번 낭독했다. 한 교회에서 또 다른 교회로 거의 20Km나 왔다갔다 해야 했다.'[20] 신문의 홍수를 만드는 첫 번째 파도가 9월 무렵 런던 언론계로부터 밀려왔다.

횟필드의 영적 강렬함이 커지면서, 그의 설교는 하늘 높이 더 치솟았다. 한 예로, 1737년 초, 조지아에서 벤자민 잉검이 돌아왔다. 횟필드는 '은혜 안에서 그토록 놀랍도록 성장한' 잉검의 비결과 이유를 알고자 그를 찾았다. 두 사람 모두 조지아에 대해 대화를 나누었지만, 그리스도 안에서 하나님의 자비에 대한 이야기를 더 많이 했다. '한밤중에, 우리는 일어났다. 하나님께 찬송하고, 이 지상 위에 있는 그리스도의 모든 전투적 교회를 중보하기 위해서였다.'[21] 횟필드는 때때로 찬송과 기도를 위해 다른 친구들도 만났다. 하룻밤 사이 찬송이나 기도 둘 중 적어도 한 가지 활동이 있었다. 열렬한 증언을 듣고자 모인 청중 수가 어마어마했다. 1737년 11월 5일 찰스 웨슬리가 그의 설교를 들었다. '인간의 지혜를 쫓아 설득하는 말이 아니었다. 오히려 성령의 증거, 권능의 증거였다. 그의 말씀을 듣고자 모여든 청중들을 교회가 감당할 수 없을 것이다'라고 웨슬리는 기록했다.[22]

횟필드의 설교가 관심을 끈 부분적인 이유는 직설적인 메시지 때문이다.[23] 1737년 가장 초창기 설교의 특징이 담긴 『우리의 중생 또는 예수 그

---

20) Ibid, 87.
21) Ibid, 85-86.
22) Tyerman, *Whitefield*, 1:89.
23) 다음 문단에서 필자는 Harry S. Stout, *The Divine Dramatist: George Whitefield and the Rise of Modern Evangelicalism* (Grand Rapids: Eerdmans, 1991), ch. 3, 'London Boy Preacher', 30-48을 따르고 있다.

리스도 안에서의 새로운 탄생의 성격과 필요성에 관하여』(*On the Nature and Necessity of Our Regeneration or New Birth in Christ Jesus*)가 출간되었다. 순식간에 대량 인쇄된다. 설교에서 다룬 성경구절은 고린도후서 5장 17절(그런즉 누구든지 그리스도 안에 있으면 새로운 피조물이라 이전 것은 지나갔으니 보라 새 것이 되었도다)이다. 설교는 청교도에 뿌리를 두고 있었고, 경건주의에 의해 빛이 났다. 설교는 명목상 신앙과 참된 신앙의 차이를 간파했다. 그리스도 안에 있다는 것은 '단순한 외형적 고백이나 그의 이름만 쫓는 것'이 아니다. 오히려 '내적인 변화이자 마음의 정결함이며, 성령과 함께 거하는 것'이다. 그것은 '참되고 생명력 있는 신앙을 통해 신비적으로 그와 연합하는 것이다. 그리고 마치 머리로부터 자연적 신체 부위가 구성되며, 포도나무에서 가지가 생기듯이, 그로부터 영적인 미덕을 받는 것'이다.[24]

휫필드는 신생(新生)의 필요성을 선포하면서 큰 효과를 거둔다. 그러나 그의 선포 방식에 더 큰 효과가 있었다. 그는 모든 청중들에게, 긴급성과 즉각성 그리고 바로 지금이라는 숙제를 던진다. 휫필드에게 있어, 형식적 교리란 대체로 부적절하며, 그리스도 안에서 하나님의 은총을 생생하게 경험하는 것도 아니다. 그는 이런 문제들을 설교했고, 이런 설교를 들어 본 런던 사람은 아무도 없었다. 그는 강단에서 에너지를 쉽게 쏟아냈다. 화법은 최고 수준의 드라마였다. 성경 인물과 궁핍한 죄인을 흉내내면 숨이 멎을 정도였다. 청중의 상상력에 불을 지폈다. 때때로 펑펑 울기도 했는데, 깜짝 놀랄 효과를 발휘했다. 그가 설교한다는 소문만 나도, 사람으로 교회가 꽉꽉 찼다. 조롱하려고 온 사람도 있었지만, 대개가 열린 마음의 탐구자였다. 그들은 아주 큰 여흥거리인줄 알고 몰려든 각계각층의 사람들이 그 청년을 보고, 은총의 메시지를 듣자 감격했다. 휫필드는 1737년 8월부터 출항하는 12월 30일까지, 백회 이상(일주일에 여섯 번 내지 일곱 번) 설교하면서, 런던에서 가장 유명한 인물이 되었다. 승선을 두 주 앞둔 그는 스무세 살 생일을 맞이한다.

---

24) Whitefield, *A Sermon on Regeneration, Preached to a Numerous Audience in England* (2nd ed., Boston: T. Fleet, 1739), 7-8.

1737년에는 복음주의 신앙 측면에서 휫필드 설교의 명성만이 아니라, 여러 가지 주목할 만한 전개가 있었다. 뉴저지에서 길버트 테넌트가 지역 장로교 목회자의 허락 없이 메이든헤드(Maidenhead)에서 설교했다. 이 사건은 구세계적 예의를 위반한 일로, 필라델피아 대회에서 발생한 항의 사건의 서막이었다. 항의자들은 테넌트와 친밀한 젊은 복음 전도자들을 대회에 소환한다.

같은 해인 1737년, 호웰 해리스는 예전에 비웃던 예정 교리를 받아들인다. 그와 다니엘 로우랜드가 만나자마자 교제가 이루어져, 더 많은 서클에 순회설교자를 파견하게 된다. 그해 초, 호웰 다비즈(Howell Davies, 1716-1770년)가 그의 설교를 듣고 회심한다. 다비즈는 젊은 학교교사였는데, 후에 그리피쓰 존스의 부목사로 잉글랜드 국교회 사역에 뛰어든다. 다비즈는 웨일즈 서부 지역 펨브로크셔(Pembrokeshire)에서 감리교 칼빈주의파의 불꽃이 된다. 그해 말, 또는 1738년 초, 윌리엄 윌리엄스(William Williams, 1717-1791년) 또한 해리스의 설교를 통해 그리스도께 이끌린다. 나중에 팬티실린(Pantycelyn)으로 알려지는 웨일즈 마을에 정착한 윌리엄스는 다니엘 로우랜드의 부목사로 첫 사역을 시작했고, 그 다음 순회설교자로 일한다. 무엇보다 그의 작품은 인상적인 힘을 지니고 있었고, 작품들을 통해 그의 영향력이 발휘되었다. 그의 작품에는 소논문, 영어와 웨일즈어로 된 시와 찬송이 포함된다. 중부 웨일즈에는 다니엘 로우랜드의 설교가 영향력을 확대하고 있었다. 1737년 말이 되자, 1,500명에서 2,000명 가량의 청중이 정기적으로 그의 설교를 들으려고 모였다. 동시에 그는 쌍게이토(Llangeitho)와 인근 마을에 평신도 지역 모임을 조직했다.

더욱더 많은 웨일즈 사람들이, 해리스, 존스, 다비즈, 로우랜드를 통해 감화받는 동안, 잉글랜드에도 복음주의 신앙의 진전이 이루어진다. 예를 들어, 버크셔(Berkshire) 레딩(Reading), 1739년 9월, 존 쎄닉(John Cennick, 1718-1755년)이 은혜의 확신을 얻었다. 믿음 좋은 가정에서 자란 쎄닉은, '자신의 육체를 십자가에 못 박기' 위해 엄청나게 노력하고 있었다. 그럼에도 하나님 안에서 안식을 누릴 수는 없었다. 그런 와중에 레딩의 한 예배에서, '의인은 고난이 많으나 여호와께서 그의 모든 고난에서 건지시는도다…여호와께서 그의 종들의 영혼을 속량하시나니 그에게 피하는 자는 다 벌을 받지 아니하리로다'는 시편 34편 19절과 22절 강해를 듣게 된다.[25] 쎄닉은 그 경험 이후 휫필드, 웨슬리 형제, 호웰 해리스와 접촉을 하게 된다. 나중에 모라비아 선교사가 되어 복음주의 설교를 아일랜드에 전파했다.

1737년 영국에서 휫필드의 등장에 필적할 만한 중대 사건이 일어난다. 조나단 에드워즈의 『노스앰턴과 뉴햄프셔 이웃 도시 및 마을에서 수백 명의 사람들에게 일어난 하나님의 놀라운 회심사역에 관한 충실한 이야기』(A Faithful Narative of the Surprizing Work of God in the Conversion of Many Hundred Souls in Northampton, and the Neighbouring Towns and Villages of New-Hampshire [sic] in New-England)가 출판된 것이다. 1737년 10월, 최초의 노스앰턴 부흥으로부터 2년이 지나, 부흥에 대한 에드워즈의 총괄적인 설명이 런던의 출판인에게 전달되었다. 사실상 아이잭 와츠와 존 기스(John Guyse)의 편집으로, 이야기의 부분적인 윤색이 있었지만(예를 들어, 매사추세츠가 아닌 뉴햄프셔에 에드워즈가 있었던 것처럼 만들었다), 편집상 변화는 그다지 많지 않았다. 맨처음 잉글랜드 그 다음 웨일즈와 스코틀랜드의 독자들이 즉시 에드워즈의 보고서에 몰두했다. 출간된 그 주에, 필립 도드리지(Philip Doddridge)가 『놀라운 회심 이야기』를 읽었다. 그해 말, 에딘버러 판이 나타나자, 다른 판본들도 등장했다. 『놀라운 회심 이야기』는 런던에서 출판된 지 14개월 만에, 런던에서 재출간되었다. 프러시아의 막데부르크에서 독일어 번역본이 나왔으며, 보스턴의 출판업자들은 세 판본을 뉴잉글랜드 독자들에게 서둘러 전달했다.

에드워즈가 1749년 출간 준비를 시작한 에드워즈 판, 데이비드 브래이너드(David Brainerd)의 일기처럼, 『놀라운 회심 이야기』도 절판의 운명에 처해지지 않았다. 에드워즈의 노스앰턴 부흥 이야기는 브래이너드의 신앙 여

---

25) *BDEB*, 210 (Peter J. Linham, 'John Cennick'); 필자는 쎄닉에 관해서 그리고 쎄닉의 회심에 대해서 2001년 12월에 나온 이안 피터스(Ian Peters)의 논문에도 빚을 지고 있다.

정 이야기(에드워즈는 모든 회심자들을 위한 영적 삶의 모델로서 이 이야기를 제공했다)와 함께 에드워즈 본인이 부흥 시기에 행한 설교보다 더 광범위한 영향을 미친다. 1738년, 설교문 다섯 개가 『다양한 주제에 관한 대화, 최근 하나님의 성령의 놀라운 분출이 일어난 때, 주로 그곳 노스앰턴에서 설교된…영혼의 영원한 구원이라는 위대한 사건과 거의 관련되어 있는, 다양한 주제에 관한 대담』(*Discourses on Various Subject, Nearly Concerning the Great Affair of the Soul's Eternal Salvation...Delivered at Northampton, Chiefly at the Time of the Late Wonderful Pouring Out of the Spirit of God There*)에 수록되어 출판되었다. 그러나 이 책은 다시 출판되지 못했다. 이 책은 부흥에 대한 에드워즈의 설명이었지만, 복음주의적 상상력을 활활 타오르게 한 것은, 에드워즈가 부흥의 기초로 제시한 본인의 신학적 이상이 아니라, 부흥 이야기였던 셈이다.

『놀라운 회심 이야기』는 곧바로 고전이 되었다. 부흥에 대한 본보기적 설명이자, 복음주의적 사건의 패러다임이었다. 신앙적 지성의 메카인 런던에서 책이 출판되었다는 점이 영향 면에서 특히 중요했다. 와츠와 기스(Guyse) 같은 존경받는 목회자들이 책을 인정한다. 그들은 이전 세대의 경건한 칼빈주의와 연결되어 있었다. 지역적 승인을 얻게 되면서, 부흥의 준비과정, 시작, 지속, 규율, 위험성 및 효과에 대한 에드워즈의 설명은 당시 세대의 많은 사람들과 다음 세대의 더 많은 사람들을 위한 표준이 되었다. 파멸적인 인간 죄성의 실재성('흔히 가장 처음 드러나는 것은…그들 자신의 엄청난 죄성과 그들의 노력은 헛되다는 의미에서, 그들을 정죄하시는 하나님의 정의에 대한 확신이다')과 손에 만져질 듯한 하나님의 구원의 실재성('그리스도를 통하여 하나님 안에서 영혼의 거룩한 안식 그리고 그분을 경외하면서 사랑하는 비밀스러운 성향 그리고 그로부터 비롯되는 축복에 대한 희망이 그들에게 생겨난다')에 대한 에드워즈의 적나라한 묘사가 가장 중요한 점이었다. 에드워즈가 하나님의 성령을 통한 회심자의 변화를 묘사한 것도 거의 동일한 효과를 발휘했다.

종종 사람들의 사랑이 어떤 식으로 움직이고 생기는지 관찰하는 일은 멋지다. 하나님께서 역사 하실 때, 갑자기 그들의 눈이 열려, 그분의 광대하신 은총, 그리스도의 충만하심과 구원의 신속함이 마음속에 스며든다. 과거의 그들은 하나님의 진노에 대한 두려움으로 망가졌고, 죄의식 때문에 심연으로 가라앉았다. 그들의 기쁨에 찬 놀라움은 가슴을 뛰게 만들어, 웃음을 터트릴 준비가 되었다. 때로는 동시에 눈물이 홍수처럼 쏟아져 커다란 흐느낌과 뒤섞였다. 그리고 종종 큰 소리로 우는 것을 참을 수 없었는데, 엄청난 경외심의 표현이었다. 어떤 경우 그분의 은혜가 실현되고, 영광스러운 하나님의 주권이 목격되어, 영혼을 엄청난 감미로움으로 놀라게 하는 동일한 효과가 일어났다.[26]

이와 비슷한 사례로, 완전히 에드워즈와 관련된 두 가지 회심 사례(한 젊은 여성과 네 살짜리 소녀)가 많은 사람들이 모범적인 영적 여정을 생각하면 떠올리는 전형이 된다. 자기절망적인 죄로부터 회심을 통하여, 참회자의 죄를 위해 보혈을 흘리시는 그리스도의 탁월하심에 초점이 맞추어져, 하나님 안에서 기쁨에 찬 반응으로 선을 지속적으로 행하겠다는 목표에 동참하게 된다. 요컨대, 에드워즈의 『놀라운 회심 이야기』는 하나님의 사역을 기록한 것 이상이었다. 와츠와 기즈의 서문처럼, '우리 승천하신 구세주께서 종종 설교가 행해지는 장소에 당신의 성령을 충만하게 부어주심으로써, 복음의 신성을 드러내시는 특별한 방식을 왜 택하셨는지, 그리고 나서 죄인들이 단체로 성도로 변화되고, 마을 또는 나라를 넘는 새로운 사건의 전개'가[27] 권위 있게 묘사되었다.

1737년 말, 인구가 희박한 지역에도 복음주의적 부흥이 가시화되고, 복음주의 초창기 지도자 사이의 연결도 배가되었다. 이들 지도자들은 선행한 사례를 참고한 면도 있지만, 하나님의 은혜에 관한 전통적 메시지와 전통적 형태의 영적 조직을 완전히 새로운 메시지와 조직으로 변형시키고 있었다.

---

26) Edwards, *Faithful Narrative*, 168, 173, 174-175.
27) Ibid., 131.

5. 1738년

1737년 12월말, 조지 휫필드가 새로운 과업을 위해 런던을 떠나 조지아로 향한 후, 갱신의 속도가 현저히 느려진 듯했다. 그러나 금방 엄청난 사건들이 복음주의 세계의 십자로인 런던과 대영제국 전역에서 다시 일어났다.

런던에서 일어난 일만은 아니다. 1738년 4월경, 벤자민 잉검은 요크셔에 여러 개의 지역 모임을 세웠다. 대체적으로 모라비아 신앙의 관례에 따라 그들을 지도했다. 호웰 해리스는 웨일즈의 연결망을 확대하여, 비국교도 독립파도 받아들인다. 5월, 길버트 테넌트와 뉴저지 지역 장로교회 동료들이 한 마음으로 뉴브른스윅(New Brunswick) 노회를 창설했다. 복음주의 자원자의 안수를 보다 용이하게 하려는 목적이었다. 그리고 영어 사용권 전역과 그 너머 영역까지 조나단 에드워즈의 『놀라운 회심 이야기』를 읽을 수 있게 되었다. 해리스는 2월에 책을 입수한다. 그해 11월 무렵, 그와 다니엘 로우랜드는 자신들의 웨일즈 경험이 에드워즈가 묘사한 코네티컷 리버밸리의 경험과 같다는 결론에 도달한다. 존 웨슬리는 10월에 책을 읽는다. 후에 순회설교자들을 위해 스스로 요약본을 만들기도 한다. 스코틀랜드와 아메리카 중부 식민지에서 에드워즈의 추가 판본이 독자에서 독자로 전해지면서, 자기 지역에도 동일한 '성령의 방출'이 일어나는가 하는 아주 긴급한 문의가 있었다.

휫필드의 조지아 여행은 파란만장했다. 그가 영국에 남긴 드라마틱한 장면과 비교할 수 없겠지만.[28] 장기 항해 동안, 휫필드는 떠들썩한 무리로 가득찬 배를 물에 뜬 경건의 꿀통으로 변화시키는 데 성공한다. 휫필드는 겨우 500여 명의 유럽 이주민과 변경 지역의 아메리카 본토인 수천 명밖에 없는 사바나(Savannah)에서, 하루 평균 두 차례(주일에는 네 번)씩 설교했다. 외딴 동네의 거주민을 방문하기도 하고, 학교를 여러 개 설립한다. 또한 의식

---

[28] Whitefield가 런던을 벗어나 보낸 날들에 대한 내 설명은 대체적으로 다음 자료로부터다. Tyerman, *Whitefield*, 110-142.

제3장 부흥, 1734-1738년 **115**

적으로 프랑케(A. H. Francke)를 모방하여 고아원 설립에 발을 들여놓기도 한다. 존 웨슬리의 경험과 비교해 볼 때, 휫필드는 모든 사람과 잘 지낸 것 같다. 가을의 귀환 여행 내내 폭풍이 불었다. 그러나 아일랜드 해안에 도착하자마자(11월 14일), 경청하는 대규모 청중에게 설교할 수 있었다. 런던으로 향한 12월 8일 무렵, 그가 온다는 소식에 런던이 바짝 긴장한다. 휫필드는 런던으로 돌아온 직후, 호웰 해리스와 서신교류를 개시했다. 결과적으로 친근하고 오랜 동료애가 형성된다. 1738년 마지막 주, 그는 전체 설교 9회, 비공식적인 성경 강해를 적어도 18번이나 했다.

휫필드가 돌아온 런던은 예전부터 모라비아 방문자들과 웨슬리 형제에게 결정적인 진전이 있었던 무대였다. 존 웨슬리는 2월 초 런던으로 돌아올 수 있었다. 2월 7일, 신참 모라비아 사람 다섯 명과 환담했다. 그들은 조지아 식민지에 아프리카계 미국인(흑인)을 위한 선교부의 설립인가를 받으려 노력 중이었다. 페터 뵐러(Peter Böller, 1712-1775년)가 그들의 지도자였다. 뵐러는 대학생때 웨슬리 형제의 조지아 시절 친구가 되는 아우구스트 슈팡엔베르크의 영향을 받아 회심한다. 뵐러는 전에 독일에서 진젠도르프 백작의 옆에서 복음주의 사역을 경험했다.[29] 영어를 할 줄 아는 사람이 모라비아 그룹 내에 없었지만, 웨슬리는 슈팡엔베르크와 나누던 영적 대화를 지속하고 싶었다. 웨슬리는 그들을 런던에 정착시키고, 옥스퍼드 대학과 연결해 준다. 또한 심도 깊은 대화를 뵐러와 나눈다. 2월 17일, 옥스퍼드로 가는 여행 중에 이루어진 대화에 특별히 주목할 필요가 있다(대화는 라틴어와 독일어로 행해졌다). 대화를 마친 후, 뵐러는 진젠도르프에게 편지를 보낸다. '저는 존 웨슬리, 찰스 웨슬리와 함께 옥스퍼드로 여행했습니다. 형인 존은 인품이 훌륭한 사람입니다. 그는 자신이 구세주에 대해 충분한 믿음이 없다는 사실을 깨닫게 되자, 기꺼이 배우려 했습니다. 동생은 심적으로 많이 힘들었습니다. 그렇지만 그도 구세주에 대해 잘 알게 될 것입니다.'[30]

웨슬리 형제는 특히 뵐러의 주장이 이해하기 어려웠다. 신자라면 으레 믿

---

29) 참조. *BDEB*, 115-116 (W. R. Ward, 'Peter Böller').
30) Böller to Zinzendorf, in Wesley, *Works* (new), 18: 225, n. 25.

음으로 전적인 구원이 이루어진다는 확신을 경험해야만 한다는 것이다. 또한 의롭게 하는 믿음의 획득에 있어, 신앙적 의무의 진지한 수행이야말로 가장 부적절하다는 뵐러의 단정에 웨슬리 형제는 난색을 표했다. 3월 4일, 실망한 존 웨슬리는 자기 사역을 중지해도 좋을 지 뵐러에게 물어본다. 자신이 의롭게 하는 믿음을 소유했는지 확신할 수 없었기 때문이다. 뵐러의 대답이다. '절대로 그렇게 해서는 안 됩니다. 신앙이 생길 **때까지** 신앙에 대해 설교하십시오. 설교를 하면 당신에게도 신앙이 생기게 **될 것이므로**, 신앙적으로 설교를 할 수 있게 될 것입니다.' 이틀이 지난 후, 웨슬리는 옥스퍼드에서 사형판결을 받은 죄수 한 사람과 대화하게 된다. 그는 뵐러의 조언대로 설명하기 시작했다. 3월 말에 이르기 직전, 여전히 자기 신앙과 구원에 관한 의심과 투쟁하고 있던 웨슬리는 교수대를 향하는 죄수를 따라가고 있었다. 그 죄수가 친구들 앞에서 갑자기 일어나 기도를 올렸다. '이제 저는 죽을 준비가 되었습니다. 그리스도가 저의 죄를 씻어주셨으며, 저에게 더 이상 정죄가 없음을 압니다.'[31]

한편 모라비아 교인들은 런던에서 신앙 협회의 조직을 공식화하고 있었다. 독일에서 추방된 그룹이 협회의 뿌리인데, 그들은 헤른후트에서의 경험을 지속하고 싶었다.[32] 뵐러와 동료들이 선교 목적으로 영국에 온 것은 아니었다. 그렇지만 웨슬리 형제처럼, 사람들의 관심이 대단히 크다는 점을 알게 되었다. 그래서 영어사용자를 위한 협회 구성이 도움이 될 거라고 생각하기 시작했다. 4월 24일, 뵐러가 결정을 내린다. 일주일 지난 5월 1일, 그는 협회 조직을 위해 합류한 영국인 친구 몇 사람을 초대한다. 찰스 웨슬리는 병중이었다. 그래도 뵐러의 권고를 받은 존 웨슬리가 그룹에 합류했다. 이들은 '우리의 잘못을 서로에게 고하고, 함께 기도하여 치유 받기' 위해, 매주 모일 것을 약속했다. 이틀 후, 찰스 웨슬리는 뵐러와 오랜 시간 대화했다. 뵐러는 일찍이 존에게 조언한대로 찰스에게도, 오직 믿음만으로 하

---

31) Wesley, 1738년 3월 4일과 3월 27일; Wesley, *Works* (new), 18: 228, 232-233.
32) 페터래인협회의 설립과 5월에 있었던 웨슬리 형제의 은혜 경험으로 이어지는 자세한 상황에 대해서 특별히 참조하라. Podmore, *Moravian Church in England*, 38-52.

나님의 은혜를 구하라고 권면한다. 다음 날 뵐러는 조지아로 항해를 떠났다. 존 웨슬리는 일지에 '그가 잉글랜드에 오면서 시작된 하나님의 사역이여!'라고 기록했다.[33] 협회는 뵐러의 자문으로 시작되었지만, 대체로 잉글랜드 국교회적 정체성을 지녔기 때문에, 잉글랜드 국교회 영성이 잘 가미되어 있다. 협회는 새로 시작된 복음주의 에너지의 중추가 되었다. 한 해가 지나면서 협회는 모임 장소를 페터 거리로 이전하여, 그 때부터 페터래인협회(Fetter Lane Society)로 알려진다.

뵐러는 떠났지만, 그의 가르침에 큰 영향을 받은 웨슬리 형제는 하나님의 은총에 대한 특별한 확신을 경험한다. 웨슬리 형제에게, 강력하게 삶을 바꾼 사건은, 미래의 관찰자들이 인정한 정도로 확실한 것은 아니더라도, 틀림없는 회심이었다.[34]

첫 번째 계기는, 5월 11일 찰스가 브레이 씨(Mr. Bray)라는 기술자를 만나고부터다. 그는 뵐러의 개요 그대로, 모라비아 교파의 교리를 역설했다. 다음날부터 찰스는 병환에도 불구하고 강한 영적체험을 하게 된다. '잠에서 깼다…하나님을 향한 배고픔과 갈증 때문에(5월 12일)…잠에서 깨었을 때, 그리스도는 없었지만, 여전히 그분을 찾고자 열망한다(5월 13일)…나는 그리스도를 찾을 수 있기를 원했다. 그래서 그분을 전 인류에게 보여주고 싶다. 그렇게 된다면 나는 찬양을 드릴 수 있으리라. 그분을 사랑할 수 있으리라(5월 14일).'[35] 5월 17일 목요일, 웨슬리는 모라비아 친구 한 사람과 같이 몇 시간이나 열심히 마틴 루터의 갈라디아서 주석을 통독했다. 그는 자신이 이제껏 구하던 바를 찾았다고 느끼기 시작했다. '나는 "누가 **나를** 사랑하셔서, **나를 위해** 자신을 주셨는지" 알고자 노력했었다. 기다렸었다. 기도했었다. 그리고 그분이 오셨다. 그분은 지체하지 않으신다는 확신을 얻게 되었다. 그 후로 나는 편안히 잘 수 있었다.'[36] 다음 주일 5월 21일, 찰스는 자

---

33) 1738년 5월 1일과 5월 4일; Wesley, *Works* (new), 18:236-237.
34) 토론을 위해 참조하라. Randy L. Maddox (ed.), *Aldersgate Reconsidered* (Nashiville: kingswood/Abingdon, 1990).
35) Ch. Wesley, *Reader*, 96.
36) Ibid., 97.

신의 여정이 끝났음을 확신한다. '나는 하나님과 평화를 누리고 있음을 깨달았으며, 사랑하시는 그리스도에 대한 희망으로 기쁘다.' 즉시 그는 찬송을 만든다. 아마 '죄인들의 친구 그리스도'(Christ the Friend of Sinners)일 것이다.

> 방황하는 내 영혼이 어디서 시작해야 될까?
> 어떻게 해야 내가 하늘을 열망하게 될까?
> 사망과 죄로부터 구원받은 한 죄인이,
> 영원한 불에서 구출된 한 사람이,
> 어떻게 내가 동등하게 승리를 거두어,
> 나의 가장 위대한 구원자에게 찬송을 올릴 수 있을까?
>
> 오라, 오 내 죄 많은 형제들이여 오라,
> 죄 짐 아래에서 신음하고 있구나!
> 그분의 피 흘리는 심장이 그대들에게 기회를 주시네.
> 그분의 활짝 열린 가슴으로 당신을 받아들이시네.
> 지금 그분이 그대를 부르네. 집으로 초대하시네.
> 오라, 오 내 죄 많은 형제들이여, 오라!
>
> 왜냐하면 당신을 위해 진홍빛 물결이
> 그분의 상처 입은 옆구리에서 흘러 용서하시네.
> 영원하신 하나님께서 당신을 위해 고난받으셨네.
> 당신을 위해 영광의 주님이 죽임당하셨네.
> 믿으라. 그러면 당신의 모든 죄가 사함받네.
> 믿기만 하라. 그러면 하늘이 당신에게 주어지네.[37]

찰스의 앞선 경험을, 존이 뒤따른다. 바로 다음 주 첫 며칠 동안, 형 존은 죄책감 때문에 살이 계속 빠졌다. 친구에게 보낸 편지에 당시 상황이 기록되어 있다. '내 모든 공로, 내 의로움, 내 기도는 한 가지 대속을 필요로 한

---

37) Ibid., 102-103.

다. 그 사실이 내 입술을 닫게 만든다. 간구할 바가 없다. 하나님은 거룩하시다. 나는 거룩하지 않다. 하나님은 소멸시키는 불이시다. 나는 완전한 죄인이다. 따라서 불에 태워져야 한다.'[38] 5월 24일 수요일, 새벽 다섯 시에 일어난 그는 신약성경을 펴서, 베드로후서 1장 4절(이로써 그 보배롭고 지극히 큰 약속을 우리에게 주사 이 약속으로 말미암아 너희가 정욕 때문에 세상에서 썩어질 것을 피하여 신성한 성품에 참여하는 자가 되게 하려 하셨느니라)을 읽었다. 오후에는 세인트 폴 사원의 예배에 참석한다. 찬송은 시편 130편이었다. '여호와여 내가 깊은 곳에서 주께 부르짖었나이다…이스라엘아 여호와를 바랄지어다. 여호와께서는 인자하심과 풍성한 속량이 있음이라. 그가 이스라엘을 그의 모든 죄악에서 속량하시리로다.' 그날 저녁, 그는 '전혀 뜻밖에' 알더스게이트(Aldersgate) 거리에서 열리는 협회 모임에 참석하게 된다. 이 협회는 아마 몇 년 전 휫필드의 설교 결과로 생긴 것인데, 그 무렵 페터 뵐러가 모임의 조직화를 달성했다.[39] 모임 주최자 한 사람이 마틴 루터의 로마서 주석 서문을 읽고 있었다. 지도자 중에 모라비아 교인도 있었는데, 루터 저작을 변증적 또는 교리적 저작에 대조되는 보다 직설적인 영적 저작으로 부활시켰다. 루터 서문의 어떤 구절이 그처럼 강력한 감동을 주었는지 구체적인 기록을 웨슬리가 남기지는 않았다.

그러나 사실상 논문의 요체는 모라비아 교리의 하나인 그리스도 구원관이 파생된 뿌리 중 하나였다. 후일, 웨슬리가 의롭게 하는 믿음과 신자에게 미치는 효과를 설명하는 내용을 보면, 그가 당시 루터에게 듣고 있던 내용과 아주 유사했을 것이다. 예를 들어, '믿음은 하나님의 은총에 대한 생생하고, 담대한 확신이다. 따라서 신자들이 그 믿음에 자기 목숨을 수천 번이라도 걸 수 있음이 분명하다…믿음 때문에, 강요가 없어도, 사람이 준비되어

---

38) Wesley, 대략적으로 1738년 5월 17일; Wesley, *Works* (new), 18: 242. Wesley의 *Journal* 신판에 있는 Ward(1-119)의 주석과 서론적 에세이는 결정적인 알더스게이트 경험을 적절히 이해하기에는 비평이 필요하다.
39) Wesley, 1738년 5월 24일; Ibid., 249. 시편 인용구는 *Book of Common Prayer*에서 번역한 것이다.

기꺼이, 모든 사람에게 선한 일을 하며, 모든 사람을 섬기고, 사랑으로 모든 것을 참으며, 자신에게 이런 은혜를 보여주신 하나님을 찬양하게 된다.[40]

웨슬리는 그런 말씀을 들으면서, 하나님의 은혜가 자신을 어루만지고 있음을 느끼게 된다. 기억에 남을 그의 말이다.

> 8시 45분경, 설교자가 그리스도 안에 있는 믿음을 통하여 하나님의 역사가 마음에 일으키는 변화를 묘사하고 있을 때, 이상하게도 내 가슴이 뜨거워져 옴을 느꼈다. 나는 알게 되었다. 내가 참으로 그리스도를 신뢰하며, 그리스도만이 나의 구원이심을. 그분이 **나의** 죄 심지어 **내 자신**까지 제거하셨으며, 죄의 사망의 법으로부터 **나를** 구원하셨다는 확신이 주어졌다.[41]

존 웨슬리에게 무엇 하나 쉽게 오지 않았다. 따라서 다음 진술이 놀랍지 않다. '아주 매몰찬 방식으로 나를 이용하고 박해하는 사람들을 위해 전력을 기울여 기도했다. 그러고 난 다음, 나에게 처음 떠 오른 생각이 무엇인지 모든 사람에게 공개적으로 증언했다.' 그러자 '그 적'은 그런 경험은 신앙적 경험이 아니며, 크게 기뻐할 이유가 없다는 암시를 웨슬리에게 주었다. 웨슬리가 성경말씀으로 대응했고, 잠시 짧은 침묵이 흘렀다. 그러나 그가 집으로 돌아온 그날 밤 곧바로, '더 많은 유혹이 나를 괴롭혔다.' 그러나 이번에는 웨슬리가 '고함을 쳤다. 그러자 유혹이 도망가 버렸다.'[42]

나중에, 종종 웨슬리에게 알더스게이트 체험의 결론적 성격에 대한 의구심이 생긴다. 예를 들어 겨우 한 달도 안 된 1739년 1월 초, 웨슬리는 자신의 영적 상황에 대한 심도 깊은 분석을 통하여, 이런 결론을 얻는다. '나는 기독교인이 아니다…그리스도의 성령의 열매가 없다.'[43] 다음 몇 주간 동

---

40) '바울의 로마서 서신에 대한 서문'(1522, rev. 1546), 번역 Charles M. Jacobs 그리고 E. Theodore Bachmann, in *Luther's Works*, vol. 35: *Word and Sacrament I*, Bachmann (ed.) (Philadelphia: Fortress, 1960), 370-371.
41) Wesley, 1738년 5월 24일: Wesley, *Works* (new), 18:249-250.
42) Ibid., 250.
43) Wesley, 1739년 1월 4일; Wesley, *Works* (new), 19:31.

일한 의심이 주기적으로 되풀이되었다. 이 무렵인 1766년 6월, 동생에게 편지를 보냈다. '나는 하나님을 사랑하지 않아. 결코 사랑할 수 없어…그렇기 때문에 난 그저 솔직한 이교도일 뿐이야.'[44] 웨슬리의 설교는 그토록 많은 사람들에게 확신을 안겨주었지만, 바로 그 확신이 자기에게는 없었던 것이다.

이러한 미래의 성찰에도 불구하고, 알더스게이트 경험은 찰스 웨슬리가 그 주 전에 했었던 유사한 체험처럼 결정적인 사건이었다. 웨슬리 형제는 슈팡엔베르크와 뵐러의 영향을 받아, 하나님의 구속하시는 은혜를 표현하는 새로운 방식을 배우게 되었으며, 스스로도 구원의 은혜를 경험했다. 경험을 통한 막대한 에너지가 설교, 찬양 저작, 협회 창설로 표출된다. 웨슬리 형제의 1738년 5월 경험은, 이러한 활동들로 인해, 전체 복음주의 운동의 상징이 된다.

5월의 극적인 진전 이후, 존 웨슬리는 기독교인의 삶에 관한 모라비아식 비전을 깊이 탐구하는 데 노력을 기울인다. 그러다 거의 충동적으로 유럽을 가로질러 진젠도르프의 헤른후트로 가는 여행을 제안한다. 벤자민 잉검과 몇 사람이 제안을 좋게 여겨 동참했다. 찰스 웨슬리가 잉글랜드에서 연속적인 설교, 개인 간증, 찬송 작사에 매진하고 있었고, 페터래인협회의 매주 모임도 지속되고 있었다. 한편 6월 13일, 존 웨슬리, 잉검 그리고 다른 여섯 사람이 헤른후트를 향해 출발한다. 모라비아 교단 본부에서 보낸 2주간은 생산적이었다. 특히 웨슬리는 몇 사람과 깊이 있는 대화를 나눈다. 그들은 모라비아 교인으로 개종한 사람들로, 전도와 섬김의 모범적인 삶을 유지하고 있었다. 그는 하나님의 은혜를 확신하여 평안을 누리는 모라비아 교인들의 능력에 감탄한다. 그렇지만 한편으로 모라비아의 몇 가지 실천적 표현에 의문을 지니게 된 계기도 아마 이 여행 때문이다. 결국 이 의문 때문에 모라비아 운동과 단절하게 된다. 끝으로, 여행에는 역사적 호기심 거리가 하나

---

44) Heitzenrater, *Wesley*, 224; John Wesley가 Charles Wesley에게, 1766년 6월 27일, in Wesley, *Letters* 5:16.

있었다. 웨슬리는 두 번이나 작센 도시 라이프치히(Leipzig, 7월 27일, 28일과 8월 17일)를 경유한다. 그 도시에 요한 제바스티안 바흐(Johann Sebastian Bach)가 시 교회의 음악 감독을 맡고 있었다. 바흐와 웨슬리가 만났다거나, 서로의 존재를 알았다던가 하는 기록은 슬프게도 남아있지 않다.

일행은 9월 중순 잉글랜드로 돌아온다. 휫필드의 배가 미국 남부를 떠나 영국을 향하는 시점이었다. 웨슬리가 런던으로 돌아오자, 페터래인의 협회는 점점 자주 모이게 된다. 그 때 웨슬리 형제가 작심을 하고 믿음에 의한 칭의를 설교했다. 무수한 회심(논란 또한)이 일어난다.

12월 휫필드가 런던으로 돌아왔다. 갱신의 불길은 더욱 활활 타올랐다. 1739년 1월 1일과 2일, 복음주의 역사상 초창기의 맹렬한 기세가 최고조에 도달했다(신학적, 개인적, 교회적 분열로 칼빈주의자, 알미니안주의자, 모라비아 교인들이 서로 갈라지기 이전이었으므로, 유례없는 성령의 발현에 두려움과 경탄이 혼재되어 있었다). 페터래인협회의 애찬식 도중 사건이 일어난다. 간증과 기도, 찬양에 이어 빵과 물로 가벼운 식사가 제공되었다. 찰스 웨슬리, 존 웨슬리, 조지 휫필드, 벤자민 잉검, 웨스틀리 홀(Westley Hall, 후에 웨슬리의 자매 중 한 사람과 결혼했다. 그러나 이신론과 일부다처제에 빠져 점차 타락해갔다), 찰스 킨친(Charles Kinchin, 모라비아 교인이 되고자 자기 성직록[聖職祿]을 포기한 사람이다. 마음을 분명히 정하기도 전인, 1742년 천연두로 사망한다) 그리고 또 다른 여섯 명이 참석했다. 휫필드는 '충실한 기도, 시편과 감사'로 온 밤을 지새웠다고 기록한다. 보다 상세한 내용을 웨슬리가 덧붙였다.

새벽 세 시 경이었다. 우리는 즉석 기도를 계속하고 있었다. 하나님의 권능이 우리에게 강력히 임하셨다. 많은 사람들이 극도의 기쁨으로 소리쳤고, 많은 이들이 바닥에 쓰러졌다. 우리가 주님의 존엄하신 실재로 인한 경외심과 놀람에서 조금 회복되면서, 한 목소리로 외치기 시작했다. '오 당신을 찬양합니다. 오 하나님, 우리는 당신이 주님이심을 인정합니다.' [45]

---

45) Whitefield, *Journal*, 196; Wesley, 1739년 1월 1일; Wesley, *Works* (new), 19: 29.

1738년에 일어난 결정적 사건들의 강력한 종착지였다. 그러나 종착지라는 예상과 달리, 더욱 놀랄만한 시기의 서막이기도 했다.

The Rise of Evangelicalism

제 4 장

부흥, 분열, 통합, 1738-1745년

1739년 1월 1일 저녁, 페터래인협회에서 기도 모임이 열렸을 때, 복음주의의 미래 역사는 여전히 불명료했다. 그럼에도, 복음주의 신앙의 핵심 강조점과 실천이 이미 가시화되고 있었다. 개인들이 하나님께 충실히 헌신하는 삶으로 회심했고, 자기 회심을 통해 전체 공동체의 갱신을 기대하게 되었다는 점이 아주 중요하다. 회심을 불러일으킨 설교는 새로운 설교였다. 설교의 실행자들이 사랑하는 사람들에게 사역을 행하여, 곧바로 삶을 변화시키는 결과를 거두려고 목표했기 때문이다. 때때로 순회설교자들(휫필드, 호웰 해리스, 그리고 곧 이어 많은 모방자들)이, 또 때로는 기성교회 목회자들(다니엘 로우랜드, 조나단 에드워즈)이 설교했다.

그러나 설교의 목표는 모든 측면에서 단순한 지적 교류만이 아니라 전인격적 반응과 관련되어 있었다. 하나님의 율법의 엄격함과 하나님의 복음의 포용력을 잘 묘사하는 것이 복음주의 설교의 힘이었다. 초기 운동의 유명한 지성인인 조나단 에드워즈와 존 웨슬리조차 단순히 이성적 확신을 안겨주는 것보다 마음의 감동을 위해 자신들의 지적 역량을 강하게 사용했다. 은혜 체험이 가능해지면서 참된 신앙추구라는 목표가 달성되었다.

복음주의 탄생에서, 회심에 필요한 시간 단축, 개혁적 관심 범위의 축소라는 예외가 있지만, 많은 부분이 청교도적 주제의 재현이다. 신앙적 삶에 대한 압도적 기대감에 비추어 볼 때, 초창기 복음주의는 전통 종교의 제도적 기구에 대한 엄청난 무관심으로 유명하다.

1739년 무렵, 조나단 에드워즈는 복음주의자들을 위한 준거틀을 제공한다. '회심은 어떻게 진행되어야 하는가?' '어떻게 회심이 사회적 갱신에 영향을 미칠 수 있는가?' 하는 내용이었다. 복음주의 설교가 행해지는 모든 지역에서, 평신도가 주도권을 지닌 지역 협회의 설립이 고무되었다. 이는 회심한 이들 또는 회심을 바라는 사람들의 영적 양육을 위해서다. 그리고 복음주의는 갱신의 물결이 순환되게끔 교회 외부 네트워크의 부활을 주도한다. 에드워즈가 『놀라운 회심 이야기』(Faithful Narrative)에서 설명한 대로, '하나님께서 우리 가운데 당신의 사역을 촉진하는 수단을 만드시는 데, 다른 사람의 회심 소식을 사용할 지 전혀 몰랐다.'[1]

요약해보면, 복음주의 실천의 특징적 발전이나 복음주의 신앙의 중점 그리고 위대한 복음주의 지도자들의 경력 또한 여전히 발생기에 불과했지만, 대영제국 내부에 복음주의의 흐름이 흐르기 시작했다는 사실은 명약관화하다.

1. 1739년

휫필드와 다니엘 로우랜드의 등장에 뒤이은 시기, 호웰 해리스와 길버트 테넌트는, 에드워즈의 『놀라운 회심 이야기』 출판과 존 웨슬리 및 찰스 웨슬리의 삶에 깃든 생생한 은혜 체험을 통해, 복음주의가 널리 확장되는 현장을 목격한다. 그러나 확장과 동시에 복음주의자 내부에 개성과 실천, 신앙을 둘러싼 심각한 첫 충돌이 발생한다. 1739년은 중대 전환기였다. 생전 처

---

1) Edwards, *Faithful Narrative of Surprising Conversions* (1737), in Edwards, *Works*, vol. 4: *The Great Awakening*, ed. C. C. Goen (1972), 176.

음으로 부흥주의 핵심인사들이 서로 만난다. 잉글랜드 국교회 복음주의자는 오랜 시간에 걸친 명예로운 교회 전통으로부터 유례없는 자유를 만끽했다. 스코틀랜드와 미주의 관련 당사자들은 커다란 기대감을 품고 런던에서 오는 부흥 소식에 귀 기울였다. 서로의 열정이 공유되었다. 개인 사이의 우정이 공개적으로 드러나면서 신학적 차이가 희미해졌다. 중요한 신참 지도자들이 회심하면서, 영향력을 발휘했다. 복음주의의 특색을 지닌 조직이 점차 눈에 띄기 시작했다. 복음주의적 평신도들이 더 많은 책임을 감수했다. 1739년의 사건들은 1740년대에 확장될 복음주의 갱신의 전초기지 역할을 한다. 여기서 이 사건들의 개요를 요약해 보자. 이 사건들은 신앙 운동의 속도가 점점 빨라지고 있다는 증거가 이런 사건들이다.

- 1월초, 호웰 해리스가 휫필드에게 한 보고다. 다니엘 로우랜드의 지도 아래 '카디건셔(Cardiganshire)에 큰 부흥이 일어났다.'[2]
- 2월 17일, 배쓰(Bath)와 브리스톨(Bristol)의 잉글랜드 국교회 교구 목사 몇 사람이 휫필드의 지역 교회 사용을 금지했다. 그가 무책임한 열정주의자라는 것이 이유였다. 그 후 휫필드는 야외설교라는 급진적 발걸음을 내딛었다. '교회의 규율과 관습으로부터 충격적인 이탈'이라고[3] 루크 타이어맨(Luke Tyerman)이 묘사한 행동은 과거의 개신교와 단절하고, 개혁을 이루려는 두드러진 의지라고 기록되었다. 휫필드는 진정한 의미의 센세이션을 일으켰다. 몇몇 사람에게 심한 비판을 받지만, 더 많은 사람들이 그를 열렬히 추종하게 되었다.
- 바로 다음 달, 존 웨슬리는 전례를 따랐고, 5월에 동생 찰스도 그렇게 했다. 이를 통해 웨슬리 형제와 휫필드는 자기들이 교회의 충실한 자녀라고 생각했지만, 장소와 시간을 불문하고, 전통적 교회 질서에 대한 존중보다 복음적 설교에 대한 고집이 더 강했음이 입증되었다.
- 3월, 존 웨슬리가 브리스톨에 도착했다. 그는 휫필드가 브리스톨과 인근 킹스우드(Kingswood)에서 시작한 전도협회의 일상관리 업무를 인계받는다. 휫필드는 새 협회들이 웨슬리에게 양도되자마자 순회설교를 계속했다.

---

2) Tyerman, *Whitefield*, 1:170-171.
3) Tyerman, *Wesley*, 1:227.

- 3월, 호웰 해리스가 처음으로 런던에 왔다. 그는 런던에서 휫필드의 노천설교를 보고 큰 감명을 받았다.
- 또한 3월, 존 웨슬리가 '표적과 기사'로 기록한 사건들이 브리스톨 사역 도중 많이 일어났다. '어떤 이는 크게 울부짖었다…엄청나게 맹렬했는데, 심지어 죽음의 고뇌를 겪는 것 같았고…곧이어 다른 두 사람이…큰 고통에 사로잡혀 "자기 심정의 불안함 때문에 고함을" 질러댔다.'[4] 이런 현상들이 휫필드와 또 다른 각 성자들의 설교에 대한 반응으로 일어났다. 이 현상은 감리교가 대중적 열광상태에 도달했음을 반대자들에게 입증했다.
* 5월, 존 쎄닉(John Cennick)이 페터레인협회에 합류했다. 그렇지만 즉시 킹스우드로 여행을 떠났다. 그곳에서 웨슬리의 허가를 받아 첫 번째 평신도 야외설교자가 되었다. 또한 웨슬리의 감독 하에 브리스톨과 킹스우드 지역 협회 몇 군데의 책임을 맡게 되었다.
- 8월, 휫필드가 아메리카를 향해 떠났다. 그가 떠나자마자 웨슬리는 '거저주시는 은총'(Free Grace)이라는 소논문을 출간했다. 논문은 휫필드와 자신의 신학적 차이를 노출시켰다. 그전에는, 신학적 차이가 표출되지 않았다.
- 10월과 11월, 또 다른 모라비아 그룹이 잉글랜드에 도착했다. 그들은 진젠도르프의 협력자로, 최초로 영국 선교의 구체적 조직화를 위임받았다. 당시 조지 휫필드는 뉴저지에 있었다. 그는 길버트 테넌트와 그의 존경받는 부친 윌리엄을 만났다. 뉴욕시 잉글랜드 국교회의 감독대리가 잉글랜드 국교회를 사용하고 싶다는 휫필드의 요청을 거절한 후, 길버트 테넌트는 휫필드가 뉴욕시 장로교회에서 설교할 수 있도록 주선했다. 이 무렵 스코틀랜드 전역에 휫필드의 충격적인 설교 소식이 알려지고 있었다.
- 1739년 중순부터 말까지, 백작의 딸이며, 또 다른 백작의 아내인, 헌팅든 백작부인 셀리나(Selina, 1707-1791년)가 휫필드의 설교에 참석했던 동서의 간증을 통하여 회심했다. 동서 또한 웨슬리의 동료인 벤자민 잉검의 설교에 영향 받고 있었다. 즉시 셀리나는 찰스 웨슬리와 특별한 결실을 맺게 될 서신왕래를 향유하게 되었고, 복음주의 대의의 전파가 그녀의 평생사역이 되었다.

---

4) Wesley, 1739년 4월 17일, in Wesley, *Works* (new), vol. 19: *Journal and Diaries II* (1738-1743), ed. W. Reginald Ward and Richard T. Heitzenrater (1990), 49. 이러한 현상에 대해 더 알고 싶으면 다음을 참조하라. Watts, *Dissenters*, 1:410-414.

이 시점에서 엄청난 확장력과 다양성을 지닌 이야기를 단일한 연대기 형식으로 지속하기는 불가능하다. 잉글랜드, 스코틀랜드, 웨일즈, 뉴잉글랜드와 중부 식민지의 발전이 아주 급속히 이루어졌고 결과도 광범위했기 때문에, 지금부터 주제별 방식으로 진행하는 것이 유일한 해법이다. 그러나 다음 시기에 일어날 중대 사건의 일부를 검토하는 데 있어, 미래의 사건이 결코 고립된 사건이 아님을 명심해야 한다. 복음주의가 완벽한 응집력을 지니지는 않았지만, 복음주의의 다양성과 광범위함에도 불구하고 응집력이 운동의 특징으로 분명하게 드러난다.

2. 조지 휫필드와 아메리카의 복음주의(1740년)

1740년 내내, 조지 휫필드는 아메리카 식민지에 있었다. 식민지의 모든 주요 지역(남부와 중부 대서양, 뉴잉글랜드)과 중요 도시(사바나, 찰스톤, 필라델피아, 뉴욕, 보스턴)에서 그의 활동은 거의 전설이 되었다. 휫필드의 능력이 절정기였으며, 기독교적 헌신에 강력히 붙들려 있었기 때문이다. 그의 활동은 일종의 경이였다. 잉글랜드에서 온 한 차례 방문이 미국 종교사의 가장 놀랄만한 사건으로 남겨질 뿐 아니라, 미래 복음주의의 경로에 막대한 함의를 지닐 것이기 때문이다. 아메리카의 초창기 복음주의와 휫필드를 쉽사리 동일시해 버리는 우를 범하지 않으려면, 그의 활동을 아주 세세히 연구해야 한다. 이 지침만큼 좋은 것은 없다. 따라서 단순히 휫필드의 활동이 미국의 발전에 기여한 방식만이 아니라, 대서양 다른 지역의 초창기 복음주의 발전과 휫필드의 활동 사이의 비교도 필요하다.

1739년 10월 말, 휫필드가 펜실바니아에 도착한다. 육로를 통하여 남부인 델라웨어, 버지니아, 노스캐롤라이나, 사우스캐롤라이나로 가기에 앞서, 필라델피아와 뉴욕 부근에서 몇 주간 설교했다.[5] 1740년 1월 9일, 그는 조

---
5) 이 장에서 필자는 특히 다음 자료에 의존한다. Whitefield, *Journals*, 338-505 그리고 Tyerman, *Whitefield*, 1:319-458.

지아 사바나(Savannah) 소재의 자기 고아원에 도착했다. 그곳은 식민지에 있는 자기 집이자 활동본부였다. 세 달 동안 활발한 지역 설교를 한다. 고아원 건물 건축에 세심한 주의를 기울였다. 또한 조지아와 사우스캐롤라이나의 잉글랜드 국교회 목회자들과 날카로운 설전을 벌리기도 한다. 그 다음 또 한 번 북부로 향했다. 4월과 5월까지, 필라델피아와 뉴욕에서 일만 오천 명을 상회하는 청중에게 설교했다. 그보다 수는 적지만 상당한 수의 외곽지역 청중에게도 설교했다. 그해 가을, 뉴잉글랜드에 모인 사람의 수는 훨씬 많았다. 심지어 그해 봄, 인파가 어떤 장소에 몰렸는데, 북미 이주 유럽인의 역사에서 그렇게 많은 사람이 한 장소에 모인 것은 그 때가 처음이었다.

여름 동안, 휫필드는 잠시 숨을 고르기 위해 사바나와 찰스톤으로 돌아왔다. 입소자가 거의 70명에 다다른 고아원을 위해 대략 4,000파운드 상당의 새로운 큰 건물을 알아보았다. 사바나 잉글랜드 국교회(자기가 담임으로 있던)의 예배를 감독하면서, 시골로 설교 여행을 떠난 것이 그가 말한 여가였다. 8월말, 그는 본서 서문에 언급된 여행을 개시한다. 9월 중순 로드 아일랜드, 그 다음 한 달간 보스턴과 근교 지역, 계속해서 인접 서부 매사추세츠와 아래로 내려가 코네티컷 강에서 다시 육로로 뉴헤이븐으로 향하기 전, 하트포드까지 이동했다. 그다음 필라델피아와 뉴욕에서 각각 일주일씩 머물고, 마침내 11월 17일 사바나에 도착했다. 그는 일 년 간 여행 내내, 어느 곳에서나 설교하고, 설교하며, 또 설교했다. 뉴잉글랜드, 뉴욕, 필라델피아에서 10주 여행 동안, 적어도 200회의 공식 설교와 셀 수 없는 비공식 연설이 있었다. 그 해의 끝 무렵, 하루(3일이 아니라) 두 차례 설교가 평균에 가까웠다. 따라서 휫필드에게 시간이 오래 걸리는 뱃길 여행은 짐이 아니라 필수사항이었다. 배를 이용하지 않았다면, 너무 빠른 일정이 그를 죽이고 말았을 것이다.

그의 메시지는 그를 분투하게 만든 목표를 반영했다. '나의 계획은 불쌍한 영혼을 예수 그리스도께 이끄는 것이다.' 본인의 관점에 의하면, 그는 신중하게 목표를 추진했다. '한편으로 나는 질서를 혼란시키는 극단을 피하고

제4장 부흥, 분열, 통합, 1738-1745년 **131**

싶다. 편견이 심한 사람이 되고 싶지 않기 때문이다. 또 다른 한편으로 질서와 예절을 당황스럽게 만들고 싶기도 하다.'⁶⁾ 오직 적은 예외(버지니아 윌리암스버그의 잉글랜드 국교회 감독대리였던 제임스 블래어가 그 한 사람이었다)를 제외하고, 잉글랜드 국교회 교구 목사들은 그들 교회에서 휫필드가 설교하는 것을 허락하지 않았다. 그러나 비국교도들, 특히 중부식민지 장로교인과 뉴잉글랜드 회중주의자는 자기 강단을 기꺼이 개방하는 불편을 감수하기로 작정한다. 그러나 종종 청중이 너무 많아서 어떤 교회에도 수용이 불가능했다. 식민지의 어떤 건물도 어려웠다. 그래서 야외에서 메시지를 전달해야 했다. 보스턴의 피터 티모씨(Peter Timothy)는 10월 12일 주일, 휫필드의 고별 설교를 들으려고, 공유지에 운집한 사람이 이만 삼천 명 정도 된다고 추정했다. 도시 전체 인구를 상회하는 숫자였다.⁷⁾

휫필드는 자기 개성대로, 성경 구절을 소개하고 읽었다. 소리내 기도하거나 때로는 무릎 꿇고 조용히 기도했다. 그러고 나서 강론을 시작했다. 보스턴의 청중 한 사람이 다음 일을 기록했다. '처음 그가 입을 열었을 때, 사람들은 그가 단지 열정적인 사람이고, 흥분해 있을 뿐이라고 생각했을지 모르겠다. 그러나 그가 계속 진행해나가자, 설교 주제로 그의 가슴이 뜨거워졌다. 그의 태도는 격렬하다가 잔잔해졌고, 주변의 모든 것을 망각한 듯했다. 그는 여호와의 존전에 무릎 꿇은 듯이 보였고, 동료-인간들의 고뇌에 대해 간절히 구하는 듯했다.' 관찰자는 휫필드의 언어 구사력의 사례를 든다. 휫필드는 지나가는 뇌우를 활용했다. 그는 사람의 생활을 스쳐지나가는 구름으로, 하나님의 진노를 번개로, 하나님의 신적 자비를 비온 뒤 햇빛에 비유했다. 한 출판업자가 설교 본문을 요구했을 때, 휫필드가 대답했다. '반대하지 않아요. 만일 당신이 번개와 천둥, 무지개를 인쇄할 수 있다면 말입니다.'⁸⁾

휫필드는 노스앰턴으로 조나단 에드워즈를 방문한다. 거기서 삼일에

---

6) Tyerman, Whitefield, 1:433.
7) Ibid., 421. Whitefield 본인은 이만 명이라고 보고했다. Whitefield, *Journals*, 472.
8) Tyerman, *Whitefield*, 1:419-420.

걸쳐 설교 네 번과 연설을 두 차례 했을 때, 사라 피에퐁 에드워즈(Sarah Pierrepont Edwards)는 휫필드의 기억에 남을 출현이 창출한 영적 열정과 생생한 카리스마의 혼재를 요약했다.

> 그는 일반적인 우리 아메리카 설교자보다 훨씬 교리를 적게 사용했다. 그보다 마음을 움직이는 데 목표를 두었다. 그는 타고난 연사다. 여러분은 이미 깊은 톤이지만, 분명하고 구성진 그의 목소리에 관해 들었을 것이다. 그것은 완벽한 음악이다. 그가 아주 간결하게 성경의 진리를 선포하면서 청중에게 던지는 마법을 보는 일은 굉장하다. 나는 수천 명 이상의 사람들이 숨도 쉴 수 없는 침묵 속에서 그의 말에 주의를 기울이며, 반쯤 억누른 흐느낌만이 몇 번씩 정적을 깨뜨리는 것을 보았다.[9]

그러나 휫필드는 설교와 사업을 동시에 병행한다. 그는 언제나 동역자 두, 세 사람과 여행했다. 일행에 윌리엄 시어드(William Seward)가 있었다. 그는 사업 매니저, 기금조달자, 출판가이자 탁월한 사전준비자였다. 사바나 고아원의 재정 확보를 위해 영국으로 돌아갔다가, 1740년 가을 호웰 해리스의 순회설교 도중 일어난 소동에서 살해된다. 이 사건은 개인에게나 사역에도 큰 손실이었다.[10] 시어드와 여러 사람들이 휫필드를 도와 그의 편지를 모았으며, 엄청난 양의 서신교류를 관리하고 있었기 때문이다. 잉글랜드를 떠난 18개월 동안 휫필드는 웨슬리 형제, 호웰 해리스, 벤자민 잉검, 찰스 들라모트(Charles Delamotte) 및 광범위한 감리교 네트워크의 여러 사람들에게 편지를 썼다. 또한 적극적으로 출판 스케줄을 감독했는데, 여행 기간 동안 필라델피아에 있는 벤자민 프랭클린 및 그의 출판사와 장기적 관계가 굳건해지기도 했다. 게다가, 휫필드는 고아원을 운영하기 위해서 살인적인 스케줄 속에서도 시도 때도 없이 열심히 일했다. 고아원은 프랑케가 할레에 세운 유명한 고아원을 본받아 만들었다. 여행은 휫필드를 많은 저명인사들

---

9) Ibid., 428.
10) *BDEB*, 996 (W. R. Ward, 'William Seward').

과 접촉하게 해주었다. 1740년 한 해에만, 뉴저지의 길버트 테넌트, 필라델피아에서 퀘이커교 작가인 앤쏘니 베네젯(Anthony Benezet), 그리고 매사추세츠 총독 조나단 벨처(Jonathan Belcher) 등이 있다. 휫필드는 이 세 사람, 그리고 역사에 이름이 남겨지지 않은 수많은 사람들과 따뜻하면서, 기억에 남을 개인적 관계를 맺었다.

때때로 휫필드의 여행이 남긴 영적 영향력이 오래 지속되었다. 휫필드를 통해 회심한 다수의 청년이 목회자가 된다. 1740년 10월 23일 목요일, 평신도인 나탄 콜(Nathan Cole)은 코네티컷 미들타운의 야외연단에서 휫필드가 열변을 토하는 것을 보려고 서둘러 야외로 나갔다. 그는 많은 감명을 받는다. 그 날 휫필드의 설교를 들으려고 모인 인원은 4,000명으로 추산된다.

> 그리고 그의 설교를 듣게 되면서, 설교가 내 마음에 상처를 입혔다. 하나님의 은혜였다. 내 옛 기초는 허물어졌고, 나의 의가 나를 구원하지 못한다는 사실을 알게 되었다. 나는 그제야 선택교리를 확신하게 되었다. 그리고 그 사실에 대해 하나님과 논쟁하려고 곧바로 다가갔다. 왜냐하면 내가 하는 모든 일이 나를 구원하지 못하며, 하나님은 영원 전부터 누가 구원받을지, 누가 구원받지 못할 사람인지 선포해 놓으셨기 때문이다.[11]

아마 나탄 콜이 곤경을 겪은 이유는 휫필드의 의도보다, 옛 청교도 예정교리의 세세한 내용 때문이었을 것이다. 그러나 콜의 증언에 비추어 볼 때, 휫필드의 끊임없는 칼빈주의 강조와 각성을 촉구하는 설득력, 두 가지 모두 그를 힘들게 만들었다고 보는 것이 정확할 것이다.

아메리카에 미친 휫필드의 영향력은 엄청나다. 이번 여행과 또 다른 여섯 번의 방문 그리고 그의 글이나 그에 관한 기록물의 홍수를 볼 때 그러하다. 그는 스코틀랜드와 아일랜드의 동료 장로교인이 추구하는 노선보다 더 일관된 복음주의 노선을 아메리카 장로교인이 수용할 수 있도록 도와주었

---

11) Michael J. Crawford, 'The Spiritual Travels of Nathan Cole', *William and Mary Quarterly* 33 (January 1976): 93-94.

다. 마찬가지로, 뉴잉글랜드 회중주의자에게도 강한 복음주의 색채를 전달해 주었다. 회중주의 내부 각 분파(전통주의 대[對] 복음주의 대[對] 자유주의)의 성장을 촉진시켜, 결과적으로 한때 강력했던 조직에 분열이 일어났다. 그는 미래에 침례교회 지도자와 감리교회 지도자가 될 많은 사람에게 영감을 주었다. 또한 그는 전에는 고립되어 있던 많은 그룹에 개별적인 연결고리를 만들어 준다. 연결고리에는 일부 퀘이커 교도와 독일 이민자 교회가 포함된다. 여기 참여한 비국교 교단들이 주요한 지지 기반이 되었다.

휫필드는 모든 활동에서 철저한 기업가 정신과 기성교회 전통에 대한 유별난 경시를 혼합시켰다. 그의 개혁 의지는 식민지에서 그를 아주 유명하게 만들었다. 또한 장래 미국 복음주의자에게 기독교 전통에 대한 비슷한 경시감을 조장한 측면도 있다. 그러나 폭넓은 비전, 재빠른 행동 그리고 창의력은 불분명한 유산을 남긴다. 휫필드에게는 거대한 비전 선포보다 비전 실행이 더 쉬웠기 때문이다. 예를 들어, 윌리엄 시어드의 때 이른 사망 이후, 휫필드는 고아원에 대한 굳건한 통제력을 발휘하려 하지 않았고, 자신의 높은 목표를 충족하는 데 고아원을 이용하지도 않았다.[12] 이처럼 이상적인 비현실적 태도가 미국 복음주의자 사이에 기나긴 생명력을 얻게 된다.

휫필드의 성격은 애교스럽게 순진하면서 동시에 뜻밖에 비판적이기도 했다. 그의 이런 성향 또한 적어도 아메리카 복음주의의 일정 흐름에 지속적인 성향으로 남게 된다. 예를 들어, 그는 매사추세츠 캠브리지에 단 하루도 머물지 않았으면서도, 하버드대학에 비우호적인 판단을 내린 것 같다. '무척 기강이 약하다. 교사와 학생 사이에 수준 낮은 책들이 유행하고 있다.'[13] 마찬가지로, 회심하지 않은 목회자에 대한 거친 말을 빈번히 하게 되면서 진짜 문제로 발전한다. 그런 말을 할 때 엄청난 자기 확신이 있었던 반면, 분명한 증거는 부족했기 때문에 무책임한 수준에 이르기도 했다.

---

12) 이 기관의 이후 이야기에 대해 참조하라. Edward J. Cashin, *Beloved Bethesda: A History of George Whitefield's Home for Boys, 1740-2000* (Macon: Mercer University Press, 2001).

13) Whitefield, *Journals*, 462.

중요한 기독교적 사회 윤리를 희생하면서까지 복음주의에 헌신한 휫필드의 '전부 아니면 전무'라는 태도도 애매모호한 유산을 남긴다. 노예 제도에 대한 그의 입장이 한 예가 될 것이다. 1740년 내내, 그는 남부의 노예 소유주들이 노예들에게 잘못한다고 비판하면서, 노예들에게 설교하고자 특별한 고통도 마다하지 않았다. 그러나 당장 결정해야 할 일이 생긴다. 유럽인들은 고아원의 땅을 경작하려 하지 않아 고아원 운영이 어렵게 되었다. '적은 수라도 흑인' 노예의 구매 없이, 조지아에서 생존은 '불가능'함이 명백해졌다.[14] 노예 제도에 반대하여 그처럼 열렬히 설교하던 본인이 노예 소유주가 되리라곤 상상도 못할 일이다.

어떤 기준에서 평가하더라도 휫필드의 업적은 대부분 경탄할 만하다. 그리고 그의 그리스도 중심적 설교는 빛나는 등대였다. 그의 개성과 의도에는 위대한 일관성이 있었지만, 방만한 행동에는 지속성이 없었으며, 문화관은 깊이가 부족했다. 그의 스타일은 '표적을 향해 조준'이였다. 한 마디로, 미국의 미래 복음주의 역사에서 휫필드가 떠들썩하리라 상상한 이 일 년을 돌이켜 보면, 많은 일이 최상의 일로, 또 많은 일이 최악의 일로 드러났다.

3. 스코틀랜드 복음주의와 조지 휫필드(1742년)

스코틀랜드에서 휫필드의 역할 그리고 이에 따른 복음주의 발전에서의 역할은 아메리카에서의 역할과 달랐다. 윌리엄 맥클로흐(William McCulloch), 제임스 로브(James Robe), 존 맥클로린(John Maclaurin) 등 글래스고우와 인근에서 사역하는 스코틀랜드 목회자들이 오랫동안 부흥을 위해 기도하고 있었다. 그들은 『신학의 정수』(*The Marrow of Divinity*)와 토마스 보스턴(Thomas Boston)의 『네 가지 상태』(*Fourfold State*) 같은 서적을 권장하기도 하고, 서로 교회 부

---

14) Tyerman, *Whitefield*, 1:444.

흥을 논의했다.[15] 또한 그들은 야외설교의 결과인, 스코틀랜드 부흥의 생생한 기억을 지니고 있었으며, 주의 성찬을 통한 교류를 자주 하고 있었다. 그러나 1740년대 초까지, 같은 뜻을 가진 소수의 목회자 동료들은 휫필드의 순회설교의 반응으로 뉴잉글랜드에서 일어난 일에 대해 읽기는 했지만, 스코틀랜드에서 그런 일을 목격하는 특권을 누리지 못했었다. 1739년, 1740년, 1741년을 지나면서, 오히려 폭풍, 전염병, 기근, 인명 손실이 스코틀랜드의 운명인 것처럼 여겨졌다. 1741년 늦여름, 미국에서 돌아와 활력이 넘치는 휫필드가 북쪽 스코틀랜드로 올라와 13주 동안의 설교 여행을 개시한다. 반응이 좋았다. 많은 청중이 설교의 칼빈주의적 액센트(그들에게 매우 친숙한)와 즉흥적인 열정(그들에게 생소했던)을 감상했다. 그러나 종합적인 결과는 휫필드가 뉴잉글랜드에 일으켰던 은혜의 허리케인에 미치지 못했다. 심지어 런던, 브리스톨 및 여타 잉글랜드 도시의 설교에서 내린 국지성 호우에도 미달했다. 그러나 1742년 여름, 휫필드가 스코틀랜드로 다시 돌아왔을 때, 뿌리에서부터 흔들림을 겪게 된 많은 청중이, 일 년 전 휫필드의 설교를 들었던 바로 그 청중이었음이 보고된다.

스코틀랜드 복음주의의 향후 진로는 다음 사실에 강한 영향을 받게 된다. 부흥의 주도적 지지자들은 역사적인 스코틀랜드 국교회(Scottish Kirk, 이하 키르크 또는 스코틀랜드 국교회)의 중심성이 당연히 지속되어야 한다고 믿는 베테랑 목사들이었다. 1742년, 로브는 54세, 맥클로흐는 51세, 맥클로린은 49세였다. 더욱이 이들 복음주의자들은 구체적인 내용에서 많은 확신을 공유했던 랄프 및 에브네저 어스킨(Ebenezer Erskine)이 1730년대 초 작은 분리그룹을 만들었을 때도, 기성교회에 머무르기로 작정했던 사람들이다. 스코틀랜드의 철저한 국교회 칼빈주의 전통, 폭넓은 교육망, 진지한 신학적 논쟁은 휫필드가 아메리카에서 조우했던 상황과 다른 장면으로 나타났다. 그러나 해외에서 전

---

15) 이 장에서 필자는 다음을 따르고 있다. Arthur Fawcett, *The Cambuslang Revival: The Scottish Evangelical Revival of the Eighteenth Century* (London: Banner of Truth, 1971); Harry S. Stout, 'George Whitefield in Three Countries', in *Evangelicalism*, 58-72; 그리고 *DSCHT*에서 적합한 항목 등이다.

해진 부흥 소식은 맥클로흐와 친구들에게 스코틀랜드에도 동일한 신적 은혜의 현현이 가능하리라는 확신을 심어준다.

일련의 사건이 일어나면서, 글래스고우 남동부 지역, 캠버스랭(Cambuslang)에 있는 맥클로흐의 교구에 오랜 부흥의 기대감이 퍼지기 시작했다. 아써 포세트(Arthur Fawcett)에 의하면, 맥클로흐는 '뭔가 무미건조한 교구 목사'였을 뿐이다.

그러나 교구민들과 동료 목회자들은 그의 열심과 목회적 헌신을 인정하고 있었다. 그는 1741년의 대부분, 갱신을 주제로 설교한다. 12월, 고린도후서 6장 1절에서 2절 말씀으로 회중을 뒤흔들어 놓았다. 설교는 사도 바울의 감동적인 선포, '보라 지금은 은혜 받을 만한 때요. 보라 지금은 구원의 날이로다!'라는 구절이었다. 설교에 반응이 일어났다. 캠버스랭 교인들이 자발적으로 기도 모임을 조직하면서, 기대감이 고조되었다. 2월이 되면서, 맥클로흐는 지난 해 여름 휫필드에게 감동 받았던 교구민의 요청으로 평일에도 설교하게 되었다. 2월 18일, 기념비적인 설교가 행해졌다. 파도가 높이 올라가기 시작했다. 본문 구절은 예레미야 23장 6절, '그의 이름은 여호와 우리의 공의라 일컬음을 받으리라.' 설교에 참석한 많은 사람 중에서, 특히 남녀 청년들이 눈물을 흘렸다. 설교 후, 50여 명의 청중이 맥클로흐의 목사관으로 몰려가 신앙 상담을 요청한다. 밤새도록 권면과 시편 찬양, 개인적 권면이 이루어졌다. 맥클로흐가 더 자주 설교할 수밖에 없었다. 4월 무렵, 일주일에 여섯 번이나 설교해야 했다. 점점 조나단 에드워즈의 『놀라운 회심 이야기』(Narrative of Surprizing Conversions)를 닮아갔다. 이웃 교회들로 회개와 신앙에 대한 관심이 번져나갔다. 4월 28일, 맥클로흐는 지난 3개월 동안 300명 이상이 각성했으며, 아마 200명 정도가 회심했다고 휫필드에게 편지를 보낸다.

휫필드는 맥클로흐의 편지를 포함하여 스코틀랜드에서 오는 여러 가지 보고를 받았다. 그 무렵 그는 런던의 무어필즈(Moorfields)에서 흥분되면서 동시에 위험한 나날을 보내고 있었다. 무어필즈는 행운을 바라고 하는 게임

시설과 가벼운 먹거리 가게가 많은 카니발 지역으로, 언제나 많은 사람으로 북적였다. 휫필드의 야외설교 장소로는 최고였다. 그해 봄과 여름에 걸쳐 휫필드는 강력한 저항을 받고 있었다. 맞상대가 호객꾼, 뚜쟁이, 거리의 악사, 신병 등이었기 때문이다. 공격을 받아 설교가 중단되기 일쑤였다. 적어도 한 번, 단도에 찔렸다. 그러나 이러한 시련을 극복하고, 설교를 계속해 나가자 엄청난 군중이 그에게 매료되었다. 수많은 회심자가 생겼다. 삶이 변화되었다. 그 와중에 스코틀랜드의 소식이 전해지자, 휫필드는 북쪽을 향할 채비를 서두른다.

5월, 글래스고우에서 캠버스랭을 몇 마일 지나 있는 킬시쓰(Kilsyth), 제임스 로브(James Robe)가 맥클로흐 교구의 영적 감흥과 동일한 사건을 목격하기 시작했다. 캠버스랭처럼, 장기간에 걸친 로브의 복음 설교는 직접적인 중생의 주제로 몇 달 동안 이어진다. 존 맥클로린(John Maclaurin) 같은 방문자들이 설교와 강연을 하자, 킬시쓰의 주민들이 반응했다. 원래 조나단 에드워즈의 출판된 이야기를 닮아가면서, 찬양, 설교 참석, 개인 회합 등 동일한 순환 패턴이 드러난다.

6월 3일, 스코틀랜드에 휫필드가 도착했다. 그는 16일까지 글래스고우에서 대규모 군중에게 설교한다. 그의 도착은 당대에 가장 이상한 출판물의 계기가 되며, 동시에 스코틀랜드의 많은 신앙적 특색을 노출시키는 계기가 된다. 1741년 여름의 스코틀랜드 여행 전부터, 휫필드는 어스킨 일족 및 여러 분리파 목회자들과 친밀한 서신교류를 즐기고 있었다. 분리파 목회자들은 동일한 목적 아래, 두 가지 목표를 가슴에 품고 있었다. 즉 신생(新生)에 대한 설교와 스코틀랜드 국교회의 부패와 싸우는 분리파에 동참하는 일이었다. 그러나 휫필드는 두 과업 중 첫 번째 과업에만 관심이 있었다. 에브네저 어스킨(Ebenezer Erskine)과 서신을 주고받을 때, 그는 다분히 의도적으로 교단의 분쟁 문제와 자기의 복음설교를 분리했다. '저는 가끔씩 오는 설교자일 뿐입니다. 단순히 복음을 설교하며, 교파에 상관없이 들으러 오는 모든 사람에게 설교합니다…저는 [교회 정치]에 대해서 단순한 중립자이므로, 내 설교가 당신이 착수 중인 계획에 방해가 된다든지, 지장이 된다는 점에 대해서는 모릅니다…저의 사역은 복음 전파이며, 저는 기껏해야 한 사람의 목회자일 뿐입니다."[16] 즉시 반응이 나왔다. 분리파 연합 노회(Associate Presbytery)는 휫필드로부터 거칠게 등을 돌렸다. 만약 그가 스코틀랜드 국교회 개혁안에 동참하지 않는다면, 자기들도 그의 신생 설교에 동참할 수 없다는 것이다. 그래서 1742년, 휫필드가 스코틀랜드로 다시 왔을 때, 분리파는 아담 깁(Adam Gib)을 선두로 맹렬한 욕설을 퍼부을 준비가 되어있었다.

그가 도착한 바로 그 주, 책 한 권이 출간되었다. 『조지 휫필드씨의 사역에 찬성하는 자들에 대한 경고…동일한 주제에 대한 부록과 함께, 다음 사실을 폭로하고 있음. 휫필드씨는 더 이상 예수 그리스도의 사역자가 아니다. 스코틀랜드로 그가 초청받아 온 것은 수치스러운 일이다. 그의 무질서한 사역은 혼란으로 가득 차 있다. 그의 모든 교리와 성공은 틀림없이 사탄적이다. 그러므로 사람들은 하나님과 교회, 자기 자신들, 자신의 동료들, 자신의 후손들 그리고 자신에 대한 의무로써 그를 피해야만 한다…』(*A Warning Against Countenancing the Ministrations of Mr. George Wihtefield…Together with an Appendix upon the same subject, wherein are shewn, that Mr. Whitefield is no Minister of Jesus Christ; that his call and coming to Scotland, are scandalous; that his practice is disorderly, and fertile of disorder; that his whole doctrine is, and his success must be, diabolical; so that people ought to avoid him, from duty to God, to the Church, to themselves, to their fellow-men, to posterity, and to him…*)가 제목이었다.

이와 대조적으로, 맥클로흐, 로브, 맥클로린 및 스코틀랜드 국교회의 복음주의자들은 휫필드를 존중했다. 그가 잉글랜드 국교회에서 안수 받은 사역자라는 사실에 대해 어떤 소란도 만들지 않았다. 오히려 잉글랜드 순회설교자가 스코틀랜드 백성과 교회의 부흥을 위해 기꺼이 돕고 있다는 점에 기뻐했다. 스코틀랜드 복음주의는 다른 어떤 곳의 복음주의보다 더욱 교회적

---

16) Tyerman, *Whitefield*, 1:505.

인, 보다 자의식적인 칼빈주의 및 장로교로 지속된다. 휫필드를 환영한 스코틀랜드 국교회의 목회자들은 전래된 장로교 정체성에 온건하게 헌신했던 사람들이었다. 그들은 현대 복음주의 영성을 완전히 수용하여 장로교 정체성에 결합시키는 일이 가능하다는 신념을 표명한다.

7월 중순, 캠버스랭의 성찬 예식에서 영적 갱신의 강도가 절정에 도달한다. 스코틀랜드에서 성찬은 전통적으로 중요한 예식이다. 비정기적으로 시행되곤 했지만, 장엄한 엄숙성, 대중의 쾌활함이 결합된 강렬한 광경이다.[17] 성례 주일을 앞둔 주일 또는 토요일에 예비 설교가 행해지는 것이 기본이었다. 성례식 자체는 설교, 찬양, 기도로 구성된다. 긴 탁자 앞에 수찬자들이 함께 모이고, 목회자들은 건강에 좋은 빵과 포도주를 나누어 준다. 수찬자들은 정식 목회자로부터 수찬자로 합당한 자격을 구비했다는 증표로 작은 동전 한 개를 받는다. 성찬 시기는 대개 여름이다. 사람이 많아서 야외로 나갈 필요가 있었고, 평상시에도 예식은 몇 시간 이상 지속되기 때문이다.

7월 11일 주일, 캠버스랭에서 시행된 성찬도 통상적인 예식이었다. 휫필드는 7월 6일 화요일 캠버스랭을 방문하여, 오후 두 시와 네 시 그리고 저녁 아홉 시에 설교했다. 토요일 설교 때, 청중 수가 이만 명 이상으로 추산되었음이 분명하다. 다음날 그와 일단의 스코틀랜드 국교회 목회자들은 권면을 하면서, 탁자에서 분병과 분잔을 하고, 다시 설교를 했다(설교가 17회 행해졌다!). 회합이 열 네 시간이나 계속되었다. 천칠백 명이 성찬을 나누어 주었다. 삼만 명 이상 참석했는데, 글래스고우 인구의 두 배가 넘고, 캠버스랭 인구의 몇 배나 되었다. 성찬식을 마치고도, 휫필드는 하늘거리는 스코틀랜드의 황혼 아래 한 시간 반 동안 이사야 54장 5절, '너를 지으신 이가 네 남편이시라. 그의 이름은 만군의 여호와이시며'를 설교했다. 나중에 남녀 평신도들이 가장 특별한 위안의 원천으로 뽑는 설교가 이 설교다. 모임 도중 그리고 모임 후, 수백 명이 목사관으로, 그 다음 근처 헛간으로 몰려가서,

---

17) 주요 배경에 대해서 참조하라. Leigh Eric Schmidt, *Holy Fairs: Scottish Communions and American Revivals in the Early Modern Period* (2nd ed., Grand Rapids: Eerdmans, 2001).

맥클로흐 및 다른 목회자들과 얼굴을 맞대고 영적인 상담을 받았다. 그 날 내내 많은 사람들이 특이한 신체적 흥분을 경험했다. 울부짖거나 죽은 사람처럼 쓰러지기도 했다. 횟필드의 과장적인 성향을 고려해도, 그가 몇몇 서신교환자에게 보낸 보고서는 신빙성이 있다. 그는 아메리카에서도 이런 장면은 못 봤다고 증언한다.

성찬식의 충격파가 워낙 컸기 때문에, 맥클로흐와 캠버스랭의 장로들은 8월 15일 주일, 두 번째 성찬 모임을 주선한다. 더 많은 사람이 참석한다. 대략 오만 명이 넘었다. 이즈음 제임스 로브의 킬시쓰를 비롯한 여러 곳에서 비슷한 대중 집회(대규모의 회개, 기도, 구원의 확신)가 열렸다. 젊은 목회자와 목회후보생이 집회의 홍수에 도움의 손길을 뻗었다. 토마스 길레스피(Thomas Gillespie, 1708-1774년)도 이들 중 한 명이었다. 그는 일찍이 필립 도드리지로부터 교육 받았고, 후에 또 다른 그룹의 지도자가 된다. 그룹은 스코틀랜드 국교회 밖에 있는 이전 분리파보다 복음적인 성격은 더했지만, 경직성은 덜했다. 또 다른 사람으로 존 어스킨(John Erskine, 1721-1803년)이 있다. 그는 18세기 후반기 스코틀랜드 복음주의의 지도자가 된다. 어스킨은 캠버스랭, 킬시쓰 및 여타 지역의 부흥을 보면서 큰 감동을 받는다. 그는 천년기를 기대하는 소논문, 『시대의 표적에 대한 고려, 또는 뉴잉글랜드와 스코틀랜드 서부에서 벌어지는 현재의 사건은 미래 교회에 약속된 영광된 일의 서막일 가능성이 높다』(*Signs of the Times Considered, or the high Probability that the present Appearances in New England, and the West of Scotland, are a Prelude of the Glorious Things promised to the church in the latter Ages*)의 출판을 서둘렀다.

맥클로흐와 동역자들은 역사학자에게도 소중한 유산을 남겨준다. 영적 자문을 받은 많은 사람 중에서 회심한 백육 명의 개인적 간증을 기록했기 때문이다.[18] 목회자들은 기록을 하면서, 하나님으로부터 직통 계시와 꿈의

---

18) 이 기록들의 중요성과 활용에 대해서 참조하라. Fawcett, *Cambuslang Revival*, 5-8 and *passim*; Harry S. Stout, *The Divine Dramatist: George Whitefield and the Rise of Modern Evangelicalism* (Grand Rapids: Eerdmans, 1991), 151-154; 그리고 Ned Landsman, 'Evangelicals and Their Hearers: Popular Interpretations of Revivalist Preaching in

빈도가 너무 많아서 당혹했다. 지금이라면 평신도 사이에 전파된 현상을 카리스마틱 현상이라고 말해줄 수 있을 것이다. 또 한편으로, 은혜 사역에 대해 이처럼 생생한 증언을 기록하는 기회를 주심에 감사하는 마음도 가득했을 것이다. 열여섯 살 소녀 엘리자베스 다익스(Elizabeth Dykes)의 이야기는 유난히 오래 지속된 영적 투쟁으로 볼 때, 전형적인 사건이 아니다. 다른 기록자의 보고 사례와 달랐다. 엘리자베스는 성경을 읽는 가정에서 양육되어, 웨스트민스터 소요리문답을 집에서 암기하기도 했다. 그러나 복음의 메시지가 그녀의 가슴에 와 닿지는 않았다. 1742년 2월 마지막 주일, 맥클로흐의 설교를 통해 확신을 얻게 된 그녀는 바닥에 넘어졌다. 그녀는 개인적 권면을 위해 목사관으로 옮겨졌다. '죄가 저를 심하게 억누르고 있어요. 그래서 하나님께서 저의 죄를 용서하시는 일이 가능하다고 믿을 수 없어요. 그 죄들은 제게 너무나 막중한 것 같아요. 제 앞에는 지옥 불 말고 아무것도 보이지 않아요. 다가올 진노보다 내 죄책감이 더 크게 느껴져요.' 죄책감은 그 해 봄과 여름의 영적 강렬함에도 불구하고 계속되었다. '그리스도 외에는 어떠한 안식도 없음을 알아요. 그러나 저는 너무 큰 죄인이에요. 감히 자비를 베풀어달라고 빌지도 못하겠어요.' 그녀가 사람들 때문에 마음을 열게 된 것은 아니다. 캠버스랭의 두 차례 성찬 예식에서의 설교를 통해, 적합한 성경 말씀이 마음속으로 파고든다. 마침내 그녀는 위로를 받아들였다. 나중에 그녀의 증언이 기록될 당시도, 아직 그녀의 신앙이 완전히 정착되지는 않았다. 그러나 복음의 역사가 잘 이루어지고 있음이 분명하다. '지금도 나에게 천국의 확신이 있다고 말할 수는 없어요. 그렇지만 그리스도와 그분의 의로움에 내 짐을 내려놓기 원해요'.[19]

1742년의 격정적 흥분이 빨리 가라앉으면서, 엘리자베스 다익스와 회심자들은 일상 속으로 돌아갔다. 새 천년은 시작되지 않았다. 그러나 이미 장

Eighteenth-Century Scotland', *Journal of British Studies* 28(1989): 120-149.

[19] D. Macfarlan, *The Revivals of the Eighteenth Century, Particularly at Cambuslang* (Edin-burgh: Johnston & Hunter, 1847), 143-144, 147.

로교회의 정신 안에 강력한 복음주의적 요소가 스며들기 시작했다. 전개속도가 비교적 느렸지만, 복음주의의 설교 강조, 개인의 성결, 선교에 대한 복음주의적 관심이 꾸준히 자라갔다. 18세기 중엽, 복음주의자들은 대중 정당에 크게 기여했다. 그들은 온건파와 후원자들에 대항하여 회중의 권리를 위해 투쟁한다. 조지 휫필드는 수많은 여행을 하는 동안, 환대받는 손님으로 남는다. 존 웨슬리는 스코틀랜드인의 성경에 대한 헌신 그리고 자기 설교에 대한 줄기찬 관심 표명을 존경하지 않을 수 없었다. 그러나 그들이 냉랭하고 반응도 없는 백성이라는 점도 깨달았다. 1774년 글래스고우 설교 여행의 한 예다. 웨슬리는 주일 예배에 두 차례 참석했다. 그의 생각에, 설교가 '많은 진리를 담고 있었지만, 한 영혼을 깨우는 데 있어 이탈리아 오페라 한 곡만 못한 것 같았다.' 웨슬리가 스코틀랜드인에게 느낀 기질적 소원함이 여행 기록에 잘 나타나 있다. 스코틀랜드인이야말로 '많이 **듣고**, 모든 것을 **안다**. 그러나 아무 것도 **느끼지 못하는**' 양반들이다.[20]

보다 넓은 그림으로 보면, 휫필드의 드라마틱한 설교 그리고 그가 스코틀랜드 사역자와 협력한 것이 성과를 거둔 이유다. 스코틀랜드에서 가장 강렬한 부흥의 순간들이 성례 기간 동안 스코틀랜드 국교회 체제의 고위 성직자들이 감독하던 기성교회 내부에 일어난 것이다. (휫필드가 비국교도 설교자 역할을 했고, 성례에는 관심이 없는) 아메리카와 (부분적으로 잉글랜드 국교회 내부에, 또 부분적으로 칼빈주의자 소그룹이 교회 외부에 만들어지도록 그가 도왔던) 잉글랜드 사이의 차이점이야말로, 휫필드가 기억에 남을 영향을 미친 두 지역의 복음주의와 스코틀랜드의 복음주의가 서로 다른 양상으로 발전한 이유다.

4. 출판의 조직화(1740년 후반부)

1740년 가을, 국제 복음주의 운동에 중요한 분야가 첨가된다. 런던의 출

---

20) Wesley, *Jouranl* (1774년 5월 15일, 1774년 5월 12일), 6:19.

판업자인 존 루이스(John Lewis)가 신간 잡지, 「왈도파와 알비파의 이야기와 함께 국내와 해외 등지에서 복음의 진전에 관한 편지들을 포함한 그리스도인의 즐거움」(*Christian's Amusement containing Letters Concerning the Progress of the Gospel both at Home and Abroad, etc. together with an Account of the Waldenses and Albigenses*)을 발간했다.[21] 이 네 쪽짜리 잡지는 일 페니 가격에, 겨우 7개월 동안 팔렸을 뿐이다. 그러나 정보 교환과 대화의 공식화라는 측면에서, 잡지는 새롭고 중대한 발전의 신호였다.

최초의 복음주의 잡지가 나타나기 전에도, 체험적 기독교를 주제로 하는 서적, 사본, 편지들이 이미 한 세기 이상 대서양 사이로 오가고 있었다. 뉴잉글랜드의 창설 이후, 범대서양 차원에서 서적 교환을 활발히 후원한 이들은 청교도였다. 또한 할레의 경건주의자들도 서적 출판과 판매에 열심이었다. 이들은 국제 무역을 크게 증진시켰다. 1730년대 초 이래, 번연(Bunyan)의 『넘치는 은총』(*Grace Abounding*), 피셔(Fisher)의 『신앙의 정수』(*The Marrow of Divinity*) 같은 옛 청교도 고전의 수요가 꾸준히 늘어난 것은, 현대 복음주의 자체의 성장에 따른 일이다.

아울러 당대의 새로운 복음주의 지도자, 특히 조지 휫필드와 조나단 에드워즈의 설교, 일지, 소책자에 대한 관심도 증가되었다. 체험적 기독교에 대한 문헌이 국제적으로 유통되면서, 보다 오래된 저작에 대한 존중도 확산되었고, 옛 사람들에게 일어난 하나님의 사역을 현재에도 공유하고 싶다는 생각이 동시대인 사이에 번졌다. 생각의 공유를 위한 중요한 서신 그룹이 특히 휫필드를 중심으로 형성되었다. 복음주의 칼빈주의의 여러 핵심 인물의 경우도 마찬가지였다. 뉴잉글랜드의 에드워즈, 벤자민 콜만, 토마스 프린

---

21) 이 장에서 필자는 Susan Durden O'Brien의 탁월한 세 편의 논문에 의존하고 있다. 'A Study of the First Evangelical Magazines', *Journal of Ecclesiastical History* 27 (July 1976): 255-275; 'A Transatlantic Community of Saints: The Great Awakening and the First Evangelical Network, 1735-1755', *American Historical Review* 91 (October 1986): 811-832; 그리고 'Eighteenth-Century Publishing Networks in the First Years of transatlantic Evangelicalism', in *Evangelicalism*, 38-57. 또한 잡지를 포함하여 부흥관련 출판물에 대해 유용한, Frank Lambert, *Inventing the 'Great Awakening'* (Princeton: Princeton University Press, 1999), 155-179.

스 경(Sir. Thomas Prince), 스코틀랜드 국교회의 제임스 로브(James Robe), 윌리엄 맥클로흐(William McCulloch), 존 맥클로린(John Maclaurin), 존 어스킨(John Erskine), 잉글랜드 비국교회의 아이잭 와츠(Isaac Watts)와 필립 도드리지(Philip Doddgidge)가 그들이다. 잉글랜드의 감리교인들 뿐 아니라, 웨일즈 감리교인도 당대의 복음주의 커뮤니케이션에 적극적으로 동참한다. 예를 들어, 호웰 해리스는 호웰 다비스(Howell Davies)와 그리피쓰 존스(Griffith Jones)에게 존 루이스의 잡지를 정기적으로 보내주었다.[22] 또한 존 웨슬리는 잡지에서 읽은 내용을 자주 일지와 편지에 언급했다. 잉글랜드의 복음주의적 비국교도 사이에도 커뮤니케이션이 상당히 확장되었지만, 칼빈주의를 재생시킨 중심축은 스코틀랜드 저지대의 장로교와 뉴잉글랜드 사이의 활발한 커뮤니케이션이었다.

존 루이스의 『그리스도인의 즐거움』이 중요한 모델이 되었다. 특히 책 내용을 부흥 소식으로 가득 채운 방식 면에서 그랬다. 루이스의 노력이 자신들의 노력이 되었다. 휫필드는 1740년의 미국 순회여행을 성공리에 마치고 잉글랜드로 돌아오자, 새롭게 재구성된 잡지, 「위클리 히스토리: 또는 현재 복음의 진전에 관한 놀랄 만큼 생생한 이야기, 휫필드 목사의 격려사」(*Weekly History: Or, an Account of the Most Remarkable Particulars Relating to the Present Progress of the Gospel By the encouragement of the Rev. Mr. Whitefield*)에 정기적인 기고를 동의했다. 이 특정 잡지는 이후 몇 차례 제목을 바꾸면서, 원근 각지에서 일어난 부흥이나 독특한 복음주의적 현상의 소식을 제공한다.

이런 현상 중에서 '편지 주간'(Letter Days)과 '기도합주회'(Concerts of Prayer)가 가장 중요하다. 편지 주간은 계속적인 회심과 기도, 공동체 갱신에 관한 보고서(사적 편지, 이야기 원고 또는 출간 소식 등)를 읽는 모임을 위해 특별히 지정되었다. 복음의 세계적 전파에 헌신했던 모라비아 교단과 경건주의자 모임을 세밀히 본 따 만들어졌다. 특히 잉글랜드와 웨일즈에서 중요 모임이 된다. 두 지역이 스코틀랜드와 뉴잉글랜드보다 글을 읽고 쓰는 비율이 낮았기 때문이다.

---

22) Durden [O'Brien], 'First Evangelical Magazines', 262.

또한 여러 교파의 복음주의자가 공통적인 목적을 위해 모이는 크나큰 기회가 되었다. 기도합주회 역시 경건주의자와 모라비아의 행사가 확장된 것으로 보인다. 합주회는 다양한 지역의 헌신된 신자들을 연결시켜, 복음사역의 확장을 위해 함께 기도할 수 있도록 했다. 또한 기도합주회는 대개 공무원이나 목회자 협회의 선포로 날짜가 정해졌던 전통적인 청교도 기도주간이 수정된 것이기도 하다. 1740년대 초반, 신앙의 갱신을 위한 특별 기도일을 제정하는 등, 스코틀랜드인이 모험적 사역에서 앞서나갔다. 1744년에는 잉글랜드와 뉴잉글랜드의 회중에게 특파원을 보내 같은 시간에 함께 기도하자고 제안하기도 한다. 1747년부터, 조나단 에드워즈도 영향력이 큰 소책자,『특별한 기도를 통한 하나님의 백성들의 분명한 일치와 가시적인 연합을 증진하고자 하는 겸손한 시도』(Humble Attempt to Promote Explicit Agreement and Visible Union of God's People in Extraordinary Prayer) 속에 제안서를 첨부했다. 영어 사용권 내의 여러 그룹에 기도합주회 제안서가 전달되면서, 더 많은 그룹이 관심을 갖게 된다.

기도합주회가 확산될 무렵, 다양한 복음주의 잡지가 소멸과 생성을 되풀이했다. 1741년 12월부터 1742년 12월까지, 윌리엄 맥클로흐는 스코틀랜드에서『주간 글래스고우 역사』(Glasgow Weekly History)를 출간했다. 루이스의 런던 잡지 내용의 재인쇄가 구체적인 목표였다. 그러나 캠버스랭 부흥이 시작되자, 맥클로흐는 자신의 경험을 통해, 상당한 분량의 직접적인 사례들을 덧붙일 수 있게 되었다. 그 다음 등장한 복음주의 잡지는 루이스와 맥클로흐의 노력이 일보 진전했음을 보여준다.

놀라웠던 부흥의 약화가 뚜렷해지면서, 1742년 말부터 부흥에 대한 항구적인 기록 방법을 모색했음이 분명하다. 제임스 로브(James Robe)가 1743년 11월부터 1746년 1월까지『월간 기독교 역사 또는 부흥과 신앙의 진보에 관한 국내외의 이야기』(Christian Monthly History or an Account of the Revival and Progress of Religion Abroad and at Home)를 내놓았다. 그리고 보스턴의 토마스 프린스 2세(Thomas Prince Jr.)가 부친의 도움을 받아, 1743년 3월부터 1745년 2월까지「영국과 아메리카에서 부흥과 신앙의 전파에 관한 이야기를 포함한 기독교 역사」(Christian History, Containing Accounts of the Revival and Propagation of Religion in Great Britain and America)를 출간했다. 색인을 집어넣고, 일 년 판으로 연결되게 페이지 숫자를 붙이고, 출판 자료를 주의 깊게 편집한 것으로 보아, 로브와 프린스도 잡지가 당시 일어난 사건들의 항구적 기록이 되기를 바라고 있었음을 알 수 있다.

프린스 잡지의 창간호에 목표가 실려 있다. 뉴잉글랜드의 '신앙 부흥에 관련된 목회자들과 신뢰할 만한 인물들의 진솔한 이야기 출판', 잉글랜드와 스코틀랜드에서 출판된 '가장 훌륭한 작품들의 발췌', 영국과 대서양 중부 및 남부 아메리카 식민지에서 쓰인 '편지의 발췌', 그리고 때때로 '역사적, 교리적으로 가장 탁월한 초대교회 저자들의 본문' 요약이 목표였다. 잡지는 '신앙적으로 중요한 서적, 소책자 또는 기타 항목을 제외하고 어떠한 광고'도 싣지 않았다. '평범하면서도 명백한 사실성'이 잡지의 특징이었다. 동시에 '개인적 심사숙고와 불화를 일으킬 논쟁은 의도적으로 신중히 배제된다.'[23] 처음 7호까지 잡지는 전적으로 제임스 로브의 킬시쓰 부흥 해설에 지면을 할애했다. 프린스는 설립 때부터, 뉴잉글랜드 부흥사(史)의 증보 시리즈 출간에 착수했었다. 그러나 증보 시리즈는 5월 7일자로 마감하고, '스코틀랜드 서부지역에서 보내온 기쁨의 편지들'을 독자에게 제공할 수밖에 없었다. 편지는 '생생하고 즐거운 부흥사례'를 전해 주었다.[24] 일 년이 저물기 전, 런던, 남부캘리포니아, 조지아의 보고는 종종 조지 휫필드의 순회 활동을 특집으로 하면서, 스코틀랜드와 뉴잉글랜드의 소식을 덧붙였다. 전체적으로, 「기독교 역사」는 갱신된 신앙에서 발견되는 특별한 기쁨과 복음 설교가 행해질 때 사람들이 겪은 '두려움', '기절' 같은 특수한 문제, 갱신 사역과 관련하여 적절한 '은혜' 이해와 부적절한 '은혜' 이해의 차이 등을 알려주었다.

프린스의 잡지와 같은 복음주의 잡지들이 국제 복음주의를 새롭고 중요한 단계로 끌어올렸다. 칼빈주의 부흥파가 공공연한 현실이 되었다. 영어 사용권에서 부흥에는 헌신했지만, 칼빈주의인지는 불투명한 사람들이 생

---

23) *The Christian History* (1743년 3월 5일), 1-2.
24) Ibid. (1743년 5월 7일), 77-80 그리고 후속 판에 계속되었다.

기면서, 칼빈주의자와 부흥주의자 사이의 경계선이 흐려지기 시작했다. 잡지 기사가 전파되면서 자기를 복음주의자로 인식하는 사람들이 크게 증가했다. 대중들이 기사를 읽었고, 그 기사는 다시 다른 매체에도 실렸다. 복음주의자들은 당시 서구 전역에서 성장 중인 출판시장에서 잡지를 통하여 자신의 경쟁력을 입증했다. 또한 홍보의 조직화 능력, 현대적 관점에서 보자면, 효율적인 광고 전략을 과시했다. 그들은 동시에 교리적 사항과 전통적인 사항을 평가절하했는데, 이는 신앙적 체험을 교단을 뛰어넘어 공유하기 위한 것이다. 만일 잡지들이 수잔 오브라이언(Susan O'Brien)의 '부흥주의를 향한 더욱더 도구적인 접근'이라는 언급을 보여준 셈이라면, 복음주의자들은 목표 달성을 위해 설교 이상의 도구를 열심히 탐색했다. 또한 다시 한 번 오브라이언의 말을 빌리자면, '연결, 상호연결, 그리고 직접 지원'의 비중을 늘리고 있었다. 이런 도구들이 복음주의 운동에 장기적인 효과를 일으켰다.[25]

초창기 잡지들은 꽤 빨리 사라졌다. 그러나 1760년대와 1770년대, 잉글랜드에서 「영성 매거진」(*The Spiritual Magazine*, 1761년부터), 오거스터스 톱레이디(Augustus M. Toplady)의 「복음 매거진」(*The Gospel Magazine*, 1774년, 그는 잡지를 칼빈주의 신념의 증진을 위해 사용했다), 웨슬리 형제의 대답인 「알미니안 매거진」(*Arminian Magazine*, 1778년) 같은 복음주의 정기간행물이 다시 등장할 때, 초창기 잡지들이 모델이 된다. 그리고 1790년대, 대서양 양안의 거의 모든 복음주의 그룹들 내부에서 정기간행물의 폭발이 일어난다. 간행물의 대상은 뚜렷한 복음주의 정신을 지닌 모든 사람이었다. 루이스, 맥클로흐, 프린스, 로브의 첫 번째 출판에서 시작된, 대중적 정기간행물은 복음주의의 한 가지 특징이 되었다. 간행물은 복음주의의 성격을 구별했으며, 운동을 추동하고, 확장시켰으며, 나뉘게도 하고, 훈계를 주다가, 도전하다가, 감동을 주고, 격려하기도 했다. 복음주의의 한 특징인 복음주의 잡지의 입지는 확고할 것인가?

---

25) O'Brien, 'Transatlantic Community of Saints', 830-831.

5. 신학 차이

초창기 잉글랜드 국교회의 경험은 복음주의자들이 지닌 수많은 신앙과 실천의 공통점에도 불구하고, 일치된 신학적 인정을 통해 복음주의자들을 하나로 묶는 일이 얼마나 어려운지 보여준다. 잉글랜드 국교회가 복음주의 적인 교제, 회심, 출판의 중핵으로 수십 년 동안 유지되었지만, 1740년대 초, 모라비아 영성, 청교도 영성, 잉글랜드 국교회 고교회주의 영성의 영향으로, 잉글랜드 국교회 내부의 조화가 급속히 와해된다. 존 웨슬리의 주요 경력을 중심으로 신학적 차이를 분석해 보면, 복음주의 운동의 새로운 균열과 함께 동반상승효과도 발견하게 된다.[26]

또한 분석을 통하여, 복음주의의 전 역사에서 공통분모가 될 교리적 흐름도 예상할 수 있다. 그렇지만 복음주의 신학에 대한 논의는 9장에서 다룰 것이다. 복음주의의 어떤 흐름은 성경에서 비롯된 바른 교리의 중요성을 강조하는 성향이 있다. 교리야말로 기독교의 진리인 말씀을 표현하는 적절한 형태라고 믿는다. 1740년대와 마찬가지로, 이 흐름은 대개 칼빈주의다. 비록 여러 복음주의 그룹이 칼빈주의에서 이탈하기는 했어도, 교리적 정확도에 대한 관심은 공유한다. 또 다른 흐름은 그리스도 중심으로 설교하는 일과 성결한 삶을 격려하는 일이 너무나 긴급하다며 그 일에 깊이 헌신했다. 이들은 교리적 회심과 성화라는 실존 문제로 교리적 관심이 축소되는 성향이 있다. 칼빈주의자 휫필드와 알미니안주의자 웨슬리 모두 이 경로를 따랐다. 알미니안주의자들이 보다 꾸준히 자기 방향성을 추구하기는 했다. 그러나 또 다른 복음주의 흐름은 모라비아파를 닮았다. 이들은 경건성의 고양을 너무 철저히 추구하여 교리 일반을 신앙의 실천에 종속시킬 정도였다. 복음주의의 네 번째 흐름은 다양한 전통에서 비롯된 자신들의 기독교 교리와 교회적 실천에 만족한다. 예를 들면, 휫필드와 협력한 스코틀랜드 장로

---

26) 도움이 되는 개괄로, 참조하라. Allan Coppedge, *John Wesley in Theological Debate* (Wilmore : Wesley Heritage, 1987).

교에는, 역사적 형식과 교의에 대한 존중이 신학 형성에 커다란 역할을 했다. 1740년 초, 이런 흐름들이 정확히 잉글랜드 국교회의 발전 때문에 증폭된 것만은 아니더라도, 잉글랜드 국교회의 발전은 넓은 그림에서 각 입장의 윤곽이 뚜렷해지게 만든다.

1739년 9월에 헤른후트의 모라비아 교단을 방문하고 돌아온 웨슬리는 몇 달 간 페터 거리의 모라비아 모임과 교제를 지속한다. 그러나 1739년 말과 1740년 초, 웨슬리 형제와 동료들이 오래된 대포 공장('주조 공장')을 구입하여, 새로 단장하게 된 주요인은 모라비아 교도에 대한 우려였다. 7월경, 주조 공장은 웨슬리 형제의 설교, 가르침, 빈민 구제, 의료 지원, 조직화의 핵심 센터가 되었다. 이즈음, 모라비아파와의 결별은 기정사실이 되었다.

웨슬리는 모라비아파에게 빚진 사실을 인정했다. 예를 들어, 하나님께서 자비롭게 죄를 용서하시는 개인적 경험의 강조 등이다. 그럼에도 웨슬리는 지도자인 뵐러(Böhler)나 슈팡엔베르크(Spangenberg)가 두 가지 심각한 실수를 조장한다고 결론 내린다. 첫째, 웨슬리가 본 대로, 모라비아파는 믿음에 의한 칭의를 목소리 높여 전하지만, 선행이나 교회적 의무에는 너무 강하게 반대한다. 물론, 선행 자체가 구원을 주는 것은 아니지만, 그럼에도 성화 단계에서 하나님께서 요구하기도 하시며, 제공해 주시는 중요한 요소다. 모라비아파에는 '고요함'이 필요할지 모르지만, 웨슬리에게는 아니었다. 모라비아파와 대조적으로 그는 '그리스도인의 완전함'의 옹호자였다. 모든 신자는 완전함을 열심히 추구해야 한다. 둘째, 하나님의 은혜를 진정으로 경험한 사람은 자기 구원의 확신이 있어야 된다는 모라비아파의 주장은 너무 과도하다. 웨슬리의 주장은 대조적이다. '믿음에는 분량이 있다. 그리고 사람 안에서 모든 것이 새로워지기 전에도, 그에게 어느 정도의 믿음은 있을 수 있다. 즉 믿음의 확신이 완전해지기 전에도, 성령이 거주하신다는 증거, 즉 자기 안에 그리스도의 거주 개념은 분명할 수 있다.'[27] 모라비아파와 분리에는 교리, 실천, 성향이 연관되어 있다. 그러나 존과 찰스의 지도를 받는 웨슬리

---

27) Wesley, 1739년 12월 31일, in Wesley, *Works* (new), 19:132.

운동은, 모라비아 운동과 비교하여, 조직 면에서는 더욱 적극성을, 성령의 움직이심에 대해서는 보다 수동적인 기다림을 요구했다.

존 웨슬리의 반대에도, 상당수 잉글랜드 국교회 사람들에게 모라비아의 강조점은 지속적인 호소력을 지녔다. 벤자민 잉검과 몇몇 목회자들은 옥스퍼드, 조지아, 독일에서 존 웨슬리와 함께 했었다. 그러나 1740년대 초부터, 그들은 잉글랜드 국교회 성향의 요크셔 협회들을 전적으로 모라비아 교단에 충성하도록 전환시킨다. 존 세닉(John Cennick)의 경력에서 드러나듯이, 1740년대 중반과 이후, 협회 모임의 조직화는 여전히 유동적이었다. 1739년, 웨슬리는 브리스톨 근교 킹스우드의 감리교 사역 지도자로 세닉을 지명했었다. 그러나 1741년, 세닉은 오십 명 가량의 킹스우드 협회 회원들을 이끌고 휫필드의 네트워크로 넘어간다. 그 후 몇 년간, 세닉은 종종 휫필드와 함께, 모라비아 교단과의 조직 통합 논의에 참여했고, 모라비아 교단과의 교제를 위해 사실상 잉글랜드 국교회를 떠난다.

당연히 모라비아 교도들의 자기 인식은 웨슬리의 평가와 같지 않다는 점을 덧붙일 필요가 있다.[28] 웨슬리는 보장 없는 '고요함'이라고 보았지만, 모라비아 지도자들은 웨슬리 동료들의 열정이 너무 쉽게 불타오르기 때문에, '고요함'이야말로 목회적 대안이라고 여겼다. 웨슬리는 여러 해 동안 은혜(할레의 경건주의자가 인정하는 방식으로)를 체험하고자 노력한 반면, 모라비아 교인들은 회심이란 반드시 즐겁고 신속해야 한다고 느꼈다. 모라비아인들은 진젠도르프를 본받아, 그리스도의 상처를 기념하러 오면서도 '불쌍한 죄인'과 자비롭고, 전능하신 하나님을 대비시키는 일에는 엄청난 거리감을 느꼈다. 웨슬리는 이 점에도 크게 낙담했다. 웨슬리는 '예수, 당신의 피와 의로움/나의 아름다움, 나의 영광스러운 옷' 같은 진젠도르프의 찬송가를 계속적으로 번역하여 출간했지만, 그리스도인의 현실에 대한 그의 이상과 모

---

28) 비록 웨슬리파와 모라비아 교단 사이의 충돌에 대한 해석은 다르지만, Colin Podmore와 Frederick Dreyer는 모라비아 교단의 관점에 대해서 탁월한 설명을 제공한다. 참조하라. Podmore, *The Moravian Church in England, 1728-1760* (Oxford: Clarendon, 1998), 29-78. 그리고 Dreyer, *The Genesis of Methodism* (Bethlehem, PA: Leigh University Press, 1999), 31-54.

라비아의 이상이 갈라진 사실은 분명했다.[29)]

1740년 또 다른 신학적 방향에서, 칼빈주의에 대한 웨슬리의 오랜 불안감이 '거저 주어지는 은총'이라는 제목의 설교에서 분출된다. 설교 이유가 특별히 도발적이다. 웨슬리가 브리스톨협회 회원에게 첫 설교를 할 때, 자신의 칼빈주의적 확신을 다듬고 있던 조지 횟필드도 참석했는데, 설교에 앞서 안전유지 차원에서 자기 생각을 미리 웨슬리에게 알려주었다. 그러나 웨슬리에게, 죄인의 회심에서 하나님의 선택적 권능이 유일한 능동적 요인이라는 칼빈주의적 주장은 너무 반(反)율법주의에 가까운 위험한 주장이었다. 칼빈주의 예정론은 죄인을 하나님께 오게 하는데, 너무 철저하게 하나님의 행위를 강조하기 때문에, '성경에서 그토록 자주 제시된, 미래 보상에 대한 희망, 처벌, 하늘에 대한 소망, 지옥에 대한 두려움 등 [성결]을 추구하게 만드는 우선적 동기를 완전히 제거해 버린다'는 것이다.[30)] 헌신된 기독교 활동가인 웨슬리에게, 성경이 칼빈주의 교리, 특히 (그의 관점에는) 가장 비기독교적인 무행동 교리를 가르친다고 납득하기는 어려웠다.

웨슬리의 팸플릿에 대해서 조지 횟필드가 반응하면서, 복음주의자 사이에 가장 오래 지속될 신학 논쟁이 시작된다. 성경의 본질, 구원의 영향, 구원의 동기적 능력에 대한 해석을 둘러싼 알미니안주의자와 칼빈주의자 사이의 논쟁이다.[31)] 횟필드가 볼 때, 웨슬리의 오류는 단순히 성경을 잘못 읽어서 생긴 문제다. '논쟁의 여지없이 분명한 사실이다. 사도 바울은 로마서 8장 전체를 통해, 참으로 그리스도 안에 있는 사람들의 특권을 말하고 있다…. 누구라도 **선택** 교리나 **최종 견인**을 증명하려 작정한 사람이면, 이보다 더 자기 의도에 적합한 구절은 기대할 수 없을 것이다.'[32)] 자신이 성경의

---

29) Wesley, *A Collection of Hymns for the Use of The People Called Methodists* (1780); in Wesley, Works (new), vol. 7: *Collection of Hymns*, ed. Franz Hildebrant and Oliver A. Beckerlegge (1983), 309-310.
30) Wesley, 'Free Grace'(1740), in Wesley, *Works* (1872), 7:376.
31) 간결한 취급으로 도움이 되는 것으로, 참조하라. Alan P. F. Sell, *The Great Debate: Calvinism, Arminianism and Salvation* (Grand Rapids: Baker, 1982).
32) Whitefield가 John Wesley에게, 1740년 12월 24일, Whitefield, *Journals*, 574.

지지를 받는다는 휫필드의 주장은, 베드로전서 1장 2절과 로마서 8장 20절에 호소한 웨슬리에 대한 대응책의 일환이었다. 하나님의 선택은 하나님께서 주신 자유를 사람들이 어떻게 사용할지 미리 아시는 하나님의 예지에 달려있음을 보여주는 구절이라고 웨슬리는 생각했다.[33] 이 구절들에 대한 최상의 해석이 최고의 주요 쟁점으로 떠오른다. 그러나 여러 복음주의 논쟁과 마찬가지로, 구체적인 논쟁을 통해서 복음주의의 특징적인 패턴이 드러난다. 웨슬리 같은 알미니안주의자는 성경을 해석할 때, 기독교적 체험이라는 실재를 고려해야 한다고 주장했다. 반면, 휫필드 같은 칼빈주의자는 청교도에서 전래된 칼빈주의 성경 해석이야말로 참된 기독교적 체험을 뒷받침하는 가장 확실한 방법이라고 주장했다. 18세기, 칼빈주의 복음주의자 대부분은 예정과 선택 교리에서 거저 주어지는 은혜 체험이 추론되었다고 말한다. 반면 웨슬리안적 알미니안주의자는 그 경로를 따르지 않는다.

그러나 당시 언어로 말해, 웨슬리 같은 알미니안주의자, 휫필드 같은 칼빈주의자, 잉검이나 쎄닉 같은 모라비아파는 모두가 여전한 '방법론자'(감리교인)였다. 그들은 순회전도와 지역 협회 설립에 힘을 모아 헌신했다. 또한 전통적인 잉글랜드 국교회 구조에 대해서도 관대한 태도를 지녔다. 마음의 참된 신앙을 함께 전하는 일이 우선이고, 교회 조직에 관한 염려는 부차적이었기 때문이다. 이러한 공통적인 신념에도 불구하고, 교리적 차이의 심각성이 복음주의자의 내부를 갈라놓고 있었다.

이 무렵, 감리교 운동과 밀접한 연관이 없으면서도, 복음주의 신앙의 실천을 개시한 소수의 잉글랜드 국교회 목회자들이 있다. 노스앰턴셔(Northamptonshire)의 제임스 허비(James Hervey, 1714-1758년), 런던의 윌리엄 로메인(William Romaine, 1714-1795년), 트루로의 새뮤얼 워커(Samuel Walker, 1714-1761년), 요크셔의 윌리엄 그림쇼(William Grimshaw, 1708-1763년)를 손꼽을 수 있다. 정도의 차이는 있지만, 이들 모두 웨슬리 형제나 휫필드 또는 양쪽 모두와 협력하고 있었다. 이들은 복음주의적 잉글랜드 국교회의 전위였지만,

---

33) Wesley, 'Free Grace', 380.

분명히 어떤 감리교 운동에도 포섭되지 않았다.[34]

그림쇼(Grimshaw)가 감리교식으로 은혜를 체험한 유일한 목회자는 아니다. 1744년 9월 2일 주일, 그림쇼는 설교 도중 너무 어지럽고 정신이 혼미해 이제 죽는구나 생각했다. 그는 교회에서 근처 여관으로 옮겨졌다. 한 시간 이상 인사불성으로 누워 있었고, 사지는 얼음처럼 차가웠다. 그런 상태에서 환상을 본다. 다음은 친구의 말을 기록한 것이다.

> 그는 자신이 반드시 가야만 하는 어둡고 더러운 통로를 보고 있다고 생각했다. 안으로 들어가자, 우측에는 아주 높은 벽이 있었고, 한편에는 천국이 있었다. 또 왼쪽 다른 편에는 지옥이 있는 것을 보았다. 그는 성부 하나님과 주님이신 예수 그리스도가 자기 때문에 나누시는 협의를 우연히 듣게 되었다. 상황은 오랫동안 그에게 아주 불리하게 돌아갔다. 성부 하나님께서 그에게 심판을 선포하시려고 하셨다. 왜냐하면 그가 오로지 전적으로 그리스도의 공로와 의를 신뢰한다면 자신의 의를 완전히 포기해야 하는데, 그러지 않았기 때문이다. 그러나 주님이신 예수께서 그를 위해 변론하셨다. 그가 미결인 상태로 오랫동안 희망과 두려움 속에 있을 때, 마침내 그는 분명하게(즉, 명백하게) 주님이신 예수께서 손과 발을 내놓으시는 것을 보았다. 그것은 천장을 통해서 보이는 장면 같았는데, 손과 발의 상처를 자세하게 살펴볼 수 있었다. 찢기고 푸르스름한 못 자국과 손과 발 각각에서 선혈이 흘러내리는 것을 보았다.[35]

환상은 그림쇼의 몸과 정신을 일깨운 듯 보였다. 왜냐하면 벌떡 일어나 통상적인 오후 예배를 드릴 수 있었기 때문이다. 그러나 이러한 체험과 뒤이은 오랜 경력을 통해서, 그는 목회자 복장, 39조 서약 조건, 정연한 교회법 준수 등 '정규' 교회 질서에 양심적으로 충실했다. 따라서 흔들림 없이 기성교회 안에 머물 수 있었다.

---

34) 요약본으로 다음을 참조하라. Kenneth Hylson-Smith, *Evangelicals in the Church of England, 1734-1984* (Edinburgh: T. & T. Clark, 1988), 17-32 그리고 L. E. Elliott-Binns, *The Early Evangelicals* (London: Lutterworth, 1953).

35) Frank Baker, *William Grimshaw*(London: Epworth, 1963), 72.

로매인(Romaine)은 런던에서 고정된 성직록을 받는 인정받는 성직자였다. 그런데도 복음주의자가 된 최초의 사람이므로 그의 이력은 아주 흥미롭다.[36] 로매인은 부유한 상인 가정 출신이었다. 그는 웨슬리 형제와 옥스퍼드에 있었지만 교제를 할 수는 없었다. 이미 안수를 받아, 서레이(Surrey)에서 부목사로, 또한 런던의 로드 메이어(Lord Mayor)에서는 목사로 섬기고 있었기 때문이다. 나중에 그는 회심으로 이어진 몇 년 간의 여정을 떠나게 된다. 회심은 아마 1745년 어간 또는 얼마 후 일어났을 것이다. 그는 회심 후 임시적인 부목사직을 여러 차례 거쳤다. 1766년 법적 투쟁을 거쳐 런던의 세인트 앤드류즈 바이더워드로브(St Andrews'-by-the-Wardrobe) 및 세인트 앤즈 블랙프라이어즈(St. Anne's blackfriars) 교구 목사로 임명된다.

칼빈주의자인 로매인은 알미니안주의자와 교리 논쟁을 삼갔다. 그는 헌팅든 백작부인과 가깝게 동역했으며, 웨슬리 형제와도 우정을 유지했다. 확고한 칼빈주의자 또는 알미니안주의자 또는 모라비안일지라도, 로매인 같은 이들은 잉글랜드 국교회의 형식과 전통 안에서 핵심 교리의 일치성을 발견할 수 있었고, 복음주의의 강조점과도 부합한다고 해석했다. 아마 로매인을 복음주의적 잉글랜드 국교도라 말할 수 있다. 또한 존 웨슬리는 잉글랜드 국교회적 복음주의자라고 말할 수 있다. 그리고 언제나 형을 지지하면서, 동시에 잉글랜드 국교회에 대한 호전적 자세를 견지했던 찰스 웨슬리는 로매인과 존의 중간 유형으로 볼 수 있을 것이다.

6. 감리교의 조직화(1744년)

복음주의 역사에서 신학 분파의 등장이 중요한 것처럼, 감리교가 잉글랜드 국교회 내부에서 조직적 발전을 이룬 일이 복음주의 초기 시대의 결정적

---

36) 참조. *BDEB*, 953-954(A. Skevington Wood, 'William Romaine'); 그리고 William Romaine, *The Life, Walk and Triumph of Faith*, ed. Peter Toon의 서문과 함께(Cambridge: James Clarke, 1970).

인 사건이다. 감리교라는 단어의 의미가 본래 넓다는 사실을 명심해야 한다. 휫필드, 헌팅든 백작부인, 호웰 해리스 등 여러 사람이 이 단어를 사용했기 때문이다. 그러나 긴 미래의 관점에서 보면, 존 웨슬리 및 찰스 웨슬리가 다양한 실천과 구조에 적용한 감리교라는 단어가 가장 중요한 의미를 지니게 된다.[37]

1740년대 초, 존 웨슬리는 런던 및 주변, 웨일즈, 잉글랜드 중부지방, 북부의 요크서 등 넓은 지역을 순회했다. 그는 평신도 순회설교자들을 지속적으로 모집하면서, 동시에 잉글랜드 국교회 내부에 목회자 동료를 만들려고 노력했다. 1743년 그는 실질적인 팸플릿, 「연합협회의 성격, 기획 및 일반 규정」(*The Nature, Design and General Rules of the United Societies*)을 출간했다. 그는 경건주의자의 '경건모임'(*collegia pietatis*)을 모방하여, 규정집에 소그룹 입회를 위한 구체적 조건을 집어 넣는다. 협회가입 조건은, '다가올 진노를 피하려는 열망과 자기 죄에서 구원받고자 하는 열망을' 보여주는 사람이면 되었다.[38] 또한 웨슬리는 회원들이 지역 잉글랜드 국교회에 출석하도록 권면했다. 특히 교구 목회자의 성례를 받으라고 강권했다. 그럼에도 자신과 순회설교자들을 위한 설교 기지 제공을 위해, 모임 장소의 건축과 건물의 임대를 감독하기도 했다. 1744년 무렵, 런던에는 세 곳이 기지 역할을 했고, 뉴캐슬과 브리스톨에 다른 기지가 있었다. 모라비아파 및 칼빈주의 감리교인과 교류를 지속하는 와중에도 웨슬리의 동역자와 제자들, 회심자들은 교리적 국경선을 만들고 있었다. 웨슬리가 복음 증진 및 교구 갱신을 위해서 협회 지도자들과 평신도 순회설교자들을 정기적으로 만나게 되었다. 그러자 조직적 양상이 발현되기 시작했다.

1744년 6월, 획기적인 사건이 발생한다. 웨슬리는 동생인 찰스, 운동 동지인 잉글랜드 국교회 성직자 네 사람, 평신도 순회설교자 네 사람과 함께, 미래에 제1차 감리교 연회(the first Methodist Annual Conference)로 인정받는 모

---

37) 이 장에서 필자는 대부분 Heitzenrater, *Wesley*, 134-146; Rack, *Wesley*, 237-250 그리고 참고문헌에 기록된 John Walsh의 기사 등을 따른다.
38) Heitzenrater, *Wesley*, 138.

임을 개최했다. 웨슬리는 여러 차례의 회의에서 공개적인 논쟁을 북돋운다. 그러나 이미 성장한 친교회가 교리와 실천적 전망을 구체화함으로써, 그의 원래 의도를 무너뜨리는 결과가 빚어진다. 웨슬리주의자들은 주의 깊게 준비한 비망록을 통해, 믿음에 의한 칭의를 핵심내용으로 승인한다. 또한 (칼빈주의자에 대항하여) 회개와 교회적 의무를 칭의를 향하는 선행으로 인정한다. 구원의 확신을 모든 그리스도인의 타고난 권리로 천명하지만, 또한 (모라비아 교도에 대항하여) 신자는 생의 여행을 하는 동안 확신의 정도에 있어 다양성을 기대할 수 있으리라고 주장한다. 또한 비망록은 모든 신자가 그리스도 안의 완벽을 향하여, 거룩함 속에서 나가는 일이 중요하다고 강조했다.

비망록은 실천 측면에서, 지역 셀그룹의 성격과 활동을 구체적으로 지정했다. 잉글랜드 국교회에서 분리하겠다는 생각은 전혀 없었다. 오히려 설교와 회심자 협회 조직을 통해 잉글랜드 국교회를 다시 젊게 하려는 목적을 지녔다. 비망록은 원활한 협회 운영을 위해, 지역 회중 모임, 환자 방문, 순회설교자의 편의 제공, 도움이 필요한 사람들에 대한 기본적 학교 교육의 제공 등을 위한 조사 작업과 간사와 지도자의 임무 등에 대해 자세히 밝히고 있다. 비망록은 순회설교자의 설교 작성지침서까지 제공한다. 리처드 하이첸라터(Richard Heitzenrater)의 요약대로, '초청하여, 모으고, 그리스도를 제시하고, 양육한다.'[39] 웨슬리는 연회 폐막식에서, 분기 회의(뉴캐슬, 브리스톨, 런던)를 위한 정규 일정을 수립하고, 다음 총회 모임을 1745년 여름으로 정한다. 웨슬리는 휴정에 앞서, 내년에 순회설교자가 감당해야 할 과업을 나누어 주었다.

회의는 여러 가지 면에서 중요하다. 마침내 안수 받은 잉글랜드 국교회 목회자에 버금가는 완전한 자격이 평신도 설교자에게 주어졌다. 연결성과 유연성을 동시에 지닌 역동적인 조직의 근간이 마련되었다. 분명히 존 웨슬리가 지도자다. 그러나 그는 다른 성직자와 평신도의 역량을 강화하는 데 권위를 활용했다. 이번에는 권위를 부여받은 그들이 협회 지도자에게 권위를 나누어 주었다. 성령의 능력과 은혜로 구원의 메시지와 삶의 전망을 전

---
39) Ibid, 145.

하려는 목적에서 이런 일들이 이루어졌다. 웨슬리의 감리교주의는 분할된 잉글랜드 국교회 자원자 협회와 많이 닮아있었다. 그러나 국내에서의 확장력과 복음 전파를 촉진하는 효율성에 있어, 독자적 발전을 위한 단일한 유대감과 독특한 잠재력을 지니고 있었다.

조직의 발전은 빠르고 효과적이었다. 신속성과 효율성이야말로 웨슬리 감리교 확장의 근본 이유임이 분명하다. 감리교를 기독교적 활력의 경이로 만든 주된 요인은 조직보다 활동이었으며, 구조보다 열정 그리고 교회 체계보다 희생이었다. 웨슬리는 순회전도자 모집에 성공을 거두었다. 조지 휫필드를 빼고는 아무도 그만큼 쉼 없이 전도여행을 한 사람이 없었다. 웨슬리는 복음의 메시지를 전하도록 다른 사람을 고무했다. 그는 복음 전파라는 부르심을 철저히, 심지어 집착으로 보일 만큼 진지하게 받아들였기 때문이다. 웨슬리 운동은 잉글랜드 국교도와 비국교도를 교묘히 피하면서 불신자에게 손을 뻗쳤다. 어느 곳이든지 감리교 운동은 가난한 이들과 접촉하려고 노력했기 때문이다. 무엇보다, 하나님께서 자신들에게 임무를 맡겼다는 지도자들의 인식이 웨슬리의 감리교가 작동한 원인이다.

존 월쉬(John Walsh)보다 웨슬리적 효율성의 원천에 대하여 더 훌륭하게 묘사한 이가 없을 것이다.

> 아마도 잉글랜드 운동의 가장 특징적인 이미지는 존 웨슬리가 콘웰 소재 그웨납(Gwennap)의 움푹 파인 야외 원형극장에 모인 수많은 청중에게 설교하는 장면이 아니라, 존 바리트(John Barrit)의 일지에 묘사되었듯이, 한 곳간에서 웨슬리가 허름한 옷을 입은 무리에 둘러싸인 채, 중생 과정에서 일어나는 하나님의 사랑을 설명하는 장면일 것이다. 하나님의 사랑이 실재함을 그들이 깨닫게 되었을까? 그렇다. 아마 그럴 것이다. 어떻게 아내와 남편들이 서로에게 품고 있는 사랑을 알 수 있으며, 어린이들이 부모가 자신을 사랑한다는 사실을 알게 될까? 그들은 자기 가슴으로 그것을 느낀다. 그리고 하나님의 은혜 또한 그럴 것이다.[40]

---

40) John Walsh, '"Methodism" and the Origins of English-Speaking Evangelicalism', in

조직화된 신앙 운동으로 웨슬리주의의 외면적 역사는 단지 1744년에 시작되었을 뿐이다. 그러나 웨슬리주의의 내면적 정신은 웨슬리 형제의 활동 안에, 그들과 협력한 소수의 잉글랜드 국교회 성직자들 속에, 그리고 무엇보다 팽창하는 평신도 순회전도자 그룹 안에 그 때 이미 놀랄 정도로 잘 갖추어져 있었다.

7. 세계 칼빈주의의 갱신

잉글랜드 국교회 갱신에 뒤이어 1740년대 중반까지, 두 번째로 복음주의의 중심이 된 것은 칼빈주의자의 갱신 네트워크였다. 네트워크는 휫필드와 잉글랜드 국교회 내부의 칼빈주의 협력자들과 행동을 맞추고 있었지만, 어쨌든 여러 면에서 잉글랜드 기성교회의 아웃사이더라는 위치였기 때문에, 더욱더 강력한 연결을 이루고 있었다. 칼빈주의 네트워크에는 잉글랜드의 비국교도 와츠, 도드리지 및 그들의 협력자도 포함된다. 이들은 런던의 출판업자들과 접촉할 수 있었기 때문에 특히 중요하다. 그러나 영국 변방의 칼빈주의자들이 각성하면서 가장 큰 영적 진전이 이루어진다. 웨일즈 국교도, 스코틀랜드 장로교인, 그리고 뉴잉글랜드의 회중주의자 그리고 교회적으로 개방된 공간이 창출된 아메리카 중부 식민지의 장로교인도 이들 중 하나다. 복음주의 초창기 역사에서 조지 휫필드가 지녔던 절대적 중요성이 여기서도 드러난다. 휫필드야말로 잉글랜드 부흥주의자 사이에서 완벽한 칼빈주의 연대성을 지닌 유일한 인물이기 때문이다.

잉글랜드 복음주의자와 동시에, 웨일즈 감리교인도 지역 협회간의 네트워크를 구축하기 시작했다. 1742년 1월 7일, 더귀디드(Dugoedydd)에서 장차 칼빈주의감리교연맹(the Calvinist Methodist Association)이 되는 첫 번째 회합이 대니얼 로우랜드(Daniel Rowland) 의장의 주도로 모인다. 호웰 해리

Evangelicalism, 34.

스를 비롯하여 평신도 권면자 스무 명 정도가 참석했다.[41] 다음 해, 네트워크 모임을 통제하고, 웨일즈 기성교회 내부의 복음주의 활동을 더욱 고무시키기 위한 일련의 지침서가 발행된다. 조직적 측면에서, 웨일즈 복음주의자는 자신들이 소속된 잉글랜드 국교회의 익숙한 실천들과 차이를 드러내는 일에 서두르지 않았다. 그러나 더 많은 사람들이 로우랜드, 해리스, 윌리엄 윌리엄스 및 동역 설교자의 목회를 받게 되면서 압력이 가중된다. 압력은 칼빈주의 감리교의 강력한 발전을 추동한다.

스코틀랜드도 마찬가지다. 위대한 1742년의 결과, 상당수의 헌신적 복음주의 사역자 군단이 구성되었다. 그러나 기성교회 안에서 독립적인 복음주의 강조점의 형태는 천천히 형성되었다. 연합장로교(the Associate Presbytery) 내부에도 복음주의 정서가 있었다. 영국의 켈트방면 변경지 어느 곳에서나, 특히 웨일즈 감리교인들이 랄프와 에브네저 어스킨(Ebenezer Erskine)의 설교와 시를 낭독하고, 번역했으며, 다시 설교하기도 했다. 그렇지만 분리파와 키르크 복음주의자 사이의 상호협력은 날카로운 교회 간 경쟁 때문에 가로막혔다. 장로교 전통의 뿌리가 워낙 강해서 사실상 스코틀랜드에는 감리교로 간주할 만한 것이 전혀 없었다.

아메리카의 대각성으로, 강력한 복음주의 세력이 뉴잉글랜드에 존재하게 되었다. 또한 순회 복음주의자들을 환영했던 활발한 목회자 네트워크도 있다. 이들은 흥미롭게 휫필드의 사역을 모방하기도 하고, 조나단 에드워즈의 설교문과 소논문을 읽기도 했다. 또한 가슴의 신앙이라는 실체에 더 집중하라고 동료 목회자에게 촉구하기도 했다. 그러나 북대서양 지역의 여느 곳처럼, 부흥에는 상당한 반대가 따랐다. 복음주의 신학의 새로운 중요성을 발견한 사람들도 있었지만, 보다 많은 사람들이 부흥 광신자의 과도함에 혼란을 느끼기도 했다.

찰스 천시(Charles Chauncy, 1705-1787년)가 뉴잉글랜드 반대파의 지도자였다. 당시 그는 보스턴 제일교회의 젊은 목회자다. 앞으로 그는 보스턴에서

---

41) 참조. Eifion Evans, *Daniel Rowland and the Great Evangelical Awakening in Wales* (Edinburgh: Banner of Truth, 1985), 177-180.

제4장 부흥, 분열, 통합, 1738-1745년

인정받는 오랜 목회생활을 하게 된다.[42] 천시는 부흥의 일부 지지자가 '성령의 열매'로 지목한 내용에서, 순식간에 열광의 가시나무를 찾을 수 있었다. 1742년부터, 그와 '옛빛파'(Old Lights 또는 기성의, 유전된 방식의 수호자들)는 율법폐기주의 및 과도한 열정에 대한 자료를 수집하고 있었다. 조나단 에드워즈는 하나님께서 주신 긍정적 은혜와 인간이 빚은 부정적인 과도함을 구별함으로써, 부흥을 변호하는 일련의 저작을 출판하고 있었다. 한편 천시와 동료들은 운동 전체를 거부했다. 우선 그는 뉴잉글랜드 부흥에 비호의적인 보고서를 스코틀랜드로 보냈다. 그 다음, 단합된 힘으로 방어벽을 만드는 노력의 일환으로, '프랑스 선지자들'(the French Prophets)에 관한 소논문을 출간했다. '프랑스 선지자들'은 17세기말 위그노파 중에서 유별난 환상주의 때문에 분리된 극단파였다. 그러나 복음주의의 부상에 대한 천시의 가장 맹렬한 공격은 장문의 책, 『뉴잉글랜드의 종교상황에 대한 합리적 생각』(Seasonable Thoughts on the State of Religion in New England)이다. 그해 봄 책이 등장했다. 부흥파 친구들이 하나님의 선하신 행위로 간주한 것이, 천시에게는 불합리한 망상에 불과했다.

> 오늘날의 **크고도 많은** 실수에 대한 참된 설명이 주어진다. **성령의 영향**이라는 것은 뭔가 **새로운** 것이 아니며…이 문제에 관한 **방법**과 **방식**에 비추어 볼 때, 일반적으로 유행하던 **악명 높은** 오류일 뿐이다. 사람들은 그 영향력이 **성령** 아래에 있는지 알고 싶어 하지만, 그 영향을 **하나님의 말씀**에 비춰 보지 않는다. 그리고 그 영향이 그들의 **삶**과 **정신**의 도덕적 상태에 일으키는 **변화**를 본다. 그러나 이런저런 **내적 흔들림**을 성급히 **하나님의 감동**이라고 결론짓는다. 단지 자기들이 그것에 대해 지닌 **생각**에만 근거하여…이것이 오늘의 오류다. 그리고 이것이야말로 참으로 **원천적 오류**, 즉 최초의 거대한 망상이다.[43]

---

42) 1740년대 Chauncy의 활동에 대해서 참조하라. E. S. Gaustad, *The Great Awakening in New England* (New York: Harper & Bros., 1957), 80-101; 그리고 Edwards, *Works*, 4:61-65, 80-86, 308-312.

43) Chauncy, *Seasonable Thoughts on the State of Religion* (1743), in Alan Heimert and Perry Miller (eds.), *The Great Awakening* (Indianapolis: Bobbs-Merrill, 1967), 293.

제임스 데븐포트(James Davenport, 1716-1757년)는 롱아일랜드 소재 회중교회의 목사다. 그는 1740년부터 열정적인 순회전도자가 되는데, 천시가 주요 부정적 사례로 그를 언급한다. 데븐포트는 3년에 걸쳐, 교구의 정식 설교자들을 기분 나쁘게 거부했으며, 그의 겸허한 청중 사이에 별난 육체적 반응을 유도하려 애썼다. 1743년 3월, 그는 코네티컷의 뉴런던에서 전통적인 기독교 고전을 불태우는 행사를 감행했다. 그는 기독교 고전을 단순히 참된 신앙의 겉껍질에 불과하다고 거부했다.[44] 데븐포트가 공개적으로 자기 잘못을 반성하지만, 곧바로 뉴잉글랜드 기성교회에서 덜 극단적인 비평가들에게 포위된다. 그들은 청교도에서 유래된 기성교회 체계의 영적 약점을 계속 비난했다.

역공과 방어의 중요한 여파로, 복음주의 부흥 게릴라 내부의 분열이 일어난다. '새빛파'(New Lights, 영국이 아니라 미국이므로, 친-부흥파를 의미)가 계속 기성교회에 있던 회중을 포괄하게 되었지만, 참된 신자는 복음의 순수성 안에서 교제할 수 있는 교회를 찾아야 한다며, 분리파 회중은 기성체제와 결별한다. 1745년 무렵, 대략 30개에서 35개 정도의 분리파 회중 모임이 있었다. 상대적으로 소수인 것은 여전했지만, 결국 구엔(C. C. Goen)의 말대로, '뉴잉글랜드 회중교회의 영구적 파괴'를 지켜볼 수밖에 없었다.[45]

이제 중부식민지 장로교인 사이에 복음주의의 뿌리가 든든히 내려졌다. 그러나 뉴잉글랜드처럼, 결과는 교회 분열이었다.[46] 테넌트 가문과 연합한 스코틀랜드-아일랜드 계열은 조지 휫필드의 모범을 따라 열심히 전도에 매진했다. 그러나 그들도 일단의 전통주의자로부터 반대를 받는다. 전통주의

---

44) 참조. Harry S. Stout 그리고 Peter Onuf, 'James Davenport and the Great Awakening in New London', *Journal of American History* 70 (1983): 556-578.

45) C. C. Goen, *Revivalism and Separatism in New England, 1740-1800* (2nd ed., Hamden: Archon, 1969), ix, 302-306쪽은 각각의 독립된 그룹들을 열거하고 있다.

46) 이 사건들에 관해서 참조. Leonard J. Trinterud, *The Forming of an American Tradition: A Reexamination of Colonial Presbyterianism*(Philadelphia: Westminster, 1949), 109-134 그리고 업데이트를 위해서, Thomas H. L. Cornman, 'Securing a Faithful Ministry: Struggles of Ethnicity and Religious Epistemology in Colonial American Presbyterianism' (PhD 논문, University of Illinois at Chicago, 1998).

자 또한 대개가 스코틀랜드에서 아일랜드를 거쳐 온 사람들이었다. 이들은 횟필드와 그의 방법이 자기 교회의 건전한 모든 것을 위협한다고 느꼈다. 처음에 후자 그룹이 압도적이었기 때문에, 1741년 필라델피아 대회에서 테넌트 그룹, 즉 '신파'(New Side)의 분파가 추방되었다. 그러나 4년 후, 보다 신중한 그룹(이들 대부분은 뉴잉글랜드에서 교육받은 사람이었다)이 테넌트와 합류했다. 또한 필라델피아 '구파'(the Old Side) 대회의 대안으로 철저히 복음주의적인 뉴욕 대회를 구성하고자 뉴욕, 뉴저지, 펜실베이니아로부터 동지들이 모여들었다.

조나단 디킨슨(Jonathan Dickinson, 1688-1747년)이 뉴잉글랜드의 핵심 분파를 이끌었다. 그는 당대 미국 교회의 중추적인 지도자 중 일인이었다.[47] 디킨슨은 부흥의 친구로, 1739년 11월과 1740년 4월 뉴저지 엘리자베스타운의 자기 교회에 횟필드를 흔쾌히 맞아들이기도 했다. 그러나 동시에 극단적 열광에 대한 두려움도 있었다. 특히 하나님의 율법적 요구에 더 이상 주의를 기울일 필요가 없다고 믿는 일부 각성자의 성향을 두려워했다. 1742년 출판된 대화록, 『하나님의 특별 은혜의 드러남』(*A Display of God's Special Grace*)은 디킨슨의 특징을 가장 잘 드러냈고, 효과도 탁월했다. 한편으로 부흥을 변호하면서, 또 다른 한편으로 교회가 질서와 권징, 거룩함을 안정적으로 증진시켜야 한다고 강조한다.

디킨슨은 스코틀랜드-아일랜드 분파 간 전쟁의 주요 중재자로서, 특히 목회 훈련에 신경 썼다. 길버트 테넌트의 부친 윌리엄이 펜실바니아 니세미니(Neshaminy)에서 운영한 '통나무대학'(Log College) 학생들의 자격을 박탈한 사건은 구파의 실질적인 첫 번째 공세였다. 디킨슨은 1745년 뉴욕 대회 설립 후, 동료들과 새 정착지의 목회자 수요를 맞출 방법을 모색했다. 정착지는 대부분 얼스터에서 이민 온 사람들이 대다수 정착지를 세웠다. 횟필드에게 냉랭했던 예일대학은 당시에도 의심스러웠고, '통나무대학'은 윌리엄 테넌

---

47) 무시된 한 인물을 반갑게 다루는 다음의 책을 참조하라. Bryan F. Lebeau, *Jonathan Dickinson and the Formative Years of American Presbyterianism* (Lexington: University of Kentucky Press, 1997).

트의 은퇴(1746년에 그가 사망했다)와 동시에 문을 닫았다. 1746년 말, 디킨슨은 뉴저지 뉴어크(Newark)의 아론 버(Aaron Burr)를 포함한 목회자 세 사람, 뉴욕의 부유한 평신도 세 사람과 함께, 새로운 고등교육기관인 뉴저지대학(the College of New Jersey)의 설립 헌장을 확보한다. 1748년, 휫필드의 오랜 친구이자 매사추세츠 총독인 조나단 벨쳐(Jonathan Belcher)가 뉴저지 식민지의 총독으로 이관되면서, 헌장이 더 강화되었다. 새 대학은 신파를 위한, 신파에 의한 대학이었다. 그러나 헌장의 언어는 목회 외의 직업을 추구하는 다른 분파 젊은이에게도 교육을 개방할 정도로 폭이 넓었다. 초대 학장으로 디킨슨이 추대된 것은 놀랄 일이 아니다. 비록 1747년 말, 그의 사망으로 단기간 재직에 그치지만, 자기의 교구 엘리자베스타운에서 처음 구상했던 교육 사업은 지역적 변화(처음에 뉴어크로 그 다음 프린스턴으로)를 거치며 서서히 발전했다. 18세기의 남은 기간 동안, 뉴저지대학은 복음주의자가 기댈 수 있는 고전 교육의 기둥이 된다. 1812년 프린스턴신학대학(the Princeton Theological Seminary)이 독립기관으로 분리되면서, 선점한 교육의 주도권을 복음주의 세계 안에 더 확대시킬 수 있었다.[48]

뉴잉글랜드의 스코틀랜드인들이 회중교회 목사, 특히 조나단 에드워즈를 목사로 임명하려한 시기, 아메리카 장로교인은 스코틀랜드의 동료 장로교인과 그다지 친하지 않았다. 영국의 영향력이 신세계로 계속 유입되고 있기는 했지만, 미국 장로교인 사이에 부흥의 물결이 일어났을 때 보다 자유로운 아일랜드 장로교로 복음주의의 영향이 거슬러 흘러갔다. 결과적으로, 아메리카 장로교인이 아메리카의 표준보다 더 교회적이며, 더 목회적이고, 더 고백적인 스타일의 복음주의를 유지하도록 도운 것이 이처럼 대서양을 가로지른 역사적 연결고리였다.

---

48) 보다 많은 내용으로 다음을 참조하라. Mark A. Noll, *Princeton and the Republic, 1768-1822* (Princeton: Princeton University Press, 1989) 그리고 Noll, 'The Founding of Princeton Seminary', *Westminster Theological Journal 42* (1979): 72-110.

8. 복음주의 설교의 정교화

1740년대 중엽, 복음주의 설교가 기독교 선포의 독특한 형태로 부상한다. 휫필드는 그 과정에 비판적이었다. 왜냐하면 그는 그의 말로, 수많은 사람과 수많은 지역에 영향을 미쳤는데, 사람들이 그의 설교 어투마저 따라 했기 때문이다. 회개와 그리스도의 구속 사역, 믿음의 필요성과 거룩한 삶의 특권에 대한 솔직담백한 선포가 휫필드 설교의 상투적인 소재였다. 그러나 대체로 설교문 없이 설교했고, 지적 효과만이 아니라 정서적 효과도 노리는 의도적인 설교를 했다. 또한 메시지에 **개인으로써** 반응하도록 요청했는데, 이러한 그의 설교적 특색이 복음주의 설교의 전반적인 특징이 되어버렸다.[49]

1740년대 초, 복음주의 설교의 특징적 요소들이 확고히 자리 잡는다. 길버트 테넌트의 강력한 설교, '회심하지 않은 목회의 위험성'(The Danger of an Unconverted Ministry, 1740년)은 협박성 설교를 대표한다. 복음주의자는 자신들이 보기에 참된 신앙에 대적하는 전통주의적 신앙 또는 형식주의적인 가짜 신앙을 정조준했다. 조나단 에드워즈의 유명한 설교, '분노하신 하나님의 손 안에 있는 죄인들'(Sinners in the Hands of an Angry God, 1741년)은 지옥 불 설교와 정죄 형식 설교의 가장 이른 모습을 보여준다. 그러나 그의 설교는 모방보다는 자주 희화화되었다.

협박 설교나 정죄 설교가 강력한 설교적 조류의 대표이듯이, 복음의 위로를 상세히 설명하는 설교 흐름도 있다. 보다 덜 인용되는 설교이긴 해도, 에드워즈의 '그리스도의 위엄'(The Excellency of Christ, 1738년)은 '분노하신 하나님의 손 안에 있는 죄인들'과 마찬가지로 복음주의 설교의 새로운 모습이었다.

---

49) Whitefield의 드라마틱한 새로운 설교 형식의 광범위한 문화적 함축성에 대해서 참조하라. Harry S. Stout, 'Religion, communications, and the Revolution', *William and Mary Quarterly 34* (1977):519-541; Frank Lambert, *'Pedlar in Divinity': George Whitefield and the Transatlantic Revivals* (Princeton: Princeton University Press, 1994); 그리고 Timothy D. Hall, *Contested Boundaries: Itinerancy and the Reshaping of the Colonial American Religious World* (Durham, NC: Duke University Press, 1994), 32-39, 97-99.

만일 당신이 불쌍하고 괴로운 죄인이며, 하나님께서 결코 당신에게 자비를 베풀지 않을 것이라는 두려움 때문에 당신의 마음이 가라앉고 있다면, 그리고 그분이 당신을 도울 수 없다거나 도우려 하지 않는다고 두려워하고 있다면, 그리스도께 가기를 두려워할 필요가 없습니다. 여기에는 강력한 근거가 있습니다. 그분은 결코 소멸되지 않는 보화이시며, 당신의 불쌍한 영혼의 필요에 대답하실 것입니다. 무한한 은혜와 온유함으로, 불쌍하고 가치 없고 두려움에 떠는 영혼을 초대하시며, 담대히 다가오게 하십니다. 만일 그리스도께서 당신을 받아주신다면, 당신은 두려워할 필요가 없습니다. 당신이 안전할 것이기 때문입니다. 그분은 당신을 보호하시는 강한 사자이기 때문입니다. 그분은 그분께 다가오는 모든 사람을 위하시는 어린 양이시기 때문입니다. 그리고 그들을 무한한 은총과 친절로 받아들이십니다.[50]

그러나 복음주의 설교 유형에서 가장 특징적인 설교는 예수 그리스도 안에서 구원하는 믿음의 기원과 특징, 과정을 묘사한 것이리라. 1746년 존 웨슬리의 담론을 담은 『표준 설교집』(Standard Sermons)도 이 유형의 설교를 담은 책인데, 정기적으로 재출간되면서 웨슬리 운동의 길잡이가 된다. 설교집 첫 설교의 제목이 '믿음으로 인한 구원'(Salvation by Faith)이다. 설교는 1738년 6월 옥스퍼드에서 처음 행해진 것으로, 유명한 알더스게이트 체험 후 한 달이 지나지 않아서였다. 성경본문은 에베소서 2장 8절(너희는 그 은혜에 의하여 믿음으로 말미암아 구원을 받았나니)이다. 설교는 담대한 강조로 시작된다.

우리는 아무 것도 아닙니다. 가진 것 하나 없고, 아무 일도 할 수 없습니다. 하나님의 손 앞에서 가장 작은 것조차도 받을 자격이 없습니다…
(인간의) 마음은 모두 부패하고, 끔찍해서…
만일 죄인이 하나님에게서 호의를 발견하게 된다면, 그것은 '은혜 중의 은혜로다!'…은혜가 구원의 근거이며, 믿음이 그 조건입니다.

---

50) Edwards, 'The Excellency of Christ' (1738), in Wilson M. Kimnach, Kenneth P. Minkema and Douglas A. Sweeney (eds.), *The Sermons of Jonathan Edwards* (New Haven: Yale University Press, 1999), 184-185.

설교 자체는 세 부분으로 나눠진다. 웨슬리의 강해는 서두만큼 직설적이다. 'I. 우리를 구원받게 하는 믿음은 어떤 믿음인가. II. 믿음으로 말미암는 구원이란 무엇인가. III. 몇몇 반대에 우리는 어떻게 답할 것인가.'[51] 1740년대 이후, 복음주의자들이 설교한 무수한 설교는 모든 면에서 과감한 모험이었다. 그러나 복음주의 설교들은 복음주의 자체의 원초적 시원에 충실했으며, 웨슬리적인 목표와 맞닿아 있었다.

1740년대 중엽, 복음주의의 추진력이 기성교회 안에 잘 뿌리를 내린다. 브리튼과 식민지에 방대한 신앙이 조직화된 동기가 바로 이것이다. 국교회 내부에 있는 압도적인 영적 갱신 운동의 하나라는 것이 이 시기 복음주의에 대한 가장 올바른 정의일 것이다. 1745년의 짧은 경험은 기성교회의 울타리를 크게 넘어선 복음주의 그룹이 퍼질 것이라는 다방면의 힌트가 될 수도 있지만, 확산은 가까운 미래에 진행될 것이다.

1745년, 조직된 복음주의는 여전히 편지를 주고받는 비공식적 네트워크 수준이었다. 네트워크를 통해 참된 신앙을 고무하는 서적을 열심히 공유하고, 서로에게 성령의 특별한 발출 소식을 전했다. 또한 지역적 부흥을 기록한 잡지 발간에 힘을 모았다. 잉글랜드 국교회 내부의 부흥 지지자들과 넓게 산재되어 있는 부흥파 칼빈주의자 네트워크(휫필드가 두 그룹을 연결하는 핵심 인물이었다)가 현장의 주요 기구를 대표했다.

1745년 무렵, 잉글랜드 국교회 복음주의의 중심지 그리고 널리 퍼진 칼빈주의 부흥 네트워크에서 일어난 불꽃이 일반적으로 아일랜드, 아메리카 남부식민지, 캐나다 해안지방 및 서인도 제도로 튀었으며, 동시에 신세계와 구세계의 감리교인 위에도 떨어졌다. 그러나 이 이른 시기, 광범위한 지역에서 복음주의는 활성화된 운동이 아니라, 이제 막 시작된 운동이었다. 복음주의는 전반적으로 특히 불안정한 상황으로 접어들었으며, 기성교회 내

---

51) Wesley, 'Salvation by Faith' (1738); in Wesley, *Works* (new), vol. I: *Sermons I:1-33*, ed. Albert C. Outler (1984), 118.

부에서 발견된 운동의 강도도 기껏해야 미지근한 환영 수준이었다. 그러나 불안정한 특수 상태가 오래가지는 않았다.

그러나 1745년 이후의 발전을 조사하기에 앞서, 가장 중요하고 복잡한 질문을 직설적으로 해야만 한다. 왜 이런 일이 일어난 것인가?

제 5 장

해 설

  1730년대와 1740년대 영어 사용권 전역에서 복음주의의 전반적인 쇄도와 마찬가지로, 복음주의 부흥의 발발에 대해서도 역사학자들이 여러 가지 해설을 제공한다. 역사학자들의 해설을 분류하는 데 어려움이 있다. 어떤 해설은 복음주의가 발생한 몇몇 지역에만 해당된다. 또 다른 해설은 복음주의적 경험의 몇 가지 측면에만 적합하다. 그리고 특정한 해석적 시각에만 신빙성이 있는 설명도 있기 때문이다. 개별적인 부흥이 잘 설명된 해석 작업도 복음주의 전체의 발흥에 대한 해설로는 큰 도움이 안 되는 경우도 있다. 그 역(逆)도 마찬가지다.

  어떤 역사학자가, '어떻게 그렇게 많은 복음주의자가 잉글랜드와 웨일즈(마찬가지로 뉴잉글랜드, 중부 식민지, 곧이어 스코틀랜드, 남부 식민지 그리고 캐나다) 각지에서 동일한 유형의 메시지를 서로 독립된 채 전하기 시작했는지 미스테리'[1]라고 지적하듯이, 구체적 상황에 유용한 특수한 설명일수록 더 이해하기 어렵다. 이 문제를 더 넓게 보면, 1730년 영국과 식민지 교회 안에서 복음주의 요소가 많이 생기기 시작했지만, 식별 가능한 복음주의 운동

---

1) David Hempton, 'Religion in British Society, 1740-1790', in Jeremy Black (ed.), *British Politics and Society from Pitt to Walpole* (London: Macmillan, 1990), 214.

은 없었다. 20년 후는 대조적이다. 복음주의 그룹 안에 상당한 지적 혼동과 조직적 혼란이 있었지만, 다양하며, 다채롭고, 때로는 경쟁적이면서, 분명히 구분되는 복음주의 운동이 등장한다. 다음 장들에서 복음주의의 포괄성, 다양성, 경쟁성에 대한 자료를 조사할 것이다. 5장은 '복음주의가 어떻게 등장 했는가' 하는 질문을 다룬다.

비록 복음주의 발흥과 복음주의 부흥이 밀접히 관련되어 있지만, 두 가지가 정확히 똑같은 도전을 제기하지는 않는다. 당시의 참가자들이나 미래의 관찰자들은 세 가지 또는 네 가지 중첩되는 의미에서 부흥이나 각성을 말한다.

첫번 째, 각성이란 특정 지역에서 발생한 '부흥' 경험이다. 지역의 설교자나 지역 상황이 눈에 띄는 주요 행위자다. 조나단 에드워즈의 『놀라운 부흥 이야기』(*A Faithful Narrative of Surprising Conversions*, 1737)와 1742년 스코틀랜드의 특별한 성례시즌 이야기에 첫 번째 의미가 적용될 수 있다.

두번 째, 순회설교자, 특히 조지 휫필드와 그를 모방한 많은 사람들이 불러일으킨 흥분을 지칭하여 '부흥'이라는 용어를 사용할 수 있다.

각성의 세 번째 의미는 보다 일반적이다. 성결의 증진을 위해 만들어진, 지속적인 지역 셀그룹 그리고 내적으로 상호 연결된 아주 넓은 광대역 네트워크에서 생기는 긍정적이며 영적인 신앙심을 지칭하기도 한다. 다양한 감리교 협회, 특히 존 웨슬리의 끊임없는 순회 활동과 연관된 협회는 이런 각성 형태의 최고 사례다. 유사한 운동이 웨일즈의 칼빈주의 감리교인, 잉글랜드와 아일랜드의 모라비아 모임 그리고 아메리카의 소수 그룹에서도 발견된다.

각성 개념의 네 번째 활용으로, 특정 지역의 특정한 사람들이 복음적 설교에 철저히 감화되어 사회적으로 또는 문화적으로 이상적인 기독교적 방향으로 변화되는 현상을 관찰자들이 묘사한 경우에 적용된다. 물론 부흥이나 각성의 다양한 의미가 서로 배타적인 것은 아니다. 또한 정황을 통해서만 연결된 것도 아니다. 예를 들어, 종종 감리교 그룹의 설립은 전 지역의 변화로 이어진 것으로 보인다. 대개 휫필드는 지역 부흥의 촉진자로서 환영 받았다. 때로는 탁월한 설교의 순간이 지역 협회의 창설로 이어지기도 했다. 사실 각성의 네 가지 뜻에는 기대감이라는 공통분모가 들어있어, 의미상 잘 연결된다. 어떤 부흥이나 각성은 개인의 회심이 특징일 수 있는데, 많은 사람들에게 충격을 주기 때문에 일반적으로 눈에 잘 띈다. 따라서 교회와 종교자원자협회에 대한 충성심을 배가하는 효과를 주기도 한다.

시간이 지나며 복음주의가 뿌리를 내리면, 부흥의 갈망이 부흥 자체보다 더 중요하게 됨이 분명해진다. 18세기와 그 이후 행로를 볼 때, 복음주의 부흥은 영고성쇠를 거듭했다. 복음주의의 꾸준한 확장시기에도 마찬가지다. 각성이 일어날 때, 복음주의의 설교 유형에는 특징이 있다. 설교는 대중의 사랑을 직접적인 목표로 삼게 된다. 삶의 변화라는 결과를 기대한다. 죄에 대해 하나님께서 주시는 치료약으로 하나님의 은혜의 메시지를 강조한다. 때때로(항상 그런 것은 아니지만) 세밀한 논리적 추론을 제공하기도 하는 등 특징이 드러난다. 회심했거나, 회심하게 될 남녀의 영적 양육을 제공할 신앙 공동체와 평신도 지도력이 강한 지역 협회가 있는 곳에서 복음주의가 번성했다. 부흥주의적 실천은 사회 문제를 가장 잘 파악할 수 있는 공통적인 전제를 제공했다. 개인이 하나님과 충실하고 헌신적인 삶의 방향으로 회심한 사례는, 갱신이 전체 공동체에 일으킬 일의 본보기인 셈이다.

복음주의에는 전통과 전래된 교회 제도에 무관심한 경향이 있다. 무관심은 부흥의 실천적 요소 중 하나이기도 하다. 만일 복음주의자들이 부흥을 일상 신앙 생활의 표준으로 이해하여, 각성을 위한 규칙적인 기도를 했다고 가정한다면, 1740년대와 1750년대에 더 우세했던 것은 복음주의적 부흥이 아니라 복음주의라고 말할 수 있을 것이다. 따라서 '왜 영국 또는 북미에서 복음주의 부흥이 일어났는가' 하는 질문은 복음주의 자체의 발흥이라는 더 넓은 질문의 부분일 뿐이다.

1. 성령 운동

 복음주의의 발흥을 설명하려면, 복음주의가 시작된 곳에서 출발하는 것이 좋을 것이다. 우선 초기 부흥주의자에 대한 존경과 후대 관찰자의 한계에 대한 적절한 균형감각을 지니자. 그런 다음 그들의 목소리가 여러 가지 설명으로 나오게 하자. 그렇게 한다면, 해석 작업의 균형이 회복될 수 있을 것이다. 물론 나중에 또 다른 설명도 있어야 할 것이다. 부흥주의자의 증언을 사용하지 않고 부흥을 설명하겠다는 발상은 순전한 자만심의 발로가 될 것이기 때문이다.

 초창기 복음주의자는 역사가이기도 했다. 그들은 성령의 특별하신 분출이 전 교회의 순례 여정에 역할을 하셨다는 사실에 깊이 감동했다. 조나단 에드워즈는 하나님께서 역사 속에서 사역하시는 경로를 묵상했다. 그는 '인류의 타락으로부터 우리가 사는 현재에 이르기까지 구속 사역의 효과는 주로 하나님의 성령의 놀라운 부으심 때문에 일어난다'는 결론을 얻는다.[2] 부흥이 복음주의적 자의식에 중요한 영향을 미쳤기 때문에, 에드워즈의 평가는 재빨리 표준이 된다.

 조셉 밀너(Joseph Milner, 1749-1797년)는 잉글랜드 국교회 학교교장이며, 복음주의 운동 출신의 첫 번째 일반 교회사 학자이다. 그는 전형적인 복음주의적 방식의 선포로 초대교회 역사 이야기를 시작한다. 역사는 단지 '명목상 그리스도인이 아니라 참된 그리스도인인 사람에게 초점을 맞추어야 하며', 그들이 충성한 '외향적 교회' 또는 '그들의 제식이나 예식, 또는 교회정치 형태'에 관심을 기울여서는 안 된다는 것이다. 밀너의 작업은 '하나님의 성령의 분출, 세대에서 세대로 이 땅위에 드러나셨으며, 그리스도가 다시 오실 때까지'라는 생각과 '특정한 시기에 하나님의 은혜가 놀랍게 과시되는 것'[3]이라

---

2) Edwards, *History of the Work of Redemption* (1739년에 설교되었으며, 사후에 출간되었다), in Edwards, *Works*, vol. 9: *A History of the Work of Redemption*, ed. John F. Wilson (1989), 143.

3) Joseph Milner, *The History of the Church of Christ*, vol. I (2nd ed., Cambridge:

는 생각으로 가득 차 있다. 에드워즈와 밀너의 용어에 따르자면, 복음주의 발흥은 성령의 특별한 부으심이 나타난 사건이다.[4]

조셉 트레이시(Joseph Tracy, 1793-1874년)는 미국 대각성에 대해 철저히 연구한 최초의 역사가다. 그는 복음주의의 기원에 대한 일반적인 관점에 동의한다. 그러나 뉴잉글랜드에 관해서 매우 구체적으로 자기 입장을 피력했다. 그의 견해에 따르면, 부흥에 대한 가장 근본적인 해석은, 뉴잉글랜드 정통파 회중주의자의 주장처럼, '생기 넘치는 탁월함과 능력'이 "'신생" 개념에 더해졌으며, 또한 그들과 연합한 다른 이들에게도 주어졌다는 것이다. 구원을 받고 싶은 사람은 반드시 도덕적 행위 원리에 변화가 있어야 하며, 양심적인 실천이 수반되거나 따라야 한다.' 과거를 읽는 트레이시의 방법처럼, "'대각성"의 역사는 신생 사상의 역사이며, 비교적 무시되던 몇몇 공동체와 거의 또는 완전히 무명인 사람들을 통하여 길이 열렸다.[5]

영국에서 감리교의 등장에 대한 존 웨슬리의 평가는 뉴잉글랜드에 대한 트레이시의 평가와 비슷하다. 웨슬리는 1760년대 중반 기록을 시작하면서, 운동으로서 감리교는 성경에 기반을 둔 설교 그리고 '믿음에 의한 칭의'교리라는 특징에 대한 반응이라고 주장한다.[6] 웨슬리도 트레이시와 마찬가지로 성경의 진정한 가르침이 전면에 등장하는 곳에서 성령께서 특별한 효험으로 역사하심이 당연하다고 생각했다. 진리의 선포가 참된 신앙을 촉진시킨다는 것이다.

그러나 부흥 지지자들만이 각성 그리고 총체적인 복음주의 신앙의 영적

Cambridge University Press, 1800), ix-x, 3-4. 부흥의 시대에까지 이르는 이러한 역사관이 나타나는 또 다른 초기의 저작은, John Gillies, *Historical Collections Relating to Remarkable Periods of the Success of the Gospel, and Eminent Instruments Employed in Promoting It*, 2 vols (Glasgow: R. & A. Foulis, 1754).

4) 이 주제에 대한 박식한 주석으로 참조하라. Michael J. Crawford, *Season of Grace: Colonial New England's Revival Tradition in Its British Context* (New York: Oxford University Press, 1991), 248; 그리고 John Walsh, 'Josheph Milner's Evangelical Church History', *Journal of Ecclesiastical History* 10 (1959): 174-187.

5) Joseph Tracy, *The Great Awakening: A History of the Revival of Religion in the Time of Edwards and Whitefield* (Boston: Charles Tappan, 1845), ix, xiii.

6) Wesley, 'A Short History of Methodism' (c. 1764), in Wesley, *Works* (1872), 8:349.

요인을 분별하고, 영적인 판단을 제공하려 노력했던 것은 아니다. 복음주의의 새로운 강조점이 교회를 잘못된 방향으로 이끈다고 믿는 그리스도인들 또한 영적인 원인과 효과에 대한 분석을 서둘렀다. 예를 들어, 1743년 매사추세츠 목회자 회의에는 부흥 반대파 목사들이 압도적이었다. 이들도 존 웨슬리와 조셉 트레이시처럼 목소리를 높였다. 그렇지만 내용은 반대였다. 이 그룹의 주장은 다음과 같다. 성결한 삶이 뒷받침하지 않는 성결 교리는 '순수한 복음 교리'에 위배된다. 교구 목사의 허가도 없이 순회전도자들이 설교하는 것은 '성경에 위배된다.' 환멸을 느끼는 교구민을 교회와 분리시키는 것은 '복음 규정'의 위반이다. 자기들이 믿는 영적 지식에 기반하여 다른 사람을(특히 목회자들을) 무차별적으로 비판하고, 비난하며, 정죄하는 일은 '성령과 복음의 교훈, 그리고 그리스도의 모범에 가장 많이 위배된다.'[7] 그들은 부흥이 성령이 아닌 열정에서 비롯되었음을 증명하는 것이 부흥에서 발생하는 과도함이라고 비판했다.

  18세기 내내, 특정 부흥과 복음주의를 영적으로 해석하는 방식은 18세기 내내 통상적이었다. 그리고 영적 해석은 몇몇 종교 서클에서 현재까지 지속된다. 부흥적 실천방식에 반감을 지닌 매사추세츠 목회자들의 증언, 그리고 자발적으로 동료 복음주의자를 최악으로 간주한 사실에 비추어 볼 때, 부흥의 동지들 사이에도 수많은 신학적 내부투쟁이 있었음을 알 수 있다. 그러나 영적 방식으로 해설을 시도한 모든 이들은, 자신들이야말로 세상 안에서 하나님의 방식을 깔끔하게 이해한다고 믿었다. 그런 입장을 개진하면서, 증거를 망각하지는 않았다. 그러나 사용된 증거는 자기 신학에 대한 강한 확신(하나님께서 어떻게 일하시며, 심지어 어떻게 일하셔야만 하는 것과 관련된)에 기반을 두었다. 복음주의의 발흥에 대한 여러 가지 신학적 해석도 세계관의 영향을 반영한다. 그러나 영적 해석은 단일했다. 복음주의적 체험과 복음

---

7) *The Testimony of the Pastors of the Churches in the Province of Massachusetts-Bay...May 25.1743. Against several Errors in Doctrine, and Disorders in Practice* (1743), in Richard L. Bushman, *The Great Awakening: Documents on the Revival of Religion, 1740-1745* (1970; Chapel Hill: University of North Carolina Press, 1989), 127-128.

주의적 해석 사이의 거리가 거의 없었기 때문이다.

2. 행위자와 행동 단체

그러나 복음주의 발흥에 대한 영적 해석도 왜곡될 수 있다. 즉, 어떤 사건이 성령의 사역으로 인정되려면, 신생에 관한 가르침 또는 회심에 대한 열망이 행위 주체 없이 일어나야 한다는 것이다. 비영적(非靈的) 해석에도 이런 오류가 생길 수 있다. 비영적 해석은 대규모의 사회적 역학관계를 부흥의 원인으로 지적한다. 영적 해석과는 대조적으로, 비영적 해석은 행동 단체 없이는 부흥의 원인이 설명되지 않는다고 한다. 초창기 복음주의자의 설교 능력이 탁월했고, 강력했고, 복음 전달이 효과적이었으며, 조직 작업이 성공했기 때문에 부흥이 일어날 수 있었다는 것이다. 행위 주체가 하나님의 종으로 여겨지든지, 단순히 능숙한 문화 조정자로 인정될 뿐이든지, 행위 주체를 고려하게 되면, 신학 원리, 신앙적 확신, 사회 구조 영역에 인간의 책임성 부분이 더해지는 역사적 해석이 이루어진다.

행위 주체에 대해 여러 가지 설명이 가능하겠지만, 이 젊은이들은 설교를 하고, 대중의 이목을 끌었으며, 잡지를 창간하고, 지역 협회를 창립하며, 연결망을 만들고, 책, 팸플릿, 기사를 작성했다. 이들은 비범한 능력을 지닌 사회적 행위자임이 분명하다. 물론 그들이 젊은이라는 사실에 주목할 필요가 있다. 1730년대 내내, 주요 지도자는 대부분 20대였다. 존 웨슬리처럼 좀 더 나이가 든 사람들도 있었지만, 대개 안정된 직장도 없었다. 에너지는 넘치지만 상대적인 안정감은 부족하고, 영적 거장이더라도 젊은 그들에게 투사가 되어야 할 이유와 직장을 복음주의가 마련해 준 것도 사실이다.

마찬가지로 초기 복음주의 형성에 크게 관여된 이들이 주로 남자였다는 점에도 주목해야 한다. 물론 에드워즈 초기의 노스앰턴 사건 이야기나 캠버스랭에서 취합된 삶의 이야기처럼 여성들이 예가 된 회심 이야기들도 있다.

여성들은 중요한 개별 지원이나 재정 지원을 정기적으로 제공하기도 했다. 존 웨슬리의 어머니 수재너(Susannah), 조나단 에드워즈의 아내 새라 피에퐁 에드워즈(Sarah Pierrepont Edwards), 또는 조지 휫필드의 친구이자 후원자인 헌팅든 백작부인 등이 있다. 그리고 1740년대 이후 꾸준히 증가한 복음주의 모임이나 협회에 여성들도 상당한 비율로 참가했을 것이다. 그러나 복음주의에서 여성의 중요성은 언제나 배경적 중요성이었으며, 대중 운동을 이끈 이들은 남성이었다.

그들은 대개 재능이 탁월한 사람들이었다. 당대의 가장 위대한 대중 연사(휫필드), 한 시대의 가장 효과적인 조직자로 가장 오랫동안 효력을 발휘하고 있는 사람(존 웨슬리), 대중 조정의 선구자 중 한 사람(윌리엄 시워드), 가장 감동적인 대중 음유시인의 한 사람(찰스 웨슬리), 가장 강력한 사상가 중 한 사람(에드워즈), 대중적 인쇄 커뮤니케이션의 중요한 선각자들(존 루이스, 토마스 프린스, 윌리엄 맥클로흐), 그리고 자신이 속한 지역 차원의 설교자, 네트워크 형성자, 찬송작가, 신학자, 전달자로 기억에 남을 일들을 한 사람들이 있다.

따라서 복음주의가 초창기 복음주의자들에 의해 창조되었다는 말도 과한 주장은 아니다.[8] 그들이 창조한 것, 그들의 목표, 조건에 대한 반응, 하나님과의 관계와 그들의 방식 등 모든 질문을 진지하게 논의해야 할 가치가 있다. 그들이 복음주의를 창조했기 때문에, 초기 복음주의 역사의 해석에서 인간 행위자인 그들, 초창기 복음주의자들이 항상 주요 요소가 되어야 한다.

3. 역사의 흐름

영어 사용권의 종교사에 있어, 특정 시점에 생생한 영적 에너지가 효력

---

[8] 이러한 '창조'에 관한 복잡한 논의로 다음을 참조하라. Crawford, *Seasons of Grace*, 13-15 그리고 여러 곳에서; 또한 Frank Lambert, *Inventing the 'Great Awakening'* (Princeton: Princeton University Press, 1999).

을 발휘하기 시작했다는 사실도 주목되어야 한다. 복음주의는 청교도 혁명 (1640년 이후)과 왕정복고(1660년)의 목격자 중, 마지막까지 살아남은 목격자였으며, 그 현장들을 통과했다. 열광주의와 열광주의가 남긴 끔찍한 결과에 대한 두려움이 17세기 중엽 시기의 핵심 유산으로 남겨져서, 결코 소멸되지 않았다. 1730년대 후반과 1740년대 초반, 신앙적 호감을 주는 철저한 정통파 관찰자들조차, 어줍지 않은 영적 자만심에서 비롯된 재난의 원천이 부흥이라는 비판적 견해에 동조했다. 그리고 시간이 흘렀다. 영국에서 법률적 자유가 개화되었다. 북미 식민지인들도 전혀 새로운 신앙적 도전에 직면하게 된다. 짧게 말해, 1660년부터 변화의 조건이 충분했다. 이제 저명한 지도자들도 광범위한 대중과 마찬가지로 열광주의라는 혐의를 기꺼이 무릅쓰고, 자신들에게 필요하다고 느낀 신앙 형태를 추진하기 시작했다. 불안스런 반응도 있었다. 제어되지 않은 행동(예를 들어, 율법폐기주의)과 통제되지 않는 열정(예를 들어, 열광주의)에 대한 새로운 두려움이었다. 그러나 하노버 왕가가 스튜어트 왕가를 영국의 군주로 계승한 1714년, 새로운 복음주의 설교에 대한 도전은 1660년 그리고 1688년의 사건 당시만큼 강하지 않았다.

복음주의가 처음 등장한 시기, 신앙이 사회적 안녕에 끼치는 위협이 유령처럼 커 보였을 것이다. 그러나 점차 위협의 정체가 밝혀졌다. 위협은 개신교의 신앙적 열광주의가 아니었다. 바로 영국 황실의 적들과 동맹을 형성한 로마 교회였다. 1688년 윌리엄과 메리의 통치 시기부터, 영국은 프랑스와 끊임없는 전쟁의 소용돌이에 빠지게 된다(1730년대에 잠시 스페인과 적대적 시기도 있다). 프랑스는 왕가의 혈통이자 추방된 가톨릭 교인인 제임스 2세의 해외 후견자였다. 제임스 2세의 지지자들이 야고보파(Jacobus, 제임스=야고보이므로)다. 프랑스는 반세기 동안 두 번에 걸쳐, 제임스 2세의 후예가 영국 왕좌를 회복할 수 있도록 노력을 아끼지 않았다. 걱정스런 1715년의 공격, 그 다음 1745년 보니 프린스 찰리(Bonnie Prince Charlie)의 침입은 스코틀랜드를 휩쓸고, 억제될 때까지 잉글랜드 깊이 전진했다. 영국인의 인구 증가, 하노버 왕가 통치에 대한 위협, 영국의 해외 전쟁으로 발생한 위험은 영국과 식민지의 개신교적 유산에 대한 위협이기도 했다.[9] 많은 사례 중에 한 가지만 언급해도 관련성이 입증될 것이다. 1746년 말, 토마스 프린스(Thomas Prince)는 보스턴에서 기억에 남을 만한 설교를 한다. 그는 '지난해 유럽과 북미에서 일어난 가장 놀랄만한 구원'의 설교를 회고한다. 프린스는 자신의 잡지 「기독교 역사」(Christian History)의 출간을 방금 마친 후였다. 잡지는 식민지, 영국, 유럽의 복음주의 부흥과 1746년 보니 프린스 찰리의 패배 이야기, 1745년 6월 노바스코샤 소재 루이스버그의 프랑스 요새에 대한 뉴잉글랜드의 승리(프랑스와 영국의 전쟁에서 가장 대단위 교전이 많았던)를 같이 배치했다. 승리는 문자 그대로 하나님께서 준 승리였다. '우리의 모든 시민적 자유와 종교적 자유, 우리의 권리, 재산 그리고 수많은 사람들의 목숨이 (이 전투를 통한) 하나님의 보호 여부에 달려있다.' '제국과 권력 그리고 잔인한 야망에 휘둘린 프랑스 가톨릭 지배자들의 영향', 특히 '가톨릭 정신이 종교 문제를 **잔인하게** 만들었다."[10] 사실 모든 개신교 목회자가 이런 설교를 했다. 프린스는 시편 시대에 최고로 유일한 안보 방법 그리고 하나님의 축복을 나라에 가져오는 가장 좋은 방법이 하나님 앞의 회개와 믿음이었다고 주장한다.

가톨릭의 위협이 복음주의적 설교의 문을 여는 계기를 통하여, 영국의 대외정책이 당시의 종교 역사와 통합되었다. 여전히 믿음에 의한 칭의, 구원의 확신, 성령의 직접적인 증거라는 복음주의적 내용은 여전히 열광주의적인 느낌을 다소 주긴 하지만, 로마 가톨릭주의에서 드러나는 공로 의화 교리와 위계적 독재에 대항하여 대다수 영국인들에게 제공된 가장 날카롭고, 분명한, 효과적인 해독제였다. 영어 사용권에서 복음주의의 모습이 갖추어

---

9) 이 주제에 대한 전체적인 설명으로 참조하라. Linda Colley, *Britons: Forging the Nation, 1707-1837* (New Haven: Yale University Press, 1992), 11-54.

10) Thomas Prince, *The Salvation of God in 1746. In Part Set Forth in a Sermon at the South Church in Boston, Nov. 27, 1746. Being the Day of the Anniversary Thanksgiving in the Province of the Massachusetts Bay in N. E. Wherein the Most Remarkable Salvation of the Year Past, Both in Europe and North-America, as Far as They Come to Our Knowledge Are Briefly Considered* (Boston: D. Henchman, 1746), 11, 17.

진 일이 중단 없이 지속된 가톨릭 프랑스와의 전쟁 때문만은 아니겠지만, 복음주의 신앙이 번성할 사회, 종교적 환경이 전쟁을 통해 조성된 것은 분명하다.

복음주의가 등장한 구체적인 변곡점이 있다는 동일한 결론이 정식 교회사에도 내려질 수 있다. 1730년대는 제국 전 지역에서 기성교회가 침묵한 10년이었다. 그래도 기성교회는 인구의 90% 이상을 잘 감당하고 있었다는 점도 기억하는 것이 좋다. 본서 제1장에서 토마스 울스턴(Thomas Woolston)과 매튜 틴달(Matthew Tindal)의 기술처럼, 잉글랜드의 국교회 지도자들은 이신론적 선동이 상승세를 타는 상황을 염려하고 있었다. 또한 비국교도가 시민적 장애인 심사법(Test Act, 1736년 의회에서 패배했으며, 1739년에도 또 한 번 그러했다)을 제거하려고 새로운 시도를 하는 상황에도 우려를 표명했다. 또한 휘그당이 그러한 시도들을 지지할 가능성도 염려했다. 휘그당에도 기성교회를 전복시켜야 하는 이유가 있었다.[11] 한 역사가가 '당시 잉글랜드 국교회의 권위상 위기'라고 지칭한 상황은, 떠오르는 복음주의 지도자들이 직면한 불확정성과 복음주의 메시지의 수용력 모두를 창출하는 데 도움이 되고 있었다.[12]

스코틀랜드의 상황도 대동소이했다. 1720년대, 특히 정수논쟁(the Marrow Controversy, 精髓)과 존 심슨(John Simson) 교수의 이단 재판으로 불안정한 상황이었는데, 존 글라스(John Glas, 1695-1771년)가 주도한 소수의 스코틀랜드 국교회 이탈이 상황을 더 악화시켰다. 글라스는 영적인 교회와 지성적인 신앙 이해를 지지하는 학식 있는 사람이다. 나중에 글라스파 또는 잉글랜드와 미국에서 글라스의 손자 로버트 샌더맨(Robert Sandeman)의 이름을 따서 부르는 샌더맨파의 지도자가 된다. 다음으로 1730년대, 유명한

---

11) 이 문제들에 대한 더 많은 정보로 다음을 참조하라. John Walsh and Stephen Taylor, 'Introduction: the Church and Anglicanism in the "long" eighteenth century', in *The Church of England, c.1680-c.1833* (Cambridge: Cambridge University Press, 1993), 1-64. 단순히 정통 교회 체계의 필요성을 가정하는 지속적인 대중적 견해에 대해서 J. C. D. Clark, *English Society, 1660-1832* (2nd ed., Cambridge: Cambridge University Press, 2000)을 참조하라..
12) Henry D. Rack, 'Religious Societies and the Origins of Methodism', *Journal of Ecclesiastical History* 38 (October 1987): 589.

어스킨 형제와 그들의 연합장로회가 있다. 같은 시기 뉴잉글랜드에서, 조나단 에드워즈는 알미니안주의가 신학적 기반을 허물어뜨릴 수 있다고 생각했다. 또한 에드워즈를 포함하여 많은 이들이 모국과의 상업거래 확대로 인한 재산 증식의 가능성 때문에 지역의 도덕적 정신이 약화되고 있다고 주장했다.[13] 교회 수는 증가하고 있었으며, 영적인 진지함도 증가되고 있었지만, 식민지의 어떤 교회도 인구 확대나 기독교 문화의 다변화 과업에 부응하지 못한 것으로 보인다.

달리 말해, 영어 사용권 교회사의 행로에서, 이 시기는 복음주의 같은 새로운 신앙 운동에 순풍이 부는 시기였다. 열광주의에 대한 오랜 두려움도 시들었다. 가톨릭적 제국주의가 새로운 도전으로 압박을 가하고 있다. 다양한 불확실성으로 인해 당시 기성교회 구조에 새로운 재편이 필요했다. 옛날부터 신뢰받는 주제를 반영하면서도, 동시에 현재의 민감성으로 다듬은 메시지를 위한 때가 무르익었다. 그러나 교회사 전체의 시대와 시간에 비추어 보면, 여전히 한 부분의 이야기일 뿐이다.

4. 구조 전환

역사학도들이 배우 본인보다 더 분명하게 볼 수 있을지도 모른다. 우리의 시야를 역사 참여자의 자의식적 경험에서 역사학도가 느끼는 것으로 돌려보자. 어쩌면 영어 사용권에서 복음주의 신앙의 발흥을 이해하는 데 필요한 단서가 제공될 수도 있다. 그러나 영적으로 보아도, 18세기의 사회적, 교회적, 지적, 심리학적 분야의 운동에, 복음주의가 당시 가시화되기 시작한 실천과 조직상의 새로운 물질적, 지적, 신앙적 배치의 한 부분으로, 전폭적인 참여를 시작한 것으로 보아야만 한다. 이런 콘텍스트에서 생각해 보면, 복

---

13) 특히 다음을 참조하라. Mark Valeri, 'The Economic Thought of Jonathan Edwards', *Church History* 60 (March 1991):37-54.

음주의는 급속도의 경제 변화 및 인구 변화에 대한 대답의 하나다. 동시에 구조적인 신앙 위기에 대한 해결책이기도 하다. 또한 계몽이라는 새로운 정신세계에 대한 종교적 반응으로 볼 수도 있다. 그러므로 복음주의는 18세기의 외향적인 변화와 사회적인 변화에 부응한 내적 기제이며, 심리적 기제이기도 하다.

1) 사회-교회적 구조변화

18세기의 첫 반세기, 국내와 식민지를 포함한 영국 사회는 변화 중이었다. 거의 대부분 역사적 시점에서 다면적 변화가 목격된다. 영어 사용권 주민들은 급속한 사회변화라는 비통상적 사건을 연속적으로 겪고 있었다.[14] 인구가 지속적으로 늘어나더니, 18세기 전반부에 급속한 증가가 이루어졌다. 영국의회의 권력 확대가 인구팽창보다 빨랐다. 특히 북미와 서인도 제도, 그리고 전에는 무시되던 아일랜드와 스코틀랜드 고지대(구체적으로 야고보파와 1746년 보니 프린스 찰리의 결정적인 패배 이후)에서 두드러졌다. 제국의 팽창에는 언제나 정치적 측면이 수반된다.

그러나 당시 대영제국으로의 병합은 단순히 상업과 커뮤니케이션 이상의 측면이 있었다. 정확히 18세기 전반기에, 제조업, 금융업, 정치, 해양 기술, 수송의 발달이, 미각(味覺), 생활양식, 문화, 유흥의 발달 같은 새로운 운동과 발맞추어 영국의 막강한 무역 세력을 구축한다. 다음 200년 동안 세계의 중요 분야를 결합시키고, 풍부하게 하며, 촉진시키는 힘이 영국 무역의 힘이다.[15] 말하자면 영국 산업혁명의 시작, 상업 중산층의 대두, 첫 번째 대영

---

14) 이 내용에 도움이 되게 다룬 에세이 두 편을 참조하라. P. J. Marshall (ed.), *The Oxford History of the British Empire*, vol. 2: *The Eighteenth Century* (New York: Oxford, 1998): Patrick K. O'Brien, 'Inseparable Connections: Trade, Economy, Fiscal State, and the Expansion of Empire, 1688-1815', 28-52; 그리고 Jacob M. Price, 'The Imperial Economy, 1700-1776', 78-104. 이 책의 다른 장들에서도 본 장의 주제를 직접 다루고 있다.

15) 상업화의 문화적 함의에 대해 참조하라. T. H. Breen, 'An Empire of Goods: The Anglicization of Colonial America, 1690-1776', *Journal of British Studies* 25 (1986):467-499.

제국의 성립, 프랑스 전쟁을 통한 영국의 의회주의적 자유의 이상화와 거의 동시에 복음주의가 하나의 신앙 운동으로 성장했다.

인구 변동과 상업적 변화 그리고 제국의 변화 와중에, 영어 사용 사회의 역동성도 변했다. 대영제국 전역에서, 개인의 주도권을 보장하는 (사회적, 물리적인) 공간이 더 넓게 열렸다. 1830년대에 알렉시스 드 토퀘빌(Alexis de Tocquevell)은 자신의 유명한 미국 여행기를 묘사하면서, '개인주의'라는 단어를 만들었다. 개인주의는 사회적 기대감보다 개개인의 기대감에 의지하여 행동하는 양식이다. 그런 현상을 묘사하는 말은 전에도 있었지만, 잘 사용되지 않았다. 개인적 공간의 확대와 마찬가지로, 상업(예들 들어, 회사), 정치(예를 들어, 정치 당파), 지적 문화(예를 들어, 자율적인 서적 출판인과 잡지 출판인) 분야에서 개인의 자유로운 공동체 선택의 결과인 자발적 조직이 더욱 흔하게 되었다.

1750년대 영국과 식민지 전역에서, 현재 사회학자들이 '시민 사회'(정부의 엄격한 통제 없이, 공적 목적을 위해 개인을 서로 결합시키는 자립적인 조직)로 부르는 사회의 출현이 가시화되었다. 시민 스스로 만든 자발적 조직이라는 방향에서 사회변화를 보면, 영국이 제국으로 배치된 일은 이상적인 변화였다. 런던과 그 밖의 잉글랜드 지역, 마찬가지로 스코틀랜드 저지대와 북부 아일랜드에서 개인과 그룹의 주도권으로 인해, 새로운 상업적 기회가 무수히 창출되었다. 식민지에는, 유례없는 광활한 공간이 열려진 한편, 모국에서 이식된 공적인 사회 배치는 취약했기 때문에, 잉글랜드와는 다른 형태의 개인적, 그룹적 주도권이 생겼다. 영국은 여러 측면에서 여전히 전통 사회였다. 그러나 사회가 모든 방면으로 개방되면서 상업적 기회, 정치적 기회, 개인적 기회 등, 사회발전의 새로운 국면이 전개된다.

사회 변화는 종교와 교회에 직접적인 영향을 미친다. 단일한 국가교회의 훌륭하게 규정된 영적 예배와 하나님을 섬기는 단일 민족이라는 이상은 강하게 남아있다. 그러나 이상의 현실화에 있어, 실제적인 결점이 점점 분명히 드러났다. 역사가들은 다양한 방식으로 결점들을 묘사한다. 잉글랜드와 아일랜드의 경우, '지역 내 기성교회의 목회적 불충분함 그리고 지역의 인구 성장 및 제조업의 성장이 교회의 교구 구조에 심각한 약점을 노출시킨'것이라 말할 수 있다.[16] 이런 콘텍스트에서, 초기 복음주의자들의 의도는 '새로운 교파를 만드는 것이 아니라, 존재하는 교회에 변화를 주게 될 자발적 모임을 만들어 생명력 있는 에너지로 교회를 채우는 것'이라[17] 할 수 있다.

식민지의 상황은 구조적으로 달랐다. 그래도 옛 신앙을 새로운 모습으로 탈바꿈시킬 우호적인 환경이 조성되고 있었다. '교회의 계층구조가…미발달 상태였으며, 대부분 주요 교단에서 성직자의 권위가 미약했고, 평신도는 신앙 문제에 관해서 광범위한 통제력을 발휘했다. 목회자와 회중이 때때로 충돌했으며, 반(反)성직자주의가 널리 퍼져 있었다. 몇몇 교단의 훈련된 목회자 부족은 새롭게 정착된 지역을 목회자가 없는 상태로 남겼다.'[18] 신세계의 교회 수가 급증했다. 그러나 모든 개척지역의 수요를 충족할 정도로 교회의 확장 속도가 빠르지는 않았다. 또한 정착지의 성공이 약점을 보완해 주지도 않았다. 식민지 부흥에 있어, 복음주의 신앙의 출현은 부분적으로 활기찬 신앙을 열망하던 개척민들에 대한 대답이다. 또한 '이미 교회에 소속되어 있지만, 신앙생활이 행복하지 않았던 이들'을[19] 위한 응답이기도 했다. 복음주의적 신앙의 호소력은 '기존 신앙 체계가 식민지 민중의 영적 필요 충족이라는 중대 측면에 실패하고 있다는 사실을 강하게 암시한다. 민중의 상당수가 대안적이며, 보다 감성적인 만족을 주는, 대안적인 신앙 체계로 전향했다. 이 신앙 체계는 회심의 중요성, 회심 경험에 있어 개인의 중심성, 그리고 일상생활에 있어 신앙의 우선성을 강조한다.'[20]

---

16) Hempton, 'Religion in British Society', 217.
17) John Walsh, 'Origins of the Evangelical Revival', in G. V. Bennett and J. D. Walsh (eds.), *Essay in Modern English Church History in Memory of Norman Sykes* (New York: Oxford University Press, 1966), 161.
18) Jack P. Greene, *Pursuits of Happiness: The Social Development of Early Modern British Colonies and the Formation of American Culture* (Chapel Hill: University of North Carolina Press, 1988), 202.
19) Richard Hofstadter, *America at 1750: A Social Portrait* (New York: Knopf, 1971), 218.
20) Greene, *Pursuits of Happiness*, 203.

교회-국가 체제의 유지에 힘겨운 교회의 무능력이 급속한 사회적, 상업적 팽창과 결합된 상황을 배경삼아 복음주의의 발흥을 보면, 역사가들이 보다 큰 그림에서 종교 발전을 바라보는 이유가 분명해진다. 넓은 각도에서 바라볼 때, '18세기 복음주의의 부흥은 사회적 구조 변화에 대한 적응이며, 구체적으로 말해, 복음주의적 경건의 죽음과 재탄생보다, 신앙적 자발성의 촉진과 관련되어 있기 때문이다.'[21] 복음주의 지도자의 활동에서 비슷한 결론이 도출된다. '부흥주의자의 관점에서 보면, 체험적 신앙보다 과도한 원칙이 너무 오랫동안 대서양 양안의 종교 시장을 지배하고 있었다.'[22]

각성자들은 단순히 개인적 이익을 위해 새로운 메시지를 인위적으로 조작한 냉소적인 조정자가 아니었다. 오히려 개신교 기성교회 내부에 오랫동안 숨어있는 '참된 신앙'을 스스로 발견해 거기에 순응한 사람들이다. 그들은 전래된 교회 구조에서는 부적절하거나 부적합하다고 평가한 사람들의 열망을 제대로 분석하는 직관적인 능력을 과시했다. 그들의 직관력이 생명력 있는 개인적 경건이 결핍된 영적 환경에서 스스로 체험한 신앙의 진정성으로 소통하려는 노력을 지탱했다. '보다 대중적인 예배 형식을 통해 개신교 내부에 새 힘을 불어넣는 것'이 새로운 복음주의가 추구한 '본질적인 효과'였다. 특수 효과는 '개신교의 한계를 넘어 개인화된 경건과 확신을 향해 탐험하려는 이들에게' 가장 매력적이었다.[23] 18세기 영국사회는 새로운 방향정립이 필요했고, 한마디로 부흥의 지도자들은 제철을 맞이했다. 예를 들어, 조지 휫필드는 '뜨고 있는 소비지향적인 언어에 신앙적 담화를 결합시켜' 효과를 거둔 것이다. 사실 그가 런던의 들판에서 발견한 것은, 시장(市場)처럼 열린 공간에서 재능을 십분 발휘하여 종교 장사를 하는 방법이었다.'[24]

복음주의 초기의 신앙 형식에 대한 입장을 예외로 치면, 그들은 예전부터

---

21) Crawford, *Season of Grace*, 14.
22) Lambert, *Inventing the Great Awakening*, 111-112.
23) Hofstadter, *America at 1750*, 218.
24) Harry S. Stout, 'George Whitefield in Three Countries', in *Evangelicalism*, 59.

전해진 신앙을 파기했다고 생각지 않았다. 오히려 옛 신앙을 당시의 새로운 사회적 현실에 맞추고 있다고 믿었다. '교양 있는 적대자들은 사회 모델을 야만주의에 다가선 혼란으로 해석하고 있었지만, 정도 차가 있긴 해도, 부흥주의자는 다양한 사회 모델에 대해 줄기차게 선전했다.' 순회설교자들은 이리 저리 장소를 옮겨가며 설교했다. 그들의 설교는 '하나님의 자유로운 성령 사역이 움직이는 세계, 확장중인 세계에 열려 있음을 상징했다.' 부흥주의자들의 순회 활동이 대서양 전역에서 이루어졌고, 부흥의 기록도 회람되었다. '대각성이라는 새로운 복음주의 순회 활동과 당시 상업의 혁명적인 팽창 그리고 제국 전역에 걸친 인간의 유래 없는 기동성이 서로 밀접히 관련되어 있음'을 부흥주의자들과 대서양 전역에 회람되었던 부흥 기록들이 강조한다.[25]

역사가들이 사회적 조건과의 관련성 속에서 초기 복음주의를 설명한다고, 영적 실체를 무시한 것은 아니다. 오히려 성령의 사역이 어떻게 그려지든지, 복음주의자들이 선포한 영적 이상(理想)과 그 선포에 반응하는 사람들이 경험한 사회적 실재 사이에는 자연스러운 조화가 존재했다고 역사가들은 말한다. 당시의 주요 지성 운동과 복음주의 사이에도 같은 관련성이 드러난다.

2) 지적 구조변화

복음주의 기독교와 계몽주의(the Enlightenment)는 18세기의 운동으로 함께 존재했다. 계몽주의는 파악하기 어려운 원리와 실천의 구조물로, 역사가들은 계몽주의가 앞선 시기의 지적 전통주의를 계승하여, 다양한 형태의 낭만주의(romanticism)를 나오게 한 것으로 묘사한다.[26] 일반적인 견지

---

25) Timothy D. Hall, *Contested Boundaries: Itinerancy and the Reshaping of the Colonial American Religious World* (Durham, NC: Duke University Press, 1994), 130-131.
26) 매우 도움이 되는 두 가지 설명이 있다. Henry F. May, *The Enlightenment in America* (New York: Oxford University Press, 1976); 그리고 Roy Porter, *The Creation of the*

에서 보면, 복음주의는 몇 가지 계몽주의적 표현과 분명히 대립된다. 스코틀랜드 철학자 데이비드 흄(David Hume)의 극단적 회의론, 『백과사전』(Encyclopédie, 1751년 이후)에 기고하는 프랑스 철학자들의 무신론, 수많은 계몽주의 사상가에게 발견되는 성경에 대한 의심 또는 장 자크 루소(Jean-Jacques Rousseau)와 그의 『고백』(Confessions, 1782년)에서 펼쳐지는 신앙 형식을 띤 자기중심주의 등과 대립된다.

그러나 또 다른 주요 측면에서, 복음주의는 계몽주의 원리의 진정한 표현일 수 있다. 예를 들어, 복음주의자들은 존 로크(John Locke)가 『인간 오성론』(Essay on Human Understanding, 1689년)에서 제시한 길을 따랐다. 로크와 마찬가지로 그들도 자아의 개인적 경험이 지식 획득을 가능케 하는 기반이라고 주장하기 때문이다. 그들에게 '참된 신앙'이란 전통과 공식적인 권위에 의해 장려될 수도 있지만, 사람들이 마음으로 하나님의 사랑을 개인적으로 경험하기 전까지는, 자신이 하나님 앞에 서 있는지 의심해 보아야 한다고 주장했다. 참된 신앙에 대한 확신에서 암시되듯이, 복음주의자는 사랑에 대한 신뢰감을 계몽주의와 공유했다. 후대의 복음주의자는 순전한 인식적 이해('머리의 지식')와 참된 신앙적 삶('가슴의 지식')을 대조하는데, 마치 글래스고우의 프란시스 허치슨(Francis Hutcheson) 같은 계몽주의 사상가를 모방하는 모양새다. 그는 평생을 자연과 '도덕관념'의 능력을 묘사하는 데 투여했다. 또한 복음주의자는 용인 가능한 전통의 한계를 넘어서까지 자신을 몰아갈 실천적 결과를 열망한다는 점에서 계몽주의와 일치한다. 그들은 역사적 전례나, 전통, 또는 물려받은 국교회가 공인한 지식 보다는 자기 경험에 기초한 지식을 선호한다는 점에서 계몽주의의 표준을 반영한다. 계몽주의자 사이에도 개인적인 하나님 은혜 체험은 언제나 특혜로 인정되었기 때문이다. 또한 평신도들에게 자신을 위해 성경을 읽으라는 강권이 확산되었고, 자연 신학(하나님의 존재를 입증하고자 일상 경험으로부터 한 단계 한 단계씩 추론해 가는)이 널리 사용되었다.

복음주의와 계몽주의는 구원의 확신에 대해 드라마틱할 정도로 강한 관심

Modern World: The Untold Story of the British Enlightenment (New York: Norton, 2000).

을 지니며, 이 점에서 가장 밀접한 유사성을 지닌다. 역사가 데이비드 베빙톤 (David Bebbington)의 설명에 의하면, 조나단 에드워즈 및 초창기 복음주의자들은 인간이 구원의 확신을 진정으로 아는 수단을 설교하고 기록했는데, '잉글랜드 계몽주의의 분위기에서 구원의 확신이' 유래했다.[27] 1738년 초, 존 웨슬리의 유명한 선언은 가슴을 울리는 전면적인 복음주의 선언이다. '내가 바라는 믿음은 "하나님 안에서 확실한 신뢰와 확신입니다. 그리스도의 공로를 통하여 내 죄가 용서받았으며, 하나님의 호의로 화해를 얻습니다"…자신이 확신의 소유여부를 모른다면 결코 가질 수 없는 그런 믿음을 저는 바랍니다.'[28] 이런 말은 기독교 역사 속에 여러 차례 나온 말이다.

그러나 복음주의의 새벽처럼, 그처럼 자주 그처럼 강렬하게 울려 퍼진 적은 없다. 신앙 체험을 강조한 복음주의자들은 성경과 고전적인 기독교 교리에도 충성을 유지했기 때문에, 아주 단순한 뜻이라도 계몽주의가 복음주의를 '창조'했다는 견해는 부적절하다. 그러나 초기 복음주의자가 계몽주의의 사상-형식을 이용했다는 것 또한 사실이다. 따라서 이런 측면에 철저히 주목하지 않는다면, 복음주의자가 당시의 변화하는 사회적 지평을 능숙하게 설명할 수 있던 이유를 알 수 없을 것이며, 결국 복음주의의 발흥에 관한 설명에도 누수(漏水)를 초래할 것이다.

3) 심리적 구조변화

복음주의와 콘텍스트가 들어맞게 된 이유를 설명하는 메커니즘을 심리적 해석이 제공할 수 있다. 가장 탁월한 역사 심리학은 다면적이며, 실험적이어야 한다. 왜냐하면 과거의 행동을 철저히 이해하기는 불가능하며, 현대의 심리학이 품고 있는 가설의 무게만도 과거라는 의미 그대로의 과거를 이

---

27) Bebbington, *Evangelicalism*, 48; 18세기 복음주의 안의 계몽주의적 성격에 대한 더 상세한 논의로 42-47쪽을 참조하라.
28) Wesley, 1738년 1월 29일; in Wesley, *Works* (new), vol. 18: *Journals and Diaries I* (1735-1738), ed. W. Reginald Ward and Richard P. Heitzenrater (1988), 215-216.

해할 수 있는 능력을 간단하게 압도하기 때문이다. 그러나 문제를 세심하게 다룬다면, 가설을 통해 사회적 실재라는 외부적 힘과 복음주의 메시지라는 내부적인 호소를 함께 비출 수 있을 것이다. 역사학자 리처드 부쉬맨(Richard Bushman)이 제시한 뉴잉글랜드 대각성 사건의 해석은 심리학적 해석 중에 가장 흥미롭다. 그의 견해에 의하면, '사람에게 필요한 회심 조건은 두 가지다. 목회자들이 세상 자랑 또는 탐욕이라고 부르는 물질적 부를 향한 끝없는 욕망이 한가지며, 부의 추구에서 따르게 되는 권위와의 충돌 증가가 또 다른 하나다.' 부쉬맨의 상황 묘사처럼, 1720년대와 1730년대 대영제국의 상업적 가능성이 확대되면서, 뉴잉글랜드 청교도의 과거가 남긴 도덕적 유산이 사라지고 있었다. 그러한 심리적 긴장감을 해소하는 새로운 요소가 깨어나라는 설교였다. '하나님의 은혜로 회심자의 마음이 죄의식에서 도피할 수 있게 되었다. 하나님께서 의롭게 하신 것이라면, 율법이 정죄할 수 없다는 생각이 각성의 가장 깊은 의미다.'[29]

원인과 결과의 관계를 밝히려는 모든 시도가 그러하듯이, 하나의 묘사에도 한 가지 이상의 해석 방법이 있다. 부쉬맨은 사회-심리적 긴장감의 방출이 대각성의 가장 근본적인 취지라고 말한 것일까? 또는 도움이 절실한 죄인들에게 신적 은혜의 메시지를 수용할 마음의 준비를 하게 하시려고 하나님께서 사회-심리적 압력을 사용하셨다는 뜻일까? 그렇다면 중부 식민지, 남부, 잉글랜드, 스코틀랜드와 아일랜드 일부는 심리-사회적 역동성이 적어도 조금씩 다른 상황인데, 어째서 비슷한 설교가 행해졌으며, 결국 비슷한 신앙적 결실이 맺힌 것일까?

새로운 복음주의 설교가 변화중인 시대의 문화적 가치와 결합을 이루었기 때문에 일상에서 얻을 수 없는 심리적 안정을 통해 만족감을 주게 된 것이라고 브루스 힌드마쉬(Bruce Hindmarsh)는 또 다른 시각에서 의견을 제시한다.[30] 즉, 여전히 전통적인 기독교 교리를 믿고 있던 사람들에게 각성가

---

29) Richard L. Bushman, *From Puritan to Yankee: Character and the Social Order in Connecticut, 1690-1765* (New York: Norton, 1970), 188, 194.
30) Hindmarsh, 개인 서신. 그러나 다음을 참조하라. D. Bruce Hindmarsh, "'My chains fell

들이 하나님의 도덕법과 신적인 판결에 대해 설교했다는 것이다. 그러나 영미 사회가 느슨해졌고(이제 사람들이 자기 운명을 스스로 잘 통제하고 있다고 생각하게 되었기 때문에), 행위 주체인 개인에 대한 새로운 자각이 일어났기 때문에 불확실성이 더 증가되었다. 만일 나에게 행동력이 있다면, 이생과 저 생에서 나를 망하게 할 잠재력도 내게 있다. 그리스도 안에서 신적 은총을 직접 체험할 수 있다는 약속은 그야말로 불확실성에 대한 '생수'가 되었다는 것이다. 신적 은총은 영적으로 죽은 사람에게 생명을 주며, 방향성을 제시하고, 삶의 목적과 진정한 영적 에너지를 준다. 복음주의자들이 설교한 율법, 죄, 죄의식, 심판, 언약, 믿음, 소망 등 기독교 개념의 내용에 본질적인 변화가 전혀 없었지만, 그들이 설교한 사회의 사회-심리적 지형이 변해 있었다는 것이다.

부쉬맨과 힌드마쉬의 심리학적 해석이 제기한 질문은, 부흥에 대한 여러 설명들처럼, 아주 멋진 토론을 촉발시켰다. 그들은 18세기 중반부의 영어 사용권의 실제 종교역사 안으로 사회적 요소, 교회적 요소, 지적 요소, 심리적 요소가 진입해 들어가는 방식에 주목할 필요가 있다고 지적했다.

5. 결론

다양한 요인들, 행위주체, 그리고 여러 영향력이 혼합되어 도출된 결론이 복음주의다. 복음주의는 분명한 혼합물이지만, 혼합의 성분을 밝히는 일은 어떤 사람의 능력도 넘는 일임이 틀림없다. 중요한 예를 들어보자. 초기 복음주의를 정의하는 데 적합한 인물로 조지 휫필드가 있다. 그는 성령의 역사로 전해진 신생(新生)을 가슴으로 설교한 사람이다. 뿐만 아니라 새롭게 열려진 대영제국의 상업 공간에서도 탁월한 복음 상인이었다. 스스로 유행

---

off, my heart was free": Early Methodist Conversion Narratives in England', *Church History* 68 (December 1999): 925-926, Watts, *Dissenters*, I:394-421에 의존한다.

을 만든 소부르주아지(petit Bourgeoisie)의 두드러진 사례이며, 개인의 심리적 곤경에 향유처럼 신적 은총을 제공하는 효과적인 납품업자였다. 또한 감리교는 잉글랜드와 웨일즈에서 기성교회가 다가갈 수 없거나 다가가지 못했던 수많은 개인에게 영적 지원과 정서적 지원, 경제적 지원, 심리적 지원을 제공했다. 감리교는 독립혁명 그리고 그 이후 미국적 삶이라는 앞날이 불분명한 수많은 북미주인들의 출발을 관리하면서, 하나님 앞에 굳건히 서게 하고, 타인과의 관계를 성숙하게 만들었다. 또한 복음주의자들은 하나님과의 평화라는 메시지를 제공하여, 확장중인 시장 경제의 역동성을 약삭빠르게 장악했다.

복음주의의 태동을 '설명하는' 이론이 단 한 개만 있을 수는 없다. 가톨릭 갱신이라는 경험적 틀을 구성하려면, 16세기 로마 가톨릭교회 개혁에서 '지리, 민족감정, 국제 정치가 행사한 역할을 강조'하는 것이 적절한 방법이듯이, 18세기 역사가는 복음주의 갱신의 구성에 있어 경제적인 변화, 교회의 역량, 국제 분쟁의 역할을 강조해야 한다.[31] 그러나 역사가는 복음주의 운동에서 성령의 사역을 고려해야 한다. 틀림없이 성령께서 일반 역사 영역에서 나오는 영향을 통로로 사용하시기 때문이다. 일반 역사의 통로가 많다. 그렇지만 역사의 통로가 여러 지역과 개개인에 어떤 다양한 효과를 만들었는지 이해하려면, 자료와 다차원적인 설명에 가까이 다가가 주의를 집중해야 할 것이다.

아주 간단히 정리해 보자. 복음주의는 가슴 뜨거운 영국 개신교의 옛 형태 속에서 태동한다. 또한 가슴이 열려있는 대륙 경건주의의 접촉으로 자극을 받는다. 의롭게 하는 믿음이라는 혁신적인 설교가 신앙적 토대다. 능력 있는 영적 지도자들의 효율적인 노력을 통해 더욱 발전하고 지속성이 생긴다. 하나님과의 직접적인 교제라는 설득력 있는 그림을 개인과 그룹에 속한 신자들에게 보여주었다. 복음주의는 성도들이 전래된 기성교회에서 벗어나 스스로 구성한 영적 공동체를 지향한다는, 신앙 목표의 이동을 보여준

---

31) R. Po-Chia Hsia, *The World of Catholic Renewal* (Cambridge: Cambridge University Press, 1998), 7-8.

다. 개인적 체험 강조, 인간 본성의 적응성 확신, 그리고 계몽주의의 표제인 확실성이 가능하다는 주장에 몰입 등의 특징이 회심이라는 형태로 발현되었다. 그리고 복음주의의 영성이 상업, 통신 및 제국이라는 열린 세계에 적응할 수 있었기 때문에, 열린 세계가 창출하는 심리적 딜레마를 효과적으로 해결할 수 있었다.

복음주의의 발흥에 관한 다면적 해석은 쉽게 요약하기도 어렵고, 적용이 쉽지도 않다. 그렇지만 초기 복음주의 운동의 영적인 실체를 존중하면서도, 동시에 복음주의 운동을 실제 콘텍스트 안에 배치하기를 원하는 사람들에게 하나의 방법일 수는 있다.

The Rise of Evangelicalism

제 6 장

발전, 1745-1770년

    1745년에서 1770년까지 25년 동안, 복음주의는 극적인 확장과 분화 과정을 겪는다. 1770년 9월 30일 매사추세츠 식민지의 뉴베리포트(Newburyport)에서 조지 휫필드가 일곱 번째 식민지 여행 도중 소천한다. 그의 사망은 중요한 이정표다. 그는 복음주의의 공인된 설교 모형이었다. 그는 기성교회 출신의 복음주의자와 비국교회 출신의 복음주의자 사이의 주요 중재자로, 스코틀랜드 국내, 아메리카, 잉글랜드 모든 곳에서 활약한 유일한 초기 복음주의자였다.
    복음주의는 휫필드와 함께 또는 휫필드 없이, 잉글랜드와 웨일즈, 스코틀랜드와 뉴잉글랜드 기성교회 내부에 두드러진 운동으로 남게 되었다. 복음주의가 스코틀랜드 고지대, 아일랜드, 남부 주요 식민지, 서인도 제도로 확대된 것도 이 25년 동안의 일이다. 복음주의는 기성교회 내부에 현저한 변화를 불러 일으켰으며, 비국교도 사이에도 중대한 진출을 이루었다. 사회적 혼란에 대응하면서 복음주의의 특징이 발현되기 시작한 것도 이 시기다. 대중은 충격을 받았다.

- 영국의 왕좌를 탈환하려는 스튜어트가의 시도가 최종적으로 실패함(1745-

1746년)
- 프랑스와 2차례의 대전쟁: 1740년대 중반 조지 왕의 전쟁 또는 오스트리아 계승 전쟁, 그리고 1750년대 말에서 1760년대 초까지 7년 전쟁 또는 프랑스-인디아 전쟁
- 미국독립전쟁을 미리 보여주는 최초의 대중 봉기(1770년 보스턴 대학살)

1. 잉글랜드 국교회의 복음주의

잉글랜드에서 교회기구의 핵심적 발전이 기성교회 내부의 운동에서 일어난다. 알미니안(웨슬리) 감리교인과 칼빈주의(휫필드) 감리교인 모두 선명하게 규정된 조직화 작업을 추진하기 시작했다. 비록 국가교회로부터 분리에 찬성한 감리교인은 부분적이었고, 조금이라도 분리의 암시를 주는 움직임에 맹렬히 저항한 찰스 웨슬리 같은 사람도 있지만, 이미 준(準)-독립 운동이 진행되고 있었다.[1] 존 웨슬리와 찰스 웨슬리는 평신도 순회전도자 연례회의를 통해 감리교 친교회(the Methodist Connexions)를 지도했다. 존 웨슬리가 순회전도자들을 임명했었기 때문에, 친교회는 이들을 통제하려는 노력의 일환이었다. 1746년 웨슬리는 순회전도자의 연간 업무를 지정하는 7대 순회노선(巡廻路線)을 정식화한다.

1750년대 초, 기성교회를 이탈하려는 순회전도자와의 교제가 단절된다. 그런 와중에 순회전도자의 주의 성찬 시행권을 거의 인정할 뻔 하기도 했다(동생이 시행권 인정은 분열을 뜻한다고 상기시켰다). 1760년, 존 웨슬리는 성례를 시행한 노르위치(Norwich)의 순회자들을 책망한다. 그러나 심한 책망은 아니었다. 1763년, 감리교 교회에 대한 소유권과 사용권을 공식화하려는 목적에서 '행동의 모범'(Model Deed)을 출간했다. 1760년대 중반, 웨슬리 운동과 잉글랜드 국교회의 안수 목회자 중에 복음주의 성향의 목회자들과 협력을 강화하려는 절충시도에 실패한다.

---

1) 분명한 논의를 위해 다음을 참조하라. Rack, *Wesley*, 291-305.

18세기 중엽은 웨슬리파의 교리 및 실천 역사에서 특별히 중요한 시기다. 기독교의 완전 교리에 대한 논쟁이 새롭게 일어났기 때문이다.[2] 웨슬리는 공적 경력을 시작한 초기부터 완전 교리를 지지했다. 그러나 이 무렵 보다 신중한 정의를 채택한다. 예를 들어, 1756년부터, '기독교인들은 한 마음으로 하나님을 사랑하고, 모든 힘을 다해 그를 섬기라고 부름 받는다. 이것이 내가 이해하는 성경 용어 완전함의 정확한 뜻이다.' 다시 1767년부터, '나에게 완전함이란? 겸손함과, 부드러움, 인내로 하나님과 사람을 사랑하면서, 전 생애에 걸쳐 전심으로 모든 기질과 말, 행동을 다스리는 것이다.'[3]

1750년대 말, 다시 완전 교리가 전면에 등장한다. 웨슬리는 요크셔의 한 그룹을 언급하는데, 그 지역 협회의 많은 감리교인이 '(자신들이) 모든 불의에서 정화되었다'고 주장한다.[4] 감리교 순회행사에 흥분이 넘쳤으며, 지역 지도자 두 사람은 열광에 휩싸인다. 조지 벨(George Bell)은 완전함을 경험했다고 주장한다. 그는 열광적인 모임을 주도하면서, 치유 은사를 한다고 주장했다. 토마스 맥스필드(Thomas Maxfield)는 자기식의 완전주의로, 웨슬리와 폭언이 오가는 공개 토론을 전개했다. 결국 그는 웨슬리의 예배당 한 곳을 탈취했다. 웨슬리는 반응으로 교리에 대한 표현은 순화시켰지만, 교리 자체를 포기하지는 않았다. 장기적인 영향을 미치는 여러 반응들이 나타난다. 잉글랜드 국교회 내부의 정식 목회자이자 복음주의자인 사람들이 영적, 사회적 무질서에 우려를 표명하며 손을 뗐다. 찰스 웨슬리의 반응도 보수적이었다. 찰스는 이생에서 기독교인의 완전함에 대해서는 존과 일치했다. 그러나 과도함에 대한 강력한 주의가 필요함을 환기시켰다. 그는 단 한 번의 신앙적 행위가 완전에 이르는 길이 아니라, 지속적인 규율이 중요하다

---

2) 이 부분에서, 나는 Bell과 Maxfield에 관한 자료를 포함하여 Rack, *Wesley*, 333-342를 따른다. Wesley가 가르친 교리에 대한 분명한 논의로 참조하라. Kenneth J. Collins, *The Scripture Way of Salvation: The Heart of Wesley's Theology* (Nashville: Abingdon, 1997), 171-182.

3) Wesley, *On Christian Perfection: To the Rev. Mr. Dod*(1756년), in Wesley, *Works*(1872년), II:449; John Wesley가 Charles Wesley에게, 1767년 1월 27일, in Wesley, *Letters*, 5:38.

4) Wesley, Journal(1760년 2월 16일), 4:366.

고 강조했다. 찰스 웨슬리의 결혼 생활이 행복했기 때문에, 1756년 무렵에는 순회전도를 거의 중단하고 있었다. 그는 형의 주요 조언자로 남지만, 웨슬리 운동의 분리 성향을 걱정하기 시작한다.

웨슬리파 감리교는 잉글랜드 국교회 내부에서 점점 두드러진 복음주의 모임이 되어갔다. 아직 공식적인 분리가 이루어지지 않았지만, 독립 교단을 향한 길에 접어들었다. 존 플레처(John Fletcher)의 초기 경력에 그 과정이 잘 묘사되어 있다.[5] 스위스에서 태어난 플레처는, 젊었을 때 잉글랜드로 이주한다. 그는 찰스 웨슬리를 포함한 감리교인과 교제하면서, 근본적인 회심을 경험하게 된다. 1757년, 존 웨슬리의 조언에 따라 잉글랜드 국교회에서 임직을 받았다. 그러나 1760년, 그가 순회사역을 계속하는 대신 스롭셔(Shropshire) 소재 메들레이(Madeley)의 교구 목사로 정착을 결심하자, 웨슬리는 반가워하지 않았다. 메들레이 교구 사역은 성공이었다. 웨슬리 형제, 조지 휫필드 및 많은 초기 복음주의자와 친교를 맺으면서, 영향력이 더 확대된다. 1770년대 초, 그는 새롭게 등장한 칼빈주의 논객에 반대하여, 웨슬리 진영의 신학을 선명하게 표현하는 대변인으로 부상한다. 그러나 그의 저작은 휫필드처럼 상당히 평화로운 태도를 견지한다. 존 웨슬리가 순회전도자의 감독직을 전업으로 받아들이라고 여러 번 강권했지만, 플레처는 오히려 정식 잉글랜드 국교회 목회자이자, 감리교 운동의 충실한 친구라는 두 가지 활동의 지속을 선택했다.

잉글랜드 국교회 안에 있는 칼빈주의 감리교인도 웨슬리 형제와 같은 변동을 겪고 있었다. 이 시기의 중요사안으로, 조지 휫필드와 헌팅든 백작부인인 셀리나(Selina) 사이의 협력이 증대되었음을 알아야 한다.[6] 백작부인은

---

5) 신뢰할 만한 입문서로 참조하라. *BDEB*, 393-394 (Patrick Streiff, 'John William Fletcher').
6) 탁월한 입문서로, *BDEB*, 585-586 (Peter J. Lineham, 'Selina, Countess of Huntingdon'). 최근 세 권의 책이 이제까지 잘 연구되지 않았던 인물에 대하여 환영할만한 빛을 던지고 있다. 고문서의 강력한 해석이다. Edwin Welch, *Spiritual Pilgrim: A Reassessment of the Life of the Countess of Huntingdon* (Cardiff: University of Wales Press, 1995); 보다 세속적인 이야기로, Boyd Stanley Schlenther, *Queen of the Methodists: The Countess of Huntingdon and the Eighteenth-Century Crisis of Faith and Society* (Durham: Durham Academic Press, 1997) 그리고 보다 복음적인 설명으로, Faith Cook, *Selina, Countess*

회심을 한, 처음에 모든 종류의 복음주의자와 협력했다. 그렇지만 이 사람에서 다음 사람으로 금방 호의의 대상을 바꾸었다. 1746년 부군의 사망 이후부터, 칼빈주의자들과 지속적인 협력관계에 돌입한다. 1748년, 횟필드를 개인 목사로 임명한다. 그녀가 귀족 친구들을 복음화 시키려는 단기적 시도에 횟필드가 존 웨슬리보다 더 기꺼이 시간과 에너지를 투여한 것이 부분적인 이유였다. 셀리나는 웨슬리와 굳건한 연대를 이루기 전에도, 벌써 순회 설교자들을 지원하고 있었다. 곧 그녀는 자신의 개인 목사로 감리교인을 임명하기 시작했다. 개인 목사의 임명은 귀족들의 복음화를 위한 선택으로, 복음주의 설교를 지원하는 간편한 방법이었다. 이런 방법으로 잉글랜드 국교회의 통상적인 교역자 배치 절차를 간략화시킨 것이다. 후원자들이 잉글랜드 국교회의 배치 절차를 강력히 통제하고 있었는데, 그들은 대체적으로 복음주의자에게 적대적이었다.

1760년, 백작부인은 브라이톤(Brighton)의 예배당 건립자금을 마련하려 자기 보석을 팔았다. 이 건물에서 시작하여, 여러 건물들이 매입되었다. 건물 구입의 목적은 기성교회의 목회를 보완하는 설교 기지를 만드는 것이었다. 주로 정식으로 안수받은 잉글랜드 국교회 목회자를 위해서 마련되었기 때문에, 웨슬리의 예배당과 달랐다. 셀리나는 칼빈주의 성향을 지녔지만 상당히 넓은 분야의 감리교인, 특히 찰스 웨슬리, 존 플레처와 좋은 교제를 나누었다. 그녀는 1768년 호웰 해리스의 소유지인 웨일즈 트레베카(Trevecca)에 목회자훈련학교를 설립했다. 그녀는 칼빈주의자와 웨슬리주의자(플레처를 포함하여)를 함께 경영진에 넣으려고 노력한다. 그해 옥스퍼드대학에서 복음주의 학생 몇 명이 추방된 사건의 직접적인 대응차원에서 새로운 모험이 행해진 것이다. 찬양과 즉석 기도 모임에 개인적으로 참여한 것이 학생들의 죄목이었다. 횟필드는 추방 사건에 강력히 대응했다. 단지 학생들이 '감리교인'(그가 '35년 동안' 그래왔던 것처럼)이기 때문에 추방된 것은 정치적 성격이 농후하다고 주장하면서, '참된 감리교로 개종한 모든 회심자는 동시

---

　　of Huntingdon: Her Pivotal Role in the Eighteenth-Century Evangelical Awakening (Edinburgh: Banner of Truth, 2001).

에 조지 3세 국왕의 충실한 신민이라'고 증언한다.[7]

그러나 헌팅든 부인의 초교파적인 복음주의 시도는 1770년 알미니안주의자와 칼빈주의자 사이에 신학적 논쟁이 재개되면서 모래톱에 좌초된다. 여전히 백작부인은 자기 재산의 대부분을 복음주의 정신에 투자했다. 그녀는 잉글랜드 귀족들에게 복음주의적 증거를 전하는 핵심이었다. 또한 웨슬리가 운동을 통하여 제공한 같은 종류의 지원을, 비(非)웨슬리파 감리교도에게 제공했다. 그녀의 삶이 수많은 개인적 어려움과 가정적 어려움으로 점철되었기 때문에, 때때로 그녀의 태도는 고압적이었다. 그녀가 자신의 만만찮은 성격을 항상 통제할 수 있었던 것도 아니다. 그러나 18세기 중엽, 그녀는 웨슬리 형제나 휫필드처럼, 자신의 방식으로 잉글랜드 복음주의의 발전에 공헌한 중요 인물이다.

잉글랜드의 복음주의 팽창은 감리교 친교회에 국한되지 않았다. 잉글랜드 국교회의 봉급 성직자 중에 더 많은 수가 복음주의적 입장을 개진하게 되었다. (요크셔 허더스필드[Huddersfield]의 헨리 벤[Henry Venn, 1724-1797년]처럼) 이미 현직에 있는 상태에서 회심하거나, (노스앰튼셔 알드윈클[Aldwincle]의 토마스 호이스[Thomas Haweis, 1734-1820년]처럼) 복음주의자로 목회에 나선 이도 있다. 콘웰의 새뮤엘 워커(Samuel Walker, 1714-1761년)는 트루토(Truto)의 부목사로 임명받으면서(1746년), 복음주의 입장에 다가섰다. 그의 지역사역과 설교 출판은 교구 소그룹과 월간 목회자 모임을 포괄하는데, 평화로웠다. 그는 교회 중심의 복음주의, 비(非)-완전주의 형태의 복음주의를 효과적으로 고양시킨다. 1748년, 노예선 선장 존 뉴턴(John Newton)의 회심으로 잉글랜드 국교회 내부에 복음주의의 목소리가 높아진다. 특히 1764년, 그가 안수 받고 버킹검셔 올니(Olney)의 교구 목사로 취임하면서 목소리가 더 강해진다.[8] 대개 합법적인 안수를 받은 목회자들도 여러 유형의 감리교인

---

7) George Whitefield, *A Letter to the Reverend Dr. Durrell, Vice-Chancellor of the University of Oxford; Occasioned By a late Expulsion of Six Students from Edmund-Hall* (Boston: Thomas & John Fleet, 1768), 23, 33.

8) *BDEB*, 1137-1138 (W. J. Clyde Ervine, 'Henry Venn'); 536-537 (A. Skevington Wood,

과 친했다. 사실 1790년 전까지, 목회자가 교구 안에서 정기적인 사역을 수행해야한다는 주장 말고는 그들과 감리교인 사이에 심각한 장벽도 없었다. 기성교회 내부에 복음주의 요소가 증가하면서, 잉글랜드 복음주의의 역사가 대서양 너머 다른 한쪽의 이야기와 달라진 것은 아니지만, 장기적인 함의를 지니게 된다.

18세기 중엽을 지날 무렵, 여전히 잉글랜드 국교회의 복음주의는 모라비아 운동과 밀접히 연결되어 있었다.[9] 초창기 모라비아 교인들은 자신들이 손님일 뿐이라고 생각했다. 그러나 1740년대 초, 모라비아의 그리스도 중심적 경건에 무수한 잉글랜드 남녀가 매혹되면서, 루터파적인 믿음에 의한 칭의와 선교적 열정을 강조하는 경건주의의 잉글랜드 지부로 발전하게 된다. 진젠도르프 본인이 독립된 잉글랜드 경건파 교회를 지지한 것은 아니다. 모라비아 협회는 반드시 잉글랜드 국교회 감독의 치리권 안에 있어야 하며, 국교회 내부에 포함된 자원자 그룹의 역할을 해야 한다고 되풀이하여 강조했다.

그러나 벤자민 잉검(Benjamin Ingham)처럼 존경받는 지도자들이 모라비아파의 설립을 주장할 때, 진젠도르프가 할 수 있는 일은 없었다. 모라비아파의 호소가 아주 깊이 파고들어, 웨슬리 형제와 옥스퍼드에서 신성클럽을 시작했던 초창기 멤버 중, 적어도 여섯 명이 모라비아 운동에 투신한다. 1749년, 의회 법령으로 모라비아교회에 '고대의 개신교적 감독교회'라는 공식 지위가 부여된다. 영국과 식민지의 모라비아 교인들이 법령에 법적 서약(맹세라기보다 인정)을 하면서, 더 많은 인정을 받게 된다.[10] 그렇지만 잉글랜드 대중 여론에 순간적인 변화가 일어난다. 모라비아 교인들이 성적(性的) 이상자이며, 이단 교리를 추종하고, 대중적 혼란을 일으킨다고 비난한 대륙의 글들이 부분적인 이유였다. 조지 휫필드에게는 많은 모라비아 친구

'Thomas Haweis'); 1152-1153 (Arthur Pollard, 'Samuel Walker'). Newton에 관해 더 많은 내용은 아래 184-187쪽을 참조하라.

9) 특히 다음을 참조하라. Colin Podmore, *The Moravian Church in England, 1728-1760* (Oxford: Clarendon, 1998); 그리고 J. C. S. Mason, *The Moravian Church and the Missionary Movement in England, 1760-1800* (Woodbridge: Boydell, 2001).

10) Podmore, *Moravian Church in England*, 228.

들이 있었고, 또 모라비아 교인이 된 친구도 있었다. 1753년, 그는 재정적 사기와 종교적 과오로 진젠도르프를 비난하는 소책자에 동조한다. 그 결과 잉글랜드 감독들이 모라비아 교회에 등을 돌리고, 유명 모라비아 운동 지지자들의 교회 공직 취득을 금지시킨다. 세기말 모라비아파의 명성이 다시 회복되지만, 복음주의 초창기 시기에 비교해 볼 때 전반적인 영향력이 많이 줄었다.

2. 잉글랜드 비(非)국교회

18세기 중엽, 오랜 역사를 지닌 비국교회는 운동 속도는 느리지만, 복음주의 운동을 지향하게 된다. 1748년 아이잭 와츠(Isaac Watts), 1751년 필립 도드리지(Philip Doddridge)의 소천으로, 복음주의의 획기적 발전을 추진하고, 복음주의적 노력을 고무하는데 최선을 다한 비국교도 두 사람이 사라졌다. 1660년의 왕정복고 이래, 잉글랜드 국교회사의 행로에서 비국교도에게 남겨진 것은, 열광주의에 대한 우려, 대중적 과시에 대한 혐오감, 이성적 대화 형식에 대한 강한 헌신이었다. 도드리지는 휫필드, 존 웨슬리, 헌팅든 백작부인과 의기 상통하여 있었다. 그는 복음주의라는 새로운 관심사에도 열린, 비국교도로서는 약간 별난 인물이었다. 더욱이 특별 침례교(17세기-19세기 영국에 있었던 침례교 분파, the Particular Baptist: 역자주)의 사례처럼, 비국교도는 전래된 기독교의 정통성을 유지하고 있었다.

그러나 갱신 운동의 특징인 체험적 신앙보다 엄격한 교의주의 형식에 가까운 경우도 종종 있었다. 잉글랜드 장로교인은 새로운 복음주의에 전혀 발맞추지 않았다. 18세기 후반, 장로교 지도자는 리처드 프라이스(Richard Price, 1725-1791년)와 조셉 프리스틀리(Joshep Priestley, 1735-1804년)였는데, 오히려 삼위일체와 신적 대속의 실재성이라는 전통 신앙을 버리고, 급진적인 정치적 감성에 자유주의 신학을 결합하기까지 한다.

침례교와 독립교회는 보다 수용적으로 복음주의 강조점을 받아들이지만, 처음에는 대체로 갈피를 잡지 못했다. 복음주의로 향하는 길의 모습이 갖추어진 것은 여러 경로를 통해서다. 기성교회는 부흥의 속도를 따라 잡을 수 없었고, 잉글랜드 국교회 안에서 감리교 운동을 하고 있던 몇몇 목회자와 평신도들이 부흥의 속도를 따라 잡지 못하는 기성교회에 불만을 품고 이탈했다. 잉글랜드 국교회 고위층은 불순종과 혼란을 일으킨다며 복음주의자를 추방하기도 했다. 이들 앞에 열린 유일한 길이 비국교도가 되는 길이었다.[11] 1750년대 초, 웨슬리 협회에도 이런 현상이 서서히 시작된다. 스스로 침례교회를 조직하거나, 웨슬리의 알미니안 신학을 거부하는 몇몇 협회는 독립교회가 되기도 한다. 유명한 순회전도인 존 베네트(John Bennet, 1715-1759년)가 두드러진 사례다. 베네트는 1742년 모라비아파의 영향을 받고 회심한다. 그 다음 1743년, 잉글랜드 북부에서 존 웨슬리의 순회전도자가 되었고, 놀랄만한 성과를 거두게 된다. 그러나 자기 신학의 방향이 칼빈주의로 흐르고, 웨슬리와 좋지 않은 일(베네트는 웨슬리가 자기 약혼녀로 점찍고 있던 그레이스 머레이[Grace Murray]와 결혼한다)이 겹친다. 1752년 그는 감리교를 떠나 랭커셔(Lancashire) 볼튼(Bolton) 소재의 독립 교회로 옮긴다. 이년 후에 체셔(Cheshire)의 독립파 교회 목사로 임명되었다.[12] 베네트와 함께 회심한 복음주의 잉글랜드 국교회의 많은 성직자들이 독립교회의 영향을 받는 직책으로 이동했다.

몇몇 독립파 또한 비정통적인 사역에서 몸을 빼고, 부흥으로 전향했다. 예를 하나들면, 1741년 슈르스베리(Shrewsbury)에서 독립교회와 장로교회

---

11) Watts, *Dissenters* I:452와 450-464 이보다 전반적으로 당시의 그림을 그리고 있다. 그리고 John Walsh, 'Methodists at the End of the Eighteenth Century', in Rupert Davies and Gordon Rupp (eds.), *A History of the Methodist Church in Great Britain*, vol. I (London: Epworth, 1965), 293-296.

12) 참조. Simon Ross Valentine, *John Bennet and the Origins of Methodism and the Evangelical Revival in England* (Lanham: Scarecrow Press, 1997); 그리고 Henry D. Rack, 'Survival and Revival: John Bennet, Methodism, and the Old Dissent', in Keith Robbins (ed.), *Protestant Evangelicalism: Britain, Ireland, Germany and America, c.1750-c.1950: Essay in Honour of W. R. Ward* (Oxford: Blackwell, 1990), 1-24.

가 청교도 신앙을 유지하던 잡 오튼(Job Orton, 1717-1783년)의 지도아래 통합한다.[13] 그러나 회중이 아리우스주의자를 오튼의 후계자로 임명하자, 상당수 그룹이 탈퇴한다. 그들은 목회자로 로버트 젠틀맨(Robert Gentleman)을 임명한다. 튜더 존스(R. Tudur Jones)의 기록에 의하면, 그는 '우유술(뜨거운 우유에 맥주나 와인을 섞어 마시던 술: 역자주) 같은 감리교 정신'의 소유자였다.[14] 새로운 회중 모임은 젠틀맨의 지도 아래 스롭셔(Shropshire) 전역에서 강력한 복음주의 세력으로 성장한다.

그러나 칼빈주의 감리교인인 휫필드와 헌팅든 백작부인이 준 자극이 복음주의 비국교회에 가장 직접적인 영향을 끼쳤다. 비국교회 서클에는 청교도의 영향이 여전히 맴돌고 있었다. 그들은 처음부터 열정적이지만, 무분별하기도 한 휫필드의 경건성을 알고 있었다. 휫필드가 침례교 강단이나 독립교회 강단에서도 설교하겠다는 의지를 보이자, 부흥에 대한 비국가교회의 여러 가지 우려가 불식되었다. 웨슬리 형제와 비교해 볼 때, 휫필드는 자신의 영향력에서 생긴 협회와 동역자를 유지하는데 그다지 에너지를 투여하지 않았다. 따라서 휫필드가 세운 교회와 협회 건물은 쉽게 비국교회의 예배당으로 전환되었다. 1764년 초, 휫필드는 런던의 무어필즈(Moorfields)와 토튼햄 코트(Tottenham Court) 두 곳의 유명한 설교 본부를 독립파 모임 장소로 등록함으로써 교회적 모호성이라는 딱지를 떼버린다. 헌팅든 백작부인이 후원하는 목회자와 모임 장소에도 동일한 과정이 진행된다. 그녀의 트레베카훈련학교는 잉글랜드 국교회 교단이 추방한 옥스퍼드와 캠브리지의 복음주의 학생들을 맞이하려 설립되었다. 트레베카의 많은 학생들이 잉글랜드 국교회 대신 독립교회 목회자가 된다. 잉글랜드 국교회 내부에서 발생한 복음주의적 충격이 비국가교회(非國家敎會)를 강화시켰다고 볼 수 있다.

잉글랜드 복음주의 침례교는 내부의 신학적 진화 그리고 시대의 새로운

---

13) *BDEB*, 845 (J. H. Y. Briggs, 'Job Orton').
14) R. Tudur Jones, *Congregationalism in England, 1662-1962* (London: Independent Press, 1962), 156-157. 슈르스베리 복음주의자들에 대한 정보를 제공해 준 David Bebbington에게 감사를 드린다.

종교적 흐름에 동참이라는 두 가지 기원을 가진다. 1770년, 전에 감리교인이었던 댄 테일러(Dan Taylor, 1738-1816년)가 이끄는 알미니안파 침례교인 사이에 소규모의 부흥이 일어나, 신일반침례교친교회(the New Connexion of General Baptists, 新一般浸禮教親交會)의 설립으로 이어진다.[15] 일반침례교의 복음주의 운동은 동부 미들랜즈(Midlands)와 서부 요크셔(Yorkshire)에서 상당한 성공을 거두었으나, 특별침례교가 복음주의로 전향하자 곧바로 영향력이 줄어든다.[16] 특별침례교인들은 교리적 정통에 머물렀지만, 때로는 극단적인 칼빈주의 형태를 띠기도 하여 활동적인 복음주의의 기를 꺾었으며, 능동적인 경건성보다 정확한 교리적 공식을 더 강조하기도 한다.

1740년대, 일부 특별침례교인들이 필립 도드리지와 접촉하면서 더 많은 사람들이 복음주의적 행동주의를 지향하게 된다. 1764년, 노스앰턴셔 침례교 연맹이 설립되어 더 많은 사람을 같은 방향으로 이끌게 되고, 지역을 뛰어넘어 많은 목회자를 끌어들였다. 조나단 에드워즈의 저작을 읽고 결정적으로 복음주의적 충동을 수용한 사람들도 많다. 브리스톨의 케일럽 에반스(Caleb Evans, 1737-1791년)도 그런 독자 중의 한 사람이다. 그는 웨일즈 태생의 부친 휴 에반스(Hugh Evans, 1712-1781년)와 함께 보다 실험적이고 실천적인 모습을 띠는 침례교 신앙을 조성한다.[17]

1770년, 순회전도, 선교, 찬송가 출판에 대한 에반스 가문의 관심은 자연스럽게 브리스톨 교육협회의 창설로 이어졌다. 교육협회는 더욱 직접적인 방식으로 광범위한 비국교회 학생들에게 복음주의적 영향을 미친다. 몇몇 지도자들이 복음을 듣는 모든 이들에게 회개하고 믿으라고 적극적으로 권면하는 일은 결코 하나님의 주권적 은혜라는 고등 개념과 불일치하는 것이 아니라는 결론을 내리면서, 교리의 결정적인 전환이 이루어진다. 이를 통해 침례교인들은 더욱 넓은 봉사의 현장으로 나갈 수 있게 되었다. 복음주의의

---

15) *BDEB*, 1082 (E. F. Clipsham, 'Dan Taylor').
16) 일반 침례교는 그리스도의 대속은 모든 인류에 일반적으로 효과적이라고 주장했다. 한편 특별 침례교는, 엄격히 말해서 그리스도의 죽음은 오직 택자만을 위한 것이라고 주장했다.
17) *BDEB*, 366-337, 378-369 (Roger Hayden, 'Caleb Evans' and 'Hugh Evans').

부름에 대한 응답에서 독립교회와 침례교회가 잉글랜드 국교회보다 느렸지만, 1770년에 시작된 비국가교회의 복음주의화는 범세계적인 영향을 끼치게 된다.

1770년, 잉글랜드에는 다양한 조류가 활발히 발전하고 있었기 때문에 복음주의 세계의 확실한 중심이었다. 대영제국 본토, 기성교회 내부에서 일어난 부흥이 복음주의 전반으로 치달았다. 런던은 문학, 찬양, 정보의 중추적인 정보센터이자 경합하는 질문의 경연장으로 남는다. 제국의 다른 곳으로 복음주의적 신앙과 복음주의적 실천이 급속히 확장되었음이 분명하다. 복음주의의 충격파는 때때로 엄청난 세기로, 때로는 독특한 모습으로, 중심에서 변경으로 급속히 전파되었다. 때때로 다시 변경에서 중심으로 반향이 일어나면서, 커다란 수정이 이루어지기도 한다. 그러나 휫필드의 설교, 웨슬리 형제의 친교회와 헌팅든 백작부인 그리고 교리와 교회 체제를 둘러싼 논쟁을 고무시킨 이들은 잉글랜드 국교회 지도자들이었다. 따라서 이들 잉글랜드 국교회 지도자들이야말로 복음주의 운동의 결정적인 동력이었던 셈이다.

3. 웨일즈

어디 한 곳의 사건이라도 중요하지 않는 사건이 있겠는가? 웨일즈의 복음주의가 시작될 때, 칼빈주의 감리교 협회는 웨슬리 협의회처럼 자립적으로 발전하지는 못했다. 그래도 웨일즈 군(郡)내의 순회전도자들은 일찍부터 정기 월례 모임을 갖고 있었다. 곧이어 월례 모임의 보고를 받기 위해서 웨일즈 북부와 남부에 분기별 협회 모임이 수립된다. 호웰 해리스(Howell Harris)와 다니엘 로우랜드(Daniel Rowland)가 1750년까지 웨일즈의 복음주의 운동을 이끄는 지도자였다. 당시 웨일즈의 지역 협회는 400개 이상이었다.

그러나 역동적인 두 설교자 사이에 긴장이 점차 고조된다. 그 해 둘 사이의 긴장이 공개적으로 표출된다.[18] 해리스는 꼴사납게 '경솔'하다고 로우랜드를 비난한다. 로우랜드의 생각에 해리스는 교리 면에도 개인적 행동에도 극단으로 치닫고 있었다. 합리적인 지도자들이 로우랜드에 합세한다. 그들은 해리스가 그리스도의 보혈에 지나치게 집중해서 삼위일체의 적절한 균형을 상실하고, 일종의 신적 계시를 받은 듯이 자기 권위를 드높였으며, 부인도 아닌 여 선지자(시드니 그리피쓰, Sidney Griffith)와 현명하지 못한 동반자 관계에 들어섰다고 비판한다. 결국 감리교에 리더십 분열과 성도들 사이의 분리가 일어났다. 설교 활동과 협회 감독 등 활동적 사역의 대부분이 로우랜드와 그의 동료들에게 넘어간다. 해리스는 트레베카에 있는 자신의 소유지로 후퇴한다. 그는 여전히 그의 목회를 원하는 사람들을 위한 큰 저택을 트레베카에 건축했다. 1762년, 로우랜드와 해리스가 화해한다. 그러나 해리스는 초창기 시절의 영향력을 회복하지 못한다.

1762년, 로우랜드의 설교와 윌리엄 윌리엄스(William Williams)의 새로운 찬양모음집 때문에 불꽃이 일었다. 쌍게이토(Llangeitho)에 생생한 부흥이 일어났다. 웨일즈 부흥의 초기 맥박처럼 또다시 '이적과 기사'가 일어나고, 오순절처럼 열광적인 모임과 시끌벅적한 평신도 활동이 이어진다.[19] 복음주의적 감성이 쇄도하자, 로우랜드를 부목사직에서 추방했던 감독의 인내심을 고갈시킨다. 그 후 로우랜드는 특별히 그를 위한 용도로 지어진 예배당에서만 목회했고, 웨일즈 국교회 내부의 갈라진 틈이 더 넓어지지 않았다. 그러나 지속적인 영감을 주는 윌리엄스의 찬송은 죄의 심각성을 묘사한다.

축복 받은 어린 양 그분을 배신했네.
그것들은 가시 면류관

---

18) 철저한 설명으로 참조하라. Eifion Evans, *Daniel Rowland and the Great Awakening in Wales* (Edinburgh: Banner of Truth, 1985), 269-280.
19) 웨일즈에서 복음주의 부흥의 이러한 측면들에 대해 특히 다음을 참조하라. Derec Llwyd Morgan, *The Great Awakening in Wales*, trans. Dynfnallt Morgan (London: Epworth, 1988), 22-30, 88-101.

그것들은 못, 활 모양의 채찍
고통 받으며 그분의 몸이 쓰러졌네.

또는 대속의 전가를 노래했다.

자연이 줄 수 있는 기쁨은 없네.
그것이 아무리 달콤하다 해도,
완전하고 자유로운 용서의 목소리
나에게 그분의 말씀을 들려주오. 그처럼 부드러운
하늘에서 울려 퍼지는 권능의 말씀,
마음 속에 지고한 기쁨을 만드시네
그보다 가치 있는 것은 없네.[20]

때때로 윌리엄스의 가사는 확신에 찬 긍정으로 강력한 시가 되었다.

단단하고 잔인한 그 못이
은혜의 모습을 관통했네.
그러나 이제 그들은 나침반을 쥐고 있네.
하늘의 그 자리에서
아담의 자녀들의 희망이
그 끔찍한 시간에서 흘러나오네.
땅이 그 창조주를 바라보니
인간의 권력에 학대받고 계시네.[21]

모건 라이스(Morgan Rhys, 1716-1779년)와 존 윌리엄스(John Williams, 1726-1806년) 같은 많은 사람이 곧바로 윌리엄스에 합류한다. 그들의 찬송 가사가 지닌 호소력이 웨일즈의 영적 생활에 항구적인 변화를 일으킨 요인이 된다.

---

20) *Hymns of the Welsh Revival*, ed. and trans. R. Parry (Wrexham: Hughes & Son, n. d.), 53, 59.
21) H. Elvet Lewis, *Sweet Singers of Wales* (London: Religious Tract Society, 1900), 50.

1760년대 초, 여전히 웨일즈 감리교는 기성교회에 느슨하게 포괄되어 있었다. 그러나 펨브로크셔(Pembrokeshire)의 호웰 다비스(Howell Davies, 1716-1770년), 쌍디펠록(Llandyfaelog)의 피터 윌리엄스(Peter Williams, 1723-1796년), 헌팅든 백작부인의 선한 노력을 통해 책임자가 된 쌍간(Llangan)의 데이비드 존스(David Jones, 1736-1810년) 같이 능력 있는 많은 지도자가 감리교를 전진시킨다. 피터 윌리엄스는 최초의 웨일즈어 성경 번역판(1770년 출간)을 준비했다. 그는 전권 성경주석을 웨일즈어로 쓴 최초의 인물이라는 점에서 특히 중요하다. 웨일즈 사역의 실제적인 모든 측면에서, 웨일즈어가 능숙하게 열정적으로 사용되면서 강건한 복음주의 네트워크가 건설되었을 뿐 아니라, 다음 세기에 번영할 웨일즈 복음주의 문화의 독특한 기초가 놓여진다.[22]

4. 스코틀랜드

스코틀랜드의 복음주의 확장은 스코틀랜드 국교회(Kirk) 내부에서 1742년 성례 부흥 기간에 시작된 노선과 함께 이루어진다. 그러나 또한 비극적이며 극적인 정황 속에서 스코틀랜드 고지대(Highlands)로 유입된다. 저지대(lowland) 스코틀랜드에는 복음주의의 첫 번째 지도자 세대가 무대에서 사라지지만(제임스 로브 1753년, 존 맥클로린 1754년, 윌리엄 맥클로흐 1771년), 존 어스킨(John Erskine, 1721-1803년)을 통해 새로운 에너지가 제공된다. 어스킨은 1758년부터 에딘버러에서 목회를 한다. 어스킨은 처음부터 1742년의 성례 부흥을 옹호했다. 곧 복음주의 신학과 후견인 반대운동의 지지자가 된다. 필립 도드리지 그리고 말년에는 캠브리지의 잉글랜드 국교도인 찰

---

22) 전반적인 것에 대해 참조하라. Morgan, *Great Awakening in Wales*: 그리고 보다 구체적으로, D. W. Bebbington, 'Religion and National Feeling in Nineteenth-Century Wales and Scotland' in Stuart Mews (ed.), *Religion and National Identity* (Oxford: Blackwell, 1982), 492-493.

스 시미온(Charles simeon)이 그와 편지를 교환한 잉글랜드인이다. 그는 조나단 에드워즈 및 그의 제자를 포함한 뉴잉글랜드인들과 정기적인 연락을 주고받는다. 에드워즈의 사망 이후, 어스킨은 에드워즈의 사역을 촉진하는 중요 인물이 되었으며, 네덜란드를 포함한 여러 나라의 사람들과 서신교류를 누린다.[23] 스코틀랜드 저지대의 복음주의적 신념은 대부분 기성교회의 경계선 안에 머물고 있었다. 복음주의는 1760년대부터 회중의 권리를 지키는 후견인 반대 운동에서 독립된 신학적 형태로 분명하게 구별되기 시작한다.[24] 존 위더스푼(John Witherspoon, 1723-1794년)의 출판물은 후견인 반대 운동과 교리적 정통이 당시 어떻게 혼재되어 있는지 보여준다. 위더스푼은 1768년 프린스턴 소재 뉴저지대학의 총장이 되기 위해 이민을 떠나게 된다. 그는 1753년에 중도파 성직자와 중도파 신학에 대한 풍자물을 출간한다(예를 들어, '이단으로 의심받는 모든 교회 인사가 위대한 천재성, 방대한 지식, 특별한 가치를 지닌 사람으로 평가되고 있다').[25] 풍자물에는 후견인의 눈에 거슬리는 권위를 중도파가 열렬히 인정하고 있다는 비난도 포함되어 있다. 위더스푼은 칭의와 선행(1756년) 그리고 중생(1764년)에 관한 논문도 제출한다. 나중에 윌리엄 윌버포스(William Wilberforce)가 논문들을 다시 출판한다. 스코틀랜드 복음주의 전반의 신중성, 온건성, 교회중심성이 칼빈주의의 특징이라고 논문에 나타난다.[26]

1750년대 초, 총회가 후견인 제도의 반대자를 강력히 탄압하면서, 스코틀랜드 기성교회로부터 새로운 복음주의 분열이 일어난다.[27] 토마스 길

---

23) Edwards와 Erskine의 관계에 대해 참조하라. Christopher Wayne Mitchell, 'Jonathan Edwards's Scottish Connection and the Eighteenth-Century Scottish Evangelical Revival' (PhD dissertation, St Mary's College, University of St Andrews, 1997), 203-204, 220-221, 231-240.
24) 특히 참조하라. John R. McIntosh, *Church and Theology in Enlightenment Scotland: The Popular Party, 1740-1800* (East Linton: Tuckwell, 1998).
25) John Witherspoon, *Ecclesiastical Characteristics* (1753), in *The Works of John Witherspoon*, 4 vols (Philadelphia: Wm. Woodward, 1802), 3:211.
26) 탄탄한 조사로 다음을 참조하라. L. Gordon Tait, *The Piety of John Witherspoon: Pew, Pulpit, and Public Forum* (Louisville: Geneva, 2001).
27) 이 구절에서 나는 다음을 따른다. Kenneth B. E. Roxburgh, *Thomas Gillespie and the*

레스피(Thomas Gillespie, 1708-1776년)가 주연 배우 역할을 한다. 스코틀랜드 국교회에서 안수 받기 전에 그는 필립 도드리지와 잉글랜드에서 동문수학을 했다. 다음에 윌리엄 맥클로흐(William McCulloch)를 도와 캠버스랭(Cambuslang)의 회심 이야기를 편집했다. 1740년대 말, 인버카이씽(Inverkeithing)교회가 새로운 후견인 지명을 거부하면서 교회에서 이탈하자, 단호히 인버카이씽교회를 보호한다. 그가 인버카이씽교회를 지지하여 일어서자, 노회는 스코틀랜드 국교회에서 그의 직위를 박탈한다. 당시 길레스피는 랄프(Ralph)와 에브네저 어스킨(Ebenezer Erskine)의 분리파 장로회(the Secession Presbytery)에 가입할 수도 있었다. 그러나 분리파의 배타적 칼빈주의와 고백적으로 순전한 민족 교회의 옹호에 매력을 느끼지 못한다. 대신 1761년까지 일종의 독립 교회를 목회하면서, 스코틀랜드 국교회의 권위 행사에 질색하지만 분리파 가입은 원하지 않는 사람들을 돕는 중편 노회(Presbytery of Relief)를 구성한다. 15년 동안 대략 20개의 회중 모임이 '중편 노회'에 가입한다. 길레스피에게는 휫필드, 존 어스킨 및 조나단 에드워즈(서신으로)를 포함하는 광범위한 복음주의 친구가 있었다. 또한 개인 복음화를 목표로 하는 그의 온건 칼빈주의 신학은 공통의 입장이 두드러진다. 그의 신학과 교회론의 열쇠는 엄격한 성직자적 신념이 아니라, 복음선포에 대한 봉사였다.

스코틀랜드 고지대에서 복음주의의 전개는 아주 판이했다.[28] 18세기를 넘어서면서, 게일어 사용 지역의 신앙은 살짝 노쇠한 감독제 또는 고대의 이교주의와 많이 얽혀 있는 로마 가톨릭의 문제였다. 복음주의는 전래된 배경에 대항하면서, 잉글랜드 군대를 뒤따라 진군한다. 잉글랜드 의회는 스코틀랜드의 클랜(clan, 種族) 제도가 잉글랜드의 왕좌를 되찾으려는 야고보파의 노력을 지원한다고 보고, 종족 제도의 파괴를 결심한다. 이를 통해 복음

Origins of the Relief Church in 18th Century Scotland (Bern: Peter Lang, 1999).

28) 권위 있는 입문서가 제공되었다. D. E. Meek, 'Highlands', *SDCHT*, 402-407; 그리고 John MacInners, *The Evangelical Movement in the Highlands of Scotland, 1688 to 1800* (Aberdeen: Aberdeen University Press, 1951).

주의에 실질적인 기회가 찾아온다. 왕좌를 되찾으려는 시도들이 최종적으로 그리고 결정적으로 분쇄된 것이 1746년 4월 인버니스 근교에서 벌어진 쿨로든(Culloden) 전투다. 왕권복위 시도가 결정적인 마지막 타격을 입는다. 정부는 곧 고지대의 삶에 대대적인 변화를 선포한다. 전에는 접근할 수 없는 협곡에 도로가 건설되고, 현금과 임대차 계약을 통해 토지에 대한 클랜의 통제력을 약화시켰다. 체크무늬 옷과 백파이프가 금지되었다. 농지 '정리'때문에 수만의 고지대인들이 스코틀랜드 밖으로 내몰렸다. 장로교 복음주의는 이러한 문화적 혼란의 현장에 혁명적인 세력으로 다가왔다. 강력한 복음주의적 칼빈주의 교회가 등장하게 된 중심에 '그 사람들'의 활약이 있다. 평신도 권면자와 교리문답 교사가 게일어로 성경을 읽어 주었으며, 감리교처럼 소규모 그룹으로 회심자를 편성했다.

시인의 무리도 그 사람들과 비슷한 비중을 지닌다. 고지대 전도의 모든 면에서, 시인들의 강렬한 서정시는 웨일즈의 칼빈주의 감리교 전파에서 윌리엄 윌리엄스와 그 동료들의 찬송만큼이나 의미심장하다. 듀골드 부캐넌(Dugald Buchanan, 1716-1768년)이 중추적인 시인이었다. 그는 1742년 캠버스랭에서 휫필드의 설교를 들었다. 2년 후에 회심하고 순회 교사이자 권면자가 된다.[29] 부캐넌은 사망 직전 데이비드 흄과 대화를 나눈 적이 있다고 전해진다. 철학자가 모든 문학에서 가장 고귀한 구절은 세익스피어의 『폭풍』(The Tempest)에 나오는 한 장면이라는 의견을 개진한다. 부캐넌은 즉시 요한계시록 20장 11절에서 13절을 인용하여 응수했다. '또 내가 크고 흰 보좌와 그 위에 앉으신 이를 보니 땅과 하늘이 그 앞에서 피하여 간 데 없더라 또 내가 보니 죽은 자들이 큰 자나 작은 자나 그 보좌 앞에 서 있는데…'.[30] 부캐넌의 게일어 시구는 아이잭 와츠에게 큰 빚을 지고 있다. 그의 시는 동료 고지대인에게 복음주의의 실재를 전달해 주는 데 있어, 놀랄 만큼 선명

---

29) 참조. *BDEB*, 159 (D. E. Meek, 'Dugald Buchanan').
30) Lachlan Macbean, *Buchanan, the Sacred Bard of the Scottish Highlands: His Confessions and His Spiritual Songs Rendered into English Verse* (London: Simkin, Marshall, Hamilton Kent, 1919), 39.

한 효과를 거두었다.

> 한밤중, 깊이 잠든 시간
> 세계가 깊은 안식에 쌓여 있네.
> 인류는 잠에서 깨어나야만 한다.
> 마지막 트럼펫의 끔찍한 소리에…
> 하늘을 따라 시뻘건 붉은 색이,
> 아침 미명의 떠오르는 붉은 색처럼,
> 이제 그리스도 당신께서 가까이 오심이 보이네.
> 심판과 공포의 날을 가져오시며…
> 그 때에 영광스러운 천사가 일어나
> 그리스도의 피가 새겨진 깃발을 자유로이 흔들며,
> 그의 길을 사랑하는 이들을 모으기 위해,
> 그리고 그들의 고난이 그들의 간구가 되도록…
> 지체 없이 그리스도께 피하기 위해,
> 그대의 죄는 싫어진 바 되고, 그들의 길은 버려진 바 되며,
> 참된 믿음으로 그분의 목소리에 순종하여,
> 그의 명령이 순전히 들려지듯이.[31]

 존 맥킨스(John MacInnes)는 부캐넌과 부캐넌이 대표한 복음주의 운동을 연구한 역사가다. 존 맥킨스의 말 그대로, 고지대 복음주의는 '비록 적은 것이기는 해도, 전체로서의 한 종족의 삶과 특징을 빚는 데 성공했다. 복음주의는 중세적 사고와 중세적 삶의 방식으로부터 그들이 살아가야만 하는 세상에 적합한 세계관을 지니게 되기까지, 힘들고 어려운 순례길 동안 그들의 지침이자 버팀대였다.'[32] 부캐넌은 1767년 최초의 게일어 신약성경의 출판을 감독함으로써 고지대인의 순례길을 훌륭하게 뒷받침한다. 당시의 성경 번역 프로젝트를 보면 그 무렵 세계 복음주의의 수준을 알 수 있다. 기독교

---

[31] Buchanan, 'The Day of Judgment'(ET), in ibid., 41, 44, 50, 62.
[32] MacInnes, *Evangelical Movement in the Highlands*, 1.

지식의 전파를 위한 스코틀랜드 협회(the Scottish Society for the Propagation of Christian Knowledge)가 성경 번역 프로젝트를 후원하고 있었다. 스코틀랜드 협회는 고지대에 자선 학교를 설립하고, 북미 원주민 사이에서 사역하는 데이비드 브레이너드(David Brainerd) 같은 선교사들을 후원하기 위해 1709년에 창설된 단체다. 고지대인들도 전체 스코틀랜드 국교회에 일어난 중도주의를 둘러싼 충돌과 후견인 세력과 반-후견인 세력과의 전투를 모면할 수 없었다. 그럼에도 쿨로든 전투의 여파로 태어난 복음주의 신앙은 오늘날까지 고지대 문화 전반을 조성한 영향력으로 지속되고 있다.

5. 아일랜드

스코틀랜드 고지대와 거의 같은 시점에 독특한 아일랜드 복음주의가 목격되기 시작한다. 그러나 그 결과는 침묵이었다. 아일랜드에는 잉글랜드 국교회, 장로교, 가톨릭 등 3대 주요 종단이 아주 강한 자의식을 지닌, 폐쇄적인 종교 공동체를 이루고 있었다. 내부적 집착과 서로에 대한 치열한 경쟁으로 복음주의의 확장을 위한 전망은 대단하지 않았다.[33] 존 웨슬리는 아일랜드를 21번 방문하게 되는데, 1747년에 첫 번째 방문이 이루어졌다. 그의 아일랜드 사역(잉글랜드의 실천과 비교하여)의 대상이 주로 귀족적인 토지 소유주와 영국 군인이었기 때문에, 잉글랜드와는 달리 중산층과 노동계층의 추종자를 얻지 못한다. 웨슬리는 대체로 로마 가톨릭에 대한 온건한 입장을 견지하고 있었다. 그러나 웨슬리가 '교황의 폭도'라고 지칭한 사람들

---

33) 여기서 나는 특별히 다음에 의존한다. David Hempton and Myrtle Hill, *Evangelical Protestantism in Ulster Society, 1740-1890* (London: Routledge, 1992), 3-19; 그리고 David Hempton, 'Noisy Methodists and Pious Protestans: Evangelical Revival and Religious Minorities in Eighteenth-Century Ireland', in George A. Rawlyk and Mark A. Noll (eds.), *Amazing Grace: Evangelicalism in Australia, Britain, Canada, and the United States* (Grand Rapids: Baker, and Kingston and Montreal: McGill-Queen's University Press, 1994), 56-72.)

이 그의 아일랜드 설교를 망쳐버린 사건이 일어난다. 사건 이후 그는 가톨릭에 대한 격렬한 반대 입장을 지니게 된다.

아일랜드의 초기 전도자 중 가장 큰 성과를 거둔 사람은 웨슬리파 인물이 아니다. 그는 모라비아 교인 존 세닉(John Cennick)이다. 1746년 더블린에 도착한 세닉은, 순회설교와 협회 구성이라는 통상적인 조합을 통해 상당한 성공을 거둔다. 세닉의 진입이 더욱 용이했던 이유는 더블린 침례교의 한 그룹과 소수의 잉글랜드 국교도 그리고 몇 몇 비국교도들이 협력했기 때문이다. 모라비아파의 교리적 건전성에 의문을 가진 장로교인의 반대가 있었다. 그리고 세닉이 평신도 남녀를 사역에 동원하자 분열을 두려워한 사람들의 반대도 있었다. 그럼에도 세닉의 모라비아 동료들은 빠른 시기부터 얼스터에서 활동할 수 있었다. 아일랜드의 모라비아주의는 대륙의 경건주의와 아주 흥미로운 유사성을 지녔지만, 곧 대부분 웨슬리의 감리교로 흡수된다. 존 웨슬리의 빈번한 방문을 위한 입지가 다져진 셈이다.

감리교나 모라비아파에 대한 침례교의 첫 반응이 잉글랜드 국교회나 장로교의 반응보다 나을 바는 없었다. 어떤 침례교 지역 교회는 감리교인이 전파한 일들을 '소란', '아주 난잡한 모임' 그리고 '신앙이라는 핑계'라고 불평했다. 그러나 침례교인 중에, '감리교인 중에 본받을 만한 것도 있다'거나, '기도와 훈계'를 위해 그토록 자주 모인다거나, 대영제국 전역의 영적 형제자매들과 '끊임없이 서신교제'를 지속한다는 점을 인정하는 사람도 있었다.[34] 친절한 언급이 18세기 중엽 아일랜드가 복음주의를 특별히 환대했다는 표시는 아니다. 그렇지만 복음주의가 짧은 시간에 아일랜드에서 확장되기 시작한 이유를 보여주는 실마리는 된다.

1770년 영국 복음주의의 역동성은 여전히 잉글랜드와 스코틀랜드 기성 교회(웨일즈도 마찬가지)를 중심으로 펼쳐지고 있었다. 감리교 운동도 기성

---

[34] Cork Baptist Church Book, 다음에서 인용되었다. Hempton, 'Noisy Methodists and Pious Protestants', 63-64.

교회 체제 내부에서 준(準) 교회 기관(parachurch)으로 기능했기 때문에 복음주의적 표현을 확장시키는 열쇠를 쥘 수 있었다. 감리교 운동은 여러 방향으로 발전하기 시작했다. 그리고 그들이 지향하는 무엇인가가 신세계 복음주의자에게도 조금씩 보이기 시작했다.

6. 아프리카계 미국인

18세기 중엽, 아프리카계 미국인 중에 기독교가 시작되어 지속된다는 사실은 복음주의에서 일어난 참으로 혁명적인 발전이다. 복음주의는 첫 출발부터 어떤 사회적 지위도, 강한 기독교 신앙 전통도, 교회 체제 내에서 어떤 지분도, 유럽 문명의 유산도 전혀 없는 그룹 속으로 파고든다. 그러나 18세기의 어떤 다른 영역보다, 아프리카계 미국인의 발전에서 복음주의 선교의 미래와 서구 사회의 경계를 넘는 곳까지 복음주의가 뿌리를 내리게 될, 미래의 두 측면이 가장 선명하게 보인다. 부흥이라는 용어의 옛 의미 그대로(물려받은 명목상 신앙에 대조되는 '참된 신앙'의 증진이라는 의미인), 신세계 흑인 사회의 복음주의 태동을 설명하기 어렵다. 이것은 새로운 형태의 부흥이다. 과거에 기독교가 전혀 알려지지 않던 곳에 복음화가 이루어지고 새로운 교제 공동체가 형성된다.

18세기의 그 누구도 모라비아파, 감리교, 침례교의 영향이 아프리카계 미국인들 사이에 전파된 일이 그토록 중요한 것인지 알 수 없었다. 기성교회에 속한 역동적인 각성가의 활동에 관심이 집중되었으므로, 그에 비하여 흑인 사회의 복음 전파는 거의 주목받지 못했기 때문이다. 그러나 복음주의 역사에서 세인트 토마스(Saint Thomas), 안티구아(Antigua), 버지니아의 타이드워터(Tidewater), 남캘리포니아의 저지대, 조지아에서 일어난 일들은 미래의 물결이다. [35]

---

[35] 보다 넓은 복음주의 역사에서 이런 방향성을 지니는 것으로, 참조하라. Andrew F. Walls, 'The Evangelical Revival, The Missionary Movement, and Africa', in *Evangelicalism*, 310-330.

모라비아 교인이 다시금 개척자의 역할을 맡는다.[36] 1730년대 초, 덴마크 왕실의 흑인 시종인 안톤(Anton)이 진젠도르프 백작의 헤른후트로 파견된다. 그는 고향인 세인트 토마스(오늘날 버진 아일랜드)에 자원자를 보내달라고 간청한다. 특히 안톤은 노예가 된 여동생 애나(Anna)와 복음의 메시지를 공유하기 원했다. 요청은 응답을 받는다. 요한 레온하르트 도버(Johann Leonhard Dober)와 다비드 니츠만(David Nitschmann)이 독일을 떠나 세인트 토마스를 향하게 된다. 1732년 그들이 사역을 시작하자마자 즉시 성과가 나타났다. 몇 년 후의 감리교인들처럼, 모라비아 선교사들은 잉글랜드 국교회 목회자로부터 결코 듣지 못한 아주 판이한 복음을 서인도 제도와 북미 본토의 노예들에게 전했다. 잉글랜드 국교회 복음전도협회(the Anglican Society for the Propagation of the Gospel, SPG)는 1701년 창립 때부터, 신세계의 노예 사역을 진전시키려 노력했지만, 별다른 성과가 없었다. 잉글랜드 국교회는 단호히 서열제를 고수했다. 많은 직위를 만들었고, 옛날부터 전해진 직책을 유지했다. 교회 좌석 배치와 성례 시행에서 여성의 목소리를 엄격히 제한했으며, 인종별 구분을 철저히 지켰다. 모라비아 교인들이 노예제도를 반대하는 목소리를 높인 것은 아니다.

그러나 그들은 전혀 다른 신앙을 제공했다. 흑인이 백인과 함께 찬송할 수 있었다. 그들은 하나님 앞에서의 영적 평등을 설교했다. 거의 모든 경우에 종교적 감정을 표출하는 누구라도 환영받았다. 세인트 토마스의 초창기 사역자 중 한 사람이 실제로 혼혈 아내를 맞이할 정도로 당시 모라비아 교인들은 급진적이었다. 섬의 백인 농장주들은 결혼에 분노했지만, 안정적이고 일상적인 결혼의 이점을 노예들에게 과시했다.[37] 모라비아 교인들은 반대에 굴하지 않고 계속 전진한다. 1738년, 그들은 노예 다섯 사람을 '조력자'로 세워, 모라비아의 메시지에 반응하여 생긴 무수한 셀과 회중들

---

36) 다음 내용들은 다음에 크게 의존하고 있다. Sylvia R. Frey and Betty Wood, *Come Shouting to Zion: African American Protestant in the American South and British Caribbean to 1830* (Chapel Hill: University of North Carolina Press, 1998), 80-117.

37) Ibid., 84.

을 돕게 만든다. 모라비아 교인들이 독서 지침을 제공했다. 더 많은 임무가 흑인 권면자에게 주어지는 등 격려가 있자, 운동은 더욱 탄력을 받는다. 세인트 토마스의 주인들 쪽에서는 자원적이며 평신도 주도의 기독교 양식을 억압하려고 시도하는데, 때때로 기독교 서적을 불태우는 극단으로 치닫기도 했다.

모라비아인들은 단기간에 자메이카의 영국령 섬들(1754년), 안티구아(1756년), 바베이도스(1765년)에 도달한다. 농장주들의 엄밀한 감시 하에 사역하라는 강요를 받았지만, 노력은 열매를 맺는다. 안티구아에 특별한 반응이 있어, 세기 말 모라비아 교회에 만 천 명 이상이 모이게 된다. 침례교와 감리교에 선교의 문이 열린 것은 모라비아인들의 노력 덕분이다. 1780년대에 침례교인과 감리교인이 도착하여, 활동적인 회중모임을 만드는데 그 성과를 활용할 수 있었다.

버진 아일랜드(the Virgin Islands)에 모라비아 사역이 시작되고 오래지 않아, 웨슬리 형제가 조지아 식민지에 도착한다. 그들은 미래에 있을 감리교와 아프리카계 미국인의 접촉을 미리 맛볼 수 있었다. 1736년 8월 1일, 존 웨슬리와 흑인 노예들의 첫 만남이 있었다. 만남에는 한 여성 노예와 나눈 영혼의 본성에 대한 진지한 대화가 포함된다. 『일지』(Journal)의 기록에 의하면, 웨슬리는 타이르면서 자기 이야기를 끝맺는다. '의로운 해가 버림받은 사람들 위에 떠오를 때, 그의 날개에서 치유가 함께 하기를!'[38] 나중에 웨슬리는 조지아에 머물면서 신앙심 있는 여러 농장주의 소유지에서 설교한다. 농장주들은 웨슬리가 노예에게 설교하는 것을 허용했으며, 격려하기까지 했다. 이러한 초기 경험은 노예 제도 자체에 대한 혐오감과 노예 계층에도 기독교 사역이 필요하다는 의식을 함께 경감시킨다. 찰스 웨슬리 본인은 아프리카인을 대상으로 하는 기독교 해외 선교에 특별한 관심이 있었다. 1738년 7월, 그가 뉴게이트 감옥에서 한 무리의 사형수에게 설교할 때, '자

---

38) Wesley, 1736년 7월 31일(8월 1일의 사건도 포함되어 있다), in *Works* (new), vol. 18: *Journal and Diaries I* (1735-1738), ed. W. Reginald Ward and R. P. Heitzenrater (1988), 169.

기 주인의 물건을 훔친 불쌍한 흑인'이 사형수 중에 있었다. 그들이 처형당하자, 웨슬리는 비통했다. 그러나 '나의 불쌍하고 행복한 흑인, 그는 이제 하나님의 아들이 그를 사랑하시고, 그분 자신을 그에게 주셨음을 믿는다'며 기쁨이 전혀 없었던 것만은 아니라고 말한다.[39]

아프리카인의 복음화에 대한 웨슬리 형제의 헌신은 시간이 흘러 조지아 식민지의 경험이 희미해져도 사라지지 않았다. 1758년, 존은 방금 안티구아에서 잉글랜드로 돌아온 농장주, 나타니엘 길버트(Nathaniel Gilbert)가 있는 작은 그룹에 설교한다. 그는 세 사람의 흑인 노예와 함께 있었다. 소피아 캠벨(Sophia Campbell)과 메리 앨리(Mary Alley)라고 신원을 밝힌 두 여성이 실비아 프레이(Sylvia Frey)와 베티 우드(Betty Wood)다.[40] 웨슬리는 몇 달 후 이들 노예 중 두 사람에게 세례를 베푼다. '한 명은 죄에 대해 깊이 알고 있었고, 다른 한 명은 그녀의 구세주인 하나님 안에서 기뻐하고 있었다. 내가 아는 최초의 아프리카 기독교인이다. 그러나 언젠가 때가 되면, 우리의 주님께서 이 이방인들도 "그의 상속인"이 되게 하지 않으실까?'[41] 웨슬리 형제는 흑인들에게 전도하려는 열심, 사회적 지위에 대한 무관심, 믿는 자 모두에게 그리스도 안에서의 교제를 환영하는 열려진 태도가 있었다. 길버트와 수행원들이 웨슬리와 접촉을 가진 후 작은 섬으로 돌아오면서, 안티구아에 감리교가 강력히 부상하는 계기가 된다.

조지 휫필드 또한 조지아, 사우스캐롤라이나 등 식민지 곳곳을 향한 수많은 여행에서 노예들을 대상으로 하는 설교에 성과를 거둔다. 우리가 알듯이, 처음 휫필드는 노예 제도를 공격했다. 그러나 결국 노예 제도를 수용하며, 스스로 노예를 두게 된다. 그럼에도, 설교를 통해 흑인 남녀를 영적으로 동등한 사람이라고 불렀고, 비공식적인 감리교 협회가 농장에도 조직되도록 격려했다. 그런 점에서, 그의 설교도 웨슬리 형제의 설교와 비슷하다. 그는 메시지에 대해 개방된 정서적 반응을 고무시킴으로써, 설교의 가르침대

---

39) Ch. Wesley, *Reader*, 122-123.
40) Frey and Wood, *Come Shouting to Zion*, 242.
41) Wesley, *Journal* (1758년 11월 29일), 4:292.

로 사회적 차이에 대한 경시 못지않게, 아프리카계 미국인의 신앙에 효과적인 자극제가 되었다.

버지니아 식민지의 개신교 각성가, 새뮤엘 다비스(Samuel Davies, 1723-1761년)의 사역에도 동일한 양상이 목격된다. 사실 다비스도 휫필드처럼 사회적 급진파는 아니었다. 본인도 노예 소유주였지만, 흑인들의 문자해독에 결연한 지지를 표명했으며, 회심한 노예의 완전한 교회 회원자격 인정에 전혀 거리낌이 없었다. 1754년의 설교, '이방인 사이에 신앙을 전파하는 기독교인의 의무, 버지니아의 흑인 노예 주인들에게 진정으로 권면함'은 아프리카계 미국인들을 완전한 인간으로, 특히 교육과 신앙이 필요한 사람으로 변호한다. 1755년 무렵, 다비스는 백 명 넘는 노예에게 세례를 주었으며, 200차례 이상 정기적으로 설교했다. 프린스턴신학교 신학 교수인 아치볼드 알렉산더(Archibald Alexander)는 버지니아에서 자랐다. 수십 년 후, 그는 '다비스씨에게 세례 받은 아프리카 태생의' 몇 사람을 개별적으로 안다고 기록한다. '이 탁월한 설교자가 준 책이 그들의 손에 들려 있었다. 그들은 그의 도움으로 읽는 법을 배웠던 것이다'[42]

아마 아프리카계 미국인의 첫 출판물에 복음주의 전도가 준 충격이 생생하게 남아 있을지도 모른다. 필리스 윗틀리(Phillis Wheatley, 1753년 경-1784년)는 아프리카 태생으로, 보스턴의 상인 가정에 노예로 팔렸다. 뛰어난 문학적 재능을 인정받은 그녀는 노예에서 해방된다. 윗틀리는 휫필드의 설교를 들은 적이 있었다. 휫필드가 임종했을 때, 그녀는 휫필드가 노예들에게 한 연설을 상기시키는 추모시를 만든다.

'그분을 받아들이시오. 그대 아프리카인들이여, 그분이 당신들을 기다리오.
편견이 없으신 구세주, 이것이 그분의 적합한 명칭이오.
그분의 구속하시는 피의 분수에 씻음 받으시오.

---

[42] Archibald Alexander, 'Instruction of Negro Slaves', *Biblical Repertory and Princeton Review* 15 (1843년 1월): 26-27.

당신들은 하나님의 아들, 왕, 제사장이 될 것이오.'⁴³⁾

횟필드의 후견인인 헌팅든 부인도 시를 통해 존대를 받는다. 후에 윗틀리의 시집이 출간될 때, 횟필드의 추모시가 포함되는데, 그녀는 시를 백작부인에게 헌정했던 것이다. 셀리나와 잉글랜드 복음주의자들은 이 시와 시집의 출판으로 응답했다. 존 웨슬리도 「알미니안 잡지」(*Arminian Magazine*)에 그녀의 시 일부를 집어넣는다. 북부의 옛 노예출신인 윗틀리는 전형적인 아프리카계 미국인 신자는 아니다. 그러나 횟필드에 대한 그녀의 반응은 복음주의의 복음이 아프리카계 미국인들을 기독교로 회심시킨다는 전조이며, 그들이 느낀 감정이 얼마나 깊은지 보여준다.

1770년 무렵, 모라비아 교인들과 감리교인들이 아프리카계 미국인 종교협회를 구성하고, 흑인 종교지도자들을 고무시키면서, 뜻 깊은 출발이 이루어진다. 바로 이 무렵, 최초의 흑인 침례교 세대가 될 사람들 사이에 비슷한 운동이 시작되고 있었다. 남부의 위쪽 지방에는 침례교의 확대로 백인이 흑인에게 설교하는 결실을 맺는다. 또한 아프리카계 미국인의 침례교 신앙의 출발을 위해서 잉글랜드 국교회 예배의식과 감리교 설교가 천연 재료의 역할을 한다. 침례교는 직접적이며, 감정적이고, 박애적인 신앙을 제공했다. 그들의 신앙은 예전부터 이어진 사회적 차별에 대해 침례교 신앙보다 훨씬 체제 전복적이었다.

1760년대 백인 침례교인의 모범과 전반적인 복음주의 설교가 결합되면서, 복음주의 운동이 일어나고, 흑인의 종교적 지도력이 고양되었다. 1770년 무렵, 모세(Moses)라는 흑인 설교가가 버지니아 식민지 수도인 윌리엄스버그에 상당한 인원을 모은다. 오래지 않아, 조지아의 조지 리엘(George Liele)은 백인 침례교인의 설교를 듣고 확신과 회개 그리고 재탄생이라는 고

---

43) Phillis Wheatley, 'On the Death of the Rev. Mr. George Whitefield. 1770', in *The Poems of Phillis Wheatley*, Julian D. Mason, Jr (ed.), (Chapel Hill: University of North Carolina Press, 1966), 10. 이 시는 Wheatley의 *Poems on Various Subjects, Religious and Moral* (1773년)에 수록된 판본이다. 추모시가 별도의 부록으로 처음 출판되었을 때, 세 번째 줄은 다음처럼 읽혔다. '만일 당신들이 은혜의 길로 걷기를 선택한다면' (Ibid, 68).

전적인 복음주의적 시기를 통과한다. 그는 조지아의 농장과 남캘리포니아의 사바나, 실버 블러프(Silver Bluff) 같은 도시에서 강력한 권면자가 된다. 1770년 경, 실버 블러프의 노예 데이비드 조지(David George)는 리엘이 다른 노예인 사이러스(Cyrus)로부터, 만일 방종한 생활을 계속한다면, '결코 영광스러운 하나님의 얼굴을 보지 못할 것'이라는 경고를 받은 직후부터, 설교를 하게 되었다는 말을 들었다. 그 당시 조지는 문맹이었다. 조지는 영적 위안을 구하고 있었지만, 리엘이 도착해 마태복음 11장 28절을 설교하기 전까지 성과는 없었다. '수고하고 무거운 짐 진 자들아 다 내게로 오라 내가 너희를 쉬게 하리라.' 조지는 후에 자서전격인 이야기에서, 일어난 일을 회고한다. '나는 그에게 다가가 말했다. 저는 지치고 무거운 짐을 지고 있습니다. 그러나 하나님의 은혜가 제게 쉼을 주었습니다.'⁴⁴⁾ 미국 독립전쟁이 발발하기 몇 해 전인 1775년, 조지는 실버 블러프에서 흑인 침례교 회중모임의 구성을 돕는다. 그러자 사바나와 몇 몇 저지대 지역에 다른 모임들도 생기기 시작한다.

영국의 사회적 경계선을 넘는 복음주의 운동이 시작되었다. 복음주의 이야기에서 자주 그렇듯이, 가장 중요한 요인은 대륙 경건주의의 영향이었다. 그러나 복음은 자유라는 복음주의적 이해가 더욱 본질적인 기초였다. 즉 흑인의 복음주의는 기독교 영국이나 통상적인 서구 문명의 개념보다 더 넓고 깊으며, 더 높은 개념이었다. 복음주의자는 초창기 수십 년 동안 급진파가 아니었다. 그러나 그 메시지가 그들을 행동으로 이끌었으며, 이는 급진적인 결과를 가져올 시초였다.

아프리카계 미국인에게 복음주의가 도입되었다. 아프리카계 미국인 자신이 복음주의 도입의 가장 중요한 성과였다. 백인 모바리아 교인, 감리교인, 침례교인 또는 자기 종족 권면자들의 메시지에 노예들이 반응했다. 그들은 신적 화해라는 복음의 메시지가 그들을 위한 진정한 제안인 것으로 받

---

44) Grant Gordon, *From Slavery to Freedom: The Life of David George, Pioneer Black Bap
-tist Minister* (Hantsport, Nova Scotia: Lancelot, 1992), 22-24.

아들였다. 그리고 단순 명료한 일들을 개시했다. 그러나 복음주의 초기 역사의 놀랄 만큼 단순한 이 첫 걸음보다 더 세계 기독교사에 의미를 남긴 사례는 드물다.

7. 북미주 본토

18세기 중엽 북미 본토의 영국 정착지에 이루어진 주요한 발전은 또 다른 시작의 연속이다. 1740년에서 1742년까지 휫필드가 등장한 어떤 순간 그리고 그의 모방자들의 사역 현장에도 설교자 중심의 부흥 장면이 넘친다. 그러나 휫필드가 미국 여행을 계속 진행하고, 1740년대 초반까지 부흥 설교의 효과는 지속되지만, 식민지의 종교적 측면에서 선풍적인 초창기의 극적 장면은 그다지 목격되지 않는다. 1745년부터 1770년까지 세대에서, 수많은 개신교 교회들이 계속 성장했다.

그러나 교회 성장이 인구 증가를 따라 잡을 수는 없었다.[45] 북미주의 복음주의 이야기는 어떤 면에서 대서양의 다른 쪽 영국에서 일어났던 일들과 비슷하다. 미주에서도 역시 복음주의 실천의 초창기 주도자는 모라비아 교인이었다. 특히 필라델피아 북부, 펜실바니아주 베들레헴의 정착지에서 두드러졌다. 1740년대에는 백 명도 안 된 정착지가 1759년에 육백 명을 넘어선다.[46] 북미의 지리적 특징은 땅은 구세계보다 더 넓고, 인구는 더 희소한다. 따라서 처음부터 복음주의적 개성, 강조점, 실천을 크게 좌우한 것은 교

---

45) 다음 내용들에서 교회들의 수에 관한 정보는 Edwin Scott Gaustad, *Atlas of American Religious History* (rev. ed,; New York: Harper & Row, 1976), 4, 43; Edwin Scott Gaustad and Philip L. Barlow, *New Historical Atlas of Religion in America* (New York: Oxford University Press, 2001), 8; 그리고 Stephen A. Marini, 'The Government of God: Religion in Revolutionary America, 1764-1792'에서 얻었다. 아직 출판되지 않은 사본을 사용하도록 해준 마리니 교수에게 감사를 표한다.

46) Beverly Prior Smaby, *The Transformation of Moravian Bethlehem: From Communal Mission to Family Economy* (Philadelphia: University of Pennsylvania Press, 1988).

파의 전통이었다. 가령, 모라비아 교인들은 잉글랜드의 복음주의 운동의 거의 전 분야에 전반적인 영향을 미쳤다. 그러나 신세계에는 대개 지역별로 분산되어 있었기 때문에, 별다른 영향력을 미칠 수 없었다.

1) 회중주의자

조나단 에드워즈의 경력은 보다 큰 흐름이 있음을 알려주는 표시다. 그는 매사추세츠주 노스앰턴에 순전한 기독교의 갱신을 일으키려는 소망이 있었다. 그러나 그의 교구는 1740년대의 십년 동안 살아남지 못한다.[47] 에드워즈가 스코틀랜드, 웨일즈, 잉글랜드와 뉴잉글랜드의 여러 지역에서 열렬히 읽히는 책을 계속 출판한 것은 사실이다.『신앙적 감정에 관한 논문』(*A Treatise Concerning Religious Affections*, 1746년)도 이런 책에 포함된다. 책에는 초기 대각성의 실체에 대한 에드워즈의 마지막 변호가 담겨져 있다. 또한『하나님의 백성 사이의 가시적 연합을 조성하려는 겸허한 시도, 신앙의 부흥을 위한 특별 기도』(*An Humble Attempt to Promote Visible Union of God's People in Extraordinary Prayer for the Revival of Religion*, 1747년)도 있는데, 이 책에는 참된 신앙과 열렬하지만 거짓인 신앙을 구별하기 위한 아주 정밀한 시도가 들어있다. 특정한 시간을 정해 대서양 양안의 모든 성도들이 대각성을 위해 기도하자는, '기도 합주회' 제안이 스코틀랜드에서 나오게 된 것도 이 책 때문이다. 그리고 자신이 편집한 데이비드 브래이너드(David Brainerd)의 일기(1749년)를 통해, 자신이 설파했던 진지한 복음주의 영성을 근접 화면으로 제공한다. 에드워즈는 국제적인 서신 교환망을 확대해 나가면서, 개인 공부와 대중 권면을 통해 힘차게 전진한다.

그러나 자신의 텃밭에서 문제가 생긴다. 신앙을 고백하는 믿을 만한 사람에게만 성례를 엄격히 시행하겠다는 에드워즈의 소망으로 짐작해 볼 때, 조

---

[47] 이 어려움들에 대한 철저한 설명으로 참조하라. George M. Marsden, *Jonathan Edwards: A Life* (New Haven: Yale University Press, 2003).

부인 스토다드의 실천과 단절이 있었음이 분명하다. 이는 그의 회중 대부분, 특히 영향력 있는 인사들과 거리감이 생기게 만들었다.[48] 또한 그의 엄격한 성격이 충돌 완화에 도움이 못되었다. 마침내 1750년, 그의 베스트셀러 『놀라운 부흥 이야기』에서 부흥 패러다임의 사례로 언급된 바로 그 교인들이 그를 면직시킨다. 스코틀랜드의 친구들이 스코틀랜드에 그를 위한 강단을 제안한다. 그러나 메사추세츠주 스톡브리지(Stockbridge)라는 변경 마을에 있는 두 회중교회의 목사로 가기로 결정한다. 한 교회의 회중은 백인이고, 또 다른 교회의 성원은 본토 미주인(인디언)이다. 무대의 전환은 에드워즈에게 중요한 신학 논문 몇 편을 완성시킬 수 있는 여유를 준다. 1758년 프린스턴의 뉴저지대학 총장직을 수락하고 몇 주 후 에드워즈는 사망한다. 노스앰턴의 일들은, 부흥주의의 능력과 칼빈주의의 강력함이 결합되어야 한다는 그의 일관된 신앙적 입장을, 다른 뉴잉글랜드인도 반드시 수용한 것만은 아니라는 점을 알려준다.

더 일반적으로 말해, 뉴잉글랜드에서 갱신의 동력이 저해된 계기는 부흥 기간 일어났던 소동들 때문으로 보인다. 1740년대 초 부흥이 정점을 이루던 무렵, 회중교회는 신앙 고백을 한 회원을 년 평균 이십오 명 이상 맞이했다. 평균은 상당히 떨어져, 1790년대에는 연간 다섯 명을 넘지 못한다.[49] 더욱이, 한 때 통일된 군단이던 뉴잉글랜드 회중주의는 이제 분파간 경쟁 단계에 돌입했다. 부흥지지파인 새빛파는 에드워즈 그리고 그의 제자들과 함께했다. 코네티컷주 베들렘(Bethlem)의 조셉 벨라미(Joseph bellamy, 1719-1790년)와 메사추세츠주 그레이트 배링튼(Great Barrington)의 새뮤엘 홉킨스(Samuel Hopkins, 1721-1803년) 같은 이들이다. 이들은 부흥을 촉진하고 현행 질서를 유지하고자 했다.

---

48) 가장 도움이 되는 입문서와 Edwards에게서 발견되는 문서들로, *Works*, vol. 12: *Ecclesiastical Writings*, ed. David D. hall (1994).

49) 이 수치는 다음에서 얻었다. D. Shiels, 'The Methodist Invasion of Congregational New England', in Nathan O. Hatch and John H. Wigger (eds.), *Methodism and the Shaping of American Culture* (Nashville: Kingswood, 2001), 260.

분리파의 수가 약간 더 많았다. 분리파는 부패한 전통으로 인한 신앙적 실천의 오염을 방지하고자 기성교회를 떠난다. 새빛파의 부흥 설교와 신학은 괜찮다고 생각했을 수도 있는 옛빛파도, 뉴잉글랜드의 교회-국가 전통을 호전적으로 수호하려는 교회 내부의 혼란 때문에 충분한 고통을 받고 있었다. 소수의 자유사상가 무리가 영국 계몽주의 인물들의 진보적 견해에 공감한다. 찰스 천시(Charles Chauncy)가 이끈 이들은, 점차 청교도 교리에서 벗어난다. 뉴잉글랜드의 칼빈주의는 강력한 세력으로 남게 된다. 칼빈주의는 다음 세기 초에 북미의 기독교 사회 행동 사상 가장 중요한 운동을 전개할 동력을 얻는다. 또한 1850년대까지 지속될 미국 신학의 공식적인 어젠다를 수립하게 된다. 그러나 현장의 관점에서 볼 때, 회중파 교단은 옛날식 뉴잉글랜드 방식(the New England Way)에 너무 강한 영향을 받고 있었다. 따라서 다음 시대의 상업, 팽창, 전쟁, 민주화 그리고 자발주의에 대한 적응에 상당한 어려움을 겪게 된다.

2) 침례교인

뉴잉글랜드 대각성의 가장 큰 수혜자로 드러난 교단은 침례교다. 사실 침례교인은 장소가 남부든지, 필라델피아 또는 뉴잉글랜드 주변 지역이든지, 미국 전역에서 잉글랜드에서 그들의 상대들이 했던 것보다 훨씬 빨리 복음주의적의 실천과 신앙을 수용했다.

아이잭 바쿠스(Isaac Backus, 1724-1806년)의 경험은 1740년대부터 북미의 침례교인에게 활기를 준 복음주의의 열정과 성공을 반영한다.[50] 바쿠스는 1741년 8월 22일 고향인 코네티컷주 노르위치(Norwich) 근교의 들판에서 일하는 도중 회심했다. 그는 노르위치 회중교회의 회원이었을 무렵, 유아세

---

50) 바쿠스에 대해서 필자는 다음에 의존한다. William C. McLoughlin (ed.), *Isaac Backus on Church, State, and Calvinism: Pamphlets, 1754-1789* (Cambridge, MA: Harvard University Press, 1968); 그리고 McLoughlin, *Isaac Backus and the American Pietist Tradition* (Boston: Little, Brown, 1967).

례를 받았다. 회심한 바쿠스는 신속히 새빛파의 영향권 속으로 들어간다. 그는 언제나 조나단 에드워즈의 신학적 입장이야말로 자신의 확신, 성례 그리고 교회론을 완벽하고 만족스럽게 표현한다고 믿는다. 바쿠스는 하나님께서 개인을 은혜로 회심시키고, 그들이 참된 그리스도인의 교제를 맺도록 역사하신다는 원리를 대각성으로 깨어난 회중주의를 통해 배우게 되었다. 그러나 동시에 뉴잉글랜드 방식은 국가교회인 회중교회에 대한 지원을 시민들에게 요구하는 강제 조항이라는 의심을 지니게 된 소수의 뉴잉글랜드인들 중 한 사람이었다.

이러한 깨달음 속에서 1748년 봄 바쿠스의 영적 순례에서 두 번째의 결정적인 사건이 일어난다. 그는 회중 대다수와 함께 지방 기성교회의 건축 목적으로 모든 시민에게 부과된 마을 세금의 납부를 거부한다. 당시 그는 매사추세츠주 티티컷(Titicut)에 소재한 분리파 회중교회의 목사였다. 바쿠스는 투옥의 협박을 받게 되고, 성도 몇 사람이 실제로 재산을 잃거나 감옥에 갇히는 고통스러운 일이 발생한다.

환멸적인 경험 뒤에 곧바로 또 다른 위기가 찾아왔다. 유아세례에 관한 논쟁이 성도 내부에서 일어난 것이다. 회중 몇 사람이 유아세례 시행에 도전하자, 바쿠스는 스스로 성경을 보면서 문제를 연구한다. 곧이어 공식적인 신앙 고백에 근거한, 성도의 침례(baptism by immersion)가 성경적 원칙이라는 결론에 이른다. 바쿠스에게 세 번째의 결정적 전환점이 시작되었다. 그의 티티컷 교회에는 자신처럼 성도의 침례를 받아들이는 사람도 있었으며, 역사적인 청교도식 유아세례 시행을 지지하는 사람도 있었다. 몇 년 동안 바쿠스와 회중은 관용의 길을 추구하면서, 두 세례를 모두 허용하는 교회를 유지하려고 노력했다. 그러나 실험은 실패로 끝난다. 1756년 초, 교회는 문을 닫는다. 아이잭 바쿠스는 확신에 찬 회심자였으며, 새빛파 신앙의 지지자였다. 또한 국가의 강제적인 종교 개입에 단호히 반대한다. 그는 이제 자신이 복음주의적 침례교인이라는 사실을 깨닫는다.

1756년 6월, 바쿠스가 안수를 받고 매사추세츠주 미들보로 소재의 제일침례교회 목사로 임명될 무렵, 뉴잉글랜드에는 겨우 36개의 침례교회가 있었고, 대부분 로드아일랜드에 위치하고 있었다. 곧바로 상황이 변한다. 바쿠스는 뉴잉글랜드에도 영적인 젊음과 진실한 침례교 교회정치가 필요하다고 뉴잉글랜드 사람들을 납득시키려고 노력한다. 그가 열정적인 전도자 무리를 이끌게 되었다. 1767년, 워렌침례교연맹(the Warren Baptist Association)이 위의 목적을 위한 강력한 도구로 창설되었다. 침례교인이 회심을 설교했다. 복음적인 칼빈 신학을 유지하면서, 젊은이들도 목사처럼 앞에 나오라고 격려했다. 지역 회중모임 예식에 여성의 완전한 참여권을 신중히 부여했다. 여성에게 완전한 종교적 자유를 주라고 뉴잉글랜드 기성교회를 압박했다. 1804년 바쿠스가 사망했을 때, 뉴잉글랜드는 312개 침례교회의 고향이 되었다.

또 다른 상황이 전개되면서 침례교인의 남부 진출이 시작된다. 식민지에서 가장 중요한 침례교 조직은 필라델피아침례교연맹이었다. 연맹의 역사는 1707년까지 거슬러 올라간다. 회원들의 성향은 잉글랜드의 침례교인보다 교의에 덜 고착되어 있지만, 전도추진에는 더 적극적이다. 그러나 필라델피아연맹도 여전히 구세계 비국교도의 패턴을 반영하고 있었다. 신앙적인 세부 사항을 강조하면서, 비교적 수동적인 실천성과 전통성을 유지하고 있었다. 필라델피아연맹은 복음주의적 침례교의 첫 후원자로써 남부 식민지를 도왔다.

그러나 연맹의 사역은 기대한 것보다 더 적극적인 복음주의를 야기한다. 동시에 잉글랜드에서 먼저 이민 온 소수의 자유 침례교인 또는 일반(알미니안) 침례교인 사이에 존재하던 강조점과는 완전히 판이한 강조점을 제시한다. 슈발 스턴스(Shubal Stearns, 1706-1771년)와 대니얼 마샬(Daniel Marshall, 1706-1784년)은 코네티컷 출신으로, 처남과 매부 사이인데, 그들이 새로운 사역을 이끈다.[51] 둘 다 조지 휫필드의 설교에 깊은 감동을 받았으며, 1750년대 초 침례교 원리를 수용했다. 1754년 스턴스가 노스캐롤라이나주의 피

---

51) 배경에 대해 참조하라. *BDEB*, 745-746, 1046 (Bruce Shelley, 'David Marshall' and 'Shubal Stearns').

에몽(Piedmont) 정착민들로부터 교회 사역을 요청받는다. 그는 즉시 길을 떠난다. 곧 마샬이 동참한다. 그들이 펜실바니아주와 버지니아주에 교회를 세우고자 잠시 멈추면서 캐롤라이나로의 여정은 마침표를 찍게 된다. 스턴스는 특별한 능력이 있는 순회전도자였다. 그는 수많은 교회의 시작과 샌디크릭침례교연맹(the Sandy Creek Baptist Association)의 창설을 두루 살필 수 있었다. 마샬은 스턴스와 여러 해 동역한다. 그러나 1772년, 조지아주에 최초의 침례교회들을 설립하고자 남부 조지아를 향한다. 스턴스와 마샬이 전한 기독교 메시지에 영향 받은 설교자 중에 조지 리엘(George Liele), 데이비드 조지(David George)와 여러 아프리카계 미국인이 있다. 마샬과 스턴스는 자신들이 분리파 침례교인임을 인식하고 있었다. 따라서 필라델피아연맹의 정규 침례교인의 첫 인상에 그들은 너무 감정적이고 너무 문화에 뒤떨어진 듯 보였다. 그러나 지역의 침례교 교회와 연맹이 완벽하게 잘 세워지면서, 1787년 중부 식민지와 남부 식민지의 주요 침례교 대표단 사이에 완전한 협력이 이루어진다.

    1740년대의 대각성에서 일어난 일들이 복음주의 역사의 열쇠가 되었다. 식민지 침례교인의 대부분이 하나님의 직접 부르심, 개인이 체험하는 기독교 신앙의 실재, 복음 전파의 긴급성이라는 부흥의 교훈을 전심으로 받아들였다. 침례교인은 종종 분파적 극단에 치우치기도 한다. 어떤 사람들은 침례교에서 시행되지 않는 세례는 성인이나 유아 여부에 상관없이, 즉 세례의 종류와 관계없이 그 세례의 유효성이 인정되지 않는다고 주장했다. 뉴잉글랜드의 기성교회인 회중교회와 남부의 기성교회인 잉글랜드 국교회가 침례교 사역에 강력하게 반대했기 때문에, 그에 대한 자연스런 반응으로 폐쇄적인 자기만족감이 생긴 것일 수 있다. 뉴잉글랜드에서는 벌금 형식으로, 남부 특히 버지니아에서는 물리적 공격으로 기성교회의 박해가 이루어졌다. 박해는 1770년대까지 침례교 역사에서 꾸준히 지속된 사실이다.[52]

    그러나 식민지의 영토가 확장되고, 사회 전반에 열린 이데올로기가 생기

---

52) 서류에 관해서 참조하라. Rhys Isaac, *The Transformation of Virginia, 1740-1790* (Chapel Hill: University of North Carolina Press, 1982), 161-163, 172-77, 200-203.

면서, 복음주의 침례교인의 자주적 시작, 평신도 중심, 성경 중심, 그리고 철저한 능동적 사역은, 1740년대의 부흥과 1770년대의 혁명 사이 침례교 운동이 본토에서 가장 역동적인 신앙운동이 되도록 만든다. 침례교야말로 대각성의 가장 큰 수혜자였다. 1740년 북미 식민지의 침례교회는 100개도 안되었다. 1776년 영국과 전쟁이 일어날 무렵, 침례 교회의 수는 500개에 달한다.

3) 장로교인

제4장에 기술된 1741년의 장로교 분열이 1758년에 끝난다. 1747년 조나단 디킨슨(Jonathan Dickinson)의 사망에도 불구하고, 그동안 부흥주의 온건파와 복음주의적 칼빈주의 신학이 결합된 신파(New Side, 新派)는 빨리 앞서 간다. 이는 보수파인 구파(Old Side, 舊派)를 지배한 교회적, 사회적 나태함과 크게 대비된다. 17년의 분열 기간 동안, 구파 목회자는 28명에서 23명으로 줄어든 반면, 신파 목회자는 22명에서 73명으로 급증한다. 신파의 신입 목회자는 상당수가 예일대학 또는 목회자들이 지도한 중부 식민지의 고전학교에서 복음주의 교육을 누렸다.[53] 지역 고전 학교는 필립 도드리지 등 주요 목회자들이 잉글랜드에서 이끌었던 비국교도 학교와 아주 유사한 미주식 학교인 셈이다. 이 시기 식민지 장로교인은 잉글랜드, 얼스터, 심지어 스코틀랜드 장로교인보다 더 일관된 복음주의자였으며, 더욱 강한 자의식을 지닌 정통파였다. 지도자들은 논리 정연하고, 학식이 있으면서도 행동적이었다. 그들은 효과적인 부흥 설교를 통해 전래된 칼빈주의 교리에 생기를 불어넣었다.

길버트 테넌트(Gilbert Tennent)는 대각성에서 핵심적인 장로교인이었다. 그가 1743년 필라델피아 주요 장로교회의 목사가 되자, 교회의 예의범절을

---

53) Leonard J. Trinterud, *The Forming of an American Tradition: A Re-examination of Colonial Presbyterianism* (Philadelphia: Westminster, 1949), 150-151.

수호한다는 사람들도 그를 받아들이게 된다. 테넌트는 계속 휫필드의 굳건한 친구로, 복음주의 강조점의 충실한 지지자로 남는데, 1758년 구파와 신파를 다시 하나로 만든 통합회의의 의장을 맡을 때에도 그랬다. 수많은 젊은 목회자가 복음주의 대의에 힘을 덧붙인다. 당시 설교자이자 전도자로 지도적인 두 사람이 있다. 새뮤엘 핀리(Samuel Finley, 1715-1766년)는 아일랜드 태생으로 메릴랜드주 노팅험에 정착하기 전까지 윌리엄 테넌트의 '통나무대학' 학생이었다. 아론 버(Aaron Burr, 1715-1757년)는 예일대학 졸업생으로 1736년 뉴저지 뉴어크(Newark)에서 장로교회를 맡았다.[54] 두 사람 모두 칼빈주의의 경건을 사려 깊게 옹호했다. 또한 뉴저지대학의 이사로, 그 다음에는 총장으로(버 1748-1757년, 핀리 1761-1766년) 섬긴다. 그들은 복음주의적 칼빈주의 원칙으로 목회할 수 있도록 수십 명의 젊은이들을 준비시켰다. 버가 예일대학에 있을 때, 뉴잉글랜드와 새빛파 회중주의의 연계가 시작된다. 그가 조나단 에드워즈의 딸인 에스더와 결혼하면서 연계는 더욱 탄탄해진다. 칼빈주의와 회중주의의 연계성은 그의 신학적 확신과 당대의 많은 장로교인이 품고 있던 확신을 보여준다. 에스더 에드워즈 버(Esther Edwards Burr)는 비범하고도 명철한 여성평신도였다. 그녀는 정신없이 바쁜 가정생활의 와중에도 기독교적인 의미를 찾을 수 있었으며, 꾸준히 사역했다.[55]

새뮤얼 다비스(Samuel Davies)도 버나 핀리처럼 뉴저지대학의 총장(1759-1761년)으로 경력을 마감한다. 그는 장로교회 내부의 아주 영향력 있는 복음주의적 칼빈주의의 촉진자였다.[56] 버지니아에 장로교를 만드는 것이 그의 특별임무였다. 버지니아의 비국교도에게는 모국에 비해 아주 적은 자유

---

54) 입문서로 참조하라. *BDEB*, 387-388 (Richard Pointer, 'Samuel Finley'), 175 (Randall Balmer, 'Aaron Burr').
55) 참조. *The Journal of Esther Edwards Burr*, ed. Carol F. Karlsen and Laurie Crumpacker, (New Haven: Yale University Press, 1984).
56) 입문서로 참조하라. George William Pilcher, *Samuel Davies: Apostle of Dissent in Colonial Virginia* (knoxville: University of Tennessee Press, 1971); 그리고 Mark A. Noll, 'Samuel Davies', *American National Biography*, 24 vols (New York: Oxford University Press, 1999), 6:159-161.

만 있었는데, 그가 버지니아 식민지의 잉글랜드 국교회 체제와 성공적인 협상을 이끌어 낸다. 1748년 다비스는 영구적으로 버지니아에 정착한다. 그는 영적 양육을 요청한 오지의 소규모 그룹 사이에서 순회전도를 시작한다. 다비스는 영국의 1689년 관용법령이 보장되어야 한다고 주장하면서, 거주권 등록을 위해 식민지 정부와 교섭한다. 관용법령은 잉글랜드 비국교도 대부분에게 법적 권리의 일부를 보장해 주었다. 그의 교회설립은 즉각적인 성공을 거둔다. 그러나 1754-1755년 사이, 프랑스-인디언 전쟁이 시작되고 그가 열렬한 애국적 설교를 하고 나서야, 마지못한 잉글랜드 국교회 지도부는 신생 장로교회의 법적 지위를 인정하게 된다.

그러므로 남부의 잉글랜드 국교회 식민지에 복음주의 신앙을 조성하려고 물불을 가리지 않던 최초의 침례교, 그 다음 감리교, 그리고 수많은 여러 교단을 위한 문을 다비스가 열어젖힌 셈이다. 1759년 그는 프린스턴을 향해 버지니아를 떠났다. 그 때까지 그의 설교 기지 일곱 개가 모두 정규 교회가 되었으며, 목회자 열 사람이 캐롤라이나 그리고 더 먼 버지니아 변경까지 복음적인 메시지를 전하게 되었다. 1740년에 160개 가량이던 식민지 장로교회가 1776년에는 거의 600개에 육박한다. 이 수치는 다비스 시대의 장로교가 얼마나 큰 성공을 거두었는지 보여주는 지표다. 성장에 박차를 가할 수 있었던 커다란 요인이 두 가지 있다. 얼스터에서 중부 및 남부 식민지로 이민이 폭주했기 때문에, 새로운 회중모임의 필요성이 강하게 대두되었다. 그리고 복음주의의 활동성과 칼빈주의 장로교의 전통을 혼합하려는 열정적인 목회가 있었다.

4) 시민 종교

18세기 중엽 몇 십 년 동안 다비스의 두각은 미국 역사의 중요 특징을 보여준다. 즉 이처럼 이른 시기부터 영국의 복음주의와 현저한 대조가 이루어진 것이다. 아주 짧게 말해, 프랑스-인디언 전쟁(the French and Indian War,

1754-1763년) 동안, 대다수 아메리카 복음주의자들은 영국의 복음주의자들보다 정치면에서 공화주의의 청사진을 더 기꺼이 받아들인다.[57]

18세기 중엽의 공화주의란 중앙집권화된 정치권력에 대한 불신, 정부에 대한 견제와 균형에 대한 믿음, 정치적 노예화에 대한 두려움 그리고 자유, 법, 천부인권이 서로 결부된 관계를 믿는 주의다. 또한 공화주의 이론은 국민의 도덕성과 정부의 안정성 사이에 밀접한 연관성을 만든다. 공공의 미덕은 정부를 더욱 번성하게 하며, 악덕은 정부를 보다 전제적으로 만드는 것 같다. 공화주의자라고 반드시 민주주의에 헌신한 것은 아니지만, 민주주의 원리가 작동하는 곳에서는, 예외 없이 공화주의적 확신이 민주주의 원리와 합쳐졌다. 대조적으로, 영국에서 공화주의는 언제나 교리적 이단과 연결된다. 시민적 권리, 정부의 부패, 정치적 노예화의 위험성을 말하는 이들과, 타고난 도덕적 능력을 높이고, 원죄 교리와 대속 교리를 부인하며, 성경만큼 인간의 자연적 이성을 신뢰하는 사람들은 대개 같은 인물이었다.[58] 노년의 존 웨슬리가 자신들의 지도자를 뽑고 싶다는 계급적 열망에 직면했을 때, 냉정하게(때로는 보다 부드럽게) 전형적인 영국 복음주의의 주장을 펼친다. '우리는 공화주의자가 아니며, 결코 공화주의자가 되고 싶지 않다.'[59]

아메리카의 사정은 판이했다. 1740년대 조지왕의 전쟁처럼 앞선 시기에도, 이미 아메리카 목회자들은 가톨릭 프랑스에 대한 반대, 영국적 자유의 향유 및 그리스도 안에서의 자유를 공화주의적 정치 분석과 결부시켜 선포하고 있었다. 프랑스-인디언 전쟁 동안 연결은 더 강화되었는데, 새뮤엘 다비스가 가장 강력한 실천가였다. 1755년 그는 정통 신학과 공화주의 정치를 함께 엮어 마음을 뒤흔드는 애국적 설교를 처음으로 개시한다. 설교의 목표는 전쟁의 재난을 회개와 신앙으로 이끄는 막대기로 활용하는 것이었다.

---

57) 상세한 내용은, '기독교 공화주의'에 대한 다음 논의를 참조하라. Mark A. Noll, *America's God, from Jonathan Edwards to Abraham Lincoln* (New York: Oxford University Press, 2002), 53-92.
58) 관련성에 대해서 특히 참조하라. J. C. D. Clark, *English Society, 1660-1832* (2nd ed., Cambridge: Cambridge University Press, 2000).
59) Wesley가 John Mason에게, 1790년 1월 13일, in Wesley, *Letters*, 8:196.

그러나 다비스는 공화주의적 전쟁관을 조성하는 데 상당한 시간을 할애한다. '우리의 종교, 우리의 자유, 우리의 재산, 우리의 생명, 그리고 우리에게 신성한 모든 것이 위험에 처해 있습니다.' 특히 '제멋대로인 절대 군주'에 의해 '노예'가 될 위험성이 있으며, 이 군주는 '로마 교회의 미신과 우상숭배'에 순종할 것을 강요합니다.[60] 소수의 아메리카 복음주의자들, 특히 침례교인만이 프랑스-인디언 전쟁 기간 비정치적인 입장을 유지했다. 그러나 전쟁 노력에 동참한 복음주의자는 뉴잉글랜드의 회중주의자이건, 중부 식민지와 남부 식민지의 장로교인이든지 누구나 다비스처럼 목소리를 높였다.

이데올로기적 전개가 지니는 장기적 함의가 막대하다. 이데올로기적 전개는 아메리카 복음주의자의 높은 비율이 그처럼 기꺼이, 그처럼 활발히 미래의 미국독립전쟁을 지원하게 되는 이유의 일단을 설명해준다. 다가오는 (영국)의회의 '독재' 위협이 식민지에는 복음에 대한 공격과 동일시되었기 때문이다. 더욱이 미국 복음주의자는 교회-국가 체제를 내던지기 수십 년 전에, 영국의 복음주의자보다 공화주의와 민주주의적 신념 체계에 더 가까이 있었음을 보여준다. 침례교인 케일럽 에반스(Caleb Evans), 스코틀랜드 장로교인 몽트로스의 찰스 니스벳(Charles Nisbet) 같은 영국의 비국교도가 동일한 사상으로 미국의 복음주의자에 합류한 것도 사실이다.[61] 그러나 그들의 정치적, 사회적 견해는 잉글랜드, 스코틀랜드, 심지어 웨일즈와 아일랜드 대부분에서 소수파로 남게 된다. 이와 동시에 아메리카 식민지에는 더욱 급진적인 정치적 견해가 급속히 다수파의 규범으로 되어 버린다.

---

60) Samuel Davies, 'God the Sovereign of All Kingdoms' (1755년 3월 5일), in *Sermons on Important Subjects*, 3 vols (4the ed., New York: J. and J. Harper, 1828), 3:173.

61) 명쾌한 전반적 설명으로 참조하라. James E. Bradley, *Religion, Revolution and English Radicalism: Non-conformity in Eighteenth-Century Politics and Society* (New York: Cambridge University Press, 1990); 그리고 스코틀랜드에서 하나의 사례, James H. Smylie, 'Charles Nisbet: Second Thought on a Revolutionary Generation', *Pennsylvania Magazine of History and Biography* 98 (1974): 189-205.

5) 감리교인

　감리교인의 도착은 북미 복음주의의 마지막 전개로 미래에 큰 의미를 지니게 되지만, 당시에는 전혀 알 수 없었다. 조지 휫필드는 이미 식민지에도 유명 인사였다. 그러나 그의 설교에 영향 받은 사람들과 회심자들은 영국처럼 준교회적 협회보다, 전반적으로 회중교회, 장로교회, 침례교회로 인입된다. 조지아주에서 웨슬리 형제의 초기 사역으로 감리교의 후속 사역이 기대되었지만, 짧은 체류만으로 식민지에 웨슬리파의 존재를 보장할 수는 없었다.

　아메리카에서 감리교의 상황 또한 신세계 잉글랜드 국교회의 특징 때문에 일반적이지 않았다. 잉글랜드 감독들과 미주 교구 목사들의 관계는 특이한 반전현상 때문에 호의적이지 않았다. 신세계에서 잉글랜드 국교회는 비국교 기관으로 역할해야 했기 때문이다. 서인도 제도에서 복음전도협회(SPG)와 기독교지식진흥회(SPCK)가 18세기 초반부터 앞서 활동하고 있었지만, 사역의 결과는 애매모호했다. 두 협회는 조지아주의 존 웨슬리 후원을 포함, 신세계 교구를 위한 목회자 수급과 식민지 주민에 대한 문서 제공에 심혈을 기울였다. 심지어 아메리카 토착민 사이에 사전준비 성격의(비록 효과가 없었지만) 선교 사역을 시도하기도 했다.

　그러나 잉글랜드 국교도가 아닌 식민지 주민들은 별다른 감동을 받지 않았다. 오히려 변방을 가득 채우고 있던 회중교인, 장로교인, 침례교인과 기타 비국교도들은 대체적으로 잉글랜드 국교회 협회의 사역에 분개했다. 그들은 두 협회가 잉글랜드처럼 식민지에도 잉글랜드 국교회의 우월성을 구축하는 데 주된 관심을 가진 것으로 여겼다. 잉글랜드 국교회는 의사소통과 사기진작, 교육에서 경이로운 첫 걸음을 내딛지만, 식민지에 감독을 세우려는 시도는 결코 성공하지 못한다. 잉글랜드 국교회 교직을 희망하는 아메리카의 후보자가 교회에서 안수를 받으려면, 길고도 험한 대서양 횡단 여행을 해야만 했다. 돈도 많이 들고, 목숨을 건 일이었다.

그러나 잉글랜드 국교회의 식민지 주교가 사전지명 되기만 하면, 식민지의 비국교도는 전력을 다해 온갖 종류의 저항을 조직했다. 1760년대부터, 복음전도협회가 보스턴 등 지역에 '선교사'를 심으려는 서투른 시도를 하자, 잉글랜드 국교회에 대한 분노는 바로 모국을 향한 식민지의 전반적인 적대감으로 자라게 된다.[62] 더욱이 식민지 주민이 잉글랜드 국교회 신자가 되려고 소속 교회를 바꾸는 사례가 1720년대부터 뉴잉글랜드에 정기적으로 발생하게 된다. 새로 잉글랜드 국교도가 된 사람들은 청교도의 칼빈주의 신학과 잉글랜드 기성교회에 부흥의 연료로 제공되던 복음주의적 강조점에 대해 심하게 비난하는 경향이 있었다.[63]

신세계에서 잉글랜드 국교회의 현실을 고려해 볼 때, 잉글랜드 국교회 내부 복음주의 갱신 운동의 진행이 구세계보다 식민지가 더 어려운 사실은 놀랍지 않다. 우리가 본 것처럼, 휫필드도 북미에 있을 때, 비국교도인과 더 가깝게 일했고, 잉글랜드에 있을 때보다 동료 잉글랜드 국교도와의 협력이 적었다. 사실 아메리카의 잉글랜드 국교도 중에 휫필드를 환영한 사람은 거의 없었다. 데베로 자라(Devereux Jarratt, 1733-1801년)는 예외였다. 그는 버지니아 출신으로 1752년에 복음주의적 회심을 경험한다. 학업을 마친 후, 1763년 잉글랜드 국교회 교직 안수를 받으려고 잉글랜드에 갔다.[64] 자라는 적극적인 은혜의 설교자였다. 그는 고향 교구인 버지니아의 배쓰(Bath)로부터 넓은 지역으로 순회전도를 했으며, 웨슬리 형제가 식민지에 도착하자 그들의 순회여행 사역을 격려했다. 나중에 미국 감리교회가 공개적으로 그를 동료라고 인정할 정도로 드문 잉글랜드 국교회 목회자였다. 그러나 전반적인 상황은 달랐다. 자라의 잉글랜드 국교회 동료들은 오랫동안 그를 미친

---

62) 고전적인 연구로 남아있다. Carl Bridenbaugh, *Mitre and Scepter: Transatlantic Faiths, Ideas, Personalities, and Politics, 1689-1775* (New York: Oxford University Press, 1962).
63) 회중주의에서 잉글랜드 국교회로 개종한 가장 유명한 사례가 전해진다. Joseph Ellis, *The New England Mind in Transition: Samuel Johnson in Connecticut, 1696-1772* (New Haven: Yale University Press, 1973).
64) 참조. *BDEB*, 604-605 (Gillis Harp, 'Devereux Jarratt'); and Marvin Bergman, 'Public Religion in Revolutionary America: Ezra Stiles, Devereux Jarratt, and John Witherspoon' (1990년 시카고대학 박사학위 논문), 155-210.

제6장 발전, 1745-1770년   **235**

사람으로 여겼다. 그의 삶이 마지막 10년 정도 남았을 때에야 작은 존경을 표했을 뿐이다.

잉글랜드 국교회의 여건은 북미 감리교의 시작에 관해 많은 내용을 설명해준다. 신세계에서 감리교 초기의 주도권은 확립되지 않았고, 무계획적이었으며, 중심은 평신도였다. 그러나 잉글랜드에서 대륙과의 연계가 아주 중요했는데, 식민지에서도 대륙과의 연계를 통한 혜택을 받을 수 있었다.

아일랜드 이민자들이 아메리카의 감리교를 시작한다. 몇 그룹은 독일의 백작령에서 아일랜드로 갔던 초기 이민자이기도 한다. 1760년대 이들은 뉴욕시와 메릴랜드 시골에 지역 그룹을 세우기 시작한다.[65] 필립 엠베리(Philip Embury)와 사촌인 바바라 러클 헥(Babara Ruckle Heck)은 1750년대 초 아일랜드에서 존 웨슬리의 설교를 듣고 회심했다. 1766년 대서양을 건너 뉴욕에 도착한 그들은, 가족과 흑인 하녀 한 명을 포함한 최소한의 사람들과 감리교 협회를 설립한다. 같은 시기, 로버트 스트로브리지(Robert Strawbridge)와 엘리자베스 스트로브리지 또한 아일랜드에서 감리교인과 협력하는데, 평신도 안수의 강력한 추진은 자제하고 있었다. 그들은 메릴랜드 정부공여농지를 기지로 삼고 순회전도를 떠나, 지방 협회 설립 사역을 했다. 스트로브리지 가문은 뉴욕의 셀그룹이 만들어지기 전에, 소유지에 작은 예배당을 만들었다. 뉴욕과 메릴랜드 감리교인 사이에 연결은 없었지만, 임시협회의 추진자들은 잠재적 회심자가 있는 두 지역의 많은 인구를 활용한다. 영국의 4개 지역 모두에서 이민자 파도가 밀어닥친다. 많은 이민자가 모라비아 교인, 칼빈주의자 또는 영국 감리교의 다양한 웨슬리파 사람들이었다. 이들 중 엄청난 수가 아메리카에서 조지 휫필드의 줄기찬 순회설교에 반응한다.

프랑스-인디언 전쟁 참전용사인 토마스 웹 대위(Captain Thomas Webb, 1725년경-1796년)가 전진을 위한 결정적 사기진작에 성공한다. 그는 1765년 잉글랜드에서 모라비아 설교를 듣고 회심했다. 웹은 아메리카로 돌아온

---

65) 아메리카에서 초창기 감리교의 발전에 대해 많은 논란거리가 있다. 나는 권위 있는 다음의 설명을 따른다. Dee E. Andrews, *The Methodists and Revolutionary America, 1760-1800: The Shaping of an Evangelical Culture* (Princeton: Princeton University Press, 2000), 32-42.

후, 뉴욕 알바니(Albany)의 자기 기지로부터 순회전도를 시작한다. 웹은 뉴욕, 필라델피아, 윌밍튼(델라웨어)과 뉴저지주 몇몇 지역의 감리교 협회들을 연결하는데 개인적으로 기여한다. 웹의 인도를 통해, 존 웨슬리도 아메리카의 감리교인이 어떤 일을 하고 있는지 알게 된다. 그들은 곧 여성과 노예를 포함한 이백오십 명의 기부자를 통해, 뉴욕시의 존 가(John Street)에 상당한 설교 장소를 건축할 충분한 재정을 모았음을 보고할 수 있었다. 지역명칭에 따라 명명된 이 건물도 '웨슬리 예배당'의 하나였다. 존 웨슬리는 처음에 비교적 무관심한 반응을 보였다. 그러나 드문드문 한 보고가 급류로 변하자, 실천의 시간이 되었다. 1769년 그는 웨일즈 순회전도자이면서 아일랜드에서 일하던 로버트 윌리엄스(Robert Williams)와 잉글랜드인 순회전도자 리처드 보드맨(Richard Boardman)과 조셉 필모어(Joseph Pilmore)를 아메리카에서 그의 이해관계를 대표하는 사람으로 임명한다. 두 사람은 후에 웨슬리 친교회의 50번째 순회교구가 될 모임에 대표로 공식 임명된 셈이다. 웨슬리의 대리인들은 즉시 군중 동원, 협회 구성과 애찬식, 회의 비망록과 찰스 웨슬리의 찬양 배포 같은 웨슬리적 실천에 성공을 거둔다. 그들은 웨슬리에게 들판이 하얗게 되어 추수할 때가 되었다고 보고한다.

  1770년 9월 조지 휫필드의 소천은 간접적이긴 하지만, 아메리카 감리교 역사의 초창기 발전에서 핵심적인 사건을 촉발시킨다. 휫필드의 임종 소식에 접한 헌팅든 백작부인은 식민지 칼빈주의 감리교 활동의 조정자로서 휫필드의 직무를 떠맡도록 그녀의 개인 목사 중 한 사람을 임명했다. 소식이 웨슬리 형제에게 도착하자마자, 그들은 서둘러 자파 친교회를 위한 더 많은 지원자를 모집한다. 호소에 응답한 젊은이가 프란시스 애스베리(Francis Asbury)다. 결국 그는 1771년 10월 젊은 나이(26세)로 아메리카에 도착한다. 그러나 그는 이미 관록 있는 순회전도자였다. 아메리카에 첫 발을 닿았을 때, 아메리카 전도 협회의 등록인 수는 삼백여 명이었다. 45세의 나이로 그가 사망했을 때, 회원은 삼십만 명이 넘는다.[66] 애스베리가 극적인 급증

---

66) *Minutes of the Annual Conferences of the Methodist Episcopal Church for the Years*

의 유일한 원인 제공자는 아니다. 그러나 존 웨슬리식의 복음주의 기독교의
조직가, 격려자, 설교자, 사절, 중재자로서 그의 역할은 막중했다.

1770년 9월 휫필드의 사망 그리고 일 년 후 애스베리의 아메리카 도착은
복음주의 역사의 중요 전환점이 되었다. 휫필드처럼 그토록 광범위하게 완
전하고 효과적인 네트워크를 향유한 개인은 더 이상 없을 것이다. 휫필드
의 사망으로 운동 전반에서 칼빈주의의 주도권이 약화되었다. 다음 수십 년
동안 특히 아메리카에는 온건 칼빈주의와 알미니안 주의 사이에 다양한 형
태의 더 넓은 융합이 이루어진다. 휫필드(안수 받은 잉글랜드 국교회 목회자)의
사망 그리고 애스베리(전혀 목회 훈련을 받지 않은 평신도)로 대표되는 전도양
양한 아메리카 감리교의 미래는 복음주의의 이해관계에서 핵심을 이루던
기성체제의 약화를 암시한다.

1770-1771년 무렵, 복음주의 신앙은 급속한 분화과정을 시작하는데, 분
화 속도는 결코 줄어들지 않는다. 복음주의가 스코틀랜드 고지대, 아일랜
드, 아메리카 식민지의 중심지 세 곳, 그리고 서인도 제도의 여러 섬에 근거
지를 마련하고, 복음주의 회심자가 잉글랜드의 비국교도와 아메리카 침례
교인 및 장로교인에게 정말로 영향력을 발휘하기 시작한다. 복음주의의 영
향력이 항상 선명했던 것은 아니라 할지라도, 복음주의로 인해 영어 사용권
전체의 신앙 양태가 변함은 분명하다. 요크셔의 복음화, 아메리카의 감리교
사역, 또는 서인도 제도 선교 확장에 있어, 대륙 경건주의와의 연계 또한 중
요 요인으로 남는다. 위대한 순회전도자 휫필드가 사망했지만, 그가 설교한
지역에는 엄청난 생기가 넘친다. 신세계 감리교의 소규모 모임보다 더 생명
력이 넘치는 모임은 없었다. 이들이 이루는 확장이야말로 다음 세대 복음주
의 역사에서 가장 극적인 사건이다.

1773-1828 (New York: T. Mason & G. Lane, 1840).

The Rise of Evangelicalism

제 7 장

분화, 1770-1795년

    복음주의 역사에서 1770년 휫필드의 사망 이후 사반세기는 극적인 팽창과 분화를 목도하는 시기다. 기성교회의 경계선 밖에서 운동의 세력 확장이 이루어진 것이 가장 중요한 일임이 분명하다. 복음주의는 대영제국의 국교회 내부에서 신앙적 실천을 회복하려는 노력에서 시작되었다.
    그러나 두 세대만에 참된 신앙의 추구는 복음주의자로 하여금 전래된 교회 형식에 중점을 두던 전통적 패턴을 넘어서게 한다. 그들은 실제로 세계의 미복음화된 지역으로 내몰리기 시작했다. 부흥보다 복음의 첫 번째 전파가 핵심적 관심이었다. 상황 전개에 따라, 수많은 복음주의자가 결심을 굳히면서, 잉글랜드와 스코틀랜드 기성교회 내부의 복음주의 세력이 점점 커진다. 또한 뉴잉글랜드 기성교회인 회중교회 안에도 상당한 복음주의적 생동감이 넘치게 된다. 결국 복음주의의 파고는 맨 처음 빚어진 틀 자체를 부수고 만다. 1795년까지의 사건이 요약된 연대기가 그런 사실들을 보여 준다.

1778년: 웨슬리파의 총감독, 토마스 코크(Thomas Coke)가 감리교 자원자들에게 아프리카 선교를 떠나라는 호소문을 회람시킨다. 호소문은 모라비아인들이 한 일을 본 딴 것으로, 해외선교 노력에 대한 관심을 커지게 만든다.

1779년: 고난 주간에, 찰스 시미온(Charles Simeon)의 개인 신앙에 불이 붙는다. 그는 다음 세대 잉글랜드 국교회 복음주의의 핵심 인물이 된다.

1784년: 미국의 감리교인은 실천적인 목적을 위해 어떤 잉글랜드 국교회 기관과도 무관하며, 존 웨슬리의 영향으로부터 독립한 독립 교회를 구성한다.

1785년: 앤드류 풀러(Andrew Fuller)의 『모든 인정을 받을 만한 그리스도의 복음』(The Gospel of Christ Worthy of All Acceptation)의 출판은 잉글랜드 특별 침례교인 사이에 복음주의의 승리를 나타내는 지표다.

1787년: 더블린에 복음주의총협회(General Evangelical Society)가 창설된다. 목표는 아일랜드의 복음화를 위해 관심 있는 모든 신교도로부터 지원자와 에너지, 기금 마련이다.

1790-1792년: 노바스코샤의 애나폴리스 리버 밸리에서 '새로운 세대'(New Dispensation)의 지지자들(상당수가 여성)이 새빛파의 복음주의 신앙 형태를 열정적으로 추구하기 위해, 전통적인 침례교 및 회중교회와 단절한다.

1791년: 3월 2일 존 웨슬리 그리고 6월 17일 헌팅든 백작부인의 사망으로 잉글랜드 국교회로부터 웨슬리파 감리교 및 칼빈주의파 감리교의 분리(두 경우 모두 분리는 길고, 엉망진창이며, 지치게 만드는 과정이었다)가 완결되었다.

1792년: 노바스코샤로부터 시에라리온(Sierra Leone)으로 이주해 온 수백 명의 아프리카계 캐나다인들 중에 침례교 설교자 데이비드 조지(David George)가 있었다. 그는 즉시 아프리카 대륙의 첫 번째 침례교회를 세웠다. 같은 해, 잉글랜드 침례교인 윌리엄 캐리(William Carey)는 해외 선교에 대한 극적인 호소문을 출간했고, 새로운 침례교선교협회(Baptist Missionary Society)를 탄생시켰다.

	다음해 협회는 캐리와 존 토마스(John Thomas) 그리고 그 가족들을 인도 아대륙(亞大陸)의 첫 선교사로 파송했다.
1792년 또는 1793년:	리처드 알렌(Richard Allen)과 동료 아프리카계 미국인들이 필라델피아의 세인트 조지 감리교회에서 추방된다. 그러자 알렌과 여러 흑인들이 미국의 첫 흑인 감리교 회중모임인 베델 아프리카계 감리교 감독교회(Bethel African Methodist Episcopal Church)를 창립한다.
1794년:	잉글랜드 국교회 목회자인 새뮤엘 말스덴(Samuel Marsden)이 뉴사우스웨일즈(호주)의 시드니에 도착한다. 그는 영국의 새로운 죄수 식민지에 목회자 임무를 맡은 것이다. 동시에 가능한 경우, 뉴질랜드와 태평양 도서(島嶼)의 선교 활동 대표이기도 하다.
1795년:	스코틀랜드에서 로버트 할데인과 제임스 알렉산더 할데인(James Alexander Haldane)이 회심한다. 그들은 즉시 막대한 유산을 준(準) 교회 기관(parachurch) 및 비국교도의 교육과 전도 촉진에 사용하기 시작한다. 잉글랜드에서, 유아세례를 인정하는 침례교 칼빈주의자들이 선교협회(나중에 런던선교협회, London Misssionary Society)를 설립한다. 협회는 초교파 자원자 협회로, 타문화권 선교사의 모집과 파송, 지원을 목적으로 한다.

휫필드의 사후 몇십 년 동안 드라마틱한 정치적 사건이 가득했다. 이 사건들로 인해 북대서양의 지정학적 풍토가 재구성된다. 복음주의자에게 새로운 상황, 새로운 도전, 새로운 시작과 새로운 동맹이 만들어진다. 미국 독립전쟁(1775-1783년, America를 독립전쟁을 기점으로 하여, 이전에는 아메리카 또는 미주, 이후에는 미국으로 해석한다: 역자주)은 역사상 처음으로 대영제국의 해외영토를 급격히 축소시킨다. 또한 영국으로 하여금 세계의 다른 지역으로 식민지 팽창의 가능성을 타진하도록 만든다. 1780년 6월의 고든 폭동(the Gordon Riots) 로마 가톨릭교인에 대한 법적 제한을 완화시킨 의회 법령에 대한 항의에서 촉발된다. 사망자 수백 명과 런던 대부분을 잿더미로 만

든 폭동은 영어 사용 문명권의 중심지에서 사회질서의 취약성을 노출시킨 것이다. 1789년 7월 14일 바스티유 습격과 1792년 프랑스혁명의 첫 전쟁 발발 그리고 1793년 1월 루이 16세의 기요틴 처형은 영국 전 지역에 엄청난 충격을 준다. 1815년 나폴레옹의 최종적인 패배로 일단락되는 유례 없는 수십 년간의 군사적 동원은 영국의 정치, 경제적 삶, 이데올로기와 사회적 태도를 빚어가는 결정적 요소였다. 결국 1812년 영국과 미국의 전쟁으로 치닫는데, 전쟁은 캐나다의 정치적 미래에 강력한 영향을 미친다.

정치사와 사회사의 주요 사건이 복음주의 역사에도 주요 사건이다. 미국혁명은 북미 복음주의자에게 전에 전혀 경험하지 못한 보다 공화적이며, 보다 민주적인 환경에 신앙을 적응시켜야 하는 시험을 강요한다. 또한 비국교화라는 새로운 실험도 이어진다. 혁명은 복음주의자가 사역하는 종교 환경을 근본적으로 변화시켰다. 반(反)가톨릭주의 정서의 지속적인 힘을 표명한 고든 폭동은 영국 개신교인과 마찬가지로 복음주의자에게도 강력한 영향을 주었다. 찰스 웨슬리는 감리교인을 폭력에서 떼어놓으려 특별한 수고를 아끼지 않았지만, 다른 복음주의자는 폭동을 촉발한 개신교 협회의 창설자 조지 고든 경(Lord George Gordon)을 열렬히 지지한다.[1]

혁명 중인 프랑스와 전쟁이 발발하면서, 불안정한 상황이 조성된다. 그 와중에 스코틀랜드에는 할데인처럼 저명한 복음주의자가 회심한다. 전쟁은 잉글랜드 국교회 복음주의자로 하여금 황실에 대한 충성심을 강조하게 했으며, 이를 천명하도록 했다. 웨슬리파와 옛 비국교도 대다수가 충성 선언에 즉시 참여한다. 미국혁명과 프랑스혁명은 1798년 아일랜드 반란에 불꽃을 일으키지만, 반란은 실패한다. 반란 이후 아일랜드계 장로교와 아일랜드계 국교회 내부에 복음주의가 급속도로 세를 얻는데, 이런 일은 처음이다. 그리고 1812년 전쟁을 초래한 영국-프랑스 분쟁과 연관된 국제 외교는 북미에서 복음주의 역사의 방향을 재정립시킨다. 전쟁 때문에 캐나다인은

---

[1] 헌팅든 부인의 써클과 고든 경의 관련성에 대해서 참조하라. Boyd Stanley Schlenther, *Queen of the Methodists: The Countess of Huntingdon and the Eighteenth-Century Crisis of Faith and Society* (Durham: Durham Academic Press, 1997), 164-165.

영국의 편으로, 그리고 보다 공적인 복음주의 신앙으로 회귀하기 때문이다. 반면 미국인에게는 미국 교회의 민주주의를 승인하는 계기가 되었다. 이 기간 내내 영국 해군력의 강화와 혁명이후 제국의 해외 진출 확대라는 환경이 조성되면서, 해외 선교 노력도 자리를 잡게 된다. 달리 말해, 복음주의 역사는 당대의 광역 역사의 일부인 셈이다. 제7장의 설명에서, 외교, 전쟁, 경제적 기회, 경제적 위기, 이데올로기적 압박과 긴장 그리고 제국의 축소와 확장 등 실제적인 현실이 전면에 나서지 않을 것이다. 그러나 보다 넓은 그림에서 보면, 현실은 직접적인 영적 발전이나 교회적 발전만큼 중요하다.

대략 1770년에서 1795년까지 복음주의 역사를 일원적 설명으로 체계화 하는 일은 인위적일 뿐이다. 이 시기 복음주의는 전래된 패턴을 결정적으로 초월하며 움직이는 역동성을 보여주기 때문에, 복음주의 내부의 점증하는 다양성을 각기 다른 여섯 가지 형태로 정리한다. 여섯 가지 구분은 기성교회로서, 기성교회 **밖으로**, 기성교회와 **함께**, 기성교회의 **종언 이후**, 기성교회에 **대항하여** 그리고 기성교회를 **완전히 넘어서** 등이다.[2]

1. 기성교회로서

1795년 존 뉴턴(John Newton, 1725-1807년)이 잉글랜드의 신앙 생활에 대한 연구를 하기 위해 잠시 일을 멈춘 것은, 그가 목격했던 사건들이 불쾌하기 때문이 아니다. 오히려 뉴턴 자신의 삶의 행로에서, 잉글랜드 기성교회 내부에 복음주의가 진출하는 통로가 열렸기 때문이다.[3] 노예선 선장이었던

---

2) 1740년대에 대한 풍부한 자료에 비하여, 18세기의 마지막 사분기 동안의 복음주의에 관한 주요 연구는 드물다. 예외적으로, 잉글랜드 상황에 대한 권위 있는 두 작품이 있다. John Walsh, 'Methodism at the End of the Eighteenth Century', in Rupert Davies and Gordon Rupp (eds.), *A History of the Methodist Church in Great Britain*, vol. I (London: Epworth, 1965), 277-315; 그리고 W. R. Ward, *Religion and Society in England, 1790-1850* (New York: Schocken, 1973), 1-69.

3) 필수 연구로, Bruce Hindmarsh, John Newton and the English Evangelical Tradition Between the Conversions of Wesley and Wilberforce (Oxford: Clarendon, 1996), 그러나

뉴턴은 한 예배에 참석했다가 회심한다. 처음 그는 독립파와 교제했고, 후에 자기 공부를 심화시키는 과정을 택하면서, 잉글랜드 국교회 교직을 추구한다. 결국 노예무역과 노예 제도 자체를 거부하게 된다. 여러 복음주의자가 잉글랜드 국교회 내부에서 뉴턴의 승진 과정을 준비하는데, 이들은 각자 기성교회 자체와 기성교회 내부에 영향력을 행사한다. 1750년대 회심 초기의 그는 조지 휫필드, 존 웨슬리와 친밀한 관계를 맺는다. 요크셔 출신의 잉글랜드 국교회 목회자 몇 사람이 그를 격려한다. 헨리 벤(Henry Venn), 윌리엄 그림쇼(William Grimshaw), 헨리 크룩(Henry Crook, 1708-1770년)이 그들이다. 그는 자신의 회심에 관한 자서전, 『존 뉴턴 생애의 놀랍고도 흥미진진한 특별한 사건들에 관한 진짜 이야기』(*An Authentic Narrative of Some Remarkable and Interesting Particulars in the Life of John Newton*)를 쓰는데, 1764년 출판에 앞서 토마스 호이스(Thomas Haweis)가 초고를 읽는다.

호이스는 자기 다음에 다트모쓰 경에게 저자의 결심에 대해 알려준다. 장차 식민지 통상부 장관이자 국무부 장관 그리고 조지 3세의 상담역이 되는 다트모쓰(Dartmouth, 1731-1801년)는 기성교회 안에 복음주의자를 앉히는데 열심이었다.[4] 그는 올니(Olney) 지역의 성직추천권(또는 목회자 지명권)을 구매해 놓고 있었는데, 뉴턴을 위해서 임시 대리목사 자리를 확보하고, 링컨의 감독에게 전직 노예선 선장에게 안수를 주라고 설득한다. 올니의 자리는 연봉이 너무 적기 때문에, 경건한 런던 상인 존 쏜턴(John Thornton, 1720-1790년)이 관대한 연간기부를 통해 뉴턴의 급여를 보완해주었다.

뉴턴은 올니에서 16년을 잘 섬긴다. 그는 확신에 찬 설교를 했으며, 교구민을 충실하게 심방했다. 그는 인근의 비국교회 목회자들과 좋은 관계를

BDEB, 824-825에 있는 Arthur Pollard의 탁월한 입문서적 논문이 뉴턴이 핵심이 된 잉글랜드 국교회 복음주의자들의 네트워크를 목록화하는 데 도움이 될 것이다. 또한 유용한 새 전기로 참조하라. William E. Phipps, *Amazing Grace in John Newton: Slave-Ship Captain, Hymnwriter, and Abolitionist* (Macon: Mercer University Press, 2001).

4) 1769년 아메리카의 복음주의자인, Eleazar Wheelock은 코네티컷의 레바논에 있는 자신의 인디언 학교를 Dartmouth 경의 이름을 따서 지었다. 1769년 학교는 뉴햄프셔로 이사했지만, '다트모쓰대학'이라는 이름은 그대로 유지되었다. 참조. BDEB, 1178 (David Kling, 'Eleazar Wheelock')

맺었으며, 교구 어린이들에게 교리를 성실히 가르쳤다. 그는 편지와 개인적 대화를 통하여 광범위한 영적 상담 목회를 수행한다. 그는 윌리엄 카우퍼(William Cowper, 1731-1800년)와 함께 주중 모임과 교구 특별 모임을 위한 찬송을 만든다. 가장 유명한 찬송이 '나 같은 죄인 살리신 주 은혜 놀라워!'(Amazing grace! how sweet the sound,/That Saved a wretch like me!)다. 1773년 1월 1일 금요일 신년 예배의 주요 찬송으로 자기 회중에게 처음 소개된다. 그날은 윌리엄 카우퍼가 올니 교회의 예배에 출석한 마지막 날로 기록된 날이기도 하다.

카우퍼는 지속적인 우울증의 공격을 받는다. 그는 우울증으로 인해 하나님으로부터 영원히 정죄 받는 불택자가 되었다고 느낀다. 카우퍼는 훌륭한 시를 계속 쓰고 있지만, 우울증에서 완전히 회복되지는 못한다.[5] 올니에서 뉴턴의 가장 강도 높은 목회 사역의 직접적인 대상이 카우퍼였다. 뉴턴은 자신이 쓴 '놀라운 은혜'의 구절을 카우퍼가 믿어야 한다고 열심히 권면했다. 현재 찬송가에는 종종 누락된 부분이다.

주님께서 나에게 좋은 것을 약속하셨네.
그의 말씀이 나의 희망을 보장하네.
그분이 나의 방패와 분깃되시네.
내 삶이 지속되는 한.[6]

1780년 존 쏜턴이 뉴턴의 런던 생활을 준비한다. 그는 런던에서 더 광범

---

5) Cowper는 그처럼 매력적이면서도 복잡한 성격이었다. 따라서 그의 생애는 다면적인 관점을 요구한다. 탄탄한 입문서로 참조하라. BDEB, 262-263 (Arthur Pollard, 'William Cowper'); 그 다음에 (학문적-문학적으로) James King, *William Cowper: A Life* (Durham, NC: Duke University Press, 1986); (역사적-신학적으로), D. Bruce Hindmarsh, 'The Olney Autobiographers: English Conversion Narratives in the Mid-Eighteenth Century', *Journal of Ecclesiastical History* 49 (1998): 61-84; 그리고 (영적으로) John Piper, *Tested by fire: The Fruit of Suffering in the Lives of John Bunyan, William Cowper, and David Brainerd* (Leicester: Inter-Varsity Press, 2001), 81-119.
6) 작곡과 첫 발표의 상세한 내용으로 참조하라. Steve Turner, *Amazing Grace: The Story of America's Most Beloved Song* (New York: Harper Collins, 2002), 79-86.

위한 지지자를 위해 더 열심히 봉사한다. 뉴턴의 런던 생활은 선구자적이었다. 그 중에서도 가장 혁신적인 일은 다방면협회(the Eclectic Society)의 설립이다. 1783년 비공식 그룹으로 출범한 협회에는 소수의 평신도와 비국교도 그리고 런던 지역의 잉글랜드 국교회 복음주의 목회자들이 소속된다. 협회의 토론과 기도, 상호 격려 시간은 뉴턴 본인의 이상이 실현된 것이다. 브루스 힌드마쉬(Bruce Hindmarsh)는 모임이 '초교파적 복음주의 신자 그룹, 영적 회심을 "증진"하기 위한 우정의 정신으로 모였다'고 깔끔히 정의한다.[7] 당시의 어떤 사람이 그런 말을 한다면, 그가 당황할지도 모르겠다. 그러나 1795년 잉글랜드 국교회 안에 복음주의자의 존재감이 커지고 있다고 본인이 기록할 당시, 그의 개인적 영향력이 주된 이유의 하나였다.

> 시대는 어둡다. 그러나 아마 **잉글랜드**의 60년 전은 더 어두웠을 것이다. 비록 우리는 평화와 풍요를 지니고 있지만, 왕국의 대부분은 갱신되지 못한 목회의 판단 아래 놓여있었고, 사람들은 지식의 부재 속에 망해가고 있었다… (지금은) 매년 복음이 새로운 장소에 심겨지고 있으며, 목회자가 꾸준히 양성되고 있으며, 사역이 계속 확산되고 있다. 나는 1740년에 전 왕국에 복음 전도자로 잘 알려진 공식적인 교구 목사(즉 잉글랜드 국교회 교구 목회자)가 한 명이라도 있었는지 확신하지 못한다. 이제 우리에게, 내가 알기로 400명은 안되지만, 그만큼 많은 목회자가 있다.[8]

그의 생애 마지막 시기(1807년 사망)에, 잉글랜드 국교회 복음주의의 성공에 대한 상세한 증언이 덧붙여진다. 뉴턴은 평신도 목회자 할 것 없이, 저명한 잉글랜드 국교회 지도자 사이에 믿을 만한 상담자가 되었다. 훌륭한 가

---

7) Hindmarsh, *John Newton*, 313. 일세기 반 이상이 지나, John Stott가 런던의 다방면 협회를 재건하려고 했다. 이 협회는 당시 잉글랜드 국교회의 복음적 갱신을 위한 도구가 되었다. 참조. Timothy Dudley-Smith, *John Stott: The Making of a Leader* (Leicester: Inter-Varsity Press, 1999), 305-308 그리고 Dudley-Smith, *John Stott: The Later Years* (Leicester: Inter-Varsity Press, 2001), 82-83, 151-152.
8) Hindmarsh, *John Newton*, 327쪽에서 인용. John Walsh는 세기 말경 그 수를 300명에서 500명 사이라고 추정했다. Walsh, 'Methodism at the End of the Eighteenth Century', 291

문 출신으로 캠브리지에서 훈련 받은 찰스 시미온(1759-1836년)이 1783년에 캠브리지의 성삼위일체교회(Holy Trinity Church)의 교구 목사가 되었을 때, 그를 격려하기도 한다. 그는 거의 50년을 복음주의적 목회 후보생들에게 설교하고, 네트워크를 만들며, 격려하는 데 사용했다. 한나 모어(Hannah More, 1754-1833년)에게 뉴턴은 더 직접적인 도움을 주었다. 유명 작가인 그녀는, 1780년부터 뉴턴과 서신교환을 한다. 뉴턴은 그녀의 신앙을 격려했는데, 그 격려가 기독교 작가로 1790년대와 그 이후 열정적인 노력으로 반(反)-급진주의 논문을 쓰게 되는 기반이 된다. 또한 뉴턴은 헐(Hull) 그리고 요크서 의원 윌리엄 윌버포스(William Wilberforce, 1759-1833년)를 지원하는 다양한 기회를 가진다. 윌버포스는 1780년대 중반에 회심한다. 그는 뉴턴의 공공연한 격려에 힘입어, 잉글랜드의 도덕 개혁과 노예제 공격이라는 두 가지 위대한 사역에 생명을 바친다. 기성교회 내부의 복음주의 행로에서 단순한 방법으로 뉴턴의 생애를 설명할 수는 없을 것이다. 그러나 그의 생애는 기성 체제 내부에 뜨거운 가슴 신앙의 증진, 성경-중심적 경건, 열정적 성결이 얼마나 많이 전파되었는지 보여주는 지표가 될 수 있다. 적대적인 감독들이 여전히 '감리교인' 또는 '심각한 성직자'라고 복음주의자를 조롱하고 있지만, 조만간 복음주의자 본인들이 감독이 된다.[9]

· 스코틀랜드도 비슷한 상황이다. 인민당(the Popular Party) 안에서 후견인 반대파의 신념이 차지하는 비중보다 기성교회 내부에서 복음주의적 신념이 차지하는 비중이 더 커졌다.[10] 에드워즈 및 몇몇 잉글랜드 복음주의자와 서신 교환을 하던 존 어스킨(John Erskine)이 당시 정황에서 핵심적인 역할을 한다. 특히 1765년 『기독교 신앙의 본질』(Dissertation on the Nature of Christian Faith)의 출판이 중요하다. 논문은 기독교 진리에 대한 지적 인정과 하나님에 대한 실제 경험과 결부된 '구원하는 믿음'을 구분한다. 도화선이

---

9) 다음에서 인용했다. Kenneth Hylson-Smith, *Evangelicals in the Church of England, 1734-1984* (Edinburgh: T. & T. Clark, 1988), 67.
10) 나는 다음을 따른다. John R. McIntosh, *Church and Theology in Enlightenment Scotland : The Popular Party, 1740-1800* (East Linton: Tuckwell, 1998).

된 어스킨의 작품에 이어 기독교인의 확신이 가능하다는 새로운 강조가 따라왔다. 프랑스혁명으로 스코틀랜드 국교회 안에 복음주의 원칙과 복음주의 경험에 대한 전환이 급속히 이루어지면서, 줄기찬 복음주의의 파고가 더욱더 높아진다. 새로운 출판물, 개혁과 선교를 위한 새 기관, 새 학교는 결과의 일부일 뿐이다.[11] 스코틀랜드 국교회의 복음주의자는 19세기 전반부 토마스 챌머스(Thomas Chalmers)의 지도로 얻을 폭넓은 사회적 영향력을 아직 획득하지 못하고 있었지만, 1740년대 초, 캠버스랭(Cambuslang)과 킬시쓰(Kilsyth)에 뿌려진 씨앗으로부터 강력한 복음주의적 에너지를 사용할 수 있게 된다.

영국의 상황과 대조적으로, 뉴잉글랜드 기성교회인 회중교회 안에서 복음주의는 단지 명맥을 잇는 수준이다. 신생 미국 헌법(1789년 입법)은 국가교회제도를 금지하지만, 자유로운 선택권이 각 주에 있었다. 코네티컷 주는 1818년까지 자신들의 선호에 따라 회중교회를 위한 자리를 마련했다. 매사추세츠 주는 1833년까지 그랬다. 18세기 마지막 시기, 복음주의자의 노력으로 신세계의 개신교 기성교회의 마지막 보루에 복합적인 결과가 이루어진다. 조나단 에드워즈의 학생들과 영적 후예들이 갱신을 계속 추진한다. 그러나 미국혁명의 사회적 지진(地震)과 형이상학적인 함축성을 지닌 은혜로운 칼빈주의에 대한 집착이 그들의 효율성을 가로막는다. 그들은 옛빛파 전통주의자와의 논쟁 그리고 일부 매사추세츠 회중모임이 유니테리언(이신론의 영향으로 삼위일체를 부인한다. 그리스도의 신성을 거부하고 하나님의 신성만을 인정하는 교파, Unitarianism: 역자주)으로 이동하게 되면서, 점점 원기를 잃어간다.

에드워즈의 제자 몇 사람이 자기 노력으로 중요한 신학자와 목회자가 되지만, 스승만큼 효율적으로 기독교 체험의 새로운 촉진이나 설명에 성공한 이는 없다. 코네티컷 주 북서부 시골에서 영향력 있는 목회자로 수많은 목

---

11) 특히 다음을 참조하라. David Alan Currie, 'The Growth of Evangelicalism in the Church of Scotland, 1793-1843' (박사학위 논문, University of St Andrews, 1990).

회후보생의 멘토역할을 감당한 조셉 벨라미(Joseph Bellamy)조차 자기 신학이 신적 율법 수여자로서의 하나님 개념으로 꽉 차버렸으며, 에드워즈의 영적으로 순수한 교회 개념을 방어하는 길고 긴 논증에 말려들었다.[12] 새뮤얼 홉킨스(Samuel Hopkins)가 매사추세츠 주 그레이트 배링턴(Great Barrington)에서 상인들이 노예무역으로 한 몫 잡고 있던 로드 아일랜드의 뉴포트(Newport)로 이사한다. 그는 에드워즈의 신학적 윤리학에서 얻은 통찰력으로 노예 제도 자체에 대한 수준 높은 공격을 과감히 단행한다. 1793년 홉킨스의 『하나님의 계시에 담긴 교리체계』(System of Doctrine Contatined in Divine Revelation)는 에드워즈 이후 미국 복음주의자가 출간한 것으로는 가장 포괄적인 신학 서적이다. 이 책은 수많은 뉴잉글랜드 회중주의자의 핵심 교과서가 되는데, 반대자들이 이 사람들을 '새로운 신성파'(New Divinity)라고 이름 붙였다. 칼빈주의 주요 교리의 논리적 함의에 유의하는 것이 이들의 강점이었다.

한편 고전적인 기독교 교리를 미국 계몽주의의 합리성에 적응하는 데 약점이 있었다.[13] 조나단 에드워즈 2세(1745-1801년)는 코네티컷 주 뉴헤이븐(New Haven)에서 목회하면서 부친의 원리를 유지하려 노력하지만, 신학 논쟁과 자신의 융통성 부족이라는 먹구름은 그를 자기 회중으로부터 거의 추방당하게끔 만든다.[14] 에드워즈의 손자이자 조나단 에드워즈 2세의 제자이기도 한 티모씨 드와이트(Timothy Dwight, 1752-1817년)가 목회자이자 교육자로 더 성공하였다. 그는 성공적인 목회를 마감한 후, 1795년 예일 대학교 총장으로 초빙된다. 그의 줄기찬 설교와 사람을 사는 인격은 예일대 학교 학생모임에 부흥을 불러일으킨다.[15] 드와이트가 예일대학교로 올 무렵, 몇

---

12) 참조. Mark Valeri, *Law and Providence in Joseph Bellamy's New England: The Origins of the New Divinity in Revolutionary America* (New York: Oxford University Press, 1994).
13) 참조. Joseph A. conforti, *Samuel Hopkins and the New Divinity Movement* (Grand Rapids: Eerdmans, 1981).
14) 참조. Robert L. Ferm, *Jonathan Edwards the Younger, 1745-1801: A Colonial Pastor* (Grand Rapids: Eerdmans, 1976).
15) 참조. John R. Fitzmier, *New England's Moral Legislator: Timothy Dwight, 1752-1817*

몇 뉴잉글랜드 교회가 생기 넘치는 부흥 사례를 경험하기 시작하면서, 미국의 개척지 선교가 촉진 단계에 접어들게 된다.16) 그러나 기성교회라는 특권에 대한 충성심 그리고 복잡하게 얽힌 신학 논쟁에서 자기 정화를 위해 싸우지 못하는 무능력 때문에, 회중교회 내부에서 복음주의의 성과는 제약을 받는다.

일반적으로, 뉴잉글랜드 회중주의자는 미국혁명이 초래한 문화적 변화 때문에 이리저리 휩쓸리고 있었다. 대다수 회중주의자가 어렵게 획득한 자유를 지키는 필수조건으로 독립전쟁을 열렬히 지지했다. 그러나 '자유의 전염'이 통제를 벗어날 정도로 퍼지자, 그들은 당황했다.17) 복음주의적 회중주의자는 혁명 이데올로기에 대한 반응으로 수정을 단행한다. 예를 들어, 벨라미는 고전적인 법정적 대속보다 통치적 대속 개념을 가르침으로써, '제멋대로인 폭군'이라는 개념으로 하나님이 그려지는 것을 방어하려 했다. 홉킨스는 죄는 죄를 짓는 행동 안에 있지, 죄인의 유전된 본성에 있지 않다고 가르침으로써, 인간 자유의 실재성을 강조하려 했다. 그러나 이러한 조정을 통해, 회중주의자의 권리가 잔존되었다는 느낌만으로는, 혁명 후기 사회나 억지스러운 신학에 대한 특별히 효과적인 접근법을 제공할 수 없었다. 오직 혁명적인 기관 그리고 칼빈주의 형식의 색채가 덜 드러나는 부흥주의로의 전환을 통해서야, 19세기 초, 회중주의자가 어느 정도의 에너지를 회복할 수 있었다. 그러나 이미 그때는 미국에서 심지어 뉴잉글랜드 일부 지역에서도, 가장 역동적인 복음주의 세력인 침례교인과 감리교인이 회중주의자를 대체한 후였다.18)

(Bloomington: Indiana University Press, 1998).
16) 탄탄히 다룬 것으로 참조하라. David W. Kling, *A Field of Divine Wonders: The New Divinity and Village Revivals in Northwestern Connecticut, 1792-1822* (University Park: Penn State University Press, 1993); 그리고 James R. Rohrer, *Keepers of the Covenant: Frontier Missions and the Decline of Congregationalism, 1774-1818* (New York: Oxford University Press, 1995).
17) '자유의 전염'이라는 말의 출처는, Bernard Bailyn, *The Ideological Origins of the American Revolution* (Cambridge, MA: Harvard University Press, 1967), 230-319이다.
18) 혁명 이후의 발전이 다음에서 탐구되었다. Mark A. Noll, *America's God, from Jonathan*

잉글랜드와 스코틀랜드에서, 복음주의자는 오래된 자기 나라 기성교회의 갱신을 위한 신선한 에너지를 불러온다. 세기의 마지막 해(1799년), 복음주의 잉글랜드 국교도는 해외 선교 지원을 위한 기구 설립에도 성공하고 있었다. 스코틀랜드에는 비슷한 시도가 스코틀랜드 국교회의 '목회적 훈계'로 인해 타격을 받는다. 그 해 순회전도, 평신도가 운영하는 주일학교, 선교 과열에 대한 주의가 내려진다. 미국 상황과 달리, 영국의 복음주의는 국교회 안에서 재임대의 삶을 누릴 수 있었다. 현재까지 두 나라(잉글랜드와 스코틀랜드)의 교회는 복음주의적 증언을 위한 중요 기지를 제공하고 있다.

이 시점에서 연대기의 시야를 돌려 캐나다의 발전을 언급하고자 한다. 기성제도 형식 속에서 지속된 복음주의 역사에 적합한 발전이다. 캐나다의 경우를 더 정확히 말하면, 준(準)-기성교회적 복음주의라 할 수 있다. 미국인에게 '두 번째 독립전쟁'이며, 캐나다인에게 '최초의 아메리카 정복 전쟁'인 1812년 전쟁은, 캐나다의 복음주의자를 더욱더 기성교회의 방식과 실천으로 끌어들인다. 캐나다 신교도 대부분이 전쟁으로 너무 크게 놀랐기 때문에, 민주주의, 기업의 창조성, 아메리카의 복음주의 전통에 등을 돌려, 영국식의 교회 생활로 향한다.

1812년 전쟁 과정과 이후, 캐나다 장로교인은 스코틀랜드 국교회 형식에 더욱 유착된다. 유기적이며, 총체적인 교회 생활이라는 이상은 스코틀랜드 복음주의자는 벌써 포기한 이상인데, 일부 캐나다 장로교인은 그때까지도 논쟁을 할 정도였다.[19] 캐나다의 복음주의 잉글랜드 국교도는 국가 교회에 대한 이해력을 높이고, 국가의 재정모금을 위해 헌신하는데, 적어도 1860년대에는 마치 고교회파 잉글랜드 국교도보다 광역 교회의 동료 잉글랜드 국교도인 만큼 적극적이었다.[20] 그리고 책임 조직가인 에거튼 라이어슨

Edwards to Abraham Lincoln (New York: Oxford University Press, 2002), 209-292.

19) 참조. Richard W. Vaudry, *The [Presbyterian] Free Church in Victorian Canada, 1844-1861* (Waterloo, Ontario: Wilfrid Laurier University Press, 1989).

20) 참조. William Westfall, *Two Worlds: The Protestant Culture of Nineteenth-Century Ontario* (Kingston and Montreal: McGill-Queen's University Press, 1989), 19-49.

(Egerton Ryerson, 1803-1882년)의 지도에 따르는 캐나다 감리교인은, 신앙인으로서, 보수적 근왕주의, 존경할만한 교육 그리고 온건하게 균형 잡힌 복음주의적 확신이라는 방향으로 인도된다.[21] 1790년대 이후의 전개는, 18세기 후반에 정의된 준(準)-기성교회적인 복음주의라는 패턴에서 발생한 복음주의의 다양성을 지속시키려는 캐나다인의 노력을 반영한다.[22]

2. 기성교회 밖으로

기성교회의 복음주의는 1730년대와 1740년대에 핵심적인 위치를 차지하지만, 1790년대 무렵에는 전체 운동에서 차지하는 비중이 점차 줄어든다. 감리교 친교회가 비국교화를 택하여 해산하면서 생긴 불명료성이 부분적인 이유였다. 마침내 복음의 긴급성에 대한 인식은 웨슬리 형제와 헌팅든 백작부인의 잉글랜드 운동 그리고 새로운 세대의 스코틀랜드 복음주의자 운동을 통하여, 전통적 교회 체제를 지키자는 주장에 승리한다.

웨슬리는 자기 운동을 평신도의 유연한 역량강화에 기여하며, 복음주의 기독교의 성결에 적응하는 주체로서, 잉글랜드 교회에 충성하는 파라처치 목회로 유지하려 오랫동안 분투해 왔다. 그러나 그의 노력은 생애의 마지막 시기에 허물어졌다. 미국 감리교인의 줄기찬 청원이 추진력이었다. 절대다수를 이루고 있던 평신도 순회전도자가 직접 성례를 시행하지 않는 한, 미국 감리교인이 세례와 주의 성찬을 누릴 실제적인 방법이 전혀 없었기 때문이다.[23] 웨슬리는 무려 30년 동안 잉글랜드와 아일랜드의 순회전도자들로

---

21) 참조. *BDEB*, 964-965 (Marguerite Van Die, 'Egerton Ryerson'); John Webster Grant, *A Profusion of Spires: Religion in Nineteenth-Century Ontario* (Toronto: University of Toronto Press, 1988), 68-70, 74-77; 그리고 Neil Semple, *The Lord's Dominion: The History of Canadian Methodism* (Kingston and Montreal: McGill-Queen's University Press, 1996), 42-99.
22) 준(準)-기성체제가 19세기 대영제국의 여타 광범위한 부분에 미친 영향에 대해서 이 시리즈의 다음 책에서 다루어질 것이다.
23) 대체적으로 이 과정에 대한 명료한 논의가 있다. Heitzenrater, *Wesley*, 285-292; 그리고

부터 비슷한 청원에 직면했었다. 그때마다 잉글랜드 국교회 교구와 정규 예배에서 그러한 요구를 충족할 수 있다는데서 도피처를 찾았다.

그러나 감리교에 대한 잉글랜드 국교회의 원칙상 반대는 말할 것도 없이, 잉글랜드와 아일랜드에서 웨슬리 친교회의 성장은 안수 받지 못한 순회전도자는 평신도의 역할을 해야 한다는 그의 고집을 더 이상 주장하지 못하게 만든다. 미국은 대지가 광활하고, 전체적으로 어떤 종류의 잉글랜드 국교도 또한 부족했기 때문에, 도피처로의 회피는 전혀 먹혀들지 않았다. 1784년 9월 1일, 현실이 원칙에 승리한다. 웨슬리는 미국의 감리교 예배를 위해 두 사람에게 개인적인 안수를 시행한다. 그리고 얼마 후 이미 잉글랜드 국교회 사제였던 토마스 코크(Thomas Coke)를 '총감독'으로 안수하여, 다른 사람에 대한 안수 시행권한을 준다. 달리 말해, 웨슬리 본인 스스로 감독의 특권을 행사한 것이며, 코크에게도 유사한 감독의 권한을 행사하도록 위임한 셈이다. 코크와 새로 안수 받은 감리교 목회자들에게 미국으로 건너가 코크의 동료 '총책임자'(무사히 대서양을 건너자마자 재빨리 '감독'으로 명칭이 바뀐다)로 프란시스 애스베리(Francis Asbury)를 안수하라는 지시가 내려진다. 존은 찰스와 상의도 없이 이런 행보를 보였다. 예상대로 찰스 웨슬리는 격노했다.

    그렇게 쉽게 감독이 만들어지나?
    남자나 여자의 변덕에 의해?
    그의 손이 놓여지고,
    그러나 누가 그에게 안수했지?
    만일 그 둘이 하나라면, 정도 차이가 있다면
    문제가 안 되겠지만,
    보라! 존 안에 담겨진 것을 보라
    노회 전체가 담겨있다.[24]

    Dee E. Andrews, *The Methodists and Revolutionary America, 1760-1800: The Shaping of Evangelical Culture* (Princeton: Princeton University Press, 2000), 31-72.
24) Ch. Wesley, *Reader*, 430-431.

그러나 죽음이 다가오고 있었다. 존 웨슬리는 영국의 순회전도자에게 협회 모임 시간을 잉글랜드 국교회 교구의 예배시간과 다르게 하라고 강권한다. 그러나 나이든 웨슬리의 권위가 약해지고 있는 반면, 영국 순회전도자의 교회자립 요청은 지속되고 있었다. 1791년 그가 사망하자, 상당한 혼란이 일어난다. 웨슬리가 생전에 모순되는 지침을 상당히 많이 하달했기 때문이다. 1788년 찰스 웨슬리가 사망했을 때, 그는 잉글랜드 국교회 교회마당에 매장되었다. 그러나 1791년 존의 사망시, 존은 감리교 예배당 옆에 매장된다. 이는 미래의 징조였다. 몇 년이 경과하면서, 감리교 친교회 중앙과 지역 협회 및 지역 이사회 사이에 충돌이 가중된다. 그리고 대립중인 국교회와 비국교회 사이의 다툼도 여전히 많았다. 그러나 1795년 무렵, 웨슬리파 감리교는 전반적인 목적에 있어 새로운 비국교회 교파가 된다. 리처드 하이첸레이터(Richard Heitzenrater)의 말을 빌리자면, '60년이 넘는 시간 동안, 웨슬리는 잉글랜드 국교회를 "개혁"하려는 마음을 품고 있었지만, 실제로는 감리교인에게 잉글랜드 국교회와 구별되는 독립적인 자기 정체성을 부여한 셈'이다.[25]

노력은 열매를 맺었다. 1790년 협회에 소속된 감리교인의 총수는 대략 오만 오천 명이었다. 십년도 되기 전에 웨슬리파(대부분 협회와 협력하지만, 모두가 협회 회원인 것은 아니다) 회원은 거의 구만으로 증가한다. 분리된 신 감리교 친교회에도 추가로 오천 명이 증가한다.[26] 1780년 약 육천백 명의 협회원이 있던 아일랜드는, 1790년에 만 사천 명, 그리고 1800년에 만 구천 명을 넘어선다.[27]

헌팅든 백작부인의 친교회의 경우, 잉글랜드 국교회와 분리는 훨씬 전부터 진행되고 있었다. 조지 휫필드의 말년에도, 백작부인의 친교회에 강력

---

25) Heitzenrater, *Wesley*, 312.
26) Robert Currie, Alan Gilbert and Lee Horsley, *Churches and Churchgoers: Patterns of Church Growth in the British Isles since 1700* (Oxford: Clarendon, 1977), 139.
27) David Hempton and Myrtle Hill, *Evangelical Protestantism in Ulster Society, 1740-1890* (London: Routledge, 1992), 38.

한 지속력을 지니고 있던 것은 그의 칼빈주의 신학과 교회 전통에 대한 인과적 접근이었다. 그러나 예배처소 몇 군데는 이미 비국교도(대개 독립파)의 회합 장소로 변해있었다. 1779년 런던 스파 필즈(Spa Fields)의 대규모 설교 기지 신설 때문에 논란이 발생한다. 그녀의 대응은 모든 예배처소를 비국교회 예배처소로 등록하고, 예배처소의 설교자에게 자기가 비국교도임을 선언하라고 지시였다. 그녀의 개인 목회자 중에 잉글랜드 국교회 목회자로 안수 받은 몇 사람이 지시를 거부한다. 임종 직전 백작부인은 친교회를 독립교단으로 유지하기 위한 준비를 한다. 그러나 그녀의 주도와 결심, 재정 지원이 없는 계획의 진척은 더뎠다. 친교회는 지속되었지만, 그녀의 예배당과 남은 목회자 대부분은 휫필드의 유산처럼, 비국교도가 되었다. 이로써 성장한 복음주의가 영국의 비국교회 신앙(Nonconformity)에 더해진다.

잉글랜드 밖, 웨일즈와 스코틀랜드의 감리교 운동 또한 분리 정도는 다르지만, 교파적 지위로 향해간다. 웨일즈어를 전적으로 사용하는 칼빈주의 감리교 친교회가 스스로 안수를 시행하기 시작한 1810-1811년까지 웨일즈 감리교는 교회적 분기점에 도달하지 않았다. 19세기에 웨일즈어와 웨일즈 민족주의 그리고 복음적 기독교의 대의에 있어 큰 비중을 지녔던 웨일즈의 복음주의적 칼빈주의라는 거대한 흐름이 그 시점 이후, 웨일즈 국교회에서 분리되어 비국교회 운동으로 흘러 들어간다.

스코틀랜드에서, 로버트와 제임스 알렉산더 할데인의 복음주의적 에너지는 형제가 회심한 1795년 이후 계속 스코틀랜드 국교회라는 틀에 담겨 있을 수 없었다. 초기에 그들은 키르크 내부에 가시화된 복음주의적 모임을 추진하려고 시도한다. 그러나 곧바로 국내복음전파협회(Society for the Propagation of the Gospel at Home, 1797년)를 설립하면서, 잉글랜드의 국교회 내부 그리고 비국교도 중의 복음주의자와 함께 적극적인 활동에 나선다. 동시에 스코틀랜드 국교회의 교구에서 교인을 빼내기 시작한다. 자기 생각을 지닌 부유한 지주 할데인 가문이 쉽게 다른 사람의 틀에 맞추어질리 없었다. 결국 그들의 사역은 스코틀랜드 독립파와 침례교인의 증대를 위한 연료로 사용된다. 소규모 무리로 있던 옛 스코틀랜드 독립교단과 스코틀랜드 침례교가 할데인의 회심 전부터 결집 중이었는데, 다음 세기의 경로를 지나면서 더욱더 복음주의적으로 되어간다.

따라서 복음주의적 비국교회 신앙의 거대한 세력 확장은 '감리교'의 대두에 따른 예상치 못한 결과인 셈이다. 감리교는 기독교의 갱신을 위해 시작되었지만, 잉글랜드에서 신생 교단으로, 장차 웨일즈에도 신생 교단으로, 또는 영국 전역에서 옛 비국교도를 지원하게 된다. 결국, 감리교는 여러모로 기성교회와 함께 하는 복음주 전파의 중요한 한 요소가 된다.

3. 기성교회와 함께

1770년대에 들어서면서, 영국의 종교적 배경의 반영(半影)으로써, 잉글랜드, 아일랜드, 웨일즈의 신교도 비국교회 신앙이 지속된다. 비국교회의 복음주의 전환으로 상황이 극적으로 바뀐다. 비국교회 신앙은 모라비아 신앙, 휫필드의 회심자를 통한 직접적인 에너지, 침례교인과 독립교인 사이에서 활성화된 신앙 그리고 미국이 준 엄청난 자극, 전적으로 감리교에서 빌려온(특히 순회전도) 신앙 등을 통해, 역동적인 복음주의 확장의 시대로 접어들고, 적어도 1세기 동안 지속된다. 존 왈쉬의 생동감 있는 표현처럼, '비국교회 신앙은 복음주의 부흥의 혈관으로부터 막대한 수혈을 받았다.'[28]

데이비드 보그(David Bogue)의 경력을 통해 독립교회의 변화 여정이 선명히 드러난다.[29] 스코틀랜드인 보그는 목회 준비는 키르크에서 했지만, 잉글랜드로 이주한다. 그는 잉글랜드 햄프셔의 독립교회를 맡게 된다. 목회를 시작하면서 복음주의 활동가의 외부지향성을 증폭시킨다. 젊은 목회자 훈

---

28) Walsh, 'Methodism at the End of Eighteenth Century', 293.
29) 참조. *BDEB*, 115 (J. H. Y. Briggs, 'David Bogue'). 이 활성화에 대한 전반적인 설명으로 참조하라. Watts, *Dissenters*, 2:1-22, 110-158.

런 아카데미를 개설하고, 순회설교를 정규 커리큘럼 과목으로 집어넣는다. 동인도 회사의 후원을 통한 극동 선교 사역의 가능성을 타진하기도 한다(그러나 회사가 허가를 거부한다). 또한 폭넓은 사역에서 비국교도 및 잉글랜드 국교도와 열심히 협력한다. 1793년 그는 온건 칼빈주의자의 초교파 모임이 창간한 「복음주의 매거진」(Evangelical Magazine)에 기고한다. 잡지 자체가 복음주의적 행동주의가 활발히 움직이고 있다는 신호였다. 잡지의 기고 활동 그리고 광범위한 개인 협력자의 개발을 통해, 1795년 런던선교협회의 창설 시 보그는 핵심 인물의 역할을 한다. 런던선교협회는 유아세례에 찬성하는 칼빈주의 침례교인이 영국 이외지역과 태평양 지역의 복음화를 촉진하기 위해 구성한 초교파적 기구다. 독립파와 칼빈주의 감리교인이 복음주의 잉글랜드 국교회 및 장로교인과 함께 활동에 참여한 것은 복음주의적 '가톨릭(보편) 정신'의 상징이 되었다. 또한 보그는 할데인 형제의 회심에 영향을 주었으며, 신앙 자원자 조직을 향한 그들의 열정을 고무시킨다. 보그는 '진지하고 강한 복음주의 혈통'을 지닌 회중주의자로서 혼자 일하는 것과 거리가 멀었다. 그는 쉐필드의 제임스 보덴(James Boden)을 선교협회의 동료로 소환한다.[30] 보그는 새로운 복음주의 긴급성의 전위가 되어, 장기적 관점에서 교단의 운명과 신앙을 많이 회복시킨다.

특별 침례교인도 복음주의로의 강력한 전환을 경험한다. 침례교인은 신학적 영감과 개인적 영감을 일으키는 비평적인 어음교환소 역할을 하는 노스앰턴셔(Northamptonshire) 연맹과 함께, 솟아나는 에너지를 복음화와 선교 사업으로 확실하게 돌린다. 올니의 침례교 목회자, 존 서트클리프(John Sutcliff 또는 Sutcliffe, 1752-1814년)는 설교사역과 목회사역에서 잉글랜드 국교회의 존 뉴턴과 협력한다. 1781년 로버트 홀(Robert Hall, Sr 1728-1791년)은 『시온의 여행자에게 도움을』(Help to Zion's Travellers)이라는 소논문을 출간한다. 논문은 구원에 있어 하나님의 주권적 지위라는 특별 침례교의 전통에 신뢰를 보내며, 이를 기반으로 인간의 모든 정책 활동을 논의한다. 아들인 로버트 홀 2세(1764-

---

30) *BDEB*, 114 (J. H. Y. Briggs, 'James Boden').

1831년)는 찰스 시미온이 트리니티 교회의 담임목회자가 된 얼마 후, 침례교 목사로 캠브리지에 도착한다. 그리고 홀은 목회 기간 동안, 대학과 도시에 강력한 복음주의적 도전을 제기한다. 로버트 홀 2세는 시민의 자유를 보장하고, 비국교도가 겪는 법률적 장치의 부재를 철회하려고 열심히 노력한, 당시 침례교 기준으로 다소 이례적인 사람이었다. 노스앰턴의 침례교 목사이자, 브리스톨아카데미의 학장인 존 라일랜드 2세(John Ryland, Jr, 1753-1825년)는 무한한 애정을 품고 조나단 에드워즈의 저작을 읽은 목회자의 한 사람이다. 스코틀랜드의 존 어스킨이 에드워즈의 책이 든 소포를 보낸다. 라일랜드는 에드워즈의 『신앙 부흥을 위한 특별 기도』(*A Humble Attempt to Promote Visible Union of God's People in Extraordinary Prayer for the Revival of Religion*, 1747년)를 읽는데, 이 책은 곧장 1784년 라일랜드가 조직하는 셀 그룹의 도구가 된다. 잉글랜드와 세계 복음화를 위한 기도가 셀 그룹의 목표였다. 로버트 홀 1세 또한 에드워즈의 탐독자였다.

홀은 앤드류 풀러(Andrew Fuller, 1754-1815년)에게 에드워즈의 『의지의 자유』(*Freedom of the Will*)를 추천하는데, 침례교 역사의 결정적 순간으로 기록된다.[31] 젊은 목회자로서 풀러 자신의 영적투쟁과 타인에 대한 성찰은, 하나님의 주권과 인간의 책임성 문제에 관한 내부 논쟁에 강력한 동기를 부여한다. 비국교회 용어로 말하자면, 풀러는 '현대적 물음'(The Modern Question)과 씨름하고 있었다. '현대적 물음'은, 1737년 마티아스 모리스(Matthias Maurice)의 「현대적 물음에 대한 겸손한 대답」(*A Modern Question Modestly Answered*)이라는 팸플릿에서 유래한 말이다. 그는 회중교회 목사로, '회심하지 못한 불쌍한 죄인의 의무는 설교나 책을 통해 복음을 듣고, 예수 그리스도를 믿는 것'이라고 힘주어 주장한다.[32] 침례교 전통파에게, 그의 명제는 선택에 있어 하나님의 주권적 부르심이라는 권능을 부정하는 것 같았다. 불신자를 영적 죽음에서 영적 생명으로 옮기는 데 있어 하나님께서 유일한 행

---

31) 유용한 입문서로, Phil Roberts, 'Andrew Fuller', in Timothy George and David S. Dockery (eds.), *Theologians of the Baptist Tradition* (Nashville: Broadman & Holman, 2001), 34-51.
32) Watts, *Dissenters*, I:457.

위자가 아니시라면, 어떻게 회개가 평범한 죄인의 의무가 된다는 말인가? 모리스의 저작이 출판되고, 반세기의 논쟁이 진행되면서, 더 많은 칼빈주의 비국교도인이 그의 올바름을 믿게 된다. 복음은 누구에게나 자유롭게 선포되어야 한다. 복음을 듣는 모든 사람은 그리스도께 돌아가기 위해 탄원해야만 한다. 그러나 이런 단계적 진행은, 하나님의 선택적 은총과 구원의 참된 경로라는 분명한 성경적 가르침을 배제하는 것 아니냐는 의심이 특별 침례교인 사이에 감돌기 시작한다. 앤드류 풀러가 에드워즈를 소개받을 무렵, 그는 이 문제와 씨름하고 있었다. 그는 『의지의 자유』에서, 에드워즈가 '도덕적 능력'(하나님께로 가고자 하는 열망)과 '자연적 능력'(하나님께로 가는 능력)을 구분한 데 대해 감명을 받는다. 에드워즈와 마찬가지로 풀러도 만일 사람이 원한다면, 모든 사람이 하나님께로 가야만 하고, 갈 수 있다는 확신을 받아들인다. 이에 따라 의롭게 하는 자유와 순전한 복음 설교 또한 받아들이게 된다. 그러나 여기에 더하여, 구속을 위해서는 모든 인간 선택의 배후에 놓인 본성을 변화시킬 '가슴에 대한 새로운 의미'라는 하나님의 선물을 필요로 한다는 점을 어떻게 계속 믿을 수 있는지를, 에드워즈는 그에게 보여주었다. 적어도 풀러는 만족했고, 수많은 침례교인도 만족했다. 어떻게 예정이라는 성경의 가르침을 믿으면서 동시에 범세계적 전도라는 성경의 대위임령을 쫓을 수 있는가 하는 난제를 에드워즈가 해결한 셈이기 때문이다.

분명 범세계적이었다. 노스앰턴셔의 침례교 서클은 점점 늘어나는 평신도와 목회자를 양육해야 했다. 불신자가 어디에 있든지 복음의 메시지를 전해야 한다는 짐이 무거워짐을 느꼈다. 윌리엄 캐리(William Carey, 1761-1834년)가 그런 사람이다. 구두수선공, 학교교사, 목회자였던 그는 쿡 선장의 태평양 항해기를 듣고 고무되어, 세계 각지에서 그리스도의 증인이 되라는 위임령에 관해 진지하게 생각하기 시작한다.[33] 침례교 동료들과 수년간 논의

---

33) 최근에 다루어진 믿을 만한 책으로 참조하라. Timothy George, *Faithful Witness: The Life and Mission of William Carey* (Worcester, PA: Christian History Institute, 1998).

한 후, 1792년 캐리는 짧은 논문 『그리스도인의 의무에 관한 문의, 이방인의 회심을 위한 수단을 활용하기: 세계의 다른 나라의 종교적 상태에서, 앞선 과업의 성공, 그리고 다른 과업의 실용성에 대한 고려』(*An Enquiry into the Obligations of Christian, to Use Means for the Conversion of the Heathens: in which the religious state of the different nations of the world, the success of former undertakings, and the practicability of other undertakings, are considered*)를 출간한다. 반향이 엄청났다. 첫 부분에서 캐리는 '수단'의 의미를 분명하게 밝힌다. '우리 은혜로우신 주님께서 그분의 나라와 그분의 뜻이 땅에서도 하늘에서도 이루어지이다 라고 우리가 기도하기를 원하신다. 그것은 우리가 그 일이 이루어지기를 말로써 표현하는 것만이 아니라, 그의 이름에 대한 지식을 전파하기 위한 모든 합법적인 방법을 사용하라는 뜻이기도 하다.'[34] 캐리가 박차를 가하자, 풀러 그리고 후에 라일랜드를 포함한 침례교 지도자들은 1792년 이방인의 복음 전파를 위한 특별침례교협회(또는 침례교선교협회)를 창설한다. 침례교선교협회가 해외 선교를 감당하려고 시도한 최초의 영국 단체는 아니다. 그러나 캐리와 침례교 동료들은 복음주의적 모습을 띤 현대적 선교 사역의 핵심 주창자라는 정당한 평가를 받게 된다.[35]

그러나 대체적으로 혁신이란 비국교회의 재생이며, 해외 선교가 아닌, 복음주의의 국내 주도권을 뜻했다. 물론 두 가지는 밀접히 연관되어 있다. 캐리와 침례교선교협회를 움직여 자기희생적인 해외 선교 사역을 고려하게 만든 동기와, 영국에서 수많은 침례교인과 독립교회 교인의 자기희생적인 순회전도를 고무시킨 동기는 같았다.[36] 비국교도가 침례교 표준 절차 편람에서 순회전도가 기록된 페이지를 선택했을 때, 결과는 확장을 위한

---

34) William Carey, *An Enquiry into the Obligation of Christians, to Use Means* (Leicester: Ann Ireland, 1792), 3.
35) 권위 있게 다룬 것으로 참조하라. Brian Stanley, *The History of the Baptist Missionary Society, 1792-1992* (Edinburgh: T. & T. Clark, 1992).
36) 핵심연구로, Deryck W. Lovegrove, *Established Church, Sectarian People: Itinerancy and the Transformation of English Dissent, 1780-1830* (Cambridge: Cambridge University Press, 1988).

신선한 에너지였다. 비국교도의 순회전도 전통은 17세기까지 거슬러 올라간다. 순회전도는 처음 정부의 규제 때문에, 그 다음에 비순응주의의 열정이 냉각되면서 사라졌었다. 휫필드의 대중설교, 웨슬리 형제의 순회전도, 헌팅든 백작부인의 후원 영향 그리고 선교 사역을 고무한 동일한 신학적 원천이 전통을 부활시킨다. 마을설교, 야외설교, 복음주의적 평신도 권면 방법, 자택 기도모임, 모두가 독립파와 침례교인이 복음을 전파하기 위해 사용한 새로운 수단이다. 그리고 두 교단의 부흥이 결과였다. 그러나 비국교회 순회전도의 성공은 정치적 의심을 산다. 특히 이처럼 온화하고 겸손한 목회자와 평신도 설교자가 사실은 급진적인 프랑스혁명이 영국의 질서를 교란하려는 음모의 일부라는 두려움이 생긴다. 의심은 새로운 세기가 되면서 정점에 달한다. 그러나 그것은 실제적인 정치적 위협의 표현이라기보다, 오히려 영국 비국교회의 성공과 철저한 복음주의적 부흥에 바친 찬사였다.

4. 기성교회의 종언 이후

영국에서 비국교회의 원거회복과 감리교의 재조직화가 이루어진 시기, 미국에는 또 다른 부흥이 진행 중이었다. 미국 혁명전쟁(1775-1783년) 기간에 호의를 얻은 단 한 종류의 '신앙'은 영국 식민지에서 해방이었다. 즉 '독립이라는 민간 신앙'은 엄청난 영적 에너지를 애국적 대의로 전진하게끔 만들었다.[37] 독립 정신은 일찍이 식민지 전쟁에서 처음으로 나타난 공화주의

---

37) 참조. John F. Berens, *Providence and Patriotism in Early America, 1640-1815* (Charlottesville: University Press of Virginia, 1978), 81-164; Ruth H. Bloch, *Visionary Republic: Millennial Themes in American Thought, 1756-1800* (New York: Cambridge University Press, 1985); Nathan O. Hatch, *The Sacred Cause of Liberty: Republican Thought and the Millennium in Revolutionary New England* (New Haven: Yale University Press, 1977), 97-175; 그리고 Mark A. Noll, *Christians in the American Revolution* (Grand Rapids: Eerdmans, 1976), 49-78.

와 기독교 사이의 유대를 더욱 깊게 만든다. 성경의 묵시록적인 구절을 통하여 강렬한 상상의 나래를 펼치도록 조장하면서, 모국에 대항하여 무기를 든 사람들에게 종교적인 확신을 제공한다. 그러나 적극적인 종교 생활의 조성에는 거의 기여하지 못한다. 전쟁을 통하여, 경제 재배치, 강제적 인구 이동, 교회 점유, 때로는 파괴가 이루어졌다. 전쟁은 모든 교단에게 시련이었다. 누구보다 식민지 잉글랜드 국교도에게 특별한 재앙이었다. 엄청난 재산 손실로 고통 받고, 왕과 의회에 대한 잉글랜드 국교회의 충성 때문에 낙인이 찍힌다. 잉글랜드 국교회는 1785년 미국개신교 감독교회(the Protestant Episcopal Church in the United States of America)로 재구성된다. 그러나 새 교단이 다시 동력을 회복하기까지 많은 시간이 걸렸으며, 1810년대의 강력한 복음주의 운동이 일어나기까지 더 많은 시간이 요구된다.[38]

회중주의자와 장로교인은, 대부분 전력을 다해 애국 전쟁을 지원한다. 이들은 심각한 피해를 받지 않았다. 그러나 우리가 보았듯이, 회중주의자는 성장 중인 유니테리안 운동의 압력과 공화제의 미국이라는 새 현실에 국가교회 시절의 습관을 맞추는 데 무능하여 고통을 겪는다. 장로교인은 전진을 위한 좋은 자리를 확보한 셈이지만, 교단의 리더십 문제 그리고 서부로 이동하는 인구라는 도전에 잘 부응하지 못함으로써, 움츠러든다.[39] 스코틀랜드 태생으로 프린스턴의 뉴저지대학교 총장인 존 위더스푼(John Witherspoon)은 미국독립선언서(1776년)에 서명한 유일한 성직자로 명망을 얻는다. 그러나 노년에 이르면서, 1768년 그가 도착한 직후와 이후 시기, 그가 교회에 불러온 자극이 많이 감소된다. 위더스푼이 총장으로 부임한 첫 해, 프린스턴에서 거의 반수의 학생이 목회를 한다. 그러나 그의 말년에는 오분의 일 이하로 줄어든다.[40] 1794년 위더스푼의 사망 전, 미국 장로교

---

38) 다음의 앞 페이지들을 참조하라. Diana Hochstedt Butler, *Standing Against the Whirlwind: Evangelical Episcopalitans in Nineteenth-Century America* (New York: Oxford University Press, 1995).
39) Noll, *America's God*, 124-130.
40) Mark A. Noll, *Princeton and the Republic, 1768-1822* (Princeton: Princeton University Press, 1989), 53.

는 세 가지 분파가 있었다. 첫 번째 분파는 새뮤얼 스탠호프 스미쓰(Samuel Stanhope Smith, 1751-1819년)의 사역이 대표한다. 그는 위더스푼의 사위로 프린스턴 총장직을 계승한다. 그는 잉글랜드 장로교회를 따라 계몽주의적 자유주의로 나가는 것처럼 보인다. 애쉬벨 그린(Ashbel Green)이 또 다른 분파를 이끌었다. 그는 필라델피아 제2장로교회의 담임목사이자, 프린스턴 이사회의 핵심멤버로, 교육에 대한 장로교의 전통적인 관심과 장로교의 전통적 고백주의 그리고 결코 전통적이지는 않은 개척지 선교 동원을 결합시키려 분투한다. 제임스 맥그레디(James McGready, 1758년경-1817년), 바튼 스톤(Barton W. Stone, 1772-1844년) 같은 미국 서부의 활기찬 설교자들이 세 번째 분파의 지도자였다. 그들은 스코틀랜드-아일랜드계 이주민이 서부 캐롤라이나, 켄터키, 테네시 등지로 이동할 때 동행하면서, 급속히 발전하는 개척지에 기독교적 증거를 제공하고자 전래된 장로교 전통을 수정한다.[41] 18세기가 지나기도 전에, 미국 장로교인은 전반적인 역사적 칼빈주의 그리고 온건한 활동적 자원자정신 둘 다 증진시키고 있음이 분명해진다. 또한 장로교인은 머지않아 미국에서 복음주의의 영향력을 확대시킨 공로로 신망을 얻게 된다.

  미국 역사학자들이 기독교적 헌신의 부흥을 '제2차 대각성'(Second Great Awakening)이라고 명명하는데, 이는 정당한 이름이다. 대각성으로 유례없는 교회 확장이 이루어지며, 신생 국가의 수많은 기관과 사회적 습속 면에서 엄청난 기독교적 진전이 일어난다. 그러나 역사학자들은 1790년대 중반 뉴잉글랜드 지역의 회중교회 부흥을 다루면서, 1820년대 장로교-회중주의자 찰스 그랜디슨 피니(Charles Grandison Finney)의 지도로 뉴욕 북부지방에서 일어난 대규모 부흥 모임의 등장을 강조함으로써, 어김없이 18세기 부흥의 시기와 출처에 대해 잘못 해석한다. 사실 미국혁명 이후에 신앙의 새로운 활력이 일어난 시기는 1780년대 중반이다. 주로 남부와 뉴잉글랜드 시

---

41) *BDEB*, 718-719 (Thomas T. Taylor, 'James McGready') 그리고 1060 (C. Leonard Allen, 'Barton Warren Stone').

골에서 시작되었으며, 감리교인, 침례교인이 거의 독보적인 부흥의 주체였다. 심지어 더욱 급진적인 복음주의자들도 참여했다. 그리고 상당수 구성원이 흑인이었다.[42]

전쟁 기간에 성장한 미국의 유일한 교단은 침례교일 것이다. 그리고 성장의 대부분을 차지한 사람들은 복음주의자였다. 침례교와 대조적으로 감리교는 전쟁 동안 충성심 논란으로 힘줄이 끊긴다. 잉글랜드 국교회와의 관련성 때문에 의심 받을 뿐 아니라, 영국 감리교인과 마찬가지로 존 웨슬리와 찰스 웨슬리도 미국의 반란을 영국의 온건하고 신성한 권위에 대한 냉소적인 공세라는 비난조의 논평을 널리 공표한다. 미국 감리교인에게 전혀 도움이 안 되는 행동이었다. 예를 들어, 1776년 웨슬리가 신뢰한 신학적 부관격인 존 플래처(John Fletcher)의 말이다. 아프리카계 미국인들의 '신음소리가 [미국의] 위선적인 자유의 친구들을 꾸짖는다. 그들은 동료 인간을 마치 짐승처럼 사고, 팔고, 채찍질 한다. 그러면서 황당하게 의회가 **자신**들을 노예로 만든다고 불평한다.'[43] 비평들로 인해, 감리교인에 대항하는 애국적 감정이 솟아올랐다. 그러자 프란시스 애스베리를 제외한, 웨슬리가 모집해 미국에서 일하고 있던 순회전도자 전원이 귀국한다. 애스베리 또한 델라웨어의 시골에서 몸을 사리고 있으라는 강요를 받는다. 그러나 격렬한 전투가 중단되자마자, 감리교는 즉시 진군을 재개한다. 침례교인과 마찬가지로, 감리교인도 신생 미국의 새로운 사회 경제를 기독교적으로 활용하는 방법을 본능적으로 아는 것만 같았다.

미국독립전쟁은 혁명 전쟁이었다. 동시에 공간을 창출하며, 이데올로기를 해방시키고, 주변부에 힘을 실어준 전쟁이다. 대영제국과의 정치적 단절이 목표였다. 1783년 전쟁에서 탄생한 국가는 약간의 잘못된 행보를 취하

---

42) 이 상황에 대한 가장 명료한 설명이 미출판된 원고에 있다. Stephen A. Marini, 'The Government of God: Religion and Revolution in America, 1764-1792', 이 원고는 *America's God*, 161-186에서 '복음주의의 쇄도'를 기술하려는 내 노력을 위한 정보를 제공해 주었다.

43) John Fletcher, 'The Bible and the Sword' (1776), in Ellis Sandoz (ed.), *Political Sermons of the American Founding Era, 1730-1805* (Indianapolis: Liberty Press, 1991), 567.

는데, 1789년 헌법수정을 통해 교정된다. 헌법수정안으로 애팔래치아 산맥을 넘어 캔터키, 테네시 및 그 너머로 즉각적인 이주의 문이 열린다. 수정안은 공식적으로 공화정을 위해서 그리고 전래된 권위에 대한 거부를 위해서 헌정된 것이다. 독립선언서에 '모든 인간은 동등하게 태어났다'고 천명되어 있는데, 18세기 상황에서 보면 터무니없는 개념이었으며, 수많은 미국인들도(심지어 국부들의 의중에도 무산자 남녀와 노예는 염두에 없었다) 전혀 진지하게 여기지 않았다. 헌법에 의하면, 연방 정부는 종교의 자유로운 시행을 보장하고 동시에 국가 종교 체제는 금지한다.[44] 코네티컷 주와 메사추세츠 주에서는 여전히 회중교회에 세금이 지원되고 있었다. 그리고 몇몇 신설 주들에서 공무원은 기독교인, 심지어 신교도일 것을 처음부터 요구했다. 그러나 미국식 생활 방식의 형성은 그때까지 어떤 유럽인도 경험하지 못한 방향으로 전개된다.

국가의 직접적인 이익으로부터 종교적 애착의 연결고리를 끊는 것이 지향점이었다. 그러자 미국인들은 즉시 종교적 실천을 지원하는 비공식적 방법을 찾아낸다. 주일날 공적 활동을 금지한다. 미국 의사당 건물에서 기독교 예배를 드린다. 본토 아메리카인에게 파송된 선교사들을 위한 공공 펀드에 등록한다. 또는 세금 지원을 받는 학교에서 성경을 낭독한다.[45] 비공식적으로 개신교 신앙을 드러내는 이러한 표시들은 물려받은 신앙적 권위에서 비롯된 것이 아니라, 비분파적인 것으로 간주되었기 때문에, 전반적인 사회적 목적을 위한 지원을 얻을 수 있었다. 미국 이론가 몇 사람이 제시한 것처럼, 공적인 기성교회가 없으면 안정되고 명예로운 사회는 불가능하다는 구세계적 전제가 순식간에 사라진 것은 아니다. 그러나 유럽의 다른 문명국

---

44) 어떻게 그 '종교의 자유'가 실제로 작용했는지에 따른 복잡성에 대해 참조하라. Thomas J. Curry, *The First Freedom: Church and State in America to the Passage of the First Amendment* (New York: Oxford University Press, 1986), 그리고 Derek Davis, *Religion and the Continental Congress, 1774-1789: Contributions to Original Intent* (New York: Oxford University Press, 2000).

45) 이러한 기성체제와 같은 실행들에 대해서 특별히 참조하라. H. Hutson, *Religion and the Founding of the American Republic* (Washington: Library of Congress, 1998), 75-97.

가들과 비교할 때, 분명 전제는 사멸 중이었으며, 실제로 빨리 없어진다. 미국의 창설 20년 안에, 종교(유럽에서는 물려받은 권리로 작용하던)의 권한은 대개 국민과 시장 세력에 양도된다. 경쟁적인 이해관계를 지닌 국민이 충분히 있고, 그들에게 충분한 자유가 주어진다면, 국민 스스로 돌볼 수 있다는 새로운 전제만큼 미국혁명의 자유라는 특징이 잘 드러나는 예는 없다.

복음주의 형태는 국가교회의 지원에 의존하지 않기 때문에 새로운 환경에서 들불처럼 번진다. 침례교인은 단 한 번도 정부의 도움을 요청하지 않았다. 옛 국가에서 잉글랜드 국교회와 의회의 입법 그리고 비국교도라는 자기 인식 때문에(그러한 자기 인식을 통해 볼 때, 기성교회는 공공연한 특권을 누리고 있었음이 암시된다) 속박 받고 있었다. 대조적으로 전쟁 이후 미국에서, 중부와 남부의 침례교인은 어떤 국교회도 발견할 수 없었다. 완전히 자유롭게 자신의 선택 그대로 교회를 조직할 수 있게 되었다. 교회는 무엇보다 그들이 선포하는 복음적 메시지에 바쳐졌다. 침례교인은 겨우 1760년대에야 남부 식민지에 도착한다. 1790년, 최남단 5개 주에 미국 침례교인의 절반이 살게 된다. 1780년대, 침례교인은 한해 평균 50개의 새 교회를 설립한다.[46] 비록 침례교 측의 역사기록이 생각만큼 좋은 것은 아니지만, 복음주의적 에너지가 기성교회 이후의 미국이라는 열려진 공간으로 침례교의 설교를 몰아간 사실은 의심의 여지가 없다.

1780년대 중반, '복음주의 개신교의 경이로운 전진'이라 불리는 거대한 추진력의 배후에는 침례교의 활약만큼 중요한 교단이 있다. 바로 감리교다.[47]

---

46) 수치를 위해서. Sylvia R. Frey and Betty Wood, *Come Shouting to Zion: African American Protestantism in the American South and British Caribbean to 1830* (Chapel Hill: University of North Carolina Press, 1998), 120; 그리고 Noll, *America's God*, 166, 181.

47) Frey and Wood, *Come Shouting to Zion*, 120. 전반적인 설명으로 중요한 것에는 다음 책들이 포함된다. Andrews, *The Methodists and Revolutionary America*; Nathan O. Hatch and John H. Wigger (eds.), *Methodism and the Shaping of American Culture* (Nashville: Kingswood, 2001); Christine Leigh Heyrman, *Southern Cross: The Beginnings of the Bible Belt* (New York: Knopf, 1997); Cynthia Lynn Lyerly, *Methodism and the Southern Mind, 1770-1810* (New York: Oxford University Press, 1998); Russell E. Richey, *Early American Methodism* (Bloomington: Indiana University Press, 1991); 그리고 John H.

감리교는 종전 후, 애스베리의 지도하에 재결집한다. 1784년 존 웨슬리의 안수 사역 규정은 명백한 격려가 되었을 것이다. 같은 해 볼티모어에서 유명한 '크리스마스 회의'를 열면서 더 큰 추진력을 얻는다. 그들은 영국과 분리된 교회 기구인 미국 감리교를 창설한다. 미국 순회전도자의 전체 모임인 회의는 단순히 웨슬리의 지침을 따른 것이 아니다. 오히려 의도적으로 애스베리와 토마스 코크를 자신들의 '총책임자'(곧바로 감독)로 투표하자는 결정을 내린다. 새로운 감리교 감독교회는 여전히 '아버지'인 웨슬리를 존경한다. 그러나 이제 모든 계획과 목표가 그들 자신을 위해 움직이게 되었다.

새로운 미국에 감리교인이 방류되면서, 다음 전개는 오직 휫필드의 초창기 설교에 참여한 흥분에나 비교할 수 있을 것이다. 코크 그리고 특히 애스베리는 지치지 않는 여행과 지속적인 복음 설교를 통해 모범을 보인다. 애스베리가 좋아하는 성경 구절은 누가복음 19장 10절(인자가 온 것은 잃어버린 자를 찾아 구원하려 함이니라)이었다.[48] 애스베리는 이 구절을 설교했고, 사실 신생 미국의 어느 곳에나 이와 유사한 복음적 메시지가 들려진다. 그는 설교와 동시에 조직했다. 1780년대를 시작으로, 애스베리는 매년 정기적으로 미국 전역을 널리 순방한다. 지역 감리교 협의회를 소집하여, 순회전도자에게 자기 순회구역을 할당해 주고, 새로운 설교자를 모집하며, 노장들을 격려했다.

시작부터 다수의 순회 복음주의자가 그와 같이 헌신된 마음으로 합류한다. 프리본 개렛슨(Freeborn Garrettson, 1752-1827년)처럼 굳건한 의지의 사람도 있었다. 그는 미국혁명 기간 동안 평화주의에 대한 적대감으로부터 살아남았고, 특별한 성과를 거두는 순회전도자가 된다. 순회코스는 처음에는 남부 주에서, 그 다음 캐나다 해안지방 그리고 나서 뉴욕 주로 돌아오는 여

Wigger, *Taking Heaven by Storm: Methodism and the Rise of Popular Christianity in America* (New York: Oxford University Press, 1998). 영국에서 감리교 이야기와 연관된 것으로 특히 참조하라. David Hempton, *The Religion of the People: Methodism and Popular Religion, c.1750-1900* (London: Routledge, 1996).

48) Elmer T. Clark (ed.), *The Journals and Letters of Francis Asbury*, 3 vols (Nashville: Abingdon, 1958), 2:818-842 ('Index of Sermon texts').

정이었다. 노년의 개렛슨은 반백년이 넘는 자신의 사역을 회고한다. 감리교인이 선포한 것이 '복음의 핵심'이라는 사실이 무척 중요했다. 그의 마음 속에 복음의 핵심은 수정처럼 명료했다.

> 설교의 목적은 죄인들을 깨우는 것이며, 그들을 그리스도께 데려가는 것이다. 신자를 강권하여 마음과 삶의 성결을 달성하도록 하며, 죄인들에게 마음의 타락과 행위의 사악함을 보여주는 것이다. 그리고 그들을 십자가 앞으로 이끄는 것이다. 자아를 벗기고, 모든 자기 의존을 벗겨내고, 믿음에 의한 칭의라는 옛 감리교적 교리로 도장을 찍는다. 하나님으로부터의 직접적인 증거, 그리스도의 공로에 대한 믿음을 통하여, 죄의 용서, 그리고 그의 가족으로 양자됨. 우리는 그 인기 없는 교리, 기독교의 완전성 교리를 아무도 부끄러워하지 않는다.[49]

대부분 젊은이들인 감리교 순회전도자들은, 듣기 원하는 모든 사람에게 이 메시지를 강권했다. 그들은 교회의 벼락출세자, 가정의 파괴자, 사회적 동요와 악화의 매개자로 공공연한 비난을 받게 된다.[50] 그러나 그들이 영생의 말씀과 기독교인의 삶을 위한 실천적 지침을 제공해 준다고 믿는 사람들의 끊임없는 환영을 받기도 한다.

해안 지역부터 미국의 인구가 폭발한다. 다른 감리교인은 잃어버린 자의 회심과 확신을 지닌 이들의 조직화를 위해 정착지에서 점진적으로 일하고 있었다. 그러나 이들 감리교 순회전도자들은 성큼성큼 큰 걸음을 내딛는다. 순회전도자들은 가는 곳마다 감리교 '준칙'이라는 갑옷과 투구를 도입한다. 영적인 검토와 상호 권면을 위한 정기 분반 모임, 지역 장로들과 안수 받은 순회설교자들로부터 설교를 듣는 광대역 전도협회 모임, 성찬 시행을 위한 월간 및 분기별 협의회, 성찬과 비슷한 애찬식의 참여 그리고 어느 곳

---

49) Garrettson, 'Substance of the Semi-Centennial Sermon'(1827), in Robert Drew Simpson (ed.), *American Methodist Pioneer: The Life and Journals of the Rev. Freeborn Garrettson, 1752-1827* (Rutland: Academy, 1984), 399.
50) 완전한 카탈로그로 참조하라. Heyrman, *Southern Cross*.

에서나 찬송가의 발행, 배포 및 지속적인 사용 등이 준칙이었다.[51]

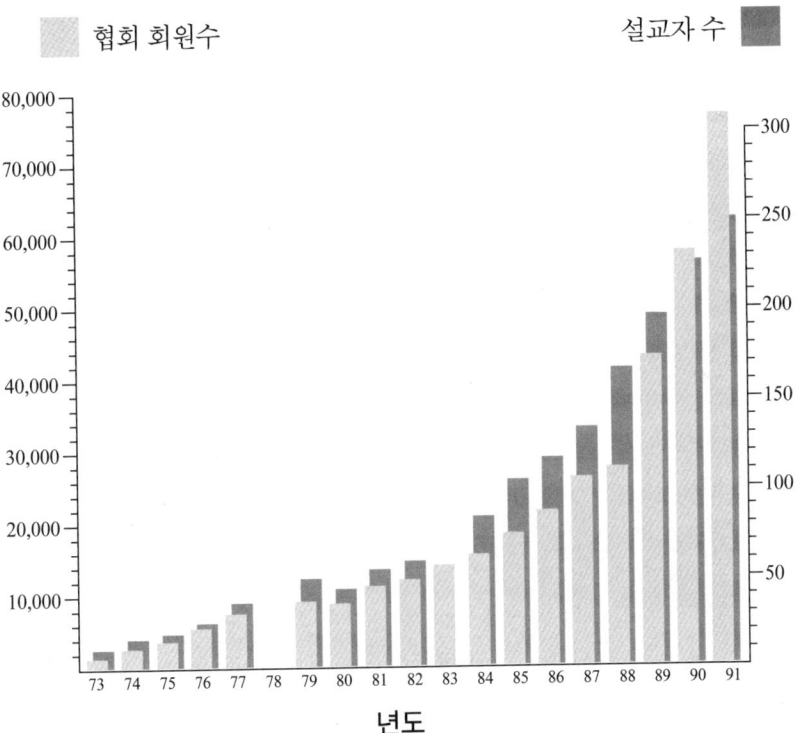

출처: 『1776-1823. 감리교 감독교회 연례회의 시간』(Minutes of the Annual Conference of the Methodist Episcopal Church for the Years 1773-1828, vol. 1), New York: Mason & G. Lane, 1840.

애스베리와 동료들이 매년 성실히 모은 통계가 이야기의 일부를 전해준다. 1780년 사십이 명의 순회사역자가 21개 순회 모임에서 팔천오백 명의 협회 회원에게 사역한다. 10년 후, 이백이십칠 명의 순회전도자가 101개 순회 모임에서 거의 오만 팔천 명의 협회 회원에게 사역하게 된다. 거의 5

---

51) 상세한 내용을 위해 참조하라. Russell E. Richey, *The Methodist Conference in America: A History* (Nashville: Kingswood, 1996); 그리고 Lester Ruth, *A Little Heaven Below: Worship at Early Methodist Quarterly Meetings* (Nashville: Kingswood, 2000).

분의 1의 협회 회원이 아프리카계 미국인이다.[52] 그리고 미국은 여전히 인구 분포가 희박했지만, 그해 미국 감리교인의 수가 웨슬리의 영국 친교회의 숫자를 넘어선다(수치를 고려할 때, 어떤 형태든지 감리교 활동에 참여하고 있는 개인의 수가 언제나 협회 전 회원 수보다 몇 배나 많았음에 주목할 필요가 있다).[53] 감리교 성장률의 높은 파고가 1790년대부터 몇십 년 동안 낮아진다. 1792년 제임스 오켈리(James O'Kelly)가 순회모임의 설교자 지명에 더 많은 민주주의가 필요하며, 애스베리의 권위에 대한 전반적인 검토 필요성을 요청하면서 생긴 분열이 부분적인 이유다. 오켈리는 자신들을 공화파 감리교인이라 지칭했는데, 이것은 앞으로 생길 분열의 첫 번째였다. 그러나 애스베리에 대한 감리교인 다수의 충성심은 손상을 입지 않았고, 감리교는 계속 전진한다. 마치 초창기 패턴처럼, 1800년경 엄청난 팽창이 되풀이 된다. 50년이 지나자, 교회에 등록된 미국인의 3분의 1 이상이 감리교인이었다.

　감리교 이야기는 독립 이후 두 세대 동안 미국 종교사의 많은 부분을 정의한다. 보다 광범위한 복음주의 역사에서 보면, 미국 감리교인은 복음주의가 새로운 조건에 적응할 수 있음을 과시한 셈이다. 미국은 의도적으로 전통적 권위를 시장 작동원리로 대체했다. 의식적으로 새로운 땅을 개척하면서, 실제로 대서양 연안의 이미 정착된 공동체를 떠날 것을 강요하고, 유럽에서는 새로운 이민자를 유혹했다. 미국은 새로운 자유에 대한 전망과 새로운 문화의 척도 그리고 새로운 문명의 구성을 제시했다. 두 팔 벌려 공화주의 정부를 포용하면서, 전통적 권위라는 관념을 제거해버렸다. 복음주의는 이런 환경 속에서 기성교회 내부로부터 참된 신앙을 갱신하려고 생겼지만, 변화 중인 사람들을 위하여 가슴에 영향을 미치는 신앙으로 자신이 탈바꿈했음을 깨닫게 했다. 귀족 정치의 영국에서 공화제의 미국으로 이전되었지만, 복음주의의 많은 것이 그대로 남는다. 프랜시스 애스베리와 프리본 개

---

52) *Minutes of the Annual Conference of the Methodist Episcopal Church for the Years 1773-1828* (New York: T. Mason & G. Lane, 1840).
53) Heitzenrater, *Wesley*, 264.

렛슨은 영국의 웨슬리파와 마찬가지로 존 웨슬리의 신학과 찰스 웨슬리의 찬송을 열렬히 포용했다. 그러나 동시에 많은 것이 변한다. 미국 감리교인 그리고 정도는 덜하지만 미국 침례교인은 새로운 복음전도만큼이나 새로운 문명의 모습을 건설한다. 수십 년 동안 복음주의의 변모는 더 많은 회심과 더 커다란 사회적 영향력으로 귀결된다. 복음주의의 영향력은 영국에서 기성교회로서 또는 복음주의 비국교회로 향유한 것 이상이었다.

5. 기성교회에 대항하여

1790년대 무렵, 복음주의는 비록 소수 사례지만 복음주의 원리를 칭의 교리에 결합시키는 경험을 하고 있었다. 전력을 다해 교회 전통에 맞서는 일이었다. 흔히 복음주의자는 18세기의 다른 기독교인보다 전통의 가치를 경시했다. 그러나 휫필드, 웨슬리 형제, 조나단 에드워즈, 존 어스킨, 심지어 앤드류 풀러를 포함한 지도자들은 복음주의 부흥은 전래된 개신교 신앙 형식을 갱신하는 것이지, 대체를 목표로 해서는 안 된다는 점에서 일치했다. 그러나 소수의 목소리가 더 앞으로 나가고 있었다. 물론 신약의 '기독교인'을 제외한 어떤 교단 명칭도 거부하는 만개한 '부흥주의'는 여전히 몇 년 더 미래의 일이지만, 영적으로 무장한 신자들이 '자기 전에는 어떤 사람도 성경을 읽지 못했던 것처럼 자기들이 성경을 제대로 읽는다'고 호언장담했다.[54] 그러나 이미 1790년 무렵, 아주 오랜 시간이 걸리더라도 교회 전통을 상대화하려는 시도를 준비 중인 일부 복음주의자의 존재가 분명해진다.[55]

---

54) 인용의 출처. Alexander Campbell, 'Reply' (Campbell이 전통을 파괴시키고 있다고 꾸짖는 한 잉글랜드 국교회 주교에 대한 응답), *Christian Baptist* 3 (1826년 4월 3일): 204. 이 경향에 대한 상세한 논의로 참조하라. Nathan O. Hatch, *The Democratization of American Christianity* (New Haven: Yale University Press, 1989).

55) Hatch, *Democratization of American Christianity*에 덧붙여, 핵심 연구들은 다음과 같다. Stephen A. Marini, *Radical Sects of Revolutionary New England* (Cambridge, MA:

과격주의가 대서양 양안의 웨슬리파 운동을 교란시켰다. 1795년, 영국 감리교는 화해안(Plan of Pacification)을 채택한다. 화해안은 성례시행여부에 대한 결정권에 있어, 지역 예배당의 이사회와 간사 및 지도자에게 더 많은 권한을 부여한다.[56] 여전히 잉글랜드 국교회에 소속되어 있던 감리교인에게, 화해안은 낭떠러지 위의 급진적 행보였다.

그러나 알렉산더 킬햄(Alexander Kilham, 1762-1798년) 같이 참으로 급진적인 감리교인에게, 이 조치는 전혀 충분하지 않았다. 같은 해, 킬햄은 『감리교인이라 불리는 사람들 사이의 자유의 진전』(*The Progress of Liberty Among the People Called Methodists*)을 출판한다. 킬햄의 책은 친교회에서 보통의 평신도 감리교인에게 더욱 많은 역할을 요구하기 위해, 영국인의 천부인권적 자유에 관한 역사적 수사를 활용한다. 당시 프랑스혁명의 폭력성이 영국 사회의 각계각층을 불안하게 만들고 있었다. 따라서 그런 호소를 위한 적기가 아니었다. 킬햄은 수평파(Leveller, 청교도 혁명시 열광적인 극단주의자를 지칭하던 말)이며, 페인주의자(Painite, 톰 페인[Tom Pain]의 이신론적이며 정치적 박애주의인 소책자에서 비롯된 말, 당시 영향력의 절정에 도달해 있었다)라고 불리면서, 1796년 친교회에서 추방된다. 한 사람 또는 두 사람의 순회전도자와 평신도 감리교인 수천 명이 그와 함께 떠난다.

그러나 거대한 감리교의 몸체가 조지 3세 국왕에 대한 충성 맹세 그리고 온건하며, 안정적이고, 종교적 갱신에 방해되지 않는 매개체를 조성하는 방향으로 이동하게 된 것은 주로 킬햄의 영향 때문이다.

프란시스 애스베리의 폭압에 대한 저항을 정당화한 오켈리의 근거가 미국혁명의 공화주의적 수사어구에서 유래한 사실만은 예외이긴 하지만, 미

Harvard University Press, 1982); Deborah Valenze, *Prophetic Sons and Daughters: Female Preaching and Popular Religion in Industrial England* (Princeton: Princeton University Press, 1985); 그리고 George A. Rawlyk, *The Canada Fire: Radical Evanglicalism in British North America, 1775-1812* (Kingston and Montreal: McGill-Queen's University Press, 1994).

56) 여기서 필자는 다음을 따른다. David Hempton, *Methodism and Politics in British Society, 1750-1850* (2nd ed., London: Hutchinson, 1987).

국에서 제임스 오켈리의 '공화파 감리교'의 행로는 킬햄의 '새 친교회'와 놀랄 만큼 유사하다.⁵⁷⁾ 대륙군 참전용사인 오켈리는, 순회전도자에게 연간 할당량을 부과하는 애스베리와 코크가 제멋대로인 폭군처럼 행동한다고 느꼈다. 오켈리는 자기도 순회전도자의 한 사람이라는 것이다. 주교적 권력에 직면한 오켈리의 지지자들은 감리교 운동이 '교황제쪽으로 멀리 가고 있으며', 애스베리는 '일종의 전제정치'를 통하여 순회전도자를 '종신 노예'로 만든다고 비난한다.⁵⁸⁾ 애스베리는 굴복하지 않는다. 감리교 주류가 애스베리의 편에 서자, 1792년 버지니아 주에 집중된 오켈리와 동료들은 공화파 감리교회로 분리한다. 분리파는 비율 면에서 잉글랜드의 킬햄파 보다 많았기 때문에, 1790년대 미국 웨슬리파의 비교적 더딘 네트워크 성장의 원인이기도 하다. 그러나 잉글랜드처럼, 애스베리 지도하의 감리교인은 곧 재규합되어, 복음-중심, 사람-중심, 평신도 역량강화를 위한 교회, 그러나 여전히 규율 있는 복음주의 교회로 간주되는 그런 교회를 건설하려는 노력을 지속한다.

　감리교 분열이 일어날 당시, 또 다른 복음주의자, 또는 복음주의 운동에 큰 영향을 받은 사람들 역시 전래된 종교적 권위를 공격하기 위해, 개인적 신앙 경험 및 개인의 성경 전유(專有)라는 권위를 이용한다. 뉴잉글랜드 시골에서, 연합 분파 운동이 1770년대부터 세를 얻기 시작하여, 조지 휫필드의 순회전도식 복음주의와 혁명 시대의 들뜬 정치로 지역을 고무시킨다. 존 머레이(John Murray, 1741-1785년)가 보편 구원론자를 이끈다. 1770년 영국에서 뉴잉글랜드로 이주한 그는, 성경이 만인의 보편적 구원을 가르친다고 주장했다. 자유의지파 침례교인은 구속에서 하나님의 주권이 일종의 영적 폭압이라며 전통적인 칼빈주의자를 몰아붙이며, 신입 교인을 획득한다. 뉴햄프셔의 벤자민 랜달(Benjamin Randall)은 조지 휫필드의 마지막 설교를 듣고 자기 죄를 뉘우쳤다. 1780년 그는 지역 회중모임의 자치권(전통적 침례교

---

57) 참조. Hatch, *Democratization of American Christianity*, 69-82.
58) 이런 저런 비난에 대해 참조하라. Noll, *America's God*, 339-340.

사상)과 선택적 구원에 구애되지 않는 자유로운 인간 능력(전통적 침례교 사상이 아님)을 고양시키고자 자기 교회를 설립한다. 보편 구원론자, 자유주의 침례교인 그리고 교모(教母) 앤리(Mother Ann Lee)의 쉐이커 교도 같은 소수 그룹이 개방된 공간과 정치적 자유의 이점을 누린다. 그러나 그렇게 함으로써, 당시 여러 신앙 운동의 표준이 된 개인의 신앙 체험과 개인의 성경적 권위라는 강조점이 더욱 뻗어나가게 된다.

헨리 알린(Henry Alline, 1748-1784년)은 반전통적 영적 자유정신을 가장 철저히 흡수한 뉴잉글랜드 사람이다. 그는 영어 사용권의 여타 지역에 복음주의 강조점을 전달한 중요 인물이다.[59] 알린은 로드아일랜드 주 태생으로, 어렸을 때 가족과 노바스코샤(Nova Scotia)의 팔모쓰(Falmouth)로 이사한다. 1775년 강력한 회심을 경험한 후, 펀디 만(the Bay of Fundy)을 따라 듬성듬성 자리 잡은 정착민에게 설교를 시작하여 상당한 성과를 거둔다. 알린은 정치에 관심이 없었다. 이는 노바스코샤가 독립전쟁에서 미국의 애국자들과 합류하지 않은 요인 중 하나다. 그러나 정치 면보다 영적 면에서 알린의 영향력이 더욱 크고, 더 직접적이었다.[60] 반란을 일으킨 13개 주에서 추방된 영국 왕당파 삼만 오천 명 때문에 개척지 인구가 늘어난다. 알린은 그들에게 휫필드처럼 열정적으로 신생에 대해 설교했다. 그러나 휫필드의 칼빈주의 신학은 가져오지 않았다. 그의 불같은 설교, 종교적 형식과 교회 전통에 대한 거부, 유명한 다수의 찬송가 그리고 거의 신비적인 하나님 환상에 대한 열정적 간구로 인해 '새 빛 소동'이 일어난다. 존 웨슬리는 노바스코샤 현장의 감리교인들로부터 알린에 대해 듣고, 좋아하지 않았다. '알린씨는 상처를 주기에 충분한 재치를 지니고 있을지 모르지만, 나는 그가 선한 일

---

59) 참조. Maurice Armstrong, *The Great Awakening in Nova Scotia, 1776-1809* (Hartford: American Society of Church History, 1948); 그리고 George A. Rawlyk (ed.), *Henry Alline: Selected Writings* (New York: Paulist, 1987).

60) 참조. Maurice Armstrong, 'Neutrality and Religion in Revolutionary Nova Scotia', *New England Quarterly* 9 (March 1946): 50-62; 그리고 Gordon Stewart and George Rawlyk, *A People Highly Favored of God: The Nova Scotia Yankees and the American Revolution* (Toronto: Macmillan, 1972).

을 행하는 데 충분한 재치를 전혀 지니지 못하게 될 것같아 두렵습니다.'61)
그러나 알린은 복음주의 침례교인, 감리교인 그리고 장로교인의 캐나다 해안지대 유입을 위한 길을 예비한다. 이 지역을 캐나다에서 가장 철저한 복음주의 지역으로 만들었으며, 그의 주요 신학 저작, 『반(反)전통주의자』(The Anti-Traditionalist)라는 제목 그대로 행동했다.

복음주의적 확신에 고무되어 전래된 교회 질서에 대항한 복음주의자의 마지막 사례가 아프리카 감리교 감독교회(the African Methodist Episcopal Church)의 출현이다.62) 리처드 알렌(Richard Allen, 1760-1831년)은 델라웨어 주에서 노예로 태어난다. 젊은 나이에 침례교 순회전도자의 설교를 듣게 된다. 자서전에 의하면, '그 후 즉시, 나는 그리스도의 보혈을 통한 자비를 받았고, 나보다 나이 많은 동료들에게 주님을 찾으라고 권면하지 않을 수 없었다.'63) 알렌의 회심은 감리교 복음주의가 아프리카계 미국인 중에서 거둔 성과를 입증해준다. 이미 해리 호시어(Harry Hosier, 약 1750-1806년)가 그런 성공을 거두었었다. 그는 미국 감리교 역사에서 가장 위대한 대중 연사 중의 한 사람이었다.64) 여전히 노예 신분이던 알렌은 곧바로 감리교 협회에 가입하고, 설교를 시작한다. 1780년 쯤, 알렌의 주인은 순회전도자 프리본 개럿슨으로부터 자신의 노예 소유에 대한 직접적인 도전을 받는다. 결국 주인은 알렌과 가족에게 자유를 살 수 있도록 허락한다. 그 다음, 알렌은 프란시스 애스베리의 격려를 받으며 순회전도자가 되어, 1786년 필라델피아에 정착하기까지, 델라웨어, 뉴저지, 펜실바니아 전역에서 선교한다. 백인들과 점점 많은 아프리카계 미국인이 그의 설교를 환영한다. 애스베리는 그의 사역에 용기를 북돋아 주지만, 종종 감리교회의 백인 이사들이 그의

---

61) Wesley가 William Black에게, 1783년 7월 13일, in Wesley, *Letters*, 7:182.
62) 참조. Carol V. R. George, *Segregated Sabbaths: Richard Allen and the Emergence of Independent Black Churches, 1760-1840* (New York: Oxford University Press, 1973).
63) *The Life Experience and Gospel Labors of the Rt. Rev. Richard Allen, To Which Is Annexed the Rise and Progress of the African Methodist Episcopal Church in the United States of America* (1833; New York: Abingdon, 1960), 15.
64) *BDEB*, 573-574 (Charles W. Brockwell, 'Harry Hosier').

삶을 힘들게 만든다. 알렌과 기도 동역자들이 성조지교회에서 추방된 사건은 유명하다. 이 사건의 결과, 1794년 베델 아프리카 감리교 감독교회(the Bethel African Methodist Episcopal Church)가 창설된다. 애스베리는 교회를 승인하고, 계속 친분을 유지하지만, 다른 감리교 간사들과 이사들은 교회 지도자들을 끊임없이 괴롭힌다. 그런 학대를 당하면서도, 지방의 한 회중 모임이 아프리카계 감리교 감독 교단의 본부로 발전해가는 이야기는 세기의 전환기를 넘어(1816년) 계속된다. 알렌이 중요한 이유는 감리교 교리에 대한 열렬한 충성심과 아프리카계 미국인의 헌신적인 자치 노력을 결합시킨 방법 때문이다. '우리는 하나님 다음으로, 감리교에 우리가 누리는 복음의 빛을 빚지고 있다'는 말의 그의 변치 않는 증언이었다.[65] 그러나 그는 아프리카계 미국인으로서, 아프리카계 미국인을 위해 감히 정해진 길에서 벗어나, 이전에 누구도 가보지 못한, 그러나 많은 사람이 따르게 될 교회 설립의 길로 인도했다. 자유 노예로서 뉴욕 시 최초의 독립 아프리카계 미국인 감리교회의 설립을 도운 조지 와이트(George White, 1764-약 1830년)와 나이지리아 태생의 노예였으나, 뉴욕 주에서 해방된 후 잉글랜드에서 설교, 출판, 찬송가 작사 등 영향력 있는 활동을 펼친 존 지아(John Jea, 약 1773년)도 그런 사람이다.[66]

비국교회 감리교인, 자유의지파 침례교인, 아프리카계 미국인 그리고 노바스코샤에서 '새 빛 소동'에 사로잡힌 사람들 모두, 그들이 복음-갱신의 원리라고 여긴, '참된 기독교'와 성경의 정통적 권위를 통한 동기를 부여받았다. 설령 법과 선례, 명시적 권위 또는 인종적 전통에 의해 수립된 기독교 형식과 단절되는 한이 있더라도, 자신들의 원칙을 따르고자 하는 의지를 통해 복음주의 역사에 새로운 차원을 열었다. 그 후 2세기 이상, 각양의 수많은 복음주의자가 기독교 전통을 일정하게 받아들인다. 따라서 상상할 수 있는 한도까지 철저히 전통과 단절하려는 복음주의적 신념을 지닌 사람들을

---

65) *Life Experience and Gospel Labors of Richard Allen*, 30.
66) Graham Russell Hodges (ed.), *Black Itinerants of the Gospel: The Narratives of John Jea and George White* (Madison: Madison House, 1993).

이끈 인물들은 알렉산더 킬햄, 헨리 알린, 리처드 알렌 같은 이들이었으며, 사람들의 행동을 이끈 강력한 자극은 복음주의였다.

6. 기성교회를 완전히 넘어

복음주의는 1790년대 여러 방면에서 자신을 드러낸다. 선교적 동기에서 또 다른 종류의 복음주의 혁신이 일어난다.[67] 기성의 제도, 전통, 절차, 기술 및 교회-국가 제도를 지지할 것인가, 폐기해야 할 것인가라는 질문은 부차적이다. 기독교 신앙의 재생보다 새로운 파종이 도전이었다. 위대한 복음주의 선교운동의 시대는 아직 미래의 일이다. 그렇지만 웨슬리의 사망 무렵, 보다 넓은 세계를 지향하는 놀랄만한 복음주의 발사체가 벌써 존재하고 있었다.

세계 복음주의의 발흥에서 선교에 대한 관심이 핵심으로 등장하게 된 계기는 복잡하고 다면적인 이야기와 관련되어 있다. 잉글랜드 국교회는 복음전도협회(SPG)와 기독교지식진흥회(SPCK)를 통해 일익을 감당하고 있었다. 또한 미국 및 서인도 제도에서 새로 회심한 아프리카인과 스코틀랜드 기독교지식진흥회(SSPCK) 사람들을 위한 사역도 진행하고 있었다. 휫필드, 헌팅든 백작부인, 새뮤얼 다비스, 조나단 에드워즈 및 몇몇 저명한 감리교인의 기여도 있다. 유럽과 북미를 뛰어 넘어 이국풍 현장에 대한 이해가 증가하게 된 것은, 제임스 쿡 선장(Captain James Cook, 1768-1779년)의 태평양 항해 그리고 1788년 인도 총독이던 워렌 해스팅스(Warren Hastings)에 대한 의회 재판으로 엄청난 정보가 주어진 것이 계기였다. 에드먼드 부르크(Edmund Burke) 및 여러 사람이 인도에 영국의 인도 통치를 조직화하면서 발생한 다양한 범죄혐의로 총독을 고발한 것이다. 노예무역과 서인도 제도

---

67) 개관을 위해 참조하라. Walsh, 'Methodism at the End of the Eighteenth Century'; Watts, *Dissenters*, 2:5-22; 그리고 Stanley, *Baptist Missionary Society*, 1-6.

및 북미의 노예 인구 또한 선교적 관심을 고양시킨다. 그러나 또 다시 가장 중요한 촉진제가 된 것은 대륙 경건주의가 준 자극일 것이다.[68] 경건주의의 자극은 흑인의 이주, 대영제국의 팽창, 핵심적인 서적의 영향, 새로운 자원자 선교협회의 분투 등 세계를 향한 복음주의의 중요 사건으로 연결된다.

복음주의 부흥의 1세대 주도세력은 복음의 메시지가 영국 문명권이라는 전통적 경계선을 넘게 한다. 1740년대 중반과 후반, 데이비드 브레이너드(David Brainerd)는 존 엘리어트(John Eliot, 1604-1690)처럼 인도로 간 초창기 청교도 선교사의 사례를 따른다. 그래서 뉴욕 주의 모히칸 족(the Mahicans)에게, 다음에 뉴저지의 델라웨어 족(the Delawares)에게 전도를 시도했다. 1748년 델라웨어 족 사역을 떠맡은 브레이너드의 동생 존은, 수십 년간 그들과 함께했다.[69] 버지니아 주에서 새뮤얼 다비스는 첫 번째 전도 계획에 본토 아메리카인을 포함시킨다. 브레이너드 형제가 후원을 받은 스코틀랜드 기독교지식진흥회(SSPCK)는 스코틀랜드 국내의 인접 지역에서 성경을 게일어로 번역하는 중요한 사역을 하고 있었다.[70] 한편, 몇몇 복음주의자를 포함한 잉글랜드 국교도가 1728년부터 인도 트란케바르(Tranquebar)의 선

---

68) 다음 단락에 나오는 모라비아파에 대한 판단과 자료의 대부분을, 나는 다음에 의존한다. J. C. S. Mason, *The Moravian Church and the Missionary awakening in England, 1760-1800* (Woodbridge: Boydell, 2001), 이 책은 Johannes van den Berg, *Constrained by Jesus' Love: an Enquiry into the Motives of the Missionary Awakening in Great Britain in the period between 1698 and 1815* (Kampen: J. H. Kok, 1956)를 확장하고 교정한 것이다. 복음주의 선교적 관심의 시작에 대한 대륙의 영향력에 대해 다른 중요한 진술들로 참조하라. W. R. Ward, 'Missions in their Global Context in the Eighteenth Century', in Mark Hutchinson and Ogbu Kalu (eds.), *A Golbal Faith: Essays on Evangelicalism and Globalization* (Sydney: Centre for the Study of Australian Christianity, 1998), 108-121; Andrew F. Walls, 'The Protestant Missionary Awakening in Its European Context', in *The Cross-Cultural Process in Christian History* (Maryknoll: Orbis, 2002), 194-214; 그리고 Daniel L. Brunner, *Halle Pietists in England: Anthony William boehm and the Society for Promoting Christian Knowledge* (Göttingen: Vandenhoeck & Ruprecht, 1993).
69) David Brainerd의 선교사로서 실제 사역의 보잘것없는 결과는 『데이비드 브레이너드의 일기』가 준 광범위한 충격과는 또 다른 주제다. 두 형제의 실제 선교 사역에 대해서 참조하라. Henry Warner Bowden, *American Indians and Christian Mission: Studies in Cultural Conflict* (Chicago: University of Chicago Press, 1981), 152-157.
70) Donald E. Meek, 'Protestant Missions and the Evangelization of the Scottish Highlands, 1700-1850', *International Bulletin of Missionary Research* 21 (April 1997): 67-72.

교를 후원하고 있었다. 이 곳은 사반세기 전 할레의 경건주의자들이 선교에 착수한 지역이다. 그러나 전반적으로 복음주의자들은 전통적 교회의 쇄신과 영국 및 식민지 기독교권의 신앙적 삶에 고착되어 있었다. 그러나 워드(W. R. Ward)의 적절한 표현처럼, 모라비아파가 '부흥과 선교의 간격에 다리를 놓는다.'[71]

그러나 모라비아인이 복음주의의 선교 노력에 충격을 주기 위해서 필요한 두 가지 일이 있었다. 선교적 모험에서 적어도 어느 정도의 성공이 있어야만 했고, 영어 사용권에서 모라비아파의 이미지를 쇄신할 필요도 있었다. 첫 번째 과제는 아주 일찍 완수된다. 제6장에 나온 것처럼, 모라비아파는 1732년 서인도 제도로 선교 사업을 떠나는데, 채 5년도 안되어 헤른후트에서 '모라비아 형제단'(the Unity of Brethren)을 통한 부흥주의적 갱신이 일어난다. 데이비드 브레이너드가 도착하기도 전인, 1740년 크리스티안 하인리히 라우흐(Christian Heinrich Rauch, 1718-1763년)는 뉴욕-코네티컷 경계에 있는 모히칸 인디언과 함께 성공을 거두고 있었다.[72] 브레이너드가 오고 간 후, 라우흐는 모히칸 회심자 몇 사람을 펜실베이니아 주 베들레헴 근교에 있는 모라비아파 인디언 정착지(Friedenshutten, 또는 '평화의 안식처')로 데리고 간다. 몇 년이 지나고 라우흐는 모라비아파의 자메이카 선교를 지원하려고 모라비아로 이동하는데, 이는 잉글랜드 감리교인이 도착하기 30년 전의 일이다.[73]

펜실베이니아 베들레헴의 사역은 1744년 다비드 차이스베르거(David Zeisberger, 1721-1808년)의 지도로 시작된다. 그는 모라비아파의 특색인 그리스도 중심의 경건을 사용했는데, 아마 모든 세기를 통틀어 본토 아메리카인에 대한 가장 효과적인 개신교 선교사역일 것이다.[74] 차이스베르거

---

71) Ward, 'Missions in Their Context', 116.
72) 어떻게 그리고 왜 모라비아파가 성공했는지에 대한 설명으로 참조하라. Rachel Wheeler, 'Women and Christian Practice in a Mahican Village', *Religion and American Culture* 13 (winter 2003): 27-68.
73) *BDEB*, 917-918 (Wade A. Horton, 'Christian Heinrich Rauch').
74) *BDEB*, 1225 (Richard Pointer, 'David Zeisberger').

는 프라이덴슈텐에 번영하는 인디언 정착촌을 유지한다. 그러나 땅에 굶주린 정착민들은 그들에게 오하이오 영역의 새로운 정착지 그나덴후텐(Gnadenhutten, 또는 '은총의 안식처')으로 떠나라는 압력을 행사한다. 비극적인 사건이 발생한다. 1782년 인디언과 영국 군대 사이의 유대를 염려한 미국의 애국 습격대가 그나덴후텐에 있는 모라비아파 인디언 90명을 학살한다. 그 당시 차이스베르거는 정착지 인디언은 나머지 모라비아파와 마찬가지로 평화주의자임을 영국 당국에 납득시키려고 디트로이트에 출타한 상태였다. 바로 그 날, 모라비아 선교는 서인도 제도로 확장되었으며, 그린랜드, 라브라도(Labrador) 뉴펀들랜드, 희망봉(남아프리카) 및 트란케바르(인도) 선교가 시작된다.

모라비아인 자신이 나라 없는 백성이었다. 보헤미아의 형제단처럼 뿌리가 뽑힌 채 작센의 진젠도르프 영지에서 단기 체류자처럼 살았다. 물질적 소유도 별로 없었고, 개신교인을 구분하던 역사적 차이도 거의 없어 거주가 용이했다. 그렇지만 해외 풍습(외국어를 포함하여)에 대한 호기심, 기독교 봉사 활동에서 여성의 잠재적 기여도에 대한 신뢰 그리고 예수 그리스도 안에서 은혜 체험을 하나님께 감사하는 강한 동기부여가 있었다. 삶의 경험 그리고 신앙적 확신, 그들은 이상적인 선교사였다.

그러나 보다 인상적인 선교적 모험이 진행되고 있었다. 만일 모라비아파의 명성이 복구되지 않았더라면(초창기 문제에 관해, 제6장을 참조하라), 영어 사용권에 많은 영향력을 불어넣기 힘들었을 것이다. 1760년 진젠도르프 사후 실제로 명성회복이 이루어진다. 아우구스트 고트리프 슈팡엔베르크(August Gottlieb Spangenberg)가 핵심적으로 이 일을 감당한다. 오래 전인 조지아 시절부터 그는 웨슬리 형제의 친구이면서 인도자였다. 모라비아파의 새 지도자가 된 슈팡엔베르크는 부채를 청산하고, 진젠도르프의 '피와 상처'식 경건의 극단성을 완화시키며, 개신교 국가교회와 좋은 관계를 회복하고, 모라비아 선교 사업의 엄격한 영적 목표를 재강조한다. 벤자민 라 트롭(Benjamin La Trobe, 1728-1786년)은 이 모든 노력을 슈팡엔베르크와 함께 한 영국의 핵심 동맹자다. 더블린에서 태어난 그는 더블린에서 행해진 존 세닉(John Cennick)의 초기 설교를 통해 모라비아파 서클에 입문한다.[75] 여러 번 헤른후트를 다녀 온 후, 요크셔에서 모라비아파 목사로 섬긴다.

1768년 라 트롭은 영국 모라비아파의 지도자로 지명된다. 같은 해 모라비아 선교 프로그램의 영국 지부격인, 복음촉진회(the Society for the Furtherance of the Gospel) 설립을 돕는다. 라 트롭과 존 웨슬리의 관계는 다소 냉랭했지만, 1770년대부터 점차, 트레베카의 웨일즈 아카데미, 알미니안 성향의 감리교 및 칼빈주의 성향의 감리교, 그리고 잉글랜드 국교회의 영향력 있는 여러 복음주의자들과 뜨거운 교제를 나누기 시작한다. 1783년부터 존 뉴턴의 다방면 협회(Eclectic Society)에 정기적으로 참석한다. 라 트롭과 영국 모라비아파 동료들의 부단한 노력 때문에, 모라비아 운동과 관련된 의심이 사라지고, 모라비아파와 모든 영어 사용권 동역자 사이에 소식의 회람과 권면이 더 잘 이루어지게 되었다는 점이 더욱 중요하다. 모라비아파의 네트워크는 1790년대 세 개 선교 단체의 설립에 여러 가지 핵심 역할을 수행하게 된다. 세 선교단체는 침례교선교협회(the Baptist Missionary Society, 1792년), 런던선교협회(the London Missionary Society, 1795년), 복음주의 성향의 잉글랜드 국교회 선교협회(the Anglican Church Missionary Society, 1799년) 등이다.

모라비아파는 더 넓은 세계를 향한 복음주의의 모든 모험가적 사업 중에서, 회심한 아프리카인이 자기 조국에 복음을 전하려는 중대한 시도에 직접적인 영향을 미쳤다. 해방 노예들은 진작부터 아프리카 선교에 나서려는 비전을 품고 있었다. 올라다 에퀴아노(Olaudah Equiano, 1745-1797년)가 초창기 지도자다. 그는 서부 아프리카에서 납치되어 어린 나이에 노예가 되었다. 그러나 1766년 자유를 얻게 된다. 복음주의 신자들과 지속적으로 만나던 1774년 사도행전 4장 12절을 묵상하는 중에 회심을 경험한다. '나는 주님

---

75) La Trobe에 대하여 참조하라. Mason, *Moravian Church and the Missionary Awakening*, 63-79.

이신 예수 그리스도가 모욕당함으로써, 나의 치부와 죄 그리고 수치심을 내게서 옮겨서 품으시는 것을 보았다.[76] 에퀴아노는 회심 직후 서부 아프리카의 기독교 활동을 위한 제안과 노예 제도 반대 선전이 결합된 적극적 캠페인을 전개한다. 1779년 그는 런던 감독을 만나, 안수와 아프리카 선교사로 파송을 요청한다. 요청은 거절되지만, 영국 전역에서 계속 아프리카 노예의 고난에 대해 홍보활동을 벌린다. 그다음 그는 미국으로 향한다. 미국에서 퀘이커 교도들이 지속적으로 노예 제도에 반대하고 있었으므로, 감사를 표하기 위한 여행이었다. 1789년 출판된 『올라다 에퀴아노의 흥미로운 이야기』(The Interesting Narrative of Oludah Equiano)에는 그의 영적 순례와 노예 제도에 대항하는 노력이 자세히 기술되어 있다. 이 책은 반(反) 노예 제도라는 무기창고에서 끊임없이 재출간되는 무기가 되었다.[77]

아프리카계 미국인의 강제이주로 세계를 향한 복음주의적 관심과 비슷한 자극이 주어진다. 이주 대상은 미국혁명 때 영국에 충성한 사람들이다. 데이비드 조지(David George)가 그룹의 지도자였다.[78] 전쟁이 사우스캐롤라이나와 조지아에 도달하자, 조지와 여러 해방 노예들이 1770년대에 시작한 미약한 공동체가 혼란에 빠진다. 조지와 노예들 그리고 전직 노예 대부분은 새로 독립한 미국보다 영국과 잘 지내는 것이 자신에게 기회가 될 것이라고 생각한다. 그래서 자기들을 해방시켜준 영국군에 합류하게 된다.[79] 전쟁의 와중에도 조지는 계속 전도했다. 그러나 해방자가 패배하면서, 국왕에 충성하는 노바스코샤 이주를 받아들인다. 그는 노바스코샤에 그 지방에서 두 번

---

76) *The Interesting Narrative of the Life of Olaudah Equiano, or Gustavus Vassa, the African. Written by Himself* (1789) 이 다음 책에 축약되어 있다. Adam Potkay and Sandra Burr (eds.), *Black Atlantic Writers of the 18th Century* (New York: St Martin's, 1995), 244.
77) Lamin Sanneh, *Abolitionists Abroad: American Blacks and the Making of Modern West Africa* (Cambridge, MA: Harvard University Press, 1999), 24-31.
78) 참조. Grant Gordon, *The Life of David George: Pioneer Black Baptist Minister* (Hantsport, Nova Scotia: Lancelot, 1992).
79) 영국 점령지의 정치, 인종, 종교 역사에서 조지가 차지한 위치에 대해서 참조하라. Sylvia R. Frey, *Water from the Rock: Black Resistance in a Revolutionary Age* (Princeton: Princeton University Press, 1991), 37-39.

째인 흑인 교회를 세운다. 조지는 노바스코샤에 있으면서, 헨리 알린의 사역에서 흘러들어온 급진 복음주의에 감명을 받은 듯하다. 그러나 전반적으로 영국 식민지조차 노예 소유를 인정하는 미국의 여러 주처럼 해방된 흑인 정착민에게 우호적이지 않았다. 노바스코샤에서 10년을 보낸 조지는, 1792년 회중 일부와 시에라리온(Sierra Leone)으로 이동하여, 새로운 영국 식민지에서 지도적인 흑인 목회자가 된다. 영국에 복음주의적 관심이 일어나면서, 수많은 후원이 시에라리온 사역에 퍼부어진다. 그러나 기독교 사역의 실제 현장에서 선구자적 역할을 수행한 이들은 대개 조지처럼 아프리카계 캐나다인이었다.[80]

조지의 경험이 시사하듯이, 대영제국의 두 번째 확장이 이루어지면서 복음주의 선교의 범위가 더욱 넓어진다. 대영제국이 서아프리카, 남아프리카, 인도, 보타니 만(Botany Bay, 호주) 및 남태평양의 여러 섬으로 전개되면서, 유럽 열강에게 새로운 무역 기회와 새로운 식민지 확장의 문이 열린다. 동시에 기독교 선교에도 새로운 전망이 펼쳐진다.

찰스 그랜트(Charles Grant, 1746-1823년)의 경력은 제국주의, 무역, 선교적 관심이 함께 진전되어 가는 양상을 보여준다.[81] 좋은 상인 집안 출신인 그랜트는, 1767년 동인도 회사의 고용인으로 인도에 간다. 그는 회사 관리자, 그 다음에 사장으로 경력을 마치게 된다. 인도에서 첫 해를 보내면서, 그는 다소 방탕한 삶을 살았다. 그러나 회심 하게 되어, 1770년대부터 모라비아파와 접촉하게 된다는 점이 중요하다. 곧바로 그는 인도인 그룹에 대한 기독교 전도사업의 금지라는 회사 방침에 대해 따진다. 전도금지 방침은 가능한 한 종교가 무역에 방해가 되지 않도록 정해진 것이었다. 1787년 그는 영국 정부에 장문의 편지를 보낸다. 내용은 정부가 인도의 개신교 선교를 지

---

80) 참조. Andrew F. Walls, 'A Christian Experiment: The Early Sierra Leone Colony', in G. J. Cuming (ed.), *The Mission of the Church and the Propagation of Faith* (Cambridge: Cambridge University Press, 1970), 107-129.
81) 참조. Ainslie T. Embree, *Charles Grant and British Rule in India* (New York: Columbia University Press, 1962).

원해야 한다는 강권이었다. 1792년 잉글랜드로 돌아와 영국의 인도 무력 점령 정책에 반대하는 목소리를 높이면서, '인도의 기독교화' 캠페인에 윌버포스의 협력을 얻게 된다. 그리고 초교파적 런던선교협회(LMS)와 잉글랜드 국교회 교회선교협회(CMS)의 창립을 위해 일하는 사람들을 지원한다. 그랜트가 제기한 내용에 반응이 생긴다. 1786년 토마스 코크는 감리교의 인도 선교를 제안하고, 1789년 기독교지식진흥회(SPCK)는 에이브람 클라크(Abraham Clarke)를 인도 선교사로 캘커타에 파송한다. 웨슬리파는 코크의 제안대로 움직이지 않았지만, 곧 클라크가 동인도회사의 목사가 되려고 교단을 바꾸면서, 그랜트가 제시한 메시지가 성과를 얻기 시작한다.

남아프리카에도 인도와 같은 양상이 되풀이된다. 1795년 영국이 네덜란드로부터 희망봉을 접수하자, 모라비아 선교사들이 훨씬 일찍 모습을 드러낼 수 있게 되고, 거의 즉시 런던선교협회 요원인 요하네스 반 더 켐프(Johannes van der Kemp, 1747-1811년)가 도착한다. 1797년까지 반 더 캠프는 런던선교협회를 위해 봉사한다. 그러나 1801년 케이프에서 대규모의 코이족(Khoi 또는 Hottentot) 회중모임이 다른 유럽 식민지인들의 신경질적 비판을 받게 되자, 네덜란드 선교협회의 도움을 받아들이면서, 남아프리카 선교협회 사역을 개시한다. 그는 사역 기간 동안 은치카나(Ntsikana, 1760-1820년)와 성과적인 동역관계를 구축한다. 코사(Xhosa) 족 출신인 은치카나는 역동적인 선지자이자 전도사였다. 자기 종족 안에서 그가 달성한 업적은 나중에 복음화 운동이 2, 3세계에서 취하게 될 노선을 미리 보여준 셈이다.[82]

호주와 태평양에서 영국의 단기 목표는 프랑스를 놀라게 하고, 영국의 넘치는 수용소 인구를 수용할 죄수 유배지 조성이었다. 그러나 계획안이 공표되자마자, 윌리엄 윌버포스, 존 뉴턴 및 여러 복음주의 잉글랜드 국교도는 피트(Pitt) 수상에게 뉴사우스웨일즈(New South Wales)에 수립될 식민지에 목사를 지명하라는 로비를 전개한다. 리처드 존슨(Richard Johnson, 1755-

---

82) *BDEB*, 834 (Andrew C. Ross, 'Ntsikana'), 그리고 1133 (Andrew C. Ross, 'Johannes van der Kemp').

1827년)이 적격자였다. 1787년 첫 번째 함대와 함께 떠난 그는 십년도 넘게 큰 어려움을 견뎌낸다. 그런 후에야 윌버포스와 친구들이 그를 위한 지원을 확보하게 된다. 지원은 호주 교회사 그리고 태평양 선교 사업에 광범위한 영향을 주었음이 판명된다.

1793년 7월 새뮤엘 말스덴(Samuel Marsden, 1765-1838년)은 거의 8개월이 걸린 호주 항해에 나선다.[83] 잉글랜드를 떠나기 전에도 그는 쿡 선장의 일기 때문에 유명해진 타이티 선교 아이디어를 지지했었다. 말스덴은 감리교 성향 가정의 자녀이며 홀문법학교(Hall Grammar School)에서 조셉 밀너(Joseph Milner)가 행한 복음주의 교육의 성과였다. 또한 캠브리지 막달레인 칼리지 복음주의 스승들의 제자이며, 윌버포스와 뉴턴에 의해 모집된 젊은 목회자인 그는 순혈의 복음주의자였다. 소규모 식민지 사회의 특징인 부산함의 와중에도 그의 호주사역은 영향력 있는 교회와 사업체 그리고 자원자 협회의 창설로 이어진다. 더 넓은 시각에서 보면, 그는 1796년 런던선교협회가 첫 선교 탐색팀 30명을 타히티로 파견했을 때, 태평양 지역의 핵심 지원자였다. 그는 선교가 내부적으로 붕괴되기 시작했을 때, 그 조각을 한데 모으려고 시도하기도 한다. 더욱 중요한 일로, 1813년 뉴질랜드 마오리 족에게 개시한 이정표적인 선교는 더욱 중요한 사건이다. 순식간에 남태평양 제도로 선교가 확대되었기 때문이다. 말스덴은 호주 원주민에 대한 그의 냉랭함 때문에 비난을 받기도 한다. 그러나 대부분 관찰자들은 태평양의 섬사람들을 향한 비범한 문화적 감수성 그리고 세계의 한 부분, 19세기의 위대한 복음전파 운동에서 행한 중요 역할 때문에 그를 신뢰한다. 말스덴의 경력이 보여주는 바는, 영국의 새로운 제국 팽창 첫 단계에서 모라비아 교단의 주도가 복음주의 선교 활동의 불꽃을 일으켰으며, 그 극적인 결과에도 영향을 주었다는 사실이다.

노예 제도 반대 캠페인 때문에 영국의 제국 정치와 선교적 관심 사이의 연

---

83) 탁월하게 다룬 것으로 참조하라. A. T. Yarwood, *Samuel Marsden: The Great Survivor* (Melbourne: Melbourne University Press, 1977). 필자는 이처럼 빛나는 책을 제공해 주신 Mark Hutchinson에게 감사드린다.

관성이 더욱 깊어지는데, 다음 장에서 논의할 것이다. 노예반대 운동이 확산되면서, 서인도 제도, 북미 본토 및 서아프리카의 노예 포획소의 환경에 대한 주도면밀한 관심이 늘어난다. 그러한 관심을 통해 노예무역과 노예 제도로 피폐된 사회를 위한 선교적 관심이 생긴 것은 자연스러운 일이었다.

18세기 마지막 3분기, 복음주의 선교에 대한 관심이 급증하면서, 다문화 전도의 사례로 충분한 몇 가지 이정표적인 출판물이 발간된다. 가장 영향력 있고, 정점을 이룬 책은, 1792년 윌리엄 캐리의 『질문』(*Enquiry*) 이었다. 1790년 무렵의 저작 몇 가지도 같은 효과를 거둔다. 조나단 에드워즈가 편집한 『데이비드 브레이너드의 일기』(*The Life of David Brainerd*, 1749년)는 강한 자기성찰을 지닌 열정적인 인물을 소개한다. 브레이너드는 복음 메시지를 본토 아메리카인에게 전하는데(통역을 통하여) 놀라운 적응력을 지녔다. 영어권 세계로부터 다문화 선교로의 실제적인 행동 전환에 상당히 중요한 책이 데이비드 크란츠(David Cranz)의 『그린랜드 역사: 그 나라에 대한 설명과 주민, 대략 30년 동안 일치형제회가 수행한 선교와의 관계를 포함하여』(*The History of Greenland: Containing a Description of the Country, and Its Inhabitants, a Relation of the Mission Carried on for Above Thirty Years by the Unitas Fratrum*, 영역본, 1767년)다. 이 책은 모라비아 선교의 개척자적인 세부사항을 매력적으로 설득력 있게 기술한다.

1783년, 감리교인을 향한 토마스 코크의 호소문인 『이방 선교 수립을 위한 협회 계획』(*A Plan of the Society for the Establishment of Missions among the Heathen*)은 런던 감독이 모든 잉글랜드 국교도에게 보내는 비슷한 유형의 호소문인 『통합 복음전파협회 앞에서 행한 설교』(*A Sermon Preached Before the Incorporated Society for the Propagation of the Gospel*)와 견줄 만하다. 두 저작 모두 서인도 제도의 노예에게 기독교 전파가 필요함을 주장한다. 동시에 대영제국의 통치 영역을 넘어 선교사의 활동 지역을 설정하려고 밀어붙인다. 1780년대 세부적 실천사항, 신학적 지원 그리고 잔잔한 격려를 제공하는 슈팡엔베르크의 영향력 있는 책 두 권이 모라비아파의 사업밀천이 된다. 『이방인 사이에서 복음 사역을 하는 일치형제회 회원을 위한 지침』(Instructions for Members of the Unitas Fratrum who Minister in the Gospel among the Heathen, 영역본, 1785년)과 『개신교 교회 모라비아 형제단이 이방인 사이에 복음을 전파하고 그들의 선교를 수행하는 방식에 관한 이야기』(An Account of the Manner in Which the Protestant Church of the Unitas Fratrum, or United Brethren, Preach the Gospel and Carry on Their Missions Among the Heathen, 영역본, 1788년)가 그의 책들이다. 캐리의 『질문』이 대성공을 거두자, 파도가 친다. 잉글랜드 국교회 멜빌 혼(Melville Horne)의 감동적인 호소, 『선교 편지』(Letters on Missions, 1794년)는 잉글랜드 국교회의 선교 동원에 특별한 성과를 거둔다. 이런 서적들은 선교 사업의 필요성과 매력을 아주 효과적으로 보여주었다.

1792년 침례교 자원선교협회, 1795년 온건 칼빈주의자의 초교파적 런던선교협회(LMS), 1799년 복음주의 잉글랜드 국교도의 교회선교협회(CMS)의 창설은 수많은 활동과 사상적 경험, 기도와 해외 경험의 산물이다. 웨슬리파 감리교인은 영국에서 효율적인 전도 촉진을 위해 많은 노력을 기울인 후, 약간 늦은 1813년에 선교 조직을 만든다. 존 웨슬리가 해외 선교에 대한 관심이 없었던 것은 아니다. 그렇지만 영국제도의 미복음화 지역에 충분한 사역이 이루어져야 한다고 생각했었다. 토마스 코크가 1777년에 일찌감치 선교사로 부름 받았었고, 서인도 제도, 서아프리카, 북미 및 광범위한 지역에 감리교인을 파송하는 데 열심이었다. 그는 감리교 선교 사역을 철저하게 밀어붙인다. 따라서 첫 감리교 인도 선교사로 60세인 코크 본인이 자원한 일은 적절한 것이었지만, 슬픈 일이기도 하다. 배가 목적지에 도달하기도 전에 사망하여, 바다에 매장된다. 복음주의 첫 지도자의 상호교신과 상호격려라는 수단을 통해 자발적 연합으로 복음주의의 방향이 전환된 사건은, 기성체제라는 본능에서 벗어나 선교로 관심을 돌리게 만든 결정적인 움직임이었다.

웨슬리는 젊었을 때 대담하고 무모하게 '나는 세계를 나의 교구로 여긴다'는 말을 내뱉었다. 그러나 1791년 그가 사망한지, 겨우 몇 년 만에 그 말은 더 이상 터무니없는 말이 아니었다.[84] 웨슬리 본인, 정확히 말하자면, 감리교인만이 아니라, 복음주의 전체가 범지구적으로 움직이기 시작했다. 복음주의는 영국, 미국, 캐나다, 서인도 제도의 여러 사회 속에 더 깊이 들어갔다. 18세기의 상당기간 복음주의의 주요한 발전은 영어권의 경계선 안에서 이루어졌다. 그러나 분명히 세계화 과정이 진행되고 있었다. 21세기의 시각에서 그리고 기독교 복음주의 신앙이 범세계적으로 유포된 현재의 시점에서 볼 때, 주로 시에라리온과 희망봉 그리고 남태평양에서 이루어진 초기 세계화는 '국내'에서 발생한 사건만큼 중요하다.

---

84) Wesley가 James Hervey에게, 1739년 3월 20일, in Wesley, *Letters*, 1:286. 그리고 거의 같은 구절('전세계가 나의 교구다')은 거의 동일한 시기다(1739년 11월 10일). 참조. George Whitefield to R. D., in *A Select Collection of Letters of the Late Reverend George Whitefield*, 3 vols (London: Edward and Charles Dilby, 1772), 1:105. 이 인용에 대해서 Bruce Hindmarsh에게 감사를 표한다.

제 8 장

세상 속으로

　복음주의는 기원 면에서 영적 갱신이 압도적인 위치를 차지하는 운동이다. 초창기 복음주의자들이 사회, 정치, 제도 또는 지성적인 면모에 관심을 보인 이유는, 그 문제들이 개인의 신앙 고취 또는 신앙의 위협으로 보였기 때문이다. 이런 관점에서 보면, 사회 개입, 정치적 실천, 제도에 대한 충성 및 지성적 원리라는 기독교 전통은 극복대상인 관습적 신앙을 무효화하고, 참된 신앙을 발견하는 데 기여한다고 쉽게 단정하게 된다.

　복음주의는 자신과 하나님과의 관계를 통해 다른 모든 염려를 불식시키는 경건주의 운동이라는 것이다. '전통이라는 상처, 교육이라는 편견, 이에 따른 노예 제도 같은 고난과 고통'과 '구속이라는 작은 경험…신적인 삶의 달콤함, 영원한 사랑의 기쁨 그리고 자연과 신성의 완전함 같은 매력적 관점'을 날카로운 대립명제로 대비시킨 헨리 알린(Henry Alline)의 시각은 극단적인 입장을 대변한다. 그렇지만 거의 복음주의자 대부분에게 어느 정도 찾을 수 있는 양상이기도 하다.[1] 그럼에도 복음주의 경건성의 자의식적인 내세지향성만이 이야기의 전부는 아니다.

---

1) Henry Alline, *The Anti-Traditionalist* (1783), in George A. Rawlyk (ed.), *Henry Alline: Selected Writings* (New York: Paulist, 1997), 268.

초창기 복음주의자의 다수가 광범위한 세계적 문제에 대한 관심을 유지했다. 단지 그런 교육을 받아 제2의 천성이 되었기 때문이다. 복음의 성결성을 추구하다, 거의 저항감 없이 자연스럽게 더 넓은 행동에 참여함으로써 세상 속에 뛰어든 사람들이 있다. 복음주의 내부로 유입된 신앙 조류에 영향 받아 행동주의적 실천을 수행한 사람들도 있다. 사회 질서에 대한 청교도의 포괄적인 관심 또는 생활양식을 개혁하자는 고교회파 잉글랜드 국교도의 추구 또는 대륙 경건주의자의 폭넓은 자선 행위 등이 그러한 조류였다. 죄수 사역, 고아 돌보기, 방치된 빈자를 위한 교육 대책, 정치 세력 또는 경제 세력에 대한 날카로운 비평 등, 모든 것이 복음주의가 세상을 바라보는 자연스러운 초창기 관심의 일부였다. 운동이 발전하면서 관심은 더욱 뚜렷해졌다. 회심의 파도가 쇄도하면 쇄도할수록 회심한 사람들의 인파도 쇄도했기 때문이다.

분명 복음주의는 회심에 커다란 강조점을 둔다. 이는 회심한 사람들을 다루는 방식에 처음부터 큰 관심을 두는 것이 당연하다는 뜻이기도 하다. 따라서 18세기 막바지의 수십 년 동안, 복음주의자는 쇄도하는 문제들과 요청에 대한 반응이라는 형식으로, 사회, 정치, 제도 및 지성적 삶에 대한 관심을 넓혀 간다. 상황에 대한 그들의 대처방식은 공공연한 복음주의적 영적 논증, 자의식적인 복음주의 윤리 형성을 향한 일시적 움직임 그리고 종교적, 사회 계층적 또는 분파적 이해라는 특수상황에 뿌리를 둔 상당히 관습적인 지혜를 결합하여 반응하는 것이었다. 달리 말해, 복음주의자들은 마땅히 그래야 된다고 생각한 '세상의 초월'에 단 한 번도 성공하지 못했다. 그러나 '실패'의 결과는 아이러니하다. 복잡하지만 풍성한 사회적, 정치적, 제도적, 지성적 개입의 기록이 남았기 때문이다.

1. 특색 있는 접근법

통일된 사회적 프로그램이 없었기 때문에, 복음주의자는 세상의 삶에 대한 다양한 접근방법을 모색해야만 했다. 이 시기 전체와 복음주의의 모든 미래 역사에도, 협소한 영적 목표를 추구하려면 세상에 대한 개입이 없어야 한다는 강한 성향이 있다. 그러나 그런 성향에 아울러 귀족주의 전략, 부르주아 전략, 평민주의 전략이라는 경향이 급속히 부상한다. 각 경향은 복음주의의 기본 신앙을 토대로 만들어진 것이지만, 동시에 18세기 사회의 특수한 계층적 관습에 순응한 것이기도 하다.

하나님에 대한 경건하고 고상한 집중과 평범한 일상적 행위에 대한 천박하고 타락한 관심을 대조시키는 흐름이 때때로 복음주의 경험의 다채로운 측면으로 남는다. '반(反)전통주의'의 헨리 알린 또는 책을 불사른 제임스 데븐포트(James Davenport)의 극단적 타계성(他界性)만이 전형은 아니다. 그러나 다른 수많은 복음주의자도 여전히 세상에 대한 부인(否認)을 꾸준히 장려한다. 예를 들어, 존 웨슬리는 전 생애에 걸쳐 결혼에 관한 팸플릿을 여러 권 출판했다. 아마 미망인 출신인 메리 몰리 버자일(Mary Molly Vazeille) 그리고 자신의 불운한 결혼 생활에 영향 받아 그의 태도가 형성된 것일 수도 있다.

팸플릿은 독신의 삶에 대한 진지한 경고에서 그런 삶에 대한 직설적 권장까지 범위가 넓다.[2] 그의 입장은 존 베리지(John Berridge)의 입장과 비슷하다. 존 베리지는 감리교 초기 지도자의 결혼관을 다룰 때 자주 인용된다. 그의 견해는 공평하지 못한 표현으로 가득 차 있다. '만일 현명하신 주인께서 감사하게도 한 쌍의 흰 담비를 보내 주시지 않았더라면(유럽에서 토끼 사냥 등에 사용함, 결혼생활이 평탄치 않았음을 의미, 따라서 '만일 주님께서 그들의 결혼

---

2) 일례로, *Thoughts on a Single Life* (1765), in Wesley, *Works* (1872), 11:456-463. 토론을 위해 qh라. Henry Abelove, 'The Sexual Politics of Wesleyan Methodism', in Jim Obelkevich, Lyndal Roper and Raphael Samuel (eds.), *Disciplines of Faith: Studies in Religion, Politics and Patriarchy* (London: Routledge & Kegan Paul, 1987), 86-99; 그리고 Rack, *Wesley*, 251-269.

생활을 행복하게 하셨더라면'으로 해석할 수 있음: 역자주), 불쌍한 찰스(웨슬리)는 결혼생활 때문에 많이 피폐되었을 것이며, 존(웨슬리)과 조지(휫필드)는 거의 쓸모없게 되었을 것이다.'[3] 다른 초창기 복음주의자의 표현에도 이런 정서가 특징적으로 나타난다. 스코틀랜드 복음주의 발전의 초기 단계, 복음주의 지도자들은 세상일에 대한 과도한 관여는 복음의 배신이라며 적대자들을 주기적으로 비난했다. 북미도 마찬가지다. 프랜시스 애스베리가 이끈 초기 감리교 운동은 정치나 사회적 개입과는 거리가 멀었다. 조지 휫필드는 의복, 음식 또는 주택 같은 겉치레에 평생 혐오감을 내비쳤다. 세상사에 대한 우려가 나타난 셈이다.

그리스도를 위해 세상을 버리라는 잦은 호소에도 불구하고, 복음주의자는 그리스도와 함께 빈번히 세상 속으로 들어갔다. 세기의 후반부, 복음주의 운동은 점점 더 넓은 교회적 정황, 지역적 상황, 사회적 환경 속에 스며들어간다. 1790년 경, 복음주의적 접근방법의 스펙트럼이 분명하게 완성된다. 극단주의 우파로 불릴만한 세력이, 기성 잉글랜드 국교회 안에 큰 세력을 얻고 있다. 그들은 보수적, 귀족적, 행동주의적이며 인도적인 온정주의 입장을 견지한다. 가장 맹렬히 전통적 교회-국가 체제에 반대하는 사람들 안에서 극단주의 좌파가 큰 세력을 떨치고 있다. 그들은 민주적, 참여적이며, 회중이나 가정에 기반을 둔 대중주의 입장을 견지한다. 양극단 사이에 다양한 중산층 계급을 대변하는 입장이 또 하나 생긴다. 그들은 영국의 비국교도 또는 새로운 미국 복음주의자 사이에 큰 세력을 형성한다. 새로운 유형의 시민 사회를 만들기 위한 자발적인 동원과 자원 봉사적 노력이 그들의 특징이다.

---

3) Rack, *Wesley*, 253에서 인용. 이 논평은 공정하지 않다. 왜냐하면 비록 이상적인 것은 아니더라도, Whitefield의 결혼생활은 John Wesley의 정말로 불운한 관계에 비하면 상대적으로 평온했다.

2. 귀족(Patrician)

귀족주의 입장은 큰 관심을 끈다. 18세기 중엽 헌팅든 백작부인이 눈에 띄었고, 세기 말에는 잉글랜드의 윌리엄 윌버포스 및 한나 모어(Hannah More)의 유명한 개혁 작업이 있었으며, 혁명 후 미국에는 기성교회인 회중교회의 전래된 특권을 유지하려는 티모씨 드와이트(Timothy Dwight)의 활발한 시도가 있었다. 심지어 스코틀랜드의 전체 교회 생활을 복음화하려고 한 존 어스킨의 노고도 있었기 때문이다. 티모씨 드와이트는 코네티컷 그린필드에 소재한 회중교회의 목사로, 다음에는 예일대학교(1795년부터) 총장으로 일한다. 그는 미국 독립전쟁으로 확보된 자유라는 은총을 전반적인 기독교 사회가 포용했음에도 식민지적인 기존 교회-국가체제의 유지가 필요한 이유를 입증하려고 시도한다. 드와이트의 견해에 따르면, 신생 미국에 필요한 기독교적 지침을 역동적인 국가교회가 제공할 수 있으며, 한편 영국이 시행한 일종의 제국주의적 과도함으로부터 공화적 혁명원리가 기성체제를 지킬 수 있다는 것이다. 사건의 전개에서 드러나듯이, 드와이트의 비전은 실현되지 못했다. 미국 복음주의자는 기성체제 원리로부터 단호히 방향전환, 교회 조직과 대중의 도덕성 촉진에 있어 자원자로서의 방향을 지향했기 때문이다. 그러나 그의 시도는 복음주의 열정으로 움직이는 하향식 사회 질서가 영국 제도(諸島)에만 국한된 것이 아님을 보여준다.[4]

스코틀랜드의 존 어스킨은 복음주의의 활동적 요소를 전통적인 교회-국가 기성체제와 통합하는 일에, 드와이트보다 큰 성공을 거둔다. 어스킨은 귀족이 아니었다. 그렇지만 에딘버러의 두 교회를 섬기는 동안(1758-1803년), 기성교회 내부에서 복음주의의 인력과 활동, 영감을 조화시키려고 쉼 없이 분투한다. 다수의 스코틀랜드 복음주의자와 어스킨은 가장 효율적인 사회 정화는 하향식으로, 또한 전통적 스코틀랜드 국교회의 전래된 구조적

---

4) 참조. John R. Fitzmier, *New England's Moral Legislator: Timothy Dwight, 1752-1817* (Bloomington: Indiana University Press, 1998).

형태에서 이루어지는 것이 당연하다고 오랫동안 생각했다.[5]

복음주의 잉글랜드 국교도는 잉글랜드의 기독교적 사회 질서라는 가부장적 비전을 유지하는 데 있어, 스코틀랜드보다 더 크게 성공한다. 잉글랜드 국교회 행동주의의 뿌리는 복음주의의 독특한 기독교적 의무감이다. 하나님께서 자비로 죄의 굴레에서 구하셨으므로, 그들도 영적 자유와 생기 넘치는 거룩함이라는 공평한 기회를 다른 사람에게 제공해서 감사를 표해야 한다는 것이다. 그러나 잉글랜드 국교회 행동주의는 잉글랜드 국교회 같은 계층서열적인 제도를 지지하고, 전통적인 사회적 구분이라는 관점 하에서 건강한 사회의 밑그림을 그려야 한다. 조금이라도 민주주의나 공화주의 또는 개인주의의 낌새가 나는 것은 불신해야 한다. 이런 방향성은 본능적인 흐름이었다.

존 웨슬리의 사회적 실천에도 계급서열적인 가부장제의 요소가 많이 포함된다.[6] 그는 감리교 순회설교모임의 방향성을 감독한다. 그렇지만 감리교 고아원과 학교의 감독권을 공유하기는 주저했다. 그는 민주주의에 대한 깊은 회의를 꾸준히 지녔다. 적어도 그의 관점에서, 국왕과 군주제에 대한 충성심은 전혀 흔들림이 없었다. 그의 희망은 감리교 운동이 국가교회의 활력을 회복시키고, 모든 잉글랜드 사회의 거룩한 리더십을 회복시키는 것이다. 그는 자신의 평신도 순회전도자들을 엄격히 통제했으며, 그들과 합당한 안수를 받은 성직자들을 분명히 구분하는 데 심혈을 기울였다. 이런 사실은 감리교인에 대한 웨슬리의 귀족적 관리가 몇몇 예외는 있지만 대개의 경우 상당히 바람직하게 여겨졌다는 당시 널리 퍼진 추정에 대한 중요한 비판적 반박이 될 것이다.

그러나 보다 웨슬리적인 특색을 지닌 활동의 대부분은 그의 본능적인 고

---

5) *DSCHT*, 300-301 (N. R. Needham, 'John Erskine').
6) 오리엔테이션을 위해 참조하라. David Hempton, 'John Wesley and England's *"ancien régime"'*, in Hempton, *The Religion of the People: Methodism and Popular Religion, c.1750-1900* (London: Routledge, 1996), 77-90; Rack, *Wesley*, 360-380; 그리고 John Walsh, *John Wesley, 1703-1791: A Bicentennial Tribute*, Friends of Dr Williams's Library Lecture (London: Dr Williams's Trust, 1993), 16-17.

교회적 기성주의와는 대립되는 활동이었다. 수세기 동안 성직자에게 국한 되었던 업무를 떠맡으라고 평신도 남성, 가끔은 평신도 여성에게도 요청했 다. 안수도 받지 않고 대학 교육도 못 받은 많은 이에게 중요 임무를 맡기기 도 한다. 회심자와 순회전도자에게 끊임없이 공부하라고 격려했다. 셀 모 임과 분반모임에서 지역에서 가장 비천하고 가장 하층의 사람들과도 의견 을 나누었다. 그는 죽는 날까지 검소한 삶을 살았으며, 귀족적이든지 부르 주아지적이든 사치스러운 허세에 대해 공공연히 꾸짖었다. 파괴적인 방탕 이라고 여긴 음주, 카드, 극장에 대항하여 정신을 고양시킬 수 있는 대체물 을 제공하고자 찬양과 영적 양육 그리고 교육을 추구했다. 요약해 보자. 웨 슬리는 여러 면에서 잉글랜드 상류계층의 대표자로 남는다. 그럼에도 그는 자신이 물려받았으며 언제나 지지를 표명한 계층적인 사회질서를 진정으 로 개혁하고자 한 개혁자이기도 하다.

정열적인 출판인이자, 작가 그리고 교육자인 한나 모어(1745-1833년)는 웨 슬리에 비해, 덜 복잡한 하향식, 기성체제적 잉글랜드 국교회 복음주의의 사례를 보여준다. 그러나 그녀의 경우에도, 친구인 윌리엄 윌버포스의 상황 처럼, 단순히 복음주의적 수사어구를 넘어서 귀족적인 이상 사회의 비전을 인정하는 무언가가 있다.

중산층 가정 출신인 한나 모어는 한 구혼자를 통해 재정적인 자립을 얻 게 된다. 구혼자는 오랫동안 우물쭈물하다 결국 결혼하지 않았다. 1770년 대 중반, 그녀는 데이비드 개릭(David Garrick), 새뮤엘 존슨 박사(Dr Samuel Johnson), 죠수아 레이놀즈 경(Sir Joshua Reynolds)을 포함하여 높은 지성을 지닌 예술가와 작가들이 있는 런던의 서클에 받아들여진다. 그녀는 자기 힘으로 시인이자 비극 작가로서 명망을 얻으며, 그녀의 삶의 행로는 건강 한 현실주의를 보여준다. 1776년에 그녀는 찰스 미들턴(Charles Middleton) 을 만나게 된다. 해군이었던 그는 후에 윌버포스에게 중요한 영향을 미 친다. 그녀는 미들턴이 추진 중인 노예무역에 대한 공세에 곧바로 동참한 다. 1780년대 초반부터 점점 종교에 대해 진지하게 생각하다가, 존 뉴턴의 친절한 조언을 받아들이면서, 분명한 복음주의의 길로 인도된다. 1790년 『유행을 쫓는 세상 종교에 대한 평가』(*An Estimate of the Religion of the Fashionable World*)를 출간하는데, 그녀의 확신의 정착 정도를 보여준다. 단도직입적인 소책자에는 잉글랜드 국교회 예식과 서열에 대한 딱딱한 변호가 포함되어 있지만, 자신이 영국 사회 '최상류층 안에서 현저한 경건의 퇴조'라고 간주한 것들을 구체적인 과녁으로 삼는다. 경건의 쇠퇴가 왜 그렇게 중요한지 자세히 설명되면서 그녀가 특별한 관심을 지닌 이유가 분명해진다. '신앙적 원리의 쇠퇴에 따른 악명 높은 결과는…우리의 교육 방식을 부패시키며, 가정의 행동 양식을 오염시키고, 아래로 하인과 하급자 사이에 전염을 확산시키고, 우리의 모든 예절과 풍속 및 대화에 영향을 미친다.'[7] 공적 보장에 대한 모어의 가장 큰 기여가 소책자들과 함께 1790년대에 시작된다. 소책자들은 강한 주제와 철저한 윤리성, 읽히기 위해 쓰여진 것으로, 그녀가 프랑스혁명과 동일시하는 급진적 종교와 급진적 정치에 대한 필수적인 해독제로 전통적인 기독교와 전통적인 사회질서를 옹호한다. 급변하는 영국 사회에서 가난한 어린이들을 계몽하기 위해 그녀와 그녀의 자매들이 설립한 학교들과 함께 소책자들은 기존 방식의 교회와 사회의 열정적이며, 논쟁적인 수호자로 그녀의 명성을 확립시킨다.

그녀는 부와 귀족제도 같은 반동 세력의 대변자로 더 큰 웃음거리가 될 수도 있었다.[8] 그러나 보수적인 종교 원리에 따라 만들어진 복잡한 논증, 두려움 없는 여성적인 단정 그리고 급격한 사회변화에 대한 창조적 반응으로 그녀의 사역을 해석하는 것이 그녀의 실제 상황에 더 가까울지 모른다.[9]

---

7) *An Estimate of the Religion of the Fashionable World* (1790), from *The Works of Hannah More: First Complete American Edition*, 2 vols (New York: Harper and Brothers, 1835), 1:278.
8) 최근의 복합적인 예로 참조하라. Mona Scheuermann, *In Praise of Poverty: Hannah More Counters Thomas Paine and the Radical Threat* (Lexington: University Press of Kentucky, 2002).
9) 여기서 필자는 Shirley Mullin 교수와의 개인적 의견교환에 도움을 받았고, 또한 다음 사람들이 제공한 설명에도 빚지고 있다. Christine L. krueger, *The Reader's Repentance: Women Preachers, Women Writers, and Nineteenth-Century Social Discourse* (Chicago:

모어는 가부장적 사회의 미덕을 찬양한다. 사회의 안정성은 남편에 대한 아내의 순종, 주인에 대한 하인의 복종, 상급자에 대한 하급자의 복종에서 생겨난다는 것이다. 그러나 그녀는 여성 혼자의 힘으로 공적 보장, 권면, 전도에서 기억에 남을 경력을 아로새긴다. 그녀는 영국 개혁이라는 긴급 과제가 엘리트의 사회적 임무라고 규정한다. 신앙을 회복시킨 다음 하급 계층으로 흘러가게 해야 한다는 것이다. 그러나 동시에 겸손, 자기 희생, 이타주의의 미덕을 옹호함으로써, 위대한 것 중에 가장 위대한 것의 의미를 재정의한다. 모어는 고전 세계의 영웅적 이상에 대해 의구심을 지니게 되면서, 비극 작품의 창작을 단념한다. 그녀가 복음주의 신앙에 큰 영향을 받았음을 보여주는 사례다. 한나 모어는 시대의 위기에 대해, 전통주의적이며 반-민주주의적인 하향식 해결책을 제시했다. 그러나 그녀의 입장은 당대의 에드먼드 부르크(Edmund Burke)나 잉글랜드 국교회의 감독 같은 지도적인 사회적 보수파와 비교하면, 대중의 삶과 의무에 대해서 분명한 복음주의적 접근을 보여준다고 할 수 있다.

세상 속의 삶에 대한 귀족적 잉글랜드 국교회의 자세를 보다 대표적으로 보여주는 사례가 있다. 1790년대 런던 남서부에서 수마일 떨어진 잉글랜드 국교회 교구인 클랩햄(Clapham)의 교회 주변에 상당히 유력한 가문과 아주 부유한 복음주의자의 네트워크가 만들어진다. 수십 년 후, 그들은 '클랩햄 파' 또는 클랩햄 '성도'라고 불린다.[10] 윌리엄 윌버포스(William Wilberforce, 1759-1833년)가 그룹의 핵심 인물이다. 그의 노예 제도 반대활동이 아래에 서술되기도 하지만, 클랩햄과 연관된 여러 유력 인사들이 수많은 힘든 과업을 떠맡는다. 인도에 대한 영국의 관심을 기독교적 관심으로 고양시키는 작업(1780년대 중반부터), 교회선교협회 창립(1799년), 주

University of Chicago Press, 1992), 94-124; Patricia Demers, *The World of Hannah More* (Lexington: University Press of Kentucky, 1996); 그리고 Robert Hole (ed.), *Selected Writings of Hannah More* (London: William Pickering, 1996)

10) 1780년대와 1790년대 Clapham의 복잡한 가계도에 대한 가장 최신의 설명이 다음 책의 앞부분에 제공된다. Christopher Tolley, *Domestic Biography: The Legacy of Evangelicalism in Four Nineteenth-Century Families* (Oxford: Clarendon, 1997).

력 복음주의 잡지 「크리스천 옵저버」(The Christian Observer) 창간, 영국해외성서공회(the British and Foreign Bible Society, 1804년) 설립 조력 등 클랩햄 사역의 대부분은 다소 후반기에 이루어진다. 그러나 노예 제도 반대운동은 이미 1790년대 초반부터 서부 아프리카(시에라리온) 자유식민지 후원 및 몇 가지 공적 문제에 대한 창의적인 주도권 행사 등을 통해 나타난 바 있다. 윌버포스를 제외한 클랩햄의 핵심 인물은 다음과 같다. 은행가이자 하원의원으로 당대의 가장 활동적인 자선사업가인 헨리 쏜턴(Henry Thornton, 1760-1815년), 1792년부터 클랩햄 교구 목사인 존 벤(John Venn, 1759-1813년), 부친인 헨리 벤은 일찍이 클랩햄(1754-1759년까지 봉직)을 포함한 여러 교구에서 성과를 거둔 복음주의 증인이었다. '성도'에는 고위 공무원, 상인, 은행가가 포함되어 있었으며, 적어도 한 사람은 귀족이었다. 그들 모두 활동적인 복음주의 신앙과 잉글랜드, 서부 아프리카, 인도 및 그 너머로 선한 일을 해야 한다는 적극적인 관심을 공유했다. 헨리 벤의 사역에 관한 기록에 그룹의 신앙적 스타일이 잘 요약되어 있다. '신학적 온건함, 잉글랜드 국교회의 규칙성, 그리고 예식에 대한 헌신.'[11] 그들의 자선정신 또한 기성체제 지향적이었다. 그렇지만 주변부 계층의 사람들을 돕는 헌신 측면에서, 클랩햄 성도들은 시대를 훨씬 앞선 이들이었다.

3. 평민(Plebeian)

복음주의의 공공 생활에서, 민주적이며 대중적 형태인 평민주의는 귀족주의보다 발전이 느렸다. 웨슬리 형제, 조나단 에드워즈, 조지 휫필드, 다니엘 로우랜드, 길버트 테넌트의 영적 메시지는 평등주의를 담고 있었다. 그러나 이들 초창기 복음주의 지도자들은 바란 것은 전통적인 사회질서의 전복이 아니었다. 초창기 지도자 중 호웰 해리스(Howell Harris)만이, 그것도

---

11) *BDEB*, 2:1138 (W. J. Clyde Ervine, 'Henry Venn').

간접적으로 1780년대와 1790년대 들어 가시화된 대중주의 형태를 원했다. 신세기가 시작되자 영어 사용권 전역에서 대중주의의 싹이 튼다.[12]

웨슬리가 사망한 1791년경부터 분명한 복음주의와 철저한 민주주의 또는 급진 성향의 개인과 그룹이 등장하기 시작한다. 그들은 잉글랜드, 미국 및 캐나다 여러 지역에 산재해 있었지만, 이미 아래로부터 복음주의의 광범위한 혁신을 추진 중이다. 북미에서 더욱 철저히 민주화된 복음주의를 촉진시킨 요인은 휫필드의 지속적인 순회전도의 모범, 정착지를 떠나 변경지로의 인구이동, 미국혁명의 이데올로기적 충격 등이다. 잉글랜드에서 감리교 운동의 상황은 회심을 강화하려는 원심력이 존 웨슬리와 헌팅든 백작부인의 개인적 권위로 유지되던 구심력을 넘어서려 하고 있었다. 그리고 결과는 북미와 같았다.

대중주의적 신앙 유형을 계획하는 데 선구적인 이들은 아이잭 바쿠스(Issac Backus)처럼 회심한 침례교인 그리고 뉴잉글랜드의 분리파 회중주의 그룹의 지도자들이다.[13] 그러나 존 세닉처럼 잉글랜드와 아일랜드의 평신도 순회전도자들도 합류한다. 웨슬리파의 역동성과 칼빈주의 부흥이나 모라비아 부흥이 통상적 신앙 실천의 경계선을 허문다. 복음의 메시지가 노예들을 매혹시키기 시작했다. 회심한 아프리카계 미국인이 자기 교회를 조직한다. 결과적으로 진정한 대중의 교회를 지향하는 운동이 더욱 거세진다. 1770년대 대중주의 지도자 핸리 올린(Henry Alline)과 리처드 알렌(Richard

---

12) 복음주의의 이런 흐름에 대한 핵심 저작들이다. Stephen A. Marini, *Radical Sects of Revolutionary New England* (Cambridge, MA: Harvard University Press, 1982); Deborah M. Valenze, *Prophetic Sons and Daughters: Female Preaching and Popular Religion in Industrial England* (Princeton: Princeton University Press, 1985); Nathan O. Hatch, *The Democratization of American Christianity* (New Haven: Yale University Press, 1989); G. A. Rawlyk, *The Canada Fire: Radical Evangelicalism in British North America, 1775-1812* (Kingstone and Montreal: McGill-Queen's University Press, 1994); 그리고 Catherine A. Brekus, *Strangers and Pilgrims, 1740-1845: Female Preaching in America* (Chapel Hill: University of North Carolina Press, 1998).

13) 전체를 다룬 것으로 참조하라. William G. McLoughlin, *New England Dissent, 1630-1833: The Baptists and the Separation of Church and State*, 2 vols (Cambridge, MA: Harvard University Press, 1971), 1:340-693; 2:695-786.

Allen)의 회심은 향후 수십 년 동안 민주화의 중요한 토대가 된다. 또한 1770년대에는 복음주의 회심자와 퀘이커 교인 같은 옛 운동의 대표자 간의 연결이 증가된다. 옛 운동은 중앙집권적인 종교 권위에 오랫동안 저항해 온 역사가 있었다.

그림을 아주 단순화시켜보면, 대중주의적 복음주의의 유형을 네 가지로 구분할 수 있다. 첫째, 아프리카계 미국인이다. 1790년대 무렵 미국의 중부 주와 남부 주에 교회를 구성하기 시작한다. 또한 서인도 제도, 노바스코샤, 아프리카 서부 해안에서 활발히 움직인다. 뉴잉글랜드의 급진 분파주의 그룹의 번성은 분명 통상적인 사건이 아니다. 그들은 오랜 복음주의적 유산과 결별하는데, 그 중에 헨리 올린이 주류 복음주의의 강조점과 가까웠다.

대서양 양안에서, 개인적, 사회적 자유라는 급진주의 위에 새로운 기독교 신앙의 모델을 세우려는 시도의 주된 근원은 감리교다. 젊은 순회전도자인 프리본 개렛슨(Freeborn Garrettson)과 노바스코샤의 윌리엄 블랙(William Black, 1760-1834년) 같은 감리교인은 통상적인 것을 한계까지 밀어붙였다. 그런 다음 좀 더 차분하고, 보다 협력적이며, 보다 제도적인 신앙으로 회귀한다. 웨슬리에게 순응하지 못한 제임스 오켈리(James O'Kelly)와 알레그잰더 킬햄(Alexander Kilham) 같은 계승자나 프랜시스 애스베리는 운동을 떠났다. 휴 본(Hugh Bourne, 1772-1852년)은 잉글랜드에서 '고대 감리교'(the Primitive Methodists)를 세운다. 그리고 느슨하게나마 감리교의 궤도에 남아 있지만, 여러 가지 필요 없는 짐 같은 속박을 느낀 사람들도 있었다. 자유로운 모습의 감리교에서 가장 유명한 대표자는 로렌조 도우(Lorenzo Dow, 1777-1834년)다. 그는 유별난 이름(별칭이 '미친' 도우였다), 꿈과 환상에 지속적으로 의존했다. 그럼에도 캐나다, 영국, 서인도 제도, 미국에서 전도자로 이름을 날리고, 수많은 영어 사용권 개척지에 기독교를 증거한 선구자가 된다.[14]

---

14) Dow에 관하여 참조하라. Nathan O. Hatch, *The Democratization of American Christianity* (New Haven: Yale University Press, 1989), 36-40, 130-135; George A. Rawlyk, *The Canada Fire: Radical Evangelicalism in British North America, 1775-1812* (Kingston and Montreal: McGill-Queen's University Press, 1994), 110-112; 그리고 David Hempton,

세기말을 향해가면서 평민주의의 마지막 유형이 대중적이며, 자유로운 형식의 복음주의에서 등장한다. 열정적 소수파인 이들은, 복음의 해방시키는 힘은 전래된 교회 조직 전체와 대립된다고 믿었다. 십대에 회심한 엘리어스 스미쓰(Elias Smith, 1769-1846년)는 원래 침례교 목사였는데, 이 신앙 유형의 중요 지도자다.[15] 그는 몇 가지 환멸스런 사건을 겪으면서, 정치권력과 교회의 억압적인 관행이 복음을 짓밟고 있다고 느낀다. 결국 스미쓰는 단순한 '기독교인'으로 불리겠다는 결심을 한다. 그의 끊임없는 소요학파(逍遙學派, 아리스토텔레스가 동산을 소요하면서 제자를 가르친 일에서 유래한 학파의 이름: 역자주)적 경력은 '회복' 운동을 기대하게 만들었는데, 세기가 바뀌면서 세력이 배가된다. 또 다른 '기독교인' 바턴 스톤(Barton W. Stone)이나 '제자'(디싸이플) 운동 창설자인 알렉산더 캠벨(Alexander Campbell)로부터 더 효과적인 지도력을 발견할 수도 있다.

그들이 초창기 수십 년간 여성에게 공적 설교의 장을 마련해 주었다는 사실에서 그들의 급진적이며 민주적인 복음주의 운동의 효력이 가장 분명히 발견될 수 있을 것이다. 자유의지파 침례교인 샐리 파슨스(Sally Parsons)와 메리 세비지 카드(Mary Savage Card), 침례교인 아비게일 라이스터(Abigail Leister) 그리고 밀스 라이커(Mills Riker)와 새라 라이커(Sarah Riker) '자매'가 있다. 이들은 1790년대에 미국 북부와 중부에서 대중 권면자나 부흥 설교자 또는 남편의 동역 설교자로 활약했다.[16] 바로 그 시기 영국에도 급진파 침례교의 가르침이 가장 강한 지역에서 여성들이 동일한 활동에 뛰어든다.[17] 복음주의를 총체적으로 이해하는 데 있어, 여성 부흥주의자의 가장 두드러진 측면은 그들이 동등한 권리나 여성 해방에 대해 거의 설교하지 않았다는 사실이 아니다. 오히려 개인을 변화시키는 효력을 지닌 복음주의적 체

Methodism and Politics in British Society, 1750-1850 (2nd ed., London: Hutchinson, 1987), 94-95.

15) 특별히 참조하라. Michael G. Kenny, *The Perfect Law of Liberty: Elias Smith and the Provi-dential History of America* (Washington: Smithsonian Institution Press, 1994).
16) Brekus, *Strangers and Pilgrims*, 343-346.
17) 참조. Valenze, *Prophetic Sons and Daughters*, 29-34, 187-204.

험이 그들을 공적 활동에 편입시켰다는 점이다.

1790년대 무렵, 대중주의 또는 급진 민주적인 복음주의 형태가 여러 지역에서 뿌리를 내린다. 운동 지도자 대부분이 생의 진로를 바꾸는 회심 경험을 겪었으며, 놀랄 정도로 많은 사람들이 조지 휏필드의 목회를 통해 감동을 받는다. 대부분 정규 교육을 전혀 받지 못했으며, 그럼에도 성경 터득에는 경이로운 자기 통제력을 보인다. 또한 복음의 메시지가 주는 영적 해방과 시대의 많은 정치적 해방 운동의 자연스런 시너지 효과를 알고 있었다. 급진파 전체를 한 그룹으로 볼 경우, 이들은 모두 강력한 반(反)칼빈주의파다. 이는 성경 주석의 직접적 결과라기보다, 의심의 눈초리로 칼빈주의자의 하나님을 융통성 없는 폭군으로 보는 그들의 분위기 때문이다. 그들이 공적 목회에 참여하게 된 계기는 교회의 권고 같은 외부 요인이 아니라, 개인적인 '부르심' 같은 내적 요인 때문이다. 순회 부흥 설교의 열렬한 지지자인 그들은 캐나다와 미국 전역 그리고 영국의 일부 지역에서 천막-모임을 위한 길을 닦음으로써, 19세기 복음주의 역사의 중요한 일익을 담당한다. 또한 대부분이 모두가 참여하는 중요한 공적 활동으로 찬양을 강조했다. 모두 철저한 경건주의자인 급진 복음주의자들은 정치에는 전혀 관심이 없었다. 어떤 경우는 영적 원리의 평등성을 민주적인 정치 행위라고 해석하기도 했다. 18세기 복음주의에서 급진파 운동은 부수적인 주제였다. 그럼에도 1790년대부터 점점 중요해졌고, 적어도 다음 세기의 복음주의 활동을 위한 의미 있는 전례를 제공하게 된다.[18]

---

18) 급진 복음주의적 대중주의의 역사는 잘 알려지지 않았다. 몇몇 경우, 성숙한 교단들과 조직들은 창설자들의 극단성에 당혹감을 느끼기도 했다. 참조. Nathan O. Hatch, 'The Puzzle of American Methodism', in Hatch and John H. Wigger (eds.), *Methodism and the Shaping of American Culture* (Nashvile: Kingswood, 2001), 23-40. 또 다른 경우 현대의 급진적 학자들은 초창기 복음주의자들이 그들이 품은 운동들에 한 공헌을 인정하기 꺼려한다. 이 노선들과 관련된 가장 중요한 현대 급진적 사학자들에 관한 논의로 참조. David Hempton and John Walsh, 'E. P. Thompson and Methodism', in Mark A. Noll (ed.), *God and Mammon: Protestants, Money and the Market, 1790-1860* (New York: Oxford University Press, 2002), 99-120.

4. 부르주아지(Bourgeois)

세상 속의 복음주의 실천에서 중간 계급의 형태도 서서히 드러난다. 그러나 그들이야말로 사회를 향한 복음주의적 접근에서 다가오는 세기의 압도적인 세력이 될 것임이 세기말부터 암시되고 있었다. 전형적으로 중간계층의 복음주의는 동료인 귀족주의 복음주의자들이 시작한 몇 가지 패턴의 차용이 전형적인 모습이었다. 그러나 동시에 대륙 경건주의자가 개척한 사회 개입 패턴, 특히 선교와 교육, 자기 계발과 사회 개혁 패턴도 면밀하게 쫓아 간다.

자원자 협회가 핵심이었다. 협회는 자발적 헌신의 지원을 받으며 자발적 출판에 의해 공론화 된다.[19] 복음주의 자원자들은 고교회파 잉글랜드 국교도, 독일 경건주의자, 스코틀랜드 기독교지식진흥회(SSPCK)의 걸음을 밟아간다. 스스로 동원하는 자원주의의 속도가 극적으로 가속된 것은 다음 상황 때문이다. 잉글랜드 비국교회는 더욱더 철저한 복음주의가 된다. 비기성교회적 조망 속에 미국의 복음주의가 퍼져나간다. 복음주의 잉글랜드 국교도와 스코틀랜드 장로교인이 기성교회의 메커니즘이 삐걱거리는 데 조바심을 느끼게 된다.

로버트 라익스(Robert Raikes, 1725-1811년)는 도시의 빈곤층 아동 사이에 주일학교를 조성한다. 그의 노력은 미래 복음주의의 수많은 사역을 위한 패러다임을 제시한다.[20] 신문 발행인이던 라익스는 자신의 「글로스터 저널」(*Gloucester Journal*)을 수많은 자선사업의 대의를 위한 매체로 전환한다. 1780년 잉글랜드 국교회 협회의 도움으로, 교회의 일상적 활동 범위에도 포괄되지 못하고, 평일에도 시간이 없는 어린이를 위한 주일학교를 시작한다. 라익스의 주일학교 커리큘럼은 기독교 교육에 주안점을 두지만, 전반적

---

[19] 중요한 오리엔테이션이 제공된다. Andrew F. Walls, 'Missionary Societies and the Fortunate Subversion of the Church', in walls, *The Missionary Movement in Christian History: Studies in the Transmission of Faith* (Maryknoll: Orbis, 1996), 241-254.

[20] 다음에 오리엔테이션이 제공된다. *BDEB* 2:913-914 (V. H. H. Green, 'Robert Raikes').

으로 문자 해독률 증진과 기본적 과학 지식의 증진이 직접적인 목표였다. 사실 일찍이 그리피쓰 존스(Griffith Jones)의 웨일즈어학교를 잉글랜드 도시에 맞추어 변형시킨 셈이다. 라익스는 주일학교 사역을 신문에 홍보한다(언론이 자원봉사자 모집의 도구로 사용된다). 1785년 주일학교의 전국적 조성을 목표로 하는 협회의 런던 본부 설립을 도우면서, 미래의 수많은 복음주의 자원자가 모방하게 되는 방대한 활동의 첫 걸음을 내딛는다. 부유한 하원의 원이자 클랩햄 '성도'인 헨리 쏜턴(Henry Thornton)이 런던 협회의 초대 이사 중 한 명이라는 사실이 중요하다. 귀족주의자와 부르주아지 복음주의자가 사역을 위해 얼마나 쉽게 협력했는지 보여주는 사례이기 때문이다. 1797년 무렵, 잉글랜드에는 1,000개의 주일학교와 거의 칠천 명의 주일학교 학생이 있다.

주일학교로 대표되는 복음주의 사회 참여 유형은 보다 앞선 시기 조지 휫필드의 자선사업과 다르다. 휫필드의 사역은 대체로 임시적이며, 개인적이었다. 존 웨슬리의 사역과도 다르다. 웨슬리는 사역을 전방위적 시각에서 주도면밀히 통제했기 때문이다. 또한 평민주의 사회 참여와도 접근법에서 다르다. 중산층 복음주의자는 엘리트 교육에 비중을 두었다. 광범위한 조직의 힘을 신뢰했으며, 지도자들이 사회에서 충분한 존경을 누리기 원했다. 따라서 부를 원천적으로 부패한 것으로 여기지 않았고, 전래된 권력 구조를 전복시키기보다 그 속에 침투하려고 더욱 열심히 일했기 때문이다. 그러나 부르주아적 복음주의자는 '반(反)형식주의자'의 급진적 민주화에는 반대하는 '형식주의자'였다. 따라서 그들이 번성하게 된 이유는 기성체제의 부재(미국)나 기성체제의 독점에 대한 대안(잉글랜드, 아일랜드, 스코틀랜드, 캐나다)이었기 때문이다.[21]

1790년대에 등장한 선교협회들은 조직적으로 속도를 조절하면서 나간다. 그러나 성경 배포, 예절 개선, 교육 증진, 형무소 개혁, 병원 개선, 노예

---

21) '형식주의자'와 '반(反)-형식주의자' 사이의 차이에 관해서 참조하라. Curtis D. Johnson, *Redeeming America: Evangelicals and the Road to the Civil War* (Chicago: Ivan Dee, 1993), 7-8.

무역 폐지 및 다양한 목표의 협회가 선교협회에 합류하면서, 1770년 이후 영어 사용권 국가에서 개신교의 모습을 변화시킨다.

이론가 위르겐 하버마스(Jürgen Habermas)의 용어로 복음주의자가 새롭게 생성한 형태를 사회학적으로 잘 묘사할 수 있다. 시민들이 자발적으로 '부르주아적 공공 영역' 또는 '함께 하나의 대중으로 모여 사적 공공 영역(私的公共領域)'의 구축을 떠맡게 되면서, '상품 거래소와 사회적 노동'에 근본적 변화가 촉진된다. 하버마스에게, 영국은 '상품 거래소와 사회적 노동이 정부 주도로부터 충분히 해방됨으로써, 시민 사회 전반의 발전역사'를 선도한 것이다. 그러나 미국의 상황이 더 두드러진다. 중산층 자신의 목적에 의해, 중산층의 참여로 만들어진 미국의 시민 사회는 19세기 초 수십 년 동안 번성하게 된다. 이 과정에서, 복음주의 신앙은 무엇보다 내부적인 혁신 체계와 소통한다. 동시에 전통적인 귀족적 정치 권위 단계를 건너뛰면서, 중산층 관리자들에게 사회적 교환을 담당할 수 있는 자기 통제권을 부여한다.[22]

부르주아의 복음주의적 접근은 종교 면에서 환멸과 권한 부여의 변증법에서 솟아난다. 전통적이며, 국가 통제적이고, 공동체적이며, 포괄적인 기성교회가 변화하는 사회와 18세기의 지성적 조건 아래에서 참된 신앙을 중진할 효과적인 역량인가 하는 문제와 관련하여 환멸이 일어난다. 하나님께서 그리스도 안에서 분명히 개인을 구속하셨으며, 성령 하나님은 구속된 사람 안에 실제로 거주하시므로, 구속된 이들은 그분의 뜻을 **행해야만** 한다는 확신에서 권한부여가 이루어진다. 과거와 다른 중요한 수정이 생긴다. 복음주의자는 전래된 교회 기구보다, 구체적으로 자신과 자원자협회에 그리스도의 내주하심이 있다고 여겼다. 이런 측면에서, 부르주아지 복음주의는 단지 교회에 국한되지 않는, 삶 전체의 방법론화(方法論化)를 상징한다.

---

22) Jürgen Habermas, *The Structural Transformation of the Public Sphere: An Inquiry into a Category of Bourgeois Society,* trans. Thomas Berger (Cambridge, MA: MIT Press, 1989), 27-29, 73-75. 이런 입장에 따른 역작으로 참조하라. George M. Thomas, *Revivalism and Cultural Change: Christianity, Nation Building, and the Market in the Nineteenth-Century United States* (Chicago: University of Chicago Press, 1989).

복음주의 자원자 정신의 선봉은 미국의 모든 교파와 잉글랜드 비국교회였다. 그렇지만 잉글랜드, 스코틀랜드, 아일랜드 및 캐나다 기성교회로부터도 놀랄만한 지원이 있었다. 복음주의 자원자 정신은 강력한 대사회적 접근방법이며, 복음주의 설교와 회심, 성화 및 교제라는 효율적인 능력과 직접 연결된다. 세상 속의 복음주의적 삶에서, 자원자 정신은 미래의 물결이었다.

5. 노예 제도 반대

복음주의의 노예무역 반대 운동은 18세기의 귀족과 프롤레타리아 그리고 부르주아지 복음주의자가 뜨거운 가슴의 개인 신앙과 사회적 중대 행위를 연결한 방법을 보여주는 가장 탁월한 예다. 초창기 복음주의에서, 지도자가 노예화된 아프리카인에게 효과적인 전도를 열심히 하는 일은 아주 이례적이었다. 1세대 복음주의자는 직접 노예를 소유하거나(에드워즈, 휫필드, 새뮤엘 다비스), 단지 대영제국의 정해진 제도로 노예제를 받아들였다. 대조적으로 복음주의 다음 세대에게 노예무역에 대한 공격은 복음주의의 중요한 대의였다.

이전에 노예였던 당사자들이 운동의 선구자가 된다. 그들이 제도 전반에 걸쳐 효과적으로 대중을 설득하는 경지에 이른 것은 아니다. 그렇지만 영적인 신생(新生)과 노예 해방이 결합되면 어떤 열매가 맺힐지 보여줄 수 있는 위치에 있음은 분명했다. 회심 후 델라웨어에서 리처드 알렌이 한 일이 그런 일이다. 프리본 개렛슨이 노예 제도에 반대하는 직설적인 설교를 알렌의 주인에게 한 후, 그는 자유를 살 수 있게 되었다. 그리고 즉시 광범위한 순회전도 사역에 착수한다.[23] 1770년대 중반, 영국 점령군은 자유를 제안하는데,

---

23) *The Life Experience and the Gospel Labors of the Rt. Rev. Richard Allen…Written by Himself* (Abingdon: Nashville, 1960), 15-18.

조지아와 북캘리포니아의 데이비드 조지(David George)와 토마스 피터스(Thomas Peters)는 제안의 이점을 활용한다. 그들은 자신들이 경험한 신생의 힘을 효과적으로 전할 수 있었다.[24] 올라다 에퀴아노의 『생애』(*Life*)는 1789년부터, 흔들흔들하던 복음주의적 노예반대 정서의 불꽃에 엄청난 기름을 퍼붓는다. 뉴잉글랜드의 흑인 회중주의 목회자인 레뮤엘 하인스(Lemuel Haynes)도 마찬가지다. 그는 조나단 에드워즈와 칼빈주의 신학에 대한 헌신적인 방어와 전투적인 노예 제도 반대를 이음새 없이 깔끔히 결합시킨다.[25] 해방된 흑인 복음주의자는 대개 업무가 너무 바빠 전적으로 노예반대 운동에 헌신하지는 못했다. 그럼에도 항상 운동의 핵심 요소였다.

미국의 퀘이커 교도 사이에는 언제나 노예반대 정서가 맴돌고 있었다. 필라델피아의 앤쏘니 베네젯(Anthony Benezet, 1713-1784년)의 노고로 반대 정서가 더 예리해진다. 그의 가족 배경에 모라비아파와의 접촉이 있었다. 1760년대 초부터 그가 출판한 노예반대 저작은 여러 복음주의 지도자로부터 거의 즉각적인 공감을 얻는다.[26] 그러나 퀘이커 교도와의 접촉 보다는, 조나단 에드워즈의 신학이 적용되고부터 미국의 노예 반대 운동이 뚜렷이 등장한다.[27]

1770년 가장 에드워즈와 가까웠던 제자 새뮤엘 홉킨스(Samuel Hopkins)가 로드아일랜드 뉴포트 소재 회중교회의 목회자가 된다. 그는 북부의 선박 운송 중심지인 뉴포트에서 노예무역의 현실을 생생히 목격한다. 홉킨스는 자신이 본 것에 혐오감을 느낀다. 그는 회심한 노예를 선교사로 아프리카에

---

24) Grant Gordon, *From Slavery to Freedom: The Life of David George, Pioneer Black Baptist Minister* (Hantsport, Nova Scotia: Lancelot, 1992), 30-32; 그리고 Lamin Sanneh, *Abolitionists Abroad: American Blacks and the Making of Modern West Africa* (Cambridge, MA: Harvard University Press, 1999), 50-53.
25) 참조. John Saillant, *Black Puritan, Black Republican: The Life and Thought of Lemuel Haynes, 1655-1833* (New York: Oxford University Press, 2003).
26) 예를 들어, *Observations on the Inslaving, Importing, and Purchasing of Negroes* (1760); 그리고 *A Caution or Warning to Great-Britain and her Colonies in a Short Representation of the Calamitous State of the Enslaved Negroes in the British Dominions* (1767).
27) 최근의 탁월한 오리엔테이션으로 참조하라. Harry S. Stout and Kenneth P. Minkema, 'The Edwardsian Tradition and Ante-Bellum Anti-Slavery', 곧 간행될 예정이다.

되돌려 보내는 협회를 설립하기 위해 다른 지역의 회중주의자와 합세한다. 1776년 그는 「아프리카 노예 제도와 관련된 대화: 식민지에서 모든 아프리카 노예를 해방시키는 것이 아메리카 식민지의 의무이자 이익임을 보여줌: 노예의 소유주에게 하는 연설. 영예로운 대륙 회의에 바침」(*A Dialogue Concerning the Slavery of the Africans: Shewing it to be the duty and interest of the American colonies to emancipate all their African slaves: With an address to the owners of such slaves. Dedicated to the Honorable the Continental Congress*)으로 자신의 입장을 설파하는데, 팸플릿은 에드워즈의 신학을 현안에 직접 적용한 진솔한 내용이었다. 책에서 홉킨스는 노예와 소유주를 모두 비인간화시키는 것이 노예 제도라고 공격한다. 또한 노예 제도는 억압받는 사람에 대한 경시를 조장하여, 그리스도의 특별 명령, 즉 예수님께서 특별한 자비로 지정하신 명령에 위배된다고 비난한다. 다음으로 '자비'의 구체적 개념 설명에 들어간다. 그는 이상적 기독교인의 삶이 '생명 일반에 대한 사랑'이라는 에드워즈의 묘사에서 자비 개념을 발전시킨다. 홉킨스에 의하면, 시대정신이 사람들의 눈을 멀게 하여, 아프리카인의 본질적인 인간성을 보지 못하게 만든다.

결과는 비참하다. '시대정신은 그들에게 행해진 부정의에 대한 모든 고려와 그들의 비참함에 대한 합당한 느낌 또는 그들을 향한 자비의 실천을 몰아낸다.'[28] '자비' 개념은 홉킨스 윤리의 핵심으로 남는다. 거의 20년 후, 또 다른 강력한 팸플릿을 쓰면서, 비슷한 논증으로 노예 제도의 악에 대항한다.[29] 홉킨스는 스승의 형이상학적 신학에서 노예 제도를 공격할 모티브를 발견했다. 그런 그에게 조나단 에드워즈의 몇몇 제자와 찬미자가 합류한다. 코네티컷의 회중교회 목회자인 레비 하트(Levi Hart)와 에드워즈의 친아들, 조나단 에드워즈 2세, 그리고 휫필드의 영향으로 회심한 뉴잉글랜드인

---

28) Hopkins, *A Dialogue Concerning Slavery* (Norwich, CT: Judah Spooner, 1776), 34.
29) Hopkins, *A Discourse upon the Slave-Trade, and the Slavery of the Africans* (Providence: J. Carter, 1793).

으로 뉴저지에서 장로교 목사가 된 제이콥 그린(Jacob Green)이 그들이다.[30] 1776년 홉킨스는 자신의 에드워즈식 관념을 당시 기준에 정말 급진적인 입장으로까지 확대하는데, 이는 노예 반대운동의 범위가 얼마나 광범위해 질 수 있는지 보여주는 표시다. 홉킨스는 영국(또는 영국 식민지들)을 하나님께서 선택하신 유일한 나라로 바라보는 신앙적 흐름에 대항하여, 이스라엘의 독특한 지위가 '이제 끝나고, 열방이 독특한 지위를 얻었으며, 그리스도는…모든 민족을 우리의 이웃이자 형제로 삼으라고 가르치신다.'고 강하게 주장한다.[31]

  영국의 노예무역 반대가 언제나 그런 신학적 결론으로 이어진 것은 아니다. 그러나 영국에도 복음주의 윤리의 성숙함이 특징적으로 드러난다. 존 웨슬리의 경우, 1730년대 중반 조지아에 있을 때부터 노예의 운명을 가슴에 담고 있었다. 마침내 웨슬리를 노예무역에 대한 행동으로 이끈 것은 1772년에 읽은 앤쏘니 베네젯의 책 때문인 것으로 보인다. 이 책은 웨슬리에게 신세계의 현대 노예무역은 '모든 사악함의 저주스런 총체'이며, '무함함드의 나라들에서 기독교인 노예가 겪는 고통' 보다 훨씬 더 악한 것임을 납득시킨다.[32] 그는 단시일에 소책자를 출간한다. 그는 북미와 서인도 제도의 노예 소유주들에게 특유의 단순명료함으로 설교한다.

> 당신들도 알다시피, 일찍이 무슬림이나 이교도들이 행한 것보다 더 고의성 짙고 복잡한 사악함(사기, 강도 및 살인)으로 노예를 획득합니다…지금, 상인에게 당신의 돈이 지불되면, 그 돈은 그를 통해 선장과 아프리카의 도살자들에게 보내집니다. 그러므로 당신은 유죄입니다. 그렇습니다. 본질적으로 유죄입니다. 이 모든 사기와 강도 그리고 살인에서…그러므로

---

30) 에드워즈적인 반-노예파에 대해 참조하라. Mark A. Noll, *Christians in the American Revolution* (Grand Rapids: Eerdmans, 1977), 92-102; 그리고 Noll, 'Observations on the Reconciliation of Politics and Religion in Revolutionary New Jersey: The Case of Jacob Green', *Journal of Presbyterian History* 44 (1976): 217-237.
31) Hopkins, *Dialogue*, 21.
32) Wesley, *Journal* (1772년 2월 12일), 5:445-446.

그 나라나 다른 곳에서 죽어가는 비참한 사람들의 피가 그들의 생명이 다하기도 전에 당신 머리 위에 흐르게 됩니다.[33]

1790년대가 되자 주로 이런 입장의 영향으로, 영국과 북미 감리교인은 노예 소유주가 전도협회의 완전한 회원이 되는 것을 허용하지 않게 된다.

복음주의의 노예 제도 반대 운동은 윌리엄 윌버포스 그리고 동료들의 꾸준한 사역으로 절정에 이른다. 그들은 1780년대부터 처음에 노예무역 다음에는 노예 제도 자체의 제거를 목표로 하는 일련의 체계적 개혁을 진행시킨다.[34] 노예무역과 노예 제도 자체의 반대를 골자로 하는 윌버포스 법안이 의회에 제출된 일을 정점으로 임무는 궁극적인 성공을 거둔다. 복음주의 시리즈 제2권에서 이 내용이 다루어질 예정이다. 본서에서는 영국의 복음주의 공세가 이루어지기까지, 함께 전진한 복음주의 세력의 다양성을 살펴보는 일이 중요하다.

윌버포스의 서클에는 서인도 제도에서 직접 체험한 일들 때문에 노예 제도에 등을 돌리게 된 사람들이 있다. 자카리 맥컬리(Zachary Macaulay, 1768-1838년)는 열여섯 살 때 부기계원으로 일하려고 자메이카로 간다. 그는 자기 눈으로 목격한 인간의 굴레에 경악한다. 잉글랜드로 귀환한 그는 개혁의 대의에 뛰어든다. 1793년 시에라리온 총독이 된 그는 남은 생애의 대부분을 윌버포스 및 공공기관의 노예 제도 반대자들에게 노예 제도에 관한 조사 자료를 보내는 일에 헌신한다. 맥컬리의 누이가 은행가이자, 자선가 그리고 노예폐지론자인 토마스 배빙턴(Thomas Babington, 1758-1837년)과 결혼한 일은 신앙 개혁과 연관된 혈연적 유대감을 보여준 증거이기도 했다. 하원의원인 그는 수많은 공적 전투에서 윌버포스와 헨리 쏜턴을 돕는다.

서인도 제도의 경험을 지닌 또 다른 복음주의 개혁자로 법정변호사 제임

---

33) Wesley, *Thoughts on Slavery* (1774), in Wesley, *Works* (1872), 11:78.
34) 윌버포스에 대하여, 필자는 다음의 인도를 받았다. John Pollock, *Wilberforce* (London: Constable, 1977); 그리고 John Wolffe, 'William Wilberforce', *Oxford Dictionary of National Biography* (Oxford: Oxford University Press, 2004).

스 스테펀(James Stephen, 1758-1832년)이 있다. 그는 세인트 크리스토퍼에 물려받은 유산이 있었으므로, 1783년부터 1794년까지 거기서 살았다. 그곳에서 그는 헌신적인 노예 제도 반대자로 변모한다. 1788년과 1789년 잉글랜드 여행 중에, 윌버포스를 방문, 그가 노예제 반대 운동을 더 활발히 전개할 수 있도록 힘을 보탠다. 몇 년 후, 잉글랜드로 영구 귀국하고, 미망인인 윌버포스의 누이 새라(Sarah)와 결혼한다. 복음주의의 노예 제도 반대 동맹에서 제임스 램지(James Ramsay)는 보다 중요한 인물이다. 램지는 세인트 키츠(St Kitts)의 영국 군함에서 군의관으로 봉직한 후, 잉글랜드로 돌아온다. 잉글랜드 국교회에서 안수를 받은 후, 해군에서 상관으로 모신 찰스 미들턴(Charles Middleton) 경으로부터 봉급을 받게 된다. 1784년 램지의 책, 『영국의 설탕 식민지에서 아프리카 노예에 대한 처우와 회심에 관한 에세이』(*Essay on the Treatment and Conversion of African Slaves in the British Sugar Colonies*)는 윌버포스에게 큰 감명을 주어 운동에 더욱 매진하는 계기가 된다. 램지의 영향으로 후원자인 미들턴 경이 노예무역 반대운동에 참여하게 된 사실이 아주 중요하다.

스코틀랜드인인 찰스 미들턴(1726-1813년)은 해군 제독이자 하원의원, 후에 바함 경(Lord Barham)으로 귀족작위를 받는다. 그는 1793년에 발발한 프랑스 해군과의 전투에서 천재적인 행정능력을 발휘 영국 승리의 핵심 역할을 담당한다. 미들턴은 휫필드에게 감명 받은 아내 마가렛(Margaret, 1792년 사망)의 영향으로, 활동적인 복음주의자가 된다. 아내와 친구 제임스 램지가 의회 의석을 노예무역 반대를 위한 연단으로 활용할 것을 그에게 권고하자, 운동에 챔피언이 필요하다고 동의하지만, 자기는 그 사람이 아니라고 대답한다. 그가 생각한 그 사람은 윌버포스였다.

윌버포스는 부유한 가족의 일원으로 헐(Hull)에 새로 정착한 어린시절부터 영적인 목표와 개인적인 목표를 추구했다. 이런 태도는 캠브리지의 학창 생활과 1780년 21세 생일이 조금 지나 의회에 입성할 때에도 계속되었다. 그에게 복음주의의 씨앗을 뿌린 이들은 숙모인 핸나 쏜턴(Hannah Thornton)

그리고 스승인 헐문법학교의 조셉 밀너(Joseph Milner)와 아이잭 밀너(Isaac Milner)였다. 1780년 아이잭 밀너와 함께 대륙으로 두 차례 장기 여행을 하면서 씨앗이 자란다. 필립 도드리지의 『영혼 안에 신앙의 생김과 자라남』 (*The Rise and Progress of Religion in the Soul*)을 읽은 일 또한 성장을 돕는다. 윌버포스는 첫 번째 구속 경험의 물결 속에서 교회에서 하나님을 섬기고자 의회의원직을 버리겠다고 결심한다. 이는 복음주의자의 전형적인 행동이었다. 그러나 존 뉴턴을 포함한 원로 복음주의자들이 한 목소리로 젊은 정치가로 부상 중인 그의 의원직을 포기하지 말라고 권면한다. 그가 지닌 이점 중에는 젊은 윌리엄 피트(William Pitt, 1783년부터 수상)와의 친밀한 교제도 있었다. 윌버포스는 복음적 확신과 정치가로서 경력이 함께 탄탄해지면서, 자신이 몸 바칠 대의를 찾을 수 있기를 원한다. 그가 발견한 첫 과업은 대중의 도덕 개혁이었다. 이는 '악덕에 대항하자는 폐하의 선언에 성과를 만들기 위한 협회'(the Society for Giving Effect to His Majesty's Proclamation Against Vice, 협회 이름은 1787년 조지 3세의 왕실선언서를 본떠 만들어졌다)의 창설로 이어진다. 윌버포스의 이정표적인 책, 『이 나라의 상류계층과 중산계층에 신앙고백을 한 기독교인의 유행하는 종교 제도에 대한 실천적인 견해, 참된 기독교와 대조하여』(*A Practical View of the Prevailing Religious System of Professed Christians in the Higher and Middle Classes in this Country, Contrasted with Real Christianity*)가 1797년 등장한다. 책은 상기한 목표를 깊이 다룬다.

책이 출판되자 센세이션이 일어난다. 역사적 기독교에 찬성하는 직설적인 논증 그리고 젊고 영향력 있는 하원의원이 책을 썼다는 점 때문이었다. 대중적이며 자연스러운 신학 그리고 개신교 역사에 대한 개요적 설명이 윌버포스의 주요 목표에 대한 배경적 뒷받침이 되었다. 책의 목표는 '기독교의 중요성을 전반적으로 향유하고 있다는 부적절한 생각' 그리고 사람들이 단지 기독교의 일반적 진리를 인정하고, 커다란 도덕적 잘못을 회피하기만 한다면, '실망할 이유가 없다'는 '인정받고 있는 일반여론'으로부터 영국인들을 돌이키기 위한 것이다.[35] 이와 대조되는 것을, 윌버포스는 '참된 신앙적 특성' 또는 '참된 기독교'라고 이름 붙인다. 견고한 복음주의가 참된 기독교의 적합한 기초다. 자신이 정말 죄인임을 진지하게 인정하고, "'수고하고 무거운 짐 진 자들아 다 내게로 오라, 내가 너희를 쉬게 하리라"[마태복음 11장 28절]는 자비로운 초대'에 기쁨으로 응하지 않는다면, 죄는 '마지막 날 우리를 필연코 지옥에 빠지게 할 것'임을 깨닫는 것이 시작이다.[36] 그러나 일단 초대에 응하기만 하면, 참된 기독교인은 '활기차고 지속적인 결정, 자기-부인, 행동으로 우리를 부르시는 부름'에 응답하고자 자기 자리에 바로 서게 된다.[37] 만일 행동의 동기가 배가되고, 다른 사람에게도 흘러간다면, 효과가 전국적으로 가시화 될 것이다. '기독교가 왕성할 때는 언제나 일반 도덕 기준이 유례없는 최고 정점이었다는 사실은 논쟁의 여지없는 사실이다.'[38] 윌버포스는 이런 논증을 토대로 동료 국민에게 선택 안을 제시한다. '타락한 예절, 왜곡된 도덕, 넘치는 방탕, 신뢰할 수 없는 신앙, 논박과 유행 때문에 불신앙이 커져가는 프랑스의 길을 따를 것인가?' 아니면 도덕적이며, 안정적이고 거룩한 사회 질서를 따를 것인가? 후자라면 해결수단이 바로 손 앞에 놓여있다. '성과를 거두는 기독교는 명목상 기독교가 아니라 참된 기독교이며, 피상적 기독교가 아니라 깊은 기독교여야만 한다. 만일 우리가 이런 기분 좋은 상상을 실현하고, 정치 부패의 오염을 막고자 하는 것이라면, 우리가 갈고 닦아야 할 기독교는 바로 그런 기독교다.'[39] 간단히 말해, 윌버포스의 책은, 복음주의의 '참된 기독교' 원리를 활기찬 사회적 실천으로 변모시킨 놀랄만한 성과를 거둔다.

윌버포스는 노예무역 반대 사역에도 혼신의 힘을 기울인다. 물론 아주 많은 사람들의 기꺼이 도우려는 헌신도 있었다. 윌버포스를 운동에 끌어들

---

35) Wilberforce, *A Practical View of Christianity* (1797), Kevin Charles Belmonte (ed.)(Peabody: Hendrickson, 1996), 1, 77.
36) Ibid, 87, 182, 35.
37) Ibid, 49, 89.
38) Ibid, 191-192.
39) Ibid, 200, 209.

인 미들턴 서클에는 제독의 광범위한 해군 인맥과 부인의 광범위한 복음주의 네트워크가 있었다. 고향 버지니아에서 노예 제도를 직접 경험한 바 있는 베일비 포르티우스 감독(Beilby Porteus, 1731-1808년), 모바비아파 순회전도자이자 선교동원가인 벤자민 라 트로브(Benjamin La Trobe), 급진적인 정치적 입장을 지녔음에도, 의회의 캠페인 활동을 열렬히 지지한 그랜빌 샤프(Granville Sharp, 1735-1813년) 등이 있다. 토마스 클락슨(Thomas Clarkson, 1760-1846년)은 1786년 『인간 노예 제도와 상업에 관한 에세이』(*Essay on the Slvery and Commerce of the Human Species*)로 발생기의 노예제 반대 십자군을 고무시킨다. 미들턴 서클은 클락슨도 대열에 끌어들인다. 윌버포스는 공인으로의 삶의 첫 사역부터, 클랩햄 친구들의 지지를 받으며, 존 뉴턴 같은 유명 복음주의 지도자의 지원도 누린다. 존 웨슬리도 평생 윌버포스와 줄기찬 서신교류를 하는데, 마지막 편지의 격려. '계속 하시오, 하나님의 이름과 그분의 권능의 힘 안에서, 미국의 노예 제도(일찍이 해 아래 나타난 것 중 가장 사악한)가 하나님 앞에서 사라질 그 날까지.'[40]

초기 복음주의 역사에서 가장 선명한 사회 참여의 시대를 노예무역에 대한 윌리엄 윌버포스의 지속적인 증언이 보여준다. 그러나 결코 혼자의 힘만으로 이룬 것이 아니라는 사실을 인식해야 한다. 윌버포스는 이전 또는 동시대 복음주의의 노력들로부터 혜택을 받은 것이며, 다양한 계층 출신의 열정적 도우미들의 원조를 받았다. 그들 대부분은 복음주의의 삶을 변화시키는 체험을 통해 노예제 폐지 활동의 동기를 부여받은 사람들이었다.

6. 복음주의적 노예 반대 운동의 한계

노예제 반대 운동의 증언 사례에서 보이듯이, 운동의 한계에 대한 인식도 중요하다. 복음주의 사회 참여의 중추적 한계를 전체적으로 파악할 수

---

40) Wesley가 Wilberforce에게, 1791년 2월 22일자, in Wesley, *Letters*, 8:265.

있기 때문이다. 복음주의는 결코 완전히 성숙한 신앙 전통으로 성장하지는 못했다. 그렇지만 통상적인 복음주의적 입장과 복음주의적 실천은 어느 곳에서나 개개인의 삶의 태도와 결합되었다. 윌버포스와 동료들은 자신들의 복음주의적 체험에서 활력과 인내, 일관성과 비범한 이타성을 끌어낼 수 있었다.

그러나 그들은 엘리트였고, 가부장적인 잉글랜드 국교도로 남는다. 새뮤엘 홉킨스와 동료인 조나단 에드워즈의 제자들도 비슷한 복음주의적 에너지를 주입받지만, 회중주의 성향의 신성(新聖, New Divinity)파 경건주의자로 남게 된다. 리처드 알렌과 올라다 에퀴아노, 데이비드 조지는 복음주의의 구원 메시지에서 신앙적 안도감을 느낀다. 그러나 그들이 품었던 커다란 복음주의적 확신과는 별개인, 노예 출신이었다는 이점을 통해 세상 속의 삶에 접근했다. 달리 말해, 복음주의는 **갱신** 운동으로 전래적인 사회 환경 속에 살던 사람들을 변화시켰다. 그러나 사회 환경 자체에 대해서는 부분적이거나 선택적인 변화만을 이루었다. 에릭 윌리엄스(Eric Williams)는 거친 면도 있지만 정확한 마르크스주의 역사학자다. 그의 진술은 수많은 복음주의 활동의 지표라고 할 만하다. '윌버포스는 노예선에서 진행되는 모든 일을 잘 알고 있었다. 그렇지만 수직갱도의 바닥에서 진행되는 일들은 무시했다.' 달리 말해, 윌버포스와 동료들은 노예들을 위해 영웅적인 시간을 보내면서도, 일을 해도 가난을 벗어날 수 없던 영국의 하락현상은 파악할 수 없었다는 것이다. 윌리엄스는 고발 범위를 넓힌다. 윌버포스는 값싼 곡물의 수입을 금지하여 영국의 토지소유 계층의 수입을 보전한 곡물법(the Corn Laws)에 찬성했으면서도, 1815년 프랑스와 종전 후 이어진 경기침체로 노동계급의 불평이 표면화될 때, 이에 대해 냉담했다. '부패 선거구'(영국에서 유권자 수가 격감해도 국회의원 선거권이 그대로 유지되었던 선거구: 역자주)의 제거를 추진한 1831년의 개혁 법안을 신뢰하면서도, 더 많은 중산층 영국인의 선거권 확대는 너무 급진적으로 보인다고 윌리엄스는 지적한다.[41]

---

41) Eric Williams, *Capitalism and Slavery* (Chapel Hill: University of North Carolina Press,

윌버포스의 이야기와 다른 복음주의자의 이야기가 똑같지만은 않다. 그러나 복음주의 운동의 전반적인 사회 접근법은 비전략적, 비구조적, 비체계적 접근이었으며, 전술 위주의, 개인적이고, 임시방편적인 접근이었다. 무엇보다 모든 분야에서 자원자 수급에 크게 의존했다. 초창기 개신교가 기존 체계에 의존한 특징과는 달리, 전도와 교회 갱신, 선교를 위해서든, 하원이나 상원에 영향력 행사를 위해서든, 사회 질서를 변화시키는 자원자협회의 창설에 있어서도, 자원자 조직을 통해서만 막대한 에너지가 방출된다. 물론 자원자라는 특성이 자원자 정신의 기초이기는 하다. 그러나 미국의 노예 제도 반대 투쟁에서 자원자 배치의 어려움이 아주 선명히 드러난다.[42] 1790년대가 되면서, 특히 감리교인, 에드워즈파 회중주의자를 비롯한 여러 유형의 복음주의자가 강력하게 노예 제도를 반대하기 시작한다. 이들의 노력과는 달리, 노예 제도를 찬성하는 주(州)에는 자원자 에너지가 전도와 교회 갱신에만 사용된다. 전도와 교회갱신 노력은 곧바로 희망을 넘는 성공을 거둔다.

그러나 노예 제도 반대라는 대의가 접근해 오자, 성공은 값비싼 대가를 치르게 된다. 더 많은 노예 소유주가 그리스도를 믿게 되면 될수록(더 많은 노예들이 복음화 되었음에도), 노예 해방 주장은 더 어려워졌다. 노예 제도 찬성 주에서 복음주의가 성공하면 할수록, 노예 제도에 반대하는 복음주의적 불평은 침묵으로 빠져든다. 새신자 모집에 최고의 효과를 거둔 자원자의 수고가 노예 소유주에게 노예 제도가 제거되어야 할 악임을 인식시키는 일에는 별 효과가 없었다. 이런 비극적 상황에도 불구하고, 자발적 동원과 자발적 개혁 그리고 자원자 정신의 영감은 위대한 일들을 성취했다. 그러나 그 과정에서 단순히 당연하다고 생각되는 사회적 틀을 변화시킬 장치가 부족

1944), 182.
42) 여기서 필자는 다음을 따른다. James D. Essig, *The Bonds of Wickedness: American Evangelical Against Slavery, 1770-1808* (Philadelphia: Temple University Press, 1982); 그리고 Donald G. Mathews, *Slavery and Methodism: A Chapter in American Morality, 1780-1845* (Princeton: Princeton University Press, 1965).

했다. 영국에서는 서인도 제도의 노예 소유주가 영국이라는 정치적 몸체에서 작은(아주 철저히 복음화 되지도 않은) 부분을 대표할 뿐이고, 영국 법원이 영국의 토양에서 노예 제도의 합법성 승인을 취소하면서, 노예 제도 반대 운동이 성공하게 된다.

그러나 미국 복음주의의 노예 제도 반대 운동은 실패한다. 미국의 노예 소유주가 너무 많았는데, 그 중에 상당수가 복음주의자였기 때문이다. 복음주의의 자원자 정신은 앞선 시기 기성체제의 강압적 개신교를 대체하면서 많은 것을 획득했지만, 그 변화 과정에서, '대중'이 스스로 하기 싫어하는 일을 비민주적 절차로 강제할 수 있는 가능성 또한 동시에 잃어버렸다.

7. 세상 속으로

1790년대 중엽, 세상을 향한 복음주의적 접근의 장단점이 완전히 드러난다. 복음주의의 유연성과 사람 중심주의, 활력이 증명되었다. 곤경에 처한 양심에 효과적으로 다가가, 메시지 전달을 통하여 사람의 인생을 정말로 변화시킨다. 사실 복음의 변화시키는 능력은 대단히 효과적이다. 그래서 존 웨슬리와 여러 지도자들은, 부유층 시민이 냉철한 복음주의적 성실성을 통해 너무 많이 양산됨을 걱정할 정도였다. 그들이 자신의 영적 복리를 구실로 과도한 재산을 소유하려 했기 때문이다.[43] 복음주의는 자원자 동원이 필요한 사회 문제에서 특별히 성공적이었다. 복음에 반응하여 고취된 복음주의가 복음주의적 확신과 사회적 책임감을 확산시켜, 1790년대 잉글랜드의 혁명 가능성을 무력화시킨 것인지도 모른다.[44] 복음주의적 가치는 신생 미

---

43) 논의를 위하여, John Walsh, 'Methodism at the End of the Eighteenth Century', in Rupert Davies and Gordon Rupp (eds.), *A History of the Methodist Church in Great Britain*, vol. 1 (London: Epworth, 1965), 308-313.

44) 이 논제는 Elie Halévy가 처음에는 소논문(1906년)으로, 그 다음에는 책(1913년)으로 제기했다. 참조. Elie Halévy, *The Birth of Methodism in England*, ed. and trans. Bernard Semmel (Chicago: University of Chicago Press, 1971); 그리고 논의를 위해, John D. Walsh, 'Elie Halévy and the Birth of Methodism', *Transactions of the Royal Historical*

국의 자치 정부 수립에도 많은 일을 했음이 분명하다.[45]

한편, 복음주의가 세계관 형성이나, 근본적인 지적 통찰력의 촉진 또는 영국적 삶이나 북미적 삶의 구조에 대한 큰 이해를 보여준 것은 아니다. 복음주의는 물려받은 사회적 정황에 결부된 운동이었으므로, 새롭게 하거나 개혁하는 운동이지(자원자 협회는 별개로), 창조하는 운동은 아니었다. 복음주의의 역동성이 가장 선명하게 드러난 분야는 선교 분야다. 기성교회가 간과한 사람들에게 다가서는 혁신성과 성령의 특별사역을 체험한 보통 남녀를 동원시키는 능력이 있었다. 그러나 조직적, 포괄적 분석이나 응집력 있는 협력 행동을 필요로 하는 도전에서 복음주의의 한계가 가장 분명히 드러난다. 지성적 생활면이나 전쟁과 평화 같은 이슈 면에서 복음주의 지도자들의 대처방식을 다룬 짧은 논평들을 통해 운동의 장 단점이 노출되기도 한다.[46]

복음주의 역사를 통틀어 최초의 위대한 지성인이 가장 위대한 지성인이라는 사실은 기묘하다. 조나단 에드워즈는 철학적인 신학자로 최선을 다했는데, 특별한 수고가 요구되는 분석 작업에 당대의 가장 탁월한 사상을 사용한다.[47] 따라서 그는 존 로크(John Locke)의 인식론 개념은 빌리지만, 신적으로 계시된 지식을 넘어 자명한 지식을 좋아하는 로크의 취향은 거부한다. 에드워즈는 아이잭 뉴턴 경(Sir Issac Newton)의 과학적 업적을 인정하고, 찬양할 정

Society 25 (1975): 1-20.
45) 이 논증에 대하여. Mark A. Noll, *America's God, from Jonathan Edwards to Abraham Lincoln* (New York: Oxford University Press, 2003), 187-208.
46) 이 두 주제는 모두 여기서 다룬 것보다 더 많은 주목을 받아야 한다. 지적 생활에 대한 힌트를 위해 참조하라. David W. Bebbington, 'Science and Theology in Britain from Wesley to Orr', and Mark A. Noll, 'Science, Theology, and Society: From Cotton Mather to William Jennings Bryan', in David N. Livingstone, D. G. Hart and Noll (eds.), *Evangelicals and Science in Historical perspective* (New York: Oxford University Press, 1999), 120-141, 99-119. 균형을 위해서, 문학과 예술에서 비슷한 상황을 민감하게 다룬 것으로 참조하라. Doreen Rosman, *Evangelicals and Culture*(London: Croon Helm, 1984).
47) 탁월하게 다른 책들이 포함된다. Norman Fiering, *Jonathan Edwards's Moral Thought and Its British Context* (Chapel Hill: University of North Carolina Press, 1981); Edwards, *Works*, vol. 6: *Scientific and Philosophical Writings*, ed. Wallace E. Anderson (1980); 그리고 George M. Marsden, *Jonathan Edwards: A Life* (New Haven: Yale University Press, 2003).

도였다. 그러면서도 하나님을 자존하는 물질이 아니라 모든 과학적 진보의 기초로 만들기 위해서 우주 전체의 성격을 다시 개념화한다. 그는 프랜시스 허치슨(Francis Hutcheson) 같은 윤리학자의 글을 감사하며 읽었다. 허치슨은 애정을 인간 이해와 인간 도덕성의 근본으로 묘사한다.

그러나 에드워즈는 미묘하지만 단호한 어조로 죄를 지은 인간 본성과 구원하시는 하나님의 은혜에 대한 전통적 관점만이 참으로 덕스러운 행동의 믿을만한 기초라고 주장한다. 그는 식민지와 영국 그리고 대륙의 여러 자료로부터 가장 진보적인 신학적 추론을 전개하지만, 당시에 가장 철저한 칼빈주의 신학이 그 추론으로 재정립되었다. 그의 사후 거의 한 세기 이상, 진지한 신학자라면 분야에 관계없이 가장 주목해야 할 1730, 40년대의 인물로 에드워즈를 꼽았다. 또한 최근 50년 동안, 현대윤리학, 형이상학, 우주론, 종교심리학, 과학철학, 철학신학 분야의 학생들이 지속적인 관심을 둔 유일한 초창기 복음주의 인물이기도 하다.[48]

그러나 에드워즈를 지나면서, 복음주의의 지성적 측면은 그다지 인상적이지 않다. 회심과 성령의 활동적인 임재가 강조되면서, 몇몇 복음주의자의 지성적 노력, 자체의 가치가 부정될 정도였다. 전래된 권위, 교회의 권위, 교육의 권위 등 모든 권위에 대한 불신은, 복음주의자가 자기류의 지성적 제일원리를 개발하려고 줄기찬 시도를 했음을 보여준다. 교회는 자발적인 노력을 통한 자발적인 산물이어야 한다는 강력한 경향성으로 인해, 이른 기독교 세대에서 배우는 능력이 상실되었다. 그리고 기성체제에 대한 불신은 의미 없는 형식적 속박에서 수많은 복음주의자를 해방시키지만, 동시에 동시대에서 배울 수 있는 지적 양육의 혜택을 박탈했다. 복음주의 사상의 수

---

48) 학문성의 증가에 대해서 참조하라. Nathan O. Hatch and Harry S. Stout (eds.), *Jonathan Edwards and the American Experience* (New York: Oxford University Press, 1988), 3. '조나단 에드워즈 현상'으로 불릴만한 최근의 지각 있는 평가들에 대하여 참조하라. Michael J. McClymond, 'The Protean Puritan: *The Works of Jonathan Edwards*, Volumes 8 to 16', *Religious Studies Review* 24 (1998): 361-367; Bruce Kuklick, 'An Edwards for the Millennium', *Religion and American Culture* 11 (2001): 109-117; 그리고 Leigh E. Schmidt, 'The Edwards Revival: Or, the Public Consequences of Exceedingly Careful Scholarship', *William and Mary Quarterly* 58 (2001): 580-586.

가 많아졌지만, 철저하고 근본적인 추론이라기보다 기껏해야 요령위주의 실천적 지혜에 머물렀다.

존 웨슬리가 존 허친슨(Jone Hutchinson, 1674-1737년)의 생각에 놀아난 사건은, 복음주의적 요령의 보통 모습을 잘 보여준다. 웨슬리는 경력 초기에 종종 허친슨의 저작을 추천받는다. 허친슨은 서머셋 공작의 집사였는데, 유물론적이라는 이유로 뉴턴 과학을 불신한다. 대신 모음방점 없이 해석된 히브리어 구약의 연구를 통해, 자연에 대한 진실한 관점이 얻어질 수 있다고 주장했다.[49] 웨슬리가 매력을 느낀 이유는, 허친슨의 오직 성경에 대한 의존 그리고 지적 업적에 대한 비평적 의지 때문이었다. 그러나 웨슬리 본인이 보잘것없는 추론가는 아니었다. 결국 웨슬리는 허친슨의 논증은 '조금도 성경이나 건전한 이성에 기반을 두지 않았다'는 결론을 내리게 된다.[50] 웨슬리는 폭넓은 독서량과 쉼 없는 저작에도 불구하고, 동시대 사람인 조나단 에드워즈와는 달리, 당대의 과학적 추론과 철학적 추론에 대한 본인의 근원적 비평 제출에까지 나가지는 않는다. 이런 면에서, 에드워즈보다 웨슬리가 훨씬 더 미래 복음주의 역사의 전형이라고 볼 수 있다.

전쟁과 평화 문제는 대조를 이룬다. 적어도 웨슬리는 어느 정도 통상적인 입장을 넘어 움직인다. 한편 복음주의자 대부분이 당시의 일반적인 규범에 묶여 있었다. 영·프 전쟁, 무장 반란들(1715년 그리고 1745년 영국의 야콥파 반란, 1776년 미국 반란, 1798년 아일랜드의 통일 아일랜드인 반란)과 영국 군대에 의한 심각한 경찰력 행사(인도, 미노르카, 프랑스령 세네갈, 마르티닉, 그라나다, 쿠바, 필리핀) 등 현대 복음주의가 탄생한 시기는 전쟁이 거의 일상화된 시대였음을 상기하면 도움이 될 것이다.[51] 복음주의자가 전쟁과 평화에 대해 설

---

49) 복음주의자들에 대한 Hutcheson의 한계적인 호소에 관해 참조하라. Noll, 'Science, Theology, and Society', 105-108.
50) Wesley, *Journal* (1758년 7월 31일), 4:280.
51) 이 목록은 다음에서. Samuel J. Rogal, 'John Wesley on War and Peace', in Roseann Runte (ed.), *Studies in Eighteenth-Century Culture*, vol. 7 (Madison: University of Wisconsin Press, 1978), 329. 이 주제는 로갈의 아티클 (329-344)과 Briane K. Turley, 'John Wesley and War', *Methodist History* 29 (January 1991): 96-111에 잘 다루어졌다.

교할 때, 대체로 자기 지역의 정서에 따르는 성향이 있다. 프랑스-인디언 전쟁시 버지니아의 새뮤엘 다비스(Samuel Davies)는 맹렬한 반(反)-프랑스, 반(反)-로마 가톨릭 설교를 한다. 잉글랜드 국교회 식민지 버지니아에서 장로교인의 합법적 지위 획득은 정말로 그의 설교 덕분이다. 프랑스로부터 케이프브레튼 섬의 루이스버그(Louisbourg)를 빼앗으려는 원정을 뉴잉글랜드가 지원한 조지 왕의 전쟁(1740-1748년) 때, 조나단 에드워즈는 보다 기독교적인 분별로 설교했다. 조지 휫필드는 언제나 전쟁으로 어려워진 시대를 활용하여 신생의 긴급성을 전했다. 동시대 사건 설교에는 태도를 굽히기도 했지만, 통상적인 관례에서 보면 언제나 애국적이었다. 미국혁명 당시에는 헨리 올린과 프리본 개렛슨이 한 것처럼 가끔만, 복음주의자에게 경건주의적 신념으로 전쟁 정서에 저항하고 평화주의를 고수하라고 지도한다.

전쟁 문제에서, 18세기의 가장 흥미로운 복음주의 인물은 존 웨슬리다. 실제로 그는 전쟁문제를 깊이 탐구한다. 미국혁명 기간, 군주제의 미덕에 헌신한 보수적 잉글랜드 국교도인 웨슬리가 미국의 애국자들을 거칠게 헐뜯은 것은 놀랄 일이 아니다. 그러나 전쟁이 발발할 때 마다, 전쟁은 복음의 장애라며 비탄에 잠긴 일도 웨슬리의 또 다른 면이다. 예를 들어, 미국 전쟁이 시작되자, '어느 곳이든 전쟁이 일어나면 하나님께서 잊혀진다. 그분이 공공연히 멸시받는 것은 아니지만. 1740년부터 1744년까지 캠버스랭과 킬씨스에는 하나님의 영광스러운 역사가 있었다! 그러나 전쟁은 모든 것을 뿌리부터 찢었다. 그 뒤에 남겨진 모든 흔적에 상처를 남겼다'는 편지를 보내기도 한다.[52]

또한 웨슬리는 일반적인 초기 복음주의자 패턴에서 벗어난다. 전쟁 자체의 악에 반대하는 강력한 진술을 하기 때문이다. 1757년 장문의 책, 『원죄교리』(The Doctrine of Original Sin)에 반대 논평 중 가장 포괄적인 진술이 등장한다. 존 테일러(John Taylor)가 선행한 책으로 인간의 죄의 성격과 정도에 관한 전통적인 기독교 교리를 완화시켜버리자, 웨슬리가 대응으로 책을 내어놓은 것이다. 웨슬리는 전통 교리를 보호하기 위해 자신의 표현처럼 '성

---

52) Thomas Rankin에게, 1775년 5월 19일, in Wesley, Letters, 6:151.

경과 이성 그리고 경험'에서 우러나온 생각의 긴 목록을 나열한다. 왜 기독교인은 원죄 그리고 원죄가 인류의 보편적 조건으로 지속되는지 심각히 고민해야만 하는가? '원죄가 완전한 기독교적 행로에서든지, 이방 세계로 부터인지, 또는 시민적이든 종교적이든 모든 것의 근원임'을 제시하는 '가장 강력하고 부인할 수 없는' 증거는 전쟁이다. 웨슬리는 '전쟁을 종식시키기 위해 종교에 호소하지 않고, 어느 정도의 이성이나 상식에 호소하려 한다'고 말하는 사람들 때문에 깜짝 놀랐다. 웨슬리가 이해한 전쟁은 거의 근본적인 이유 때문에 존재한다. 예를 들어, 사람들은 종교적 질문에 관한 견해 차를 지니고 살아갈 수 없으며, 또는 다양한 분파가 자파 세력을 다른 사람들 위에 뻗치려 하기 때문이다. 적어도 당시에 그의 결론은 다음과 같다. '모든 인류가 전쟁을 멈추지 않는 이상, 결코 이성적 피조물이라고 인정받을 수는 없을 것이다.'[53]

진술의 타이밍에 주목할 만하다. 당시는 프랑스와 전쟁 중이었다. 새뮤엘 다비스나 조지 횟필드 같은 다른 복음주의자는 조금의 의혹도 없이 폭압과 잘못된 신앙의 대표자인 프랑스를 쳐부숴야 한다고 역설했다.

그러나 웨슬리의 전체 경력을 살펴볼 때, 그는 평화주의자가 아니었다. 또한 합법적으로 임명된 통치자가 위임한 전쟁이라면 원칙상 반대하지 않았음이 분명하다. 1756년 초, 식민지에서 2년 동안 진행 중인 프랑스와의 새로운 전쟁의 결과를 잉글랜드인들이 감지하기 시작할 무렵, 그는 잠시나마 프랑스의 예상 공격에 맞서 런던을 방어할 감리교 군대 지원자 200명의 모집을 고려하기도 했다. 20년 후, 미국 전쟁의 개시 직전, 웨슬리는 노예제도 실행 반대를 목적으로 하는 강력한 팸플릿에 몇 가지 일반 주제에 관한 언급을 덧붙인다. 그는 팸플릿에서 전쟁 포로를 노예로 삼는 일은 합법이라는 고대 유스티니아누스의 태도를 공격한다. '전쟁 자체는 오직 자기-보존의 원리에서만 정당화된다.' 그러나 패배한 군인과 가족을 노예로 삼는

---

53) Wesley, *The Doctrine of Original Sin* (1757), in Wesley, *Works* (1872), 9:221-223.

일을 그 원리가 허용한 것은 아니라고 주장한다.[54] 또 다른 경우, 웨슬리는 '자기-보존' 목적을 위해서, 주권에 따르는 충성심의 일환으로, 그리고 내부 질서 회복에 필요할 경우 전쟁은 정당하다고 말한다.[55]

요약하면, 웨슬리는 전쟁 참여에 반대하는 어떤 일반 원리도 제시하지 않는 18세기의 통상적인 기독교인으로 남는다. 그럼에도 당시의 시간과 공간에서 한 사람의 복음주의자로서, 전쟁을 인류 원죄의 중대 사례로 본 그의 이해는 평범하지 않으며, 전쟁에 따른 인류 개개인의 대가를 헤아린 그의 능력은 예외적이다.

존 웨슬리의 전쟁에 대한 설명은, 조나단 에드워즈의 지성적 문제에 관한 특별한 노고 그리고 윌버포스 서클의 노예 제도에 대한 공세처럼, 복음주의자도 세상사의 도전에 창조적인 대응력이 있음을 보여준다. 그러나 그들이 경탄스럽게 보이기는 해도, 초창기 복음주의의 전형은 아니다. 복음주의자들은 세상 속의 삶에서 장점과 약점을 모두 경험한다.

하나님 앞에서 개인의 재확신이 복음주의자의 강점이라고 한다면, 약점은 세계관의 형성이었다. 구세주의 필요성에 중점을 맞추려고 다른 고려사항을 제거한 것이라면, 세상을 책임지는 기독교인이 흔히 삶에서 생각해야 하는 긴급성 또한 동시에 제거했다고 볼 수 있다. 성경에 묘사된 기독교적 체험에 집중해서 거둔 놀랄만한 효과는 종종 지적 전통을 의도적으로 평가절하하면서 상쇄된다. 결국 복음주의의 대사회적 관심은 운동의 전반적인 특징을 반영한다. 경건주의는 세상 속에서 수많은 선행을 한다. 그러나 경건주의 운동의 주요 관심사는 영적이며, 사회에 대한 관심을 의도적으로 고양시키기보다, 그저 별도로 여기는 경향이었다.

---

54) Wesley, *Thoughts Upon Slavery* (1774), in Wesley, *Works*, 11:71.
55) Turley, 'John Wesley and War', 109-110.

The Rise of Evangelicalism

제 9 장

참된 신앙

초창기 복음주의자에게 자아 변화 또는 변화된 자아가 은혜 안에서 성장할 영적 공동체의 조성만큼 중요한 의미가 세계 변혁에는 그다지 부여되지 않았다. 그러나 복음주의는 이미 18세기부터 문화적 가치와 사회적 가치에 커다란 영향력을 불어넣기 시작했고, 19세기 영국과 북미에서 더욱더 진전된다. 그러나 이 시기와 그 후에도, 참된 신앙 추구가 복음주의의 심장이었다. 참된 신앙이란 무엇인가? 어떻게 획득할 수 있는가? 왜 때때로 애매모호해지는가? 참된 신앙으로 할 수 있는 일이 무엇인가? 복음주의자가 서구 사회의 주요 세력이 되면서, 세계 전체에 충격을 주기 시작했다. 무엇보다도 이상과 실천 그리고 진정한 기독교에 대한 헌신 때문이었다.

참된(형식적, 물려받은, 명목상의, 단순히 전통적인 또는 부패한 이라는 말과 반대인) 기독교라는 복음주의의 이상은 처음 두 세대 운동의 특징인 찬송가의 엄청난 홍수에서 가장 분명한 표현을 얻는다. 표준적인 주제가 될 만한 공통분모가 중요했기 때문에, 복음주의자들은 노래로 그런 이상을 표현했다. 그러나 과정상 중요 차이들로 인해 운동은 하부-운동, 즉 몇 가지 조류 또는 그룹으로 나뉘게 된다. 당시에는 거의 언급되지 않았지만, 현재 역사가들의 지대한 관심을 받는 주제는, 복음주의 체험에서 남녀 차이다. 그리고 18세기에 그랬듯이, 여전히 지속적 관심을 받는 주제는, 하나님의 백성 안에서 그리고 세상 속에서 하나님의 방법을 묘사하는 데 있어 복음주의자 사이의 신학적 차이다. 복음주의적 체험에 관한 스케치보다 성(性) 문제와 신학적 이슈, 그리고 찬송가의 발전이 더 주목받을 만하다. 그러나 각 주제 모두 복음주의 기독교인의 체험에 근거한 것이기 때문에, 본 장에서도 18세기 복음주의의 주요 영적 주제와 함께 신앙 체험도 간략하게나마 다루는 것이 적절하다.

1. 성별

거의 모든 복음주의 사역에 예외 없이 남성보다 여성의 참여가 많았다. 전부 남자로 구성된 기관인 사립중고등학교와 대학을 제외하고, 중요한 복음주의적 삶의 현장 거의 대부분에 참여한 다수는 여성이었다. 복음주의 신앙이 여성에게 지닌 의미는 이제야 개방 중인 새로운 주제지만, 고맙게도 현대의 전문가적 주목을 받는 주제다.[1]

18세기 복음주의 부흥이 일으킨 여러 혼란 중에, 성(性)의 전통적인 역할에 대한 혼란이 있다. 종종 삶을 뒤흔드는 엄청난 위기의 순간에 남녀가 회심하면서, 성적 구분이 약해지거나 뒤바뀌는 일이 일어났다. 개인의 중생 순간('하나님 속에 삼켜진다'거나 '하나님에게 둘러싸인다'는 표현이 여러 번 사용되었다) 모든 것이 변한다.[2] 변화는 중생한 복음주의자가 누구이며, 어디에 사

---

1) 다음과 같은 핵심적 저작들에 포함된다. Susan Juster, *Disorderly Women: Sexual Politics and Evangelicalism in Revolutionary New England* (Ithaca: Cornell University Press, 1994); Deborah M. Valenze, *Prophetic Sons and Daughters: Female Preaching and Popular Religion in Industrial England* (Princeton: Princeton University Press, 1985); 그리고 Catherine A. Brekus, *Strangers and Pilgrims: Female Preaching in America, 1740-1845* (Chapel Hill: University of North Carolina Press, 1998). 이 주제에 대한 이전 연구 중 일부가 여기서 다시 다루어진다. 참조. ch. 6, 'Gender', in Mark A. Noll, *American Evangelical Christianity: An Introduction* (Oxford: Blackwell, 2001).

2) 이 말들의 사용에 대해, 참조하라. George A. Rawlyk, *'Wrapped Up in God': A Study of*

는가에 따라 성적 경계에 판이한 영향을 미쳤다. 잉글랜드 국교회, 스코틀랜드 장로교회 또는 신세계의 장로교회와 뉴잉글랜드 회중교회 내부의 복음주의 운동은 경색된 성별 역할에 대한 기대가 느슨해지는 현상을 경험한다. 때때로 여성이 공공장소에서 자기 체험에 대해 발언하기 시작하고, 목회자들은 여성들의 체험으로부터 하나님께서 일하시는 방식을 배우려고 더 많은 관심을 기울인다. 그리고 지도자들이 남녀의 가정 내 활동과 사적 활동 그리고 교회 밖 활동을 격려한다. 이런 사역들은 모라비아파가 개척한 노선을 다시 따르는 셈이다.[3] 매사추세츠주 노스앰턴 회중교회의 조나단 에드워즈는 빈번히 여성(또는 소녀)을 영성의 모델로 선택하는데, 그가 생각하기에 성경이 묘사하는 그런 영성을 그들이 제공하기 때문이었다. 지위와 재력을 지닌 헌팅든 백작부인 같은 이는 막후 세력이 될 수 있었다. 한나 모어나 여성 찬송가 작가 같은 의사전달자들의 기여가 대체로 인정받는다. 그러나 오직 남성만이 안수를 받으며, 신학적 경계를 확정하는 것도 남성에 국한된 일이고, 여자들은 단순히 가정에 국한된 영향력을 발휘해야 한다는 것이 오랫동안 합법적 기성교회 안에서 유지되어온 서구 기독교 국가의 전통이었다.

상류사회의 주변부에서 성장하거나(감리교인), 부흥의 흐름에서 극적인 활기를 얻은(침례교인) 보다 평민적인 그룹의 상황은 달랐다. 뉴잉글랜드 침례교인에게 회중 자치권은 중요 원리였다. 강력한 새 공동체 개념을 통해, 회심한 여성의 발언이 격려를 받으며, 교회 권징에 여성의 참여가 허용된다. 많은 남성에게 겸손한 평등주의라는 새로운 관심사가 생긴다. 이제껏 남성의 몫이었던 행동력이 회심한 여성들에게도 주어진다. 회심한 남성도 전에는 여성의 몫이었던 돌보는 관계사역의 깊이를 깨닫게 된다.[4]

감리교의 지도자인 존과 찰스 웨슬리는 토리파 잉글랜드 국교도이지만,

Several Canadian Revivals and Revivalists (Burlington: Welch, 1988); Juster, Disorderly Women, 57-62; 그리고 Brekus, *Strangers and Pilgrims*, 42.

3) 참조. Katherine M. Faull, *Moravian Women's Memoirs: Thier Related Lives, 1750-1820* (Syracuse, NY: Syracuse University Press, 1997).

4) 이 요약은 Juster, *Disorderly Women*에서 얻었다.

이들도 평범한 사람들의 영적 잠재력으로 인해 조율 중이었다.[5] 특히 감리교 분반 모임은 여성과 하급계층 남성에게 특별하고 새로운 영적 기회의 문을 연다. 평신도가 셀 그룹을 주도했다. 이들은 모든 참석자에게 말로 영적 간증을 하도록 격려하고, 또 착석한 이들에게 영적 판단(물론, 성화된 성도가 발휘할 수 있는 최대한의 겸손으로)을 하라고 요청했다. 이러한 격려조치를 통해 감리교의 보다 큰 공적 모임에서도 여성의 발언이 당연한 일이 되었다. 대체로 공적 발언은 공식 설교가 아닌 권면의 형식으로 이루어진다.

그러나 초창기 감리교 운동과 침례교인 및 여타 반(反)기성교회 지역주의자 사이의 부흥으로 인해, 적어도 보다 공적으로 성경을 설명할 수 있는 약간의 기회가 여성에게도 열리게 된다.[6] 새라 말레트(Sarah Mallett, 약 1764-1843년 이후)는 감리교 권면인 중의 한 사람이다. 나중에 웨슬리파에 참여하는 그녀는, 청소년 시기 다양한 무아지경 상태를 경험했다. 1786년 그녀는 대중 권면 활동을 시작한다.[7] 그녀의 상황을 보고받은 존 웨슬리는 그녀의 사역지인 이스트앵글리안(East Anglian) 지역에서 그의 목사보의 지도를 받으라고 권한다. 동시에 웨슬리는 자기 입장에서 벗어나, 그녀에게 대중연사가 되라고 격려한다. '편견이 없어지고, 우리 설교자들과 친하게 일한다는 말을 들으면 나는 큰 기쁨을 느낀다.' 1789년 12월에 기록된 그의 말이다. '찬양, 설교, 기도, 모든 것을 포함해서, 절대로 예배를 한 시간 이상 드리지 말라. 그대 자신의 기분에 따라 판단하지 말고, 하나님의 말씀을 쫓아 판단하라. 절대로 고함치지 말라. 자기의 자연스러운 음조보다 높게 말하지 말라. 청중이 들으면 넌더리가 나기 때문이다. 즐거움이 아니라 고통을 준다.

---

5) 잉글랜드의 초창기 감리교에 대한 학자들로, Henry Rack, Richard Heitzenrater, David Hempton, John Walsh, W. R. Ward 및 여러 사람들이 있으며, 앞 장들에 인용되었다. 이에 대한 상대로 미국의 성과 가정에 관련된 특징들에 대한 탄탄한 연구는 다음과 같다, A. Gregory Schneider, *The Way of the Cross Leads Home: The Domestication of American Methodism* (Bloomington: Indiana University Press, 1993).
6) 다음의 앞 장들을 참조하라. Valenze, *Prophetic Sons and Daughters*; 그리고 Brekus, *Strangers and Pilgrims*.
7) *BDEB*, 737 (E. Dorothy Graham, 'Sarah Mallett').

그리고 당신 자신을 파괴시킬 것이다."⁸⁾ 새라 말레트는 여성으로 공적 임무를 맡은 비범한 사람이다. 그러나 다른 각도에서 볼 때, 단지 복음의 메시지가 그녀에게 한 명령을 따랐을 뿐이다.

초기 부흥의 열기가 식으면서, 전통적 성 역할은 자기 존재감을 재확인하려한다. 북미의 독립전쟁은 침례교인 및 여태껏 주변부에 머물던 남성 복음주의자에게 격동적인 시대의 정치 투쟁에 참여할 수 있는 기회를 열어준다. 결과는 여성이 남성과 함께 다시금 교회 안에서 성의 구분에 따른 역할로 돌아가라는 강요였다. 남성이 공적으로 정치적 역할을 하는 것은, 남녀 회심자 모두를 묶어 열렬한 영적 교제로 들어가게 하는 열정적인 교회 공동체에서 멀어진다는 의미였기 때문이다.⁹⁾ 영국에도, 혼란스런 프랑스혁명의 역반응으로, 남녀 복음주의자의 역할 구분을 엄격히 강화하는 비슷한 양상이 벌어진다.¹⁰⁾ 일례로, 1803년 웨슬리파의 대회는 여성의 설교 금지를 가결한다.

혁명 이후 미국 사회의 민주화는 모든 여성 복음주의자들로부터 영적 활동의 범위를 확대할 여지를 앗아가 버린다. 반(反)-형식주의, 반(反)-기성교회 복음주의자 사이에, 엄청난 수의 활발한 여성 설교자가 있었다. 최근 캐서린 브레쿠스(Catherine Brekus)의 풍부한 세부 묘사 그대로, 새로운 세기의 첫 40년 동안, 적어도 백 명 이상의 감리교인, 자유-의지파 침례교인, 그리스도의 제자들 및 컴버랜드 장로교의 여성(흑인과 백인)이 순회설교자 또는 목회자로 봉사했다는 분명한 문서상 기록이 남아있다.¹¹⁾ 그러나 이런 활동도 곧 사그라진다. 한때 급진적이던 교단도 남성 지도자들이 점점 형식적인 태도를 강화하면서 소멸을 도왔다. 그러나 여성 설교가 존재한 지역이 있

---

8) Wesley가 Sarah Mallett에게 ('나의 친애하는 샐리에게'라는 제목으로), 1789년 12월 15일, in Wesley, *Letters*, 8:190.
9) Juster, *Disorderly Women*, 112-113 and *passim*.
10) 복음주의자들에 대한 구체적인 언급은 없지만, 일반적인 상황에 대하여, 참조하라. Linda Colley, *Britons: Forging the Nation, 1707-1837* (New Haven: Yale University Press, 1992), 250-272.
11) Brekus, *Strangers and Pilgrims*.

었다는 사실은, 적어도 몇몇 복음주의 그룹이 전래된 성 역할이라는 한계를 돌이키는 능력을 발휘했다는 놀랄만한 증거다. 심지어 전통 우세 지역에도, 복음주의의 발흥으로 여성 활동의 궤적이 이미 드러나기 시작하여, 다음 세기 효력이 배가된다.

2. 신학

기독교의 개인적 체험이라는 새로운 운동 그리고 지속적인 고대 기독교 신앙의 표현, 두 가지 모두 초창기 복음주의의 특징인데, 신학에서 가장 분명히 드러난다.[12] 복음주의자는 대체로 성경의 권위를 당연히 받아들인다. 따라서 위대한 기독교 전통과 함께 선다. 그러나 18세기에는 성경의 권위에 부가적 의미가 더해진다. 고대 기독교의 다른 권위가 너무 급격히, 너무 많이 줄어들었기 때문이다. 프랜시스 애스베리(Francis Asbury)가 사망시 그에게 주어진 헌사는 새로운 복음주의 운동의 지도자 대부분에게 해당될 말이었다. '그에게 성경은 책 중의 책이었고, 웅대한 신앙고백이었다. 그는 자신의 모든 종교적 신조와 교리를 하나님의 책에 따라 조심스럽게 조절했으며, 하나님의 법과 증거에 부합하지 않는 것은 무엇이든 제거했다.'[13]

이어진 19세기 복음주의 역사에서는 성경의 권위 문제에 더 세밀한 주의가 기울여진다. 북미에는 '신조가 아닌 성경'의 인정 필요성 여부, 영국에는 성경의 진리성이 구체적인 세부사항까지 확대되는지 여부, 그리고 영미 모두에서 성경의 문자적 해석 여부와 그렇다면 어떤 경우 그렇게 해석되어야

---

12) 18세기 복음주의자 개개인의 신학에 관한 탁월한 연구들이 많이 있다. 특히 Jonathan Edwards와 John Wesley에 대한 연구가 그렇다. 그러나 전체로서의 운동은 신학 역사에 한 기여에 비해 충분한 주목을 받지 못하고 있다. 주목할 만한 예외들로 참조하라. Bebbington, *Evangelicalism*, 27-34; Alan P. F. Sell, *The Great Debate: Calvinism, Arminianism, and Salvation* (Grand Rapids: Baker, 1983), 59-98; 그리고 Allan Coppedge, *John Wesley in Theological Debate* (Wilmore: Wesley Heritage, 1987).

13) Ezekiel Cooper, *The Substance of a Funeral Discourse...on the Death of the Rev. Francis Asbury* (Philadelphia: Jonathan Pounder, 1819), 40.

하는지를 두고, 복음주의의 견해가 갈렸기 때문이다.[14] 많은 초창기 복음주의자는 꿈과 환상 그리고 성령의 특별하신 조언에 의존하는 일을 주저하지 않았다. 그러나 신적 지식의 원천은 대체적으로 성경에 대한 폭 넓은 이해에 종속되었다. 18세기 맥락에서, 복음주의자는 전통에 대항한 성경의 권위 수호에는 아리우스주의자, 원시-자유주의자, 반(反)-고백파와도 함께 했지만, 하나님, 그리스도, 삼위일체의 환원적 입장에 대항해 성경을 인정하는 일에는 기독교 전통주의자와 함께 했다.[15]

성경에 대한 입장처럼, 고전적 기독교의 여타 교리에 대한 입장도 성경에 대한 입장과 같았다. 복음주의자는 그리스도의 신성, 삼위일체, 인류의 죄성, 인간의 신적 구원의 필요성 같은 교리를 다채롭게 하거나, 때로는 활력을 부여했다. 새 침례교 친교회의 댄 테일러(Dan Taylor)처럼 엄격한 경전주의자가 성경에 '삼위일체'라는 용어가 없다고 불평하기도 했지만, 아주 드문 일이었다.[16] 복음주의자는 찬송가처럼 신학에도, 교회 자체, 지상에서 사람의 서열 또는 성례에 관한 공식 교리를 강조하지 않는 것으로, 기독교 전통주의자와 거리를 둔다. 위 주제들은 종교 개혁 시대 이래로 신학 논쟁의 커다란 자극제였다. 복음주의자들이 신학적으로 강조한 사항(그래서 논쟁거리가 된)은 참된 성결의 삶이 가능한지 여부였으며, 개인의 체험 속에 정말 하나님의 은총이 깃들어 있는지 여부가 가장 중요했다.

조나단 에드워즈 대(對) 뉴잉글랜드의 대각성 비판자, 존 웨슬리 대(對) 감리교에 '열광주의'라는 딱지를 붙인 비판자, 잉글랜드 국교회 순회자와 비국교도 대(對) 그들이 사회질서를 좀먹고 있다고 비난한 비판자, 미국혁명 당시의 몇몇 복음주의자 대(對) 그들을 위험한 급진 과격파로 묘사한 비판

---

14) 참조. Nathan O. Hatch, *The Democratization of American Christianity* (New Haven: Yale University Press, 1989), 41-42, 179-183; 그리고 Bebbington, *Evangelicalism*, 86-91.
15) 정통파, 비(非)잉글랜드 국교회 전통주의자들이 성경에 둔 막대한 비중에 대하여 참조하라. Gerard Reedy, SF, *The Bible and Reason: Anglicans and Scripture in Late Seventeenth-Century England* (Philadelphia: University of Pennsylvania Press, 1985).
16) Adam Taylor, *The History of the English General Baptists*, 2 vols (London: for the author, 1818), 2:471-472. 이 참조 때문에 David Bebbington에게 감사드린다.

자 등, 복음주의자와 여러 형태의 기독교 지지자 사이에 변증적 신학 논쟁이 상당했다. 그러나 복음주의자의 신학적 당파성이 가장 크게 드러난 것은 다른 복음주의자와의 상호 내적 논의에서였다. 제4장에 언급되었듯이, 복음주의자들은 서로 다른 접근법을 채택하여 교리에 다가갔기 때문에 논쟁이 더 복잡해진다. 조직신학적 정확성(종종 칼빈주의자), 보다 협의적인 구원론 강조(종종 웨슬리파와 알미니안주의자), 경건의 고양을 목적으로 의도적인 교리 무시(때때로 모라비아파를 본떠) 또는 전래된 교리 공식들에 대한 자발적 수용(대개 잉글랜드 국교도 또는 개신교도들) 등이다. 위에 언급된 복음주의자 내부의 수많은 교리 분쟁은 거의 모두 수호해야할 신학원리가 무엇인지 그리고 가장 좋은 신학 방법은 어떤 것인지에 대한 입장차 때문에 발생한 것이다.

자의식적 신학 이슈 중에서, 교회법이나 세례는 사소한 문제가 아니었음에도, 개인 구원 문제만큼 많은 여지를 남기지는 않았다. 북미에는 기성교회체제에 관한 논쟁의 따가움 때문에 결국 모든 복음주의 분파가 교회와 국가의 분리를 기정사실로 받아들이게 된다. 영국은 대조를 이룬다. 프랑스 혁명으로 인한 사회적 위기의 반응으로 역사적 기성 신앙체계에 대한 지지나 반대 또는 무시를 두고, 복음주의 내부의 적대감이 살아 움직인다. 기성교회 문제가 19세기 내내 잉글랜드와 스코틀랜드의 주요 문제가 되고, 아일랜드, 캐나다, 호주, 남아프리카에도 지속되리라는 사실이 흥미롭다. 복음주의 신학의 차이에 세례 논쟁, 특히 세례의 상징성과 세례의 수혜자 문제가 포함된다. 18세기에는, 유아세례파(압도적 다수파)와 신앙고백에 따른 세례 지지파 사이의 차이가 세월을 지나고, 신자 세례를 주장하는 침례교인의 수가 다른 복음주의자보다 높은 비율을 차지하면서, 예전의 중요성을 상실한다.

18세기에는 전혀 교리적 논쟁거리가 아니었던 문제가 세기를 지나 살아남을 뿐 아니라 중요 문제가 된다. 흔히 칼빈주의 대(對) 알미니안주의 대립으로 묘사되는 개원구원 문제다. 이런 차이점들의 중요성을 비하하지 말아야겠지만, 20세기 초반의 전망에서 바라볼 때, 첫 세대 복음주의자 사이에 실질적인 신학 일치가 조금이라도 있었음을 알 필요가 있다. 거의 모두가 원죄(인류가 하나님께 반역하여 본성이 타락하게 된 것. 인류 전체로 유전되며, 개인에게도 있다)를 믿는다. 또한 믿음에 의한 칭의(예수 그리스도의 인격과 사역을 통해 궁핍한 죄인을 위해 하나님께서 행하진 일에 의존하는 믿음의 행위로 인류의 죄가 씻김)도 믿는다. 대속(십자가의 그리스도가 죄인을 위해 죄 값을 지불하심)을 믿는다. 그리고 성령의 사역을 통한 성화나 성령 안에서의 성화(그리스도 안에서 최초의 구원이 가져다 준 동일한 신적 은혜가 신자를 유지하고, 격려하며, 은혜 속에서 자라게 함)를 인정한다.

18세기의 복음주의자 중 이를 부인한 사람은 극소수 특정지역의 복음주의자였다. 아마 뉴잉글랜드의 자유의지파 침례교인의 일부가 원죄의 사실성을 믿지 않았을 것이다. 스코틀랜드의 장로교 소수 분리파가 개인의 신앙적 생명력이 칭의에 필요하다는 점을 믿지 않을 것이다. 아마 18세기 말, 앤드류 풀러(Andrew Fuller)와 소수의 뉴잉글랜드 신학자들이 그리스도 대속의 성격을 믿지 않았을 것이다. 그러나 시간의 통로를 지나면서, 공통점을 더 많이 깨닫게 되어 신학적 인정을 하기도 한다. 19세기 중엽,「비블리칼 레퍼토리 및 프린스턴 리뷰」(Biblical Repertory and Princeton Review)가 수많은 가능사례의 하나일 것이다. 견고한 칼빈주의에 대해 일체 양보가 없는 이 미국 잡지는, 저자의 강한 개혁주의 성향에도 불구하고, 18세기 웨슬리파에 관한 긍정적 평가를 제공한다.

> 타락으로 인한 인간의 손상, 인간의 선천적 타락과 하나님으로부터 소외, 인간의 절대적인 구세주의 필요성 그리고 자신을 구원할 수 없는 전적 무능력, 성령에 의한 중생의 필요성, 공로에 의하지 않고, 예수님의 피와 의 안에서 오직 믿음에 의한 칭의; 모든 인류에게 돈 없이, 값도 없이, 거저 주어지는 구원의 제안, 공로로 천국을 얻는 것이 아니라, 천국에 적합한 성결의 필요성, 그들 설교의 꾸러미는 이런 항목으로 채워진다.[17]

---

17) 저자 미상, 'Annals of the American Pulpit', *Biblical Repertory and Princeton Review* 33 (July 1861): 507.

공통점이 적절히 기록되어 있다. 그러나 당시 칼빈주의와 알미니안주의의 불일치는 가장 격렬한 신학 논쟁의 불쏘시개가 된다. 이정표인 조나단 에드워즈의 저작은 신적 영광의 아름다운 조화가 핵심이다. 그러나 언제라도 저술 목표를 보면 전통적 칼빈주의 사상의 정교한 방어가 명백한 목표다. 마찬가지로, 웨슬리의 알미니안 사상 옹호에는 생명력 있는 신앙실천의 촉구라는 의도가 담겨있지만, 그가 한 일은 사상적 방어였다. 18세기 복음주의자는 어느 정도 에드워즈의 입장이나, 다소 웨슬리 입장 또는 둘 사이의 신학적 중도 입장에 섰다.

분열을 초래하는 이슈가 새로운 것은 아니었지만, 부흥과 각성의 시대, 신적 은혜의 생동감에 집중하게 되면서, 18세기의 독특한 색깔로 채색된다. 당시 알미니안주의자들은 웨슬리파를 선두로 다음 내용을 받아들인다.

- 그리스도 안에서 하나님의 은혜는 모든 사람을 위한 구원의 길을 열었다.
- 하나님의 선행 은총(의롭게 하시는 은총에 앞서 오는 가능케 하는 은총)은 자비롭게도 모든 인류의 '자유 의지'를 회복시켰다.
- 인류가 '자유 의지'를 통해서 하나님을 선택할 수 있는 바로 그 동일한 '자유 의지'가 신자인 인류를 구원으로부터 타락에 빠지게 할 수 있다.[18] 그리고
- 성령 안에서의 교제가 이 땅에서 그리스도인의 완전함으로 인도할 수 있다.

이러한 알미니안적 주장은 야콥 알미니우스(Jacob Arminius, 1560-1609년) 그리고 그와 함께 당대의 네덜란드 칼빈주의자에게 저항한 항의(Remonstrants)파의 입장과도 다르다. 왜냐하면 칼빈주의 교리를 둘러싼 지적 문제보다, 18세기 웨슬리파와 비(非)-칼빈주의자들이 실제로 체험한 그리스도인의 삶의 문제가 동인이었기 때문이다.

---

18) '자유 의지'에 따옴표를 넣은 이유는, Jonathan Edwards 같은 칼빈주의자들도 '자유 의지'를 인정했음을 지적하기 위한 것이다. 그러나 그 의미는 다양한 옵션 중에서 편견 없는 방식으로 선택할 수 있는 능력이라기보다 자기 자신의 선택에 따라 행동할 수 있는 능력을 뜻한다.

칼빈주의자는 알미니안주의자가 거부한 입장의 학구적 방어를 시도한다. 각 측의 필자들은 자신의 해석이야말로 성경 해석과 가장 일관된 조화를 이루고 있음을 증명하려 했다. 초창기 신학의 불일치 에피소드의 하나로 조지 휫필드가 존 웨슬리에게 보낸 편지가 있다. 휫필드는 웨슬리의 특징인 간단명료함으로 자신의 칼빈주의 입장을 서술한다. '저는 특별 선택을 주장하지만, 모든 개인의 영혼에 무료로 주님을 제시합니다. 아마도 당신은 성화가 어느 정도 자기의 의지에 달려있다고 하시겠지만, 이생에서 죄의 내적 본질이 파괴될 수 있다는 당신 주장은 동의할 수 없는 부분입니다.'[19] 웨슬리파에 대한 칼빈주의의 반대 중에 가장 광범위한 반대는 그리스도인의 완전성 교리에 관한 것이었다.

18세기의 중엽부터, 칼빈주의와 알미니안주의 사이에 논쟁의 불꽃이 주기적으로 타오른다. 1740-1741년 휫필드와 웨슬리가 논쟁의 조건을 확정하자, 더 많은 사람이 논쟁을 이어간다. 1755년 복음주의적 잉글랜드 국교회 성직자 제임스 허비(James Hervey, 1714-1758년)가 『테론과 아스파시오』(*Theron and Aspasio*)를 출간한다. 이 책은 칼빈주의적 전가(처음에 하나님께서 아담 안에서 모든 죄인이 영적으로 사망했다고 '판단'하시다, 그 다음에 그리스도 안에서 택자가 영적으로 살아있다고 '판단'하시다)개념을 옹호하는 일련의 대화다. 웨슬리의 응답은 『미해결된 신앙 개념에 대한 방부제』(*A Preservative Against Unsettled Notions in Religion*, 1758년)를 통한 반격이었다. 그는 강력한 전가 개념 때문에 칼빈주의자가 그리스도인의 능동적 삶의 원리를 무시하는 수동적 율법폐기론자로 변한다고 주장한다.

1770년 다음 차례의 중요한 충돌이 발생한다. 웨슬리파는 연례회에서 초창기 결의문들을 다시 논의한다. 보다 논쟁적인 의사들이 개진된다. '우리는 "칭의를 위해 인간이 할 수 있는 일은 전혀 없다"는 말을 명제로 떠받들었다. 이보다 잘못된 일은 없다. 하나님께 호의를 구하는 사람은 누구라도 "죄를 그만 짓고, 선한 일을 하는 법을 배워야 한다"…[구원은] 행위의 공로

---

19) Whitefield가 Wesley에게, 1741년 10월 10일, in Tyerman, *Wesley*, 1:349.

가 아니라, 조건의 하나인 행위로 이루어진다.[20] 행위 구원에 대한 명명백백한 긍정은 칼빈주의자를 경악시킨다. 웨슬리가 비망록의 극단성을 인정하지만 소용이 없었다. 헌팅든 백작부인은 불쾌한 문서를 소각한다. 1776년 웨슬리파 연찬회는 영국에서 하나님의 사역의 가장 커다란 장애물은 기독교 신앙에 관한 칼빈주의적 표현이라고 단언, 과격한 언행으로 맞불을 놓는다.[21] 1770년 사건의 후유증이 저술에도 미친다. 오거스터스 톱레이디(Augustus M. Toplady)의 맹렬한 반(反)-알미니안 저작 그리고 마들레이(Madeley)의 존 플래처(John Fletcher)로부터 보다 온건한 웨슬리주의의 사려 깊은 방어가 나타난다. 연이어 플래처는『율법폐기론 견제』(Checks to Antinomianism, 1770년 후반)를 출간한다. 이 책은 철저한 방어이자, 웨슬리 교리의 명료화였다. 예를 들어보자.

> 우리가 말하는 완전은 복음 안에서 성도에게 약속된 모든 영적 축복의 풍성한 다발일 뿐이다. 그리고 나머지는, 그리스도의 대속과 깨끗게 하시는 보혈의 미덕에 대한 지속적 감정으로, 옛 죄로의 회귀와 양심에 새로운 죄의 고착을 방지한다. 우리는 최상의 상태에서도, 무기력하고, 아무것도 아니라는 심오한 양심 그리고 구세주의 사랑을 발견하려는 열렬함 그리고 그분의 영광스런 충만함에 대한 가장 겸손하고 매력적인 견해와 함께한다.[22]

플래처의『율법폐기론 견제』는 수세대의 웨슬리파 그리고 많은 온건파 칼빈주의자에게 특별히 매력적인 감리교 신학의 진술로 남는다.

1770년대 초반부의 폭발 이후, 칼빈주의자와 알미니안주의자 사이의 분열이 잦아든다. 앞에서 보았듯이, 미국에는 조나단 에드워즈의 제자들이 그의 칼빈주의 입장을 미국혁명의 공화주의적, 계몽주의적 가치를 통하여 부드럽게 만든다. 장로교인은 신학보다 긴급한 정치적, 교회적 위기에 마음을

---

20) 웨슬리파 연례회 비망록, Sell, *The Great Debate*, 68에서 인용.
21) Tyerman, *Wesley*, 3:228.
22) Fletcher, 'The First Check to Antinomianism' (1770), in Thomas A. Langford (ed.), *Wesleyan Theology: A Sourcebook* (Durham, NC: Labyrinth, 1984), 28.

뺏기고 있었다. 아마 18세기말 수십 년 동안 미국에서 가장 능력 있는 칼빈주의자는 침례교인이다. 그러나 침례교인 대다수가 교리의 순수성보다 신앙 자유를 위한 투쟁에 몰입되어 있었다. 18세기 말, 영미의 저명한 복음주의 지도자들은 의도적으로 초창기의 극단주의보다 온건주의를 모색한다. 따라서 미국 침례교인 아이잭 바쿠스, 미국 감리교 프랜시스 애스베리, 존 뉴턴이나 찰스 시미온 같은 온건파 칼빈주의 잉글랜드 국교도, 한나 모어와 윌리엄 윌버포스 같은 영국의 평신도 지도자 그리고 존 어스킨 같은 스코틀랜드 복음주의자는, 세밀한 신학적 내용에서 차이가 나는 다른 복음주의자를 무찌르기보다는, 활기찬 기독교 신앙 증진에 더 큰 관심을 기울였다. 미래 복음주의 역사에, 칼빈주의-웨슬리파 논쟁의 불꽃이 다시 타오르지만, 세기말에는 온건파 입장이 보다 일반적이었다.

에드워즈의 저작과 존 웨슬리의 저작 그리고 복음주의 운동의 핵심인 찬송가는 18세기 복음주의의 가장 중요한 기념비다. 알미니안주의자 찰스 웨슬리, 엄격한 칼빈주의자 톱레이디, 온건파 윌리엄 윌리암스와 존 뉴턴, 모두 찬송가에 기여했다. 다음 주제에 나오듯이, 찬송가는 성경의 주요 내러티브에서 이해된 그리스도의 사역에 중점을 둔다. 에드워즈의『의지의 자유』(*Freedom of Will*, 1754년)와『하나님의 세계 창조의 목적』(*The End for Which God Created the World*, 1765년 사후 출간)은, 하나님의 은혜로 인해 변화된 사람의 일생을 형이상학적으로, 심리적으로 깔끔히 정식화한 것으로 유명하다. 특히 웨슬리의『표준설교집』(*Standard Sermons*, 1730년대와 1740년대의 분량이 많다)은, 성경의 구원 주제에 대한 명쾌하고 직설적인 강해로 탁월하다. 그들이 대표한 폭넓은 신학적 전통은 복음주의 역사에서 결코 완벽한 화해를 이루지 못한다. 에드워즈는 영국 감리교에 대한 혼치 않은 언급에서, '웨슬리 형제의 추종자들이' '잘못된 신앙, 거짓 회심 그리고 심령의 진정한 혁신 부재' 등을 포함한 '어리석음'에 빠진 것이나 아닌지 의아해한다.[23]

---

23) Edwards가 John Erskine에게, 1750년 7월 5일, in Edwards, *Works*, vol. 16: *Letters and Personal Writings*, ed. George S. Claghorn (1998), 349.

웨슬리도 『기독교 도서전집』(Christian Library)에 에드워즈의 저작을 넣어 인쇄할 때, 칼빈주의 내용을 걸러내느라 애쓴다.

그러나 목회자이자 신학자인 두 사람의 이정표적 저작이 남긴 궤적을 살펴보면, 상당한 합일점이 보인다. 예를 들어, 에드워즈의 『종교적 감성에 관한 논문』(Treatise Concerning Religious Affections, 1746년)에는 그리스도인으로 사는 것의 의미를 점층적인 진술로 묘사하는데, 웨슬리와 다른 점이 전혀 없다. '은혜롭고 거룩한 감성은 그리스도인의 실천으로 행사되고 열매를 맺는다. 감성은 주체인 성도에게 영향력과 능력을 행사하므로, 실천의 원인이다. 실천은 보편적으로 기독교 원리에 부합하고, 기독교 원리에 의해 인도된다. 따라서 감성이 그리스도인의 삶의 실천이며 과업이 되어야 한다는 뜻이다.'[24] 이와 비슷하게, 웨슬리의 초창기 테마 설교에도 에드워즈와 모순되는 내용이 없다. '대체로 그리스도인은', '따라서 우리 모두는 그냥 대체로 그리스도인인 것을 경험하는 것이 아니라, 함께 그리스도인임을 경험한다! 그분의 은총으로, 예수님 안에 있는 구속을 통하여, 공짜로 의롭게 되며, 예수 그리스도를 통하여 하나님과 평화를 누리며, 하나님의 영광에 대한 소망 안에서 즐거워하며, 성령을 우리에게 주심으로써, 우리 마음속에 널리 퍼지는 하나님의 사랑을 소유한다!'[25] 결국 두 사람 모두 기독교 복음의 활동적 능력을 신뢰한다.

3. 찬송가

복음주의자들이 공유한 신뢰는 찬송가에 가장 뚜렷이 나타난다. 초기 세대에게 찬양은 거의 성례에 필적한다. 모든 복음주의자가 공유한 가장 신

---

[24] Edwards, *A Treatise Concerning Religious Affections* (1746), in Edwards, *Works*, vol. 2, ed. John E. Smith (1959), 383.
[25] Wesley, 'The Almost Christian'(1741년 처음 설교됨), in Wesley, *Works* (new), vol. 1: *Sermons 1:1-33*, ed. Albert C. Outler (1984), 141.

체적인 활동으로, 서로를 연결한 유일한 체험이었다. 초기 복음주의의 중요 사건, 인물 또는 조직에서 찬양과 관련 없는 어떤 것도 찾기 어렵다. 복음주의자 자신의(또는 그들의 친구나 지원자, 아이잭 와츠에 의한) 중요한 찬양 경험이 생생한 가사로 묘사되었다. 현장, 시간, 사회적 배경, 장소로 인한 차이가 전혀 없다. 매사추세츠 주 노스앰턴의 초기 부흥, 웨슬리의 조지아 사역, 1738년과 1739년 오순절적 강렬함이 넘치는 런던의 모임들, 휫필드와 웨슬리 그 밖의 많은 사람들에 의한 순회설교, 모든 감리교 분파의 전도협회 모임, 사우스캐롤라이나 또는 노바스코샤 또는 시에라리온의 해방된 전직 노예 모임, 1770년대에 시작된 주일학교, 클랩햄의 사교 모임, 복음주의 선교사를 해외로 나른 선박들, 모든 곳에서 최신 복음주의 찬양곡이 강하게 울려 퍼진다. 더욱이 존 웨슬리가 이정표적인 『감리교인의 사용을 위한 찬양 모음집』(Collection of Hymns for the Use of the People Called Methodists)에 '실제로 실험적이며 실천적 신학의 작은 책…성경적 기독교의 이야기가…두드러지며, 가득 차 있는…'이라고 묘사한대로, 찬송가의 대부분이 복음주의 그룹을 위해 만들어졌다.[26]

초기 복음주의 운동의 찬송가는 기독교 신앙에 대한 풍부한 이해를 분명히 보여준다. 그렇지만 이해는 제한적이다.[27] 18세기 주요 찬송의 대부분 작사가들은 교회의 본질, 세례 및 성찬의 성례, 말세의 그리스도의 승리, 자신이 속한 하부그룹의 특정한 신념 등에 대한 가사를 만들었다. 그럼에도 시간이 지나도 재출판되고, 대중의 복음주의적 심장에 깊이 파고들어 널리 불린 찬송들에는 주제의 구분이 없다. 오래 지속되는 찬송은 죄인의 구세주 그리스도의 필요성, 그리스도 안에서 하나님의 사랑, 죄를 씻으시는 그

---

26) Wesley, *A Collection of Hymns for the Use of the People Called Methodists* (1780), in Wesley, *Works* (new), vol. 7, ed. Franz Hildebrandt and Oliver A. Beckerlegge (1983), 74.
27) 다음 문단은 Stephen A. Marini, 'Rehearsal for Revival: Sacred Songs and the Great Awakening in America', *Jouranl of the American Academy of Religion -Thematic Studies* 50 (1983):71-91; 'Evangelical Hymns and Popular Belief', *Dublin Seminar for New England Folklife: Annual Proceedings* 21 (1996): 117-126; 그리고 특히, 'Hymnody as History: Early Evangelical Hymns and the Recovery of American Popular Religion', *Church History* 71 (June 2002): 273-306의 선구자적인 길을 따른다.

리스도의 능력, 그리스도 안에서 발견되는 피난처와 치유, 그리스도 안에서 구속의 기쁨, 그리스도 안에서 영생의 소망 등에 주안점을 두었다. 복음주의 찬송가의 가장 대중적 주제를 묘사하려는 모든 시도가 임의적일 수밖에 없다. 그래도 스테펀 마리니(Stephen Marini)의 찬송가 목록에는 복음주의적 스펙트럼과 관련 없이 가장 자주 출간된 찬송들이 들어있어, 주제 묘사에 놀랄만한 구체성을 준다. 마리니 목록에서, 북미에서 1737년부터 1860년까지 출간된 개신교 찬송가 86곡의 목록을 살펴보면, 신앙적인 노래로 인해 대서양을 넘어 형성된 강한 유대감이 드러난다. 찬송가 대부분이 18세기 영국 작곡가들에 의해 작곡되었기 때문이다. 목록 중에서 가장 자주 출간된 찬송가 가사들은 복음주의 신앙의 특징을 강하게 묘사한다. 그리고 여러 장소와 여러 세대에 거쳐, 평범한 복음주의자들이 자신의 신앙 묘사로 선정하여 불렀다는 점이 보다 중요하다.[28]

인기 있는 찬송가는 논쟁적인 주제를 피하는 경향이 있었다. 그럼에도 적어도 인류의 완전한 죄성과 구세주의 간절한 필요성 인정에는 조금도 움츠러들지 않았다.

---

28) 마리니 카탈로그('Hymnody as History', 280)에서 가장 자주 재출판되는 11곡(열 번째 곡은 동률이다)은 다음과 같다. Isaac Watts의 네 곡('Come, we that love the Lord'['Come, we'], '오라, 우리'], 'Am I a soldier of the cross'['Am I', '나는']), 'When I can read my title clear'['When title', '권리의 시간'], 'He dies the friend of sinners'['He dies', '그가 죽으셨네']), 모라비아파가 된 감리교인 John Cennick의 두 곡('Jesus, my all, to heaven is gone'['Jesus', '예수'], 'Children of the heavenly king'['Children', '자녀들']), 다음은 각각 한 곡씩이다. 캠브리지의 침례교인 Robert Robinson의 곡('Come, thou fount of every blessing'['Come, thou fount', '오라, 당신 샘으로']), Charles Wesley의 곡('Blow ye the trumpet, blow'['Blow', '불어라']), 런던의 침례교인 Samuel Stennett의 곡('On Jordan's stormy banks I stand'['Jordan', '요단강']), 독자적인 감리교인 Edward Perronet의 곡('All hail the power of Jesus' name'['All hail', '모두 환영']), 1787년 런던의 침례교인 John Rippon이 만든 영향력 있는 Collection에 나오는 무명씨의 한 곡('How firm a foundation'['How firm', '얼마나 굳건히']. 간략화된 제목은 본문에서 언급하기 위해서다. 여기 찬송가들은 다음에서 인용되었다. The Baptist Hymnal for Use in the Church and Home, ed. W. Howard Doane (Philadelphia: American Baptist Publication Society, 1883); The Methodist Hymnal (Baltimore, et al.: Methodist Publishing House, 1939); 그리고 Trinity Hymnal (Philadelphia: Orthodox Presbyterian Church, 1961).

나의 슬픔이 오랫동안 짐이었네.
내가 죄에서 구원받지 못했기 때문이라네.
내가 그 힘에 대항해 걸으면 걸을수록
나의 죄의식이 더 무겁게 느껴졌네.
내 구세주께서 말씀하실 때 까지,
'사람아 여기로 오라, 내가 길이니라.'
(쎄닉, '예수')

죄인의 상태에 관한 현실감은 회심 후에도 지속되며, 그리스도인의 완전성을 믿는 사람조차 인간의 부패한 힘에 대해 부정할 수 없었다.

내가 줄 것은 죄밖에 없네.
내가 받을 것은 사랑밖에 없네.
(쎄닉, '예수')

흔히 믿음의 삶은 하나님의 끊임없는 지원이 필요한 전투로 여겨진다.

방황하기 일쑤였네. 주님, 저는 느껴요.
내 사랑 하나님을 떠나기 일쑤였네.
여기 제 심장이 있어요. 오, 가져가셔서 인쳐 주소서.
하늘의 당신 궁전을 위해 인치소서.
(로빈슨, '오라 당신, 샘으로)

거의 모든 복음주의 찬송가는 그리스도 안에서 일반 남녀를 위한 하나님의 사랑이 중심인데, 아이잭 와츠(Isaac Watts)의 찬송가가 그렇게나 많이 그리고 그렇게 오래 인기 있는 이유이기도 하다.

그가 죽으셨네! 죄인들의 친구가 죽으셨네!
보라! 살렘의 딸들이 슬퍼 우네.

> 장엄한 어둠이 하늘을 가리네.
> 갑작스런 진동이 대지를 뒤흔드네.
>
> 여기 가 없는 사랑과 슬픔이 있네.
> 영광의 왕께서 사람들을 위해 죽으시네.
> 그러나 보라! 얼마나 갑자기 우리가 기쁨을 보게 되는지,
> 예수, 죽은 자, 다시 사셨네…
>
> 울음을 그쳐라, 그대 성도여. 그리고 말하라.
> 우리 위대한 구원자의 통치가 얼마나 높으신지,
> 그가 어떻게 지옥 군대를 상하게 하셨는지 노래하라.
> 그리고 그 폭군, 죽음을 사슬에 묶으신 것을.
> (와츠, '그가 죽으시네')

침례교인 로버트 로빈슨(Robert Robinson)의 핵심주제는 죄인을 위한 하나님의 사역과 그리스도의 돌아가신 공로다.

> 내가 낯선 사람일 때, 예수께서 나를 찾으셨네.
> 하나님의 양우리 밖에 방황하고 있을 때.
> 그분은, 나를 위험에서 구하시려,
> 그분의 고귀한 피로 중재하시네.
> (로빈슨 '오라 당신, 샘으로')

또는 감리교인 찰스 웨슬리의 핵심주제이기도 하다.

> 예수, 우리의 위대하신 대제사장,
> 완전한 속죄를 이루셨네.
> (웨슬리, '불어라')

하나님의 사역에 대해 세밀한 묘사보다, 기쁨어린 반응을 묘사한 찬송가가 많았다.

죄인들이여! 그분의 사랑은 결코 잊을 수 없네.
그 쓰라림을,
가라-당신의 트로피를 그분의 발 앞에 놓아라.
그리고 만유의 주이신 그분에게 관을 씌우자.
(페로넷, '모두 환영')

그대여 트럼펫을 불어라, 불어라!
기쁨에 찬 장엄한 소리로,
모든 민족이 알게 하라.
이 땅의 가장 먼 경계까지,
희년이 다가 온다.
돌아가자, 그대 대속 받은 죄인들이여, 집으로.
(웨슬리, '불어라')

은혜의 사람들이 찾았네.
아래에서 영광이 시작되네.
이 땅 대지 위에 천상의 과일이,
믿음과 소망으로 자라가네.
(와츠, '오라, 우리')

오라, 그대여 모든 축복의 샘으로,
마음을 맞추어 그분의 은총을 노래하자.
자비의 물결, 절대 멈추지 않네.
가장 큰 찬미의 노래가 필요하네.
(로빈슨, '오라, 당신 샘으로')

또한 현실주의적 용어로, 신앙적 삶에 관해 많이 노래한다. '내가' 반드시 '하늘로 옮겨져야 하는가/평안의 화단 위로'라는 질문의 응답을 보면, 대답이 확실하다.

내가 다스리려면, 반드시 싸워야만 하네.
저에게 용기를 더해주소서, 주님,
힘든 일을 감내하며, 고통을 참으리니,
당신의 말씀으로 지원해 주소서.
(와츠, '나는')

삶은 힘들다는 것이 모범 답안이지만, 그리스도 안에서 하나님께서 소망으로 인내하게 하신다.

두려워 말라, 형제들이여, 일어서 기뻐하라
땅의 경계선 위에서,
예수 그리스도, 성부의 성자,
당신이 헤매지 않고 나가도록 빌고 계시네.
(쎄닉, '자녀들')

당신 가는 길에 불같은 시련 있을지라도,
나의 은혜, 충만함이, 너의 공급처 되시니,
불꽃이 그대를 상치 못하리, 나는 단지 계획하리.
그대의 불순물이 태워지고, 그대의 황금이 연단되리.
(리폰, '얼마나 굳건히')

많은 찬송가에서 반복되는 가까운 미래의 목표는 예수 그리스도의 최종 인정에서 얻는 기쁨과 평화의 영생이다.

예수, 나의 전부, 하늘로 가셨네.
그분 위에 내 소망을 두네.
그분의 길을 보고, 따라 가려네.
좁은 길, 내가 그분을 만날 때까지.

성스러운 선지자들이 갔던 그 길,
추방으로 이어진 그 길,
거룩한 왕의 길,
나는 가리, 그분의 모든 길이 평화이므로.
(쎄닉, '예수')

유명 복음주의 찬송가의 대부분에 하늘을 향한 집념이 있다. 그러나 신자가 마지막까지 걸어야 할 길을 희미하게 만드는 정도는 아니다.

영혼의 안식을 주님께 의뢰하네.
나는 그러지 않겠다, 나는 그분의 원수에게 투항하지 않겠다.
모든 지옥이 영혼을 흔들려 하더라도,
나는 결코, 결코, 결코, 결코, 결코 흔들리지 않으리.
(리폰, '얼마나 굳건히')

폭풍우 치는 요단 강변에 나 서 있네.
수심에 찬 눈길을 던지네.
가나안의 아름답고 행복한 땅으로,
내 소유물이 있는 곳.
오 그 황홀한, 기뻐 뛰는 광경,
내 눈 앞에 펼쳐지네!
생기 넘치는 초록빛의 푸르른 들판과,
기쁨의 강물이.
(스테넷, '요단강')

나의 분명한 권리를 내가 읽을 수 있을 때,
하늘의 대저택에서,
나는 모든 두려움과 이별을 고했네,
그리고 흐르는 눈물을 닦았네.
(와츠, '권리의 시간')

여러 가지 작은 주제의 윤곽도 찬송가 속에 어렴풋이 보인다. 예를 들어, 성경의 신빙성 등이다. '얼마나 기초가 튼튼한가…그분의 탁월한 말씀위에 세워진 당신 믿음이!'(리폰, '얼마나 굳건히'). 그러나 대개, 가장 자주 출간된 찬송가는 만족에 빠진 죄인을 번민하게 만들고, 그리스도를 향한 열망으로 되돌리며, 신앙적 삶을 격려하고, 영원히 그리스도와 연합시키는, 위대한 대속 행위라는 제한된 주제에 집중한다.

찬송은 복음주의 활동 중에서 가장 강력한 다문화적, 범대서양적 활동이었다. 또한 계층과 인종을 잇는 가장 중요한 다리였다. 일례로, 미국의 새뮤엘 다비스는 회심한 아프리카계 미국인과 인디언이 자기가 작사한 찬양과 복음주의의 부흥 찬양을 아주 능숙히 불렀을 때, 특별한 기쁨을 느꼈다. 1756년 그는 웨슬리 형제가 잉글랜드에서 보내 준 찬송가를 반갑게 받고 나서, 편지를 영국인들에게 보낸다. '그들["불쌍한 노예들"] 중 누구 할 것 없이 밤새도록 내 부엌에 머물렀다. 그리고 종종 나도 새벽 두세 시까지 깨어 있었다. 그 순간, 성스러운 하모니가 급류처럼 내 방 안에 밀려왔다. 그리고 내 마음을 천국으로 이끌었다. 천사 같은 찬송 때문에, 몇 사람은 밤을 지새웠다.'[29]

또한 찬송가는 여성의 믿음을 공개적으로 표현하는 몇 안 되는 수단의 하나였다. 여성 찬송가 작곡가가 별로 많지 않지만, 영국의 침례교인 앤 스틸(Ann Steele, 1716-1779년)과 웨일즈의 칼빈주의 감리교인 앤 그리피쓰(Ann Griffiths, 1776-1805년)는 다작의 작사가이자 작곡가라는 완벽한 앙상블의 선구자가 된다.

앤 스틸은 청소년기에 낙마하여 영구적 손상을 입는다. 결코 평온한 삶을 누렸다고 할 수 없다.[30] 그럼에도 그녀는 하나님 안에서 그리스도인의 확신

---

29) *Letters from the Rev. Samuel Davies, etc. Shewing the State of Religion in Virginia, Particularly among the Negroes* (London, 1757), 16으로부터, George William Pilcher, 'Samuel Davies and the Instruction of Negroes in Virginia', *Virginia Magazine of biography and History* 74 (July 1966): 298가 인용한 그대로를 따랐다.

30) 입문서로 참조하라. Vinita Hampton Wright, 'Anne Steele (Theodosia)', *Christian History* ('The Golden Age of Hymns'), no. 31 (1991): 22; 그리고 *BDEB*, 1046 (Karen E. Smith,

에 대해 끊임없이 글을 쓰고, 신앙 시집을 세 권이나 출판하게 된다. 결혼식을 몇 시간 앞두고 약혼자가 익사하는 비극 속에서 가슴에 사무친 시편이 만들어진다.

> 아버지, 세상 기쁨이 무엇이든지,
> 당신의 주권은 부정할 것이며,
> 당신 은혜의 옥좌에 받아들여지는,
> 간구가 나오게 하소서.
> 저에게 평안하고 감사한 마음을 주셔서,
> 어떤 불평도 없게 하시고,
> 당신 은혜의 복을 내려주셔서,
> 당신으로 인해 살게 하소서.[31]

앤 그리피쓰의 성경과 설교 기억력은 신기에 가까웠다. 그녀는 집에서 찬송을 작곡하여 낭송했다. 그녀는 첫 아이의 출산 중 사망한다. 하인이 그녀의 찬송을 그녀 남편에게 불러주자, 남편이 받아 적어 출판했다. 그녀의 찬송은 모두 선명한 성경적 이미지로 가득 차 있다. 가사는 예수님과 사역을 '만남의 장막' 그리고 하나님의 '임재'라는 용어로 묘사되는데, 이스라엘의 고대 역사에서 차용된다.

> 죄인, 나의 이름, 나의 본성,
> 이 땅의 누구도 더 더러워질 수 없네,
> 이곳에 임재하셔서, - 오 경이로움이여!-
> 하나님께서 고요히 나를 받으시네.
> 거기서 그분을 보며, 그분의 법이 충족됨을 보네.
> 그분의 대적으로 인해 잔치상을 베푸시며,
> 그분이 드린 제사 덕분에,
> 하나님과 사람이 '충분하다!'고 선포하시네.

'Anne Steele').
31) *Baptist Hymnal* (1883), no. 374.

나는 과감히 앞으로 나아가네.
빛나는 황금의 홀(笏)을 보라.
똑바로 죄인을 가리키시네.
그 신호로 모두가 들어갈지도 모르네.
용서를 간청하며, 나는 계속 가네.
그분의 발 앞에 엎드릴 때까지,
용서해 달라고 울부짖네. 씻어 달라고 부르짖네.
모든 이를 깨끗게 하시는 보혈 안에서.[32]

종종 찬송은 복음주의 운동 내부의 날카로운 신학적 차이를 완화시키는 마법같은 효과를 발휘하기도 한다. 웨슬리 형제의 알미니안주의와 어거스터스 톱레이디(Augustus M. Toplady, 1740-1778년)의 잉글랜드 국교회 칼빈주의 사이의 긴장만큼 대단한 사례는 없을 것이다. 앞에 나온 것처럼, 톱레이디와 웨슬리 형제는 1760년대 말에 시작된 알미니안주의-칼빈주의의 생생한 공방전에서 최고의 적수였다. 톱레이디는 존 웨슬리와 웨슬리의 동지인 월터 셀론(Walter Sellon)을 옛날에 교회를 욕되게 한 이단 같은 범죄자라고 에둘러 비난한다.[33] 웨슬리편도 맞받아친다. 웨슬리는 소책자를 통해, 논란 중인 이슈에 관한 톱레이디의 입장을 제시하는 척 하면서 그를 패러디한다. '스무 사람 중에 한 사람이 택자라면, 스무 사람 중 열아홉 명은 불택자다. 택자는 구원받을 것이다. 택자가 하게 될 일을 하라. 불택자는 저주받을 것이다. 불택자가 할 수 있는 일을 하라. 독자여, 이 사실을 믿으라. 그렇지 않으면 저주받을 것이다. 내 손을 바라보라. 에이-티-.'[34]

톱레이디와 찰스 웨슬리는 신랄한 신학적 공방을 시로 주고받는 상태에 이른다. 톱레이디는 '알미니안주의 철회하다'(Arminianism Renounced)는 제

---

32) A. M. Allchin, *Songs to Her God: Spirituality of Ann Griffiths* (Cambridge, MA: Cowley, 1987), 100-101.
33) Toplady, *Works* (1794년판), 280, 47, Sell, *The Great Debate*, 123, n. 36에 인용된 것을 따랐다.
34) Wesley, *The Doctrine of Absolute Predestination Stated and Asserted. By the Reverend Mr. A—T—* (1770), in Wesley, *Works* (1872), 14:198.

목의 찬양을 출간한다. 인간의 공로로 구원의 열쇠를 만들려는 것은 전형적인 알미니안주의의 시도라는 것이 찬송가 내용이다.

> 내가 얼마나 자랑스럽게 허리를 굽히고 비웃었던가,
> 그리고 자연의 권능에 목소리 높였던가,
> 그리고 나의 율법적 행위를 신뢰했던가!³⁵⁾

찰스 웨슬리는 일전에 하나님의 선포라는 칼빈주의 교리를 찬송으로 만든 적이 있었다. 톱레이디에 대한 신랄한 변증을 퍼부은 존 웨슬리는 「알미니안 매거진」에 찰스의 찬송을 재출간한다. 찬송에는 많은 내용이 포함되는데, 의심할 바 없이 다음 연은 신적 선포에 대한 웨슬리 형제의 입장이다.

> 지옥 교리가 아직도 건재할까?
> 그리고 그 지독한 저자가 그대에게 주장할까?
> 아니다-그대의 선포로 그것을 가라앉혀라.
> 그것이 튀어나온 구덩이 속으로.³⁶⁾

간단히 말해서, 웨슬리 형제와 톱레이디의 적대감은 누구나 생각하듯, 아주 날카로웠으며, 본래 신학적 반목이었다. 먼저 톱레이디가 최전방의 공격으로 웨슬리파의 그리스도인의 완전성 교리를 공격하기로 작정하고, '세상에서 가장 거룩한 성도를 위한 생명과 죽음의 기도'로 명명한 찬송을 내놓는다. 그리 오래지 않아, 거의 대부분의 복음주의자가 찬송을 재출간하는데, 감리교 찬송가도 거기에 동참한다.

> 시대의 바위여, 나를 위해 갈라지소서!
> 나를 당신 안에 숨기소서!

---

35) Augustus M. Toplady, *Hymns and Sacred Poems, on a Variety of Subjects* (London: Daniel Segwick, 1860), 149.
36) Frank Baker (ed.), *Representative Verse of Charles Wesley* (New York: Abingdon, 1962), 31.

당신의 갈라진 곳에서 흐르는,
물과 피가,
죄를 두 배로 치유하시고,
죄책과 죄의 권능에서 나를 깨끗케 하소서.[37]

이와 비슷한 일로, 모든 복음주의 분파(전투적 칼빈주의, 전투적 알미니안주의, 그리고 여러 중간적 입장)의 찬송가가 감리교의 마르세이유 송가를 열심히 재인쇄한다. 이 곡은 웨슬리파의 초판 찬송가부터 마지막 찬송가까지 모든 찬송가에 등장한다. 구원 사역이 묘사되는데 놀랍게도 톱레이디의 용어와 비슷하다.

오, 수천의 입술이 노래하네
나의 소중한 구세주의 찬미를!
나의 하나님, 나의 왕의 영광을,
그의 은혜의 승리를!…

그분은 말소된 죄의 권능을 깨트리시네,
그분은 죄인을 자유롭게 풀어주시네,
그분의 보혈은 가장 타락한 자도 깨끗케 하시네
그분의 보혈이 나의 도움 되네.[38]

복음주의자를 서로 나뉘게 만든 많은 요인이 있었다. 그러나 찬양은 강력한 초교파적 대응책이었다. 가장 강한 통합력을 발휘한 주제는 죄인이 하나님의 은혜 체험을 직접적으로 말하는 찬송이었다('물과 피가…죄책과 죄의 권능에서 나를 깨끗케 하소서', '그분의 보혈은 가장 타락한 자도 깨끗케 하시네- 그분의 보혈이 나의 도움 되네').

---

37) Toplady, *Hymns and Sacred Poems*, 163.
38) Wesley, *A Collection of Hymns*, 79-80.

4. 그리스도인의 체험

마지막 분석은 그리스도인의 체험에 관한 것이다. 복음주의는 살아남았고, 몇몇 지역에서는 번성했다. 영어 사용권 전역에서 복음주의가 가슴 뜨겁게 추구하는 남녀에게 효과적인 영적 해답을 주었기 때문이다. 정치, 사회, 지성, 경제, 인구통계학, 심지어 군사력도 운동의 발흥에 한축을 맡는다. 그러나 복음주의자는 진정으로 삶의 방향을 재정립하고, 진정으로 관점을 변화시켜, 거룩한 삶으로 이끄신 하나님의 사역이 자기의 신앙적 토대라는 사실을 모두가 인정한다. 신학의 하나로, 정치력의 하나로, 또는 개인적 요구에 대처하는 방법으로 복음주의는 특별히 새로운 것이 아니었다. 새로운 것은 하나님의 권능이 참된 신앙적 존재를 만들고 유지시킨다는 주장이었다.[39]

본서처럼 18세기 복음주의의 일반 경로를 제시하려고 시도하는 서적은 조지 휫필드, 웨슬리 형제, 조나단 에드워즈, 존 뉴턴, 한나 모어 같은 인물에 커다란 관심을 기울일 수밖에 없다. 그러나 복음주의가 교회와 사회에서 하나의 잠재력으로 지탱될 수 있었던 대략적인 이유는 복음주의적 테마, 강조점, 설교, 성결의 비전, 특징이 평범한 남녀와 어린이에게 삶에 대해 알려주기 때문이다. 본장은 참된 신앙적 이상이 복음주의 운동을 휘몰아가는 내용이다. 따라서 마지막 장을 맺는 가장 적절한 방법은 그런 남녀의 이야기를 듣는 것이리라.

마싸 클라겟(Martha Claggett)이 맨 처음 감리교 설교자들과 접촉했을 때, 그녀는 나이 든 아내이자 어머니였다.[40] 영적 자서전을 쓰기 시작한 1740

---

39) 놀랄정도로 무시되던 주제에 대한 탄탄한 도움으로 참조하라. D. Bruce Hindmarsh, 'The Olney Autobiographers: English Conversion Narrative in the Mid-Eighteenth Century', *Journal of Ecclesiastical History* 49 (January 1998): 61-84; Hindmarsh, '"My chains fell off, my heart was free": Early Methodist Conversion Narrative in England', *Church History* 68 (December 1999): 910-929; Hindmarsh, 'Reshaping Individualism: The Private Christian, Eighteenth-Century Religion and the Enlightenment', in Deryck W. Lovegrove (ed.), *The Rise of the Laity in Evangelical Protestantism* (London: Routledge, 2002), 67-84; 그리고 James M. Gordon, *Evangelical Spirituality from the Wesleys to John Stott* (London: SPCK, 1991), 11-110.
40) 이 이야기의 출처는 Hindmarsh, 'Reshaping Individualism', 72-73인데, 'Early Methodist

년 당시, 이미 11명의 자녀가 있었는데, 출산 때마다 출산의 고통이 더욱 가중되었다. 또한 그녀는 간헐적인 질병으로 고통 받고 있었으며, 자살을 생각할 정도로 우울했다. 적어도 한 번 낙태를 고려했으며, 대가족을 감당해야 한다는 의무감에 눌려있었다. 어렸을 때는 종종 성경을 읽었는데, 춤과 '세상의 허영'을 좋아하게 되면서 습관이 사라져 버렸다고 자서전에 기술한다. 그런 그녀가 조지 휫필드의 설교를 들을 기회를 생겼다. 그는 '나에게 원죄와 인간의 타락 상태에 대해 말했으며…신생과 본성의 변화에 대해 이야기했다.' 마싸 클라겟이 다시 살아나기 시작했다. 그녀는 '내 말은 아무도 듣지 않는다고 확신될 때도 찬송하면서 기뻐하며', 세상적인 옛 습관과 단절하기로 결심한다.

그러나 영적 만족감은 희미하게 남겨진 정도였다. 웨슬리 형제는 개인적 조언을 통해 그리스도의 사랑이 그녀 개인에게까지 확대된다고 지적한다. 그녀는 기도하고, 생각하며, 찬양한 후, '나의 주, 나의 하나님'이라고 말하기 시작했다. 1738년 7월의 한밤중, 그녀는 잠을 깼다. '결코 전에 느껴보지 못한 기쁨 속에서, 가슴이 하나님의 사랑으로 차고 넘쳤다. 내가 하나님의 자녀라고 성령이 증언하셨다. 할렐루야를 부르는 불멸의 성가대에 내가 참여하는 것을 나는 막을 수 없었다.' 이야기는 여기서 끝난다. 마싸 클라겟은 모라비아파와 함께 뜻 깊은 예배에 참석하게 되었고, 물려받은 신앙적 범주에서 실천적 신앙의 범주로 이동 중인 기독교에 동참하게 되었다.

1742년 스코틀랜드 캠버스랭 사건에 영향 받은 두 사람이 있다. 52세의 베일리 웨어(Bailie Weir)와 28세의 아내(단지 '웨어 부인'이라고만 밝혀져 있음)다. 그들은 캠버스랭의 남쪽 해밀튼에서 왔다. 그들에게 윌리엄 맥클로흐(William McCulloch)의 설교와 조지 휫필드가 주재한 성례 절기의 경험이 어떤 의미였는지 관심을 가질 필요가 있다. 그들의 이야기는 기억에 남을 성례 절기로부터 적어도 2년 또는 그 이상 기록되기 때문이다.[41] 웨어 부부는

Volume', John Rylands University Library, Manchester에 있는 손으로 쓴 편지를 참고 한 것이다.

41) 이야기들은 D. Macfarlan (ed.), *The Revivals of the Eighteenth Century, Particularly at*

신앙적 인물이었지만, 캠버스랭이라는 또 다른 관점에서 볼 때, 자신들의 이전 삶은 단지 명목상 신앙이었다고 회고한다.

나는 주로 습관 때문에 교회에 참석했다. 동시에 한가한 교제를 좋아하고, 카드놀이와 술 마시기 좋아하고, 때로는 도를 넘어서기도 했다…나는 신앙으로 자란 장점을 활용하여, 하루에 두 번 기도하라고 배웠기 때문에, 계속 그렇게 했다…그리고 내 행동에는 전반적으로 지속성이 있었기 때문에, 내가 좋은 길에 서있다는 확신을 부추겼다.

그러나 그해 2월, 부부는 맥클로흐의 고린도후서 5장 17절('그런즉 누구든지 그리스도 안에 있으면 새로운 피조물이라 이전 것은 지나갔으니 보라 새 것이 되었도다') 설교를 들으러 캠버스랭으로 향한다. 그리고 영혼의 혼란을 겪게 된다. 웨어 씨(Mr. Weir)가 이사야 45장 22절('땅의 모든 끝이여 내게로 돌이켜 구원을 받으라 나는 하나님이라 다른 이가 없느니라')과 요한일서 1장 7절('그 아들 예수의 피가 우리를 모든 죄에서 깨끗하게 하실 것이요')을 묵상하는 도중 변화가 일어난다. 웨어 부인의 경우 더 많은 전진(시편 찬송을 포함하여)과 후퇴의 단계가 기다린다. 그러다 맥클로흐의 또 다른 구절인 요한일서(이번에는 5장 10절: '하나님의 아들을 믿는 자는 자기 안에 증거가 있고 하나님을 믿지 아니하는 자는 하나님을 거짓말하는 자로 만드나니 이는 하나님께서 그 아들에 대하여 증언하신 증거를 믿지 아니하였음이라')가 마음을 사로잡는다. 이후에도 삶은 영적 낙원이 아니었다. 그럼에도 웨어씨는 '그 이후 모든 것이 새로워 보인다'고 기록한다. 웨어 부인은 '나는 그리스도 안의 영광을 바라본다. 그리고 그것은 내 모든 부족함을 채운다. 나는 그의 뜻에 의탁함을 느낀다. 때때로 내 몸이 없었으면 하고 바랄 정도다. 그렇게 되면 영원히 주님과 함께 있을지도 모른다'고 증언할 수 있었다. 이 이야기의 놀라운 측면은 성경과의 평생 친밀한 교제가 복음주의적인 회심과 투쟁, 재확신의 격렬한 시간에 도움이 되었다는 사실이다.

Cambuslang (Edinburgh: Johnston & Hunter, 1847), 173-177에서 온 것이다.

올라다 에퀴아노(Olaudah Equiano)의 1789년 작, 『흥미로운 이야기』(Interesting Narrative)는 특별히 중요한 문서다. 전직 노예 출신이 지닌 문학적 재능의 증거이자, 노예반대 운동과 선교 활동에 대한 격려 차원에서도 그렇다. 『리처드 알렌 주교의 삶의 경험과 복음의 노고』(The Life Experience and Gospel Labors of the Rt. Rev. Richard Allen)처럼, 에퀴아노의 『이야기』 또한 주제를 통해 영적 여행을 향한 창을 열었기 때문이다. 복음주의 자서전이 점점 관행화되면서, 정형화된 영향을 받게 되었지만, 여전히 복음 메시지의 새롭고 폭넓은 호소를 감동적으로 증거 한다. 에퀴아노가 선원으로 고용될 당시, 해방 노예로 많은 여행 경험이 있었으며, 자신의 신앙 행로가 정립되기 전부터 퀘이커파, 유대인, 로마 가톨릭교회 및 다양한 개신교인들의 영적 상담을 받고 있었다. 그는 로버트 로빈슨의 '오라, 당신 모든 축복의 원천' 같은 새로운 복음주의 찬송의 영향권 아래 들어온다. 올레인(Alleine)의 『회심하지 않는자에 대한 경고』(Alarm to the Unconverted)도 읽었으며, 사도행전 4장 12절('다른 이로써는 구원을 받을 수 없나니 천하 사람 중에 구원을 받을 만한 다른 이름을 우리에게 주신 일이 없음이라 하였더라')같은 성경 구절을 상고하면서, 복음주의 잉글랜드 국교도, 감리교도, 비국교도들의 설교에도 참석하게 된다. 1774년 10월 6일 저녁의 돌파구는 이 모든 일의 결과다. 에퀴아노는 본인의 묘사처럼, 자신의 구원 획득 여부 또는 하나님의 선물로 받았는지 여부를 두고 '깊은 절망감'과 씨름하고 있었다.

> 주님께서 기뻐하시며 천상의 밝은 빛줄기로 내 영혼을 비추셨다; 그리고 그 순간에 즉시, 가리개가 벗겨졌고, 빛이 어두운 곳에 비추었다(사 25:7). 나는 믿음의 눈으로 구세주가 갈보리 산 십자가 위에서 피 흘리고 계심을 분명히 보았다. 성경의 봉인이 풀렸다. 내 자신이 율법 아래 저주받은 범죄자임을 깨닫게 되었다. 율법은 전력으로 내 양심에 다가왔다…나는 주님이신 예수 그리스도가 모욕을 당하면서, 나의 치욕과 죄 그리고 수치심을 옮겨, 품으시는 것을 보았다.[42]

---

42) Equiano, *The Interesting Narrative of the Life of Olaudah Equiano, or Gustavus Vassa,*

고난 받는 그리스도의 비전은 에퀴아노에게 자기야말로 '최고의 값없는 은혜를 받은…엄청난 빚진 자'라는 확신을 준다. 왜냐하면 (자기를 지칭하며) '예수 그리스도에 의해 구원받기 원하는 에티오피아인'이기 때문이다.[43] 에퀴아노는 체험 후에도 선원의 일을 재개한다. 동시에 노예 제도 반대 운동과 아프리카 노예무역의 사악함을 알리는 활동을 더 활발히 전개한다. 그의 『이야기』는 출판이 하나님의 손길을 분별하려는 추구과정에서 얻어진 습관을 토대로 하여 이루어졌다는 변호의 말로 끝맺는다. '세세한 사건에서 하나님의 손길을 분별하고, 거기서 도덕적 교훈과 신앙적 교훈을 얻으며, 그런 맥락에서 내가 진술한 모든 사건이, 내게는 중요한 일이었다.' 출판으로 일종의 복음주의적 에토스가 정의되었다는 점도 중요하다. '결국, 우리가 더 나아지고, 더 현명해지지 못한다면, 그리고 올바르게 행하는 법, 자비를 사랑하는 법, 하나님 앞에서 겸손히 걷는 법을 배우지 못한다면, 무엇이 어떤 사건을 중요하게 만들 수 있을까?'[44]

제임스 랙킹턴(James Lackington, 1746-1815년)의 신앙적 굴곡과 변화의 기록도 초창기 복음주의 자서전에서 에퀴아노의 글만큼 흥미롭다.[45] 랙킹턴은 1762년 열두 살 때 감리교 설교를 듣고 회심한다. 그 다음 몇 번의 사업 실패를 겪는다. 1774년 존 웨슬리가 5파운드를 빌려주어, 작은 서점을 시작하게 된다. 출판업자의 과잉 재고품 매입 방법과 런던의 대도시 인구에게 재고품을 파는 방법을 알게 되면서, 그는 갑부가 된다. 불과 20년도 되기 전에 그는 부자로 인정받는다. 그의 미국판 책 광고처럼, '세계에서 가장 큰 서점을 소유'한 사람으로 묘사된다.[46] 그러나 부유해지면서, 모든 감리교인이 유혹적인 세상의 올가미로 간주하는 위험의 산 증거가 되고 만다. 먼저

---

    the African. Written by Himself (1789), in Adam Potkay and Sandra Burr (eds.), Black Atlantic Writers of the 18th Century (New York: St Martin's, 1995), 244.

43) Ibid, 245.
44) Ibid, 250-251.
45) 입문을 위해서 참조하라. Hindmarsh, 'Reshaping Individualism', 77-78, 81.
46) The confessions of J. Lackington, Late Bookseller, at the Temple of the Muses, in a Series of Letters to a Friend (orig. 1804; New York: Ezekiel Cooper and John Wilson [general book stewards for the Methodist Connection in the United States], 1806), iii.

성경 또는 기독교 서적 보다 '소설, 로맨스, 시'를 읽는데 더 많은 시간을 투자하는 현상이 나타난다. 다음으로, '모든 세계가 하나님의 성전'이므로, 꼭 주일날만 교회에 갈 필요는 없다는 이신론적 주장이 뒤따른다.

결국, 감리교를 완전히 버리고, 영국의 자유사상가와 회의적인 프랑스 철학 서적을 장려하게 되었다. 그리고 1792년 자서전을 출간한다. 그는 『제임스 랙킹턴의 생애, 첫 45년의 회고』(Memoires of the First Forty-Five Years of the Life of James Lackington)를 통해 예전 신앙 친구들에게 야비한 조롱을 퍼붓는다.

그러나 얼마 되지 않아, 다시 생각을 바꾸게 된다. '프랑스 철학과 철학자들'이 불러온 '악덕과 부도덕의 보편적 범람' 때문에 냉담해진 탓이다. 윌리엄 팔리(William Paley)의 『기독교의 증거』(Views of the Evidences of Christianity)를 읽은 그는 깊은 감동을 받는다. 그래서 다시 감리교로 돌아가는 모든 절차를 밟는다. 1804년에 출간된 두 번째 자서전은 복음주의 실용성의 전형적인 기록으로, 재회심하게 된 심경의 변화가 되살아난 성경 사랑 속에 잘 표현되어 있다.

> 거기에는 고상함과 아름다움…신성에 대한 가장 장엄한 묘사 그리고 굉장한 외경심을 지니게 만드는 사상이 있다. 가장 완전한 도덕성, 덕을 행해야 하는 가장 위대한 동기부여, 그리고 악덕에 대한 가장 장엄한 규탄. 한 마디로, 그 책 안에서 우리는 거룩한 삶의 방식을 배우고, 그런 삶으로, 우리에게 영원한 빛과 사랑의 나라에서 영원한 지복의 상태를 확보해 준다.

그는 웨슬리의 찬송가를 인용하면서 두 번째 자서전을 끝맺는데, 재회심한 감리교인에게 상당히 적절한 방법이다. 랙킹턴에게 웨슬리 찬송가의 구절, '그리스도, 그분으로부터 모든 축복이 흐르네. 아래로 성도를 완전하게…'는 분명히 '성품과 영혼을 움직이기' 때문이다.[47]

---

47) Ibid, 10, 15, 24, 35-36, 188. 188-189쪽에 있는 찬양은, is found in Wesley, *A Collection of Hymns*, 693-694.에서 발견된다.

로드아일랜드주 뉴포트(Newport)의 새뮤엘 홉킨스(Samuel Hopkins)는 자기 성도들 중에 참된 그리스도인의 의미를 모두 구현한 특별한 여성들이 있다고 확신한다.[48] 1741년 회심한 수재너 앤쏘니(Susanna Anthony, 1726-1791년)는 같은 해 뉴포트제일회중교회에 등록한다. 제1차 대각성운동의 열기가 정점에 도달한 바로 그해다. 1770년 홉킨스가 뉴포트로 이사 오면서, 그녀는 담임목사와 서신교환을 시작한다. 홉킨스는 그녀의 사후 편지 일부와 일기에서 광범위한 발췌문을 뽑아 정리한다. 정리된 글은 역사적 청교도 노선에 따르는 정확한 기독교인의 상을 보여주었다. 그녀는 자신과 주변 환경 그리고 죄의식에 대항하며 평생 투쟁했다.

수재너의 회심은 주목할 만하다. 그녀가 마귀와의 싸움에서 느낀 개인적 감정이 놀랍다. '사탄은 가장 끔찍한 신성모독으로 내 마음에 스며든다. 전에 사탄은 내가 너무 어려 신앙을 지닐 수 없다고 설득했는데, 이제 유혹을 달리해 믿기에는 너무 늦었다고 꼬드긴다.' 그녀는 히브리서 7장 25절('그러므로 자기를 힘입어 하나님께 나아가는 자들을 온전히 구원하실 수 있으니')을 통해 속박에서 벗어난다. 그녀에게 적절한 구절이었다. '하나님의 영이…그 구절을 강력히 내 마음에 적용하셨다. 그리스도가 나에게 나타나신 것은 분명한 사랑이었다.' 그녀가 구원의 신앙을 고백하고, 뉴포트교회에 등록한 이후에도 사탄과의 전투가 여러 해 지속된다. 영적 투쟁에는 식사와 잠, 영적 유혹 등 상당한 어려움이 동반되었다. 1754년 스물여덟 살이 된 수재너는, '이제 나는 영혼의 안식이 습관이 되었음을 안다. 나에 대한 그분의[하나님의] 섭리에 어느 정도 만족하게 되었다'고 쓸 수 있었다. 그러나 만족감은 곧바로 밀려오는 고통스러운 내적 성찰, 강렬한 무가치감, 천둥과 번개에 대한 공포, 수많은 '신체적 장애'에 꺾이고 만다. 수재너는 딸이 일곱인 가정의 여섯 번째였다. 그녀는 결혼을 하지 않고, 돌아가실 때까지 부모님을 돌보았다. 홉킨스는 그녀의 글에 서문을 쓰면서, 등록 교인으로 수재너 앤쏘니의 50

---

[48] 다른 교구민에 대해서 참조하라. Charles E. Hambrick-Stowe, 'The Spiritual Pilgrimage of Sarah Osborn (1714-1796)', *Church History* 61 (December 1992): 408-421; 그리고 Sarah Osborn에 대한 Catherine Brekus의 근간 서적을 참조하라.

년 삶에 대해, '그녀는 전적으로 그리고 두드러질 정도로 그리스도와 순수한 신앙적 대의에 헌신했다'고 평가한다.[49] 수재너 일생의 신체적 고통과 영적 무아경이 중세 말기 기독교 신비주의 여성들의 경험과 유사하다는 암시를 받는다.[50] 그러나 홉킨스에게, 스승인 조나단 에드워즈가 신학적으로 정리하고, 데이비드 브레이너드의 영웅적 삶으로 제시된 기독교적 영적 삶의 높은 이상에 수재너가 근접했다고 보는 것이 더 타당했다.

토마스 테일러(Thomas Taylor, 1738-1816년)는 존 웨슬리 이후, 잉글랜드의 어떤 초창기 감리교 순회전도자보다 더 오래 헌신했다.[51] 테일러의 비망록은 수많은 웨슬리파 순회전도자들이 채택한 관례를 따른다. 부르스 힌드마쉬(Bruce Hindmarsh)의 간결한 묘사 그대로다. '회심…순회전도에 돌입…다른.'[52] 그러나 테일러의 '다른'은 관례 이상이었다. 그의 경력이 '순회'라는 단어에 새로운 의미를 주었기 때문이다. 테일러는 요크셔의 시골 교구 로쓰웰(Rothwell)에서 태어났다. 웨스터민스터 소요리문답의 암송을 포함하는 신앙 교육을 네 살부터 강하게 받지만, 어린 나이에 고아가 된다. 몇 가지 부담스런 도제교육을 받는 사이, 어린 시절의 신앙적 흥미를 상실했다고 한다. '내 입술에는 악담과 거짓말, 사기가 가득했다. 곧이어 나는…특히 카드에 능숙한 도박꾼이 되었다.' 그는 열일곱 살부터, 새로운 영적 영향권 아래 들어오게 된다. 휫필드의 설교를 들으며, 번연(Bunyan)의 『천로역정』(Pilgrim's Progress)과 올레인의 『회심하지 않는 자들에 대한 경고』(Alarm to

---

49) 인용은 다음에서다. Samuel Hopkins (ed.), *The Life and Character of Miss Susanna Anthony…Consisting Chiefly in Extracts from Her Writings, With Some Brief Obser-vations on Them* (Hartford: Hudson & Goodwin, 1799), 18, 30-31, 43, 143, 4. 나는 Monica Cawvey에게 감사드린다. 그녀의 1997년 세미나 페이퍼가 나를 Anthony에게 주목하게끔 했다.

50) 참조. Caroline Walker Bynum, *Holy Feast and Holy Fast: The Religious Signification of Food to Medieval Women* (Berkeley: University of California Press, 1987).

51) 이 이야기는 다음에서다. John Telford (ed.), *Wesley's veterans: Lives of Early Methodist Preachers Told by Themselves*, vol. 7 (orig. 1837-1865; London: Robert Culley, 1912-1914), 7-126. Taylor는 장수했다. 따라서 *Wesley's Veterans* 안에 등장하는 그의 삶의 이야기는 독립된 두 개의 자서전(1781년 경 그리고 1804년 경)과 사망 직후 그에 대한 광범위한 찬사로 구성된다.

52) Hindmarsh, 'Early Methodist Conversion', 917.

the Unconverted)를 보게 되면서 독립교단의 예배에 참석하게 된다.

스무 살이 될 무렵, 기도와 성경읽기에 보다 주력하게 되자, 사탄과의 직접 투쟁이 격화된다. 투쟁 기간에 테일러가 변화된다. '제가 주님께 부르짖고 있을 때, 그분은 놀라운 방식으로 나타나셨습니다. 그분의 의복은 피에 젖어 있었습니다. 저는 믿음의 눈으로 십자가에 달리신 그분을 보았습니다. 그리고 내 영혼 속에 사랑이 흘러들어와, 그 장면을 믿게 되었습니다. 그리고 그 이후 단 한 번도 확신을 저버리지 않았습니다.' 그는 전도로 부름 받았음을 느꼈지만, 큰 망설임이 시작된다.

처음에 감리교에 대한 편견이 있었지만, 휫필드가 웨슬리파의 신뢰성을 보증하면서 사라진다. 1761년 웨슬리파 연례회에 참석하는데, 예상과는 달리 그의 칼빈주의적 신념에 대한 힐문 없이, 순회전도자로 임명된다. 그때부터 멈춤 없는 여정이 시작된다. 아일랜드와 스코틀랜드에서 보낸 몇 년이 다른 지역의 몇 년으로 그리고 잉글랜드에서 매해 또는 2년 어간의 순회가 되었다. 그의 삶의 행로는 특별했다. 스롭셔에서 폭도의 공격을 받는다. 바다의 폭풍, 다리 붕괴, 말이 넘어질 뻔한 사고, 여러 차례 죽음의 위협에서 천우신조를 받기도 한다. 그는 성경공부에 도움이 되는 라틴어와 그리스어, 히브리어에 능통했다. 신학적 신념이 온건 칼빈주의에서 웨슬리파 알미니안주의로 이동하기도 했다. 적대감에 직면해서도 인내했다('낯선 사람이 떠돌기에 웨일즈는 세상에서 제일 유쾌한 장소는 아니다…[스코틀랜드에] 겨울이 오고 있다. 나는 이상한 땅에 있다. 전도협회도 없고, 여흥 장소도 없다…여기까지 거의 600마일[약 965km]을 육로나 해로로 움직였다; 그리고 우리 성도를 보라…제빵사 자녀 둘 그리고 노인 두 사람'). 그는 여러 편의 설교를 출간했다. 결혼하지만, 아내와 자녀들의 오랜 병고를 감내해야 했다. 무역의 중흥기에 복음주의 신앙이 가장 잘 전파되는 현상도 목격했다. 성년기의 반 이상을 심한 류머티즘으로 고생했다. 존 웨슬리의 사후, 안수를 받게 되어 주의 성찬을 시행한 최초의 평신도 순회전도자의 한사람이 되었다. 언제나 지방 전도협회의 양성에 주의를 기울였으며, 설교하고, 설교하고, 또 설교했다. 그는 고전적 감리교를 전했다. '나는 가능한 한 논쟁점을 분명히 하고자 노력했다. 주로 회개, 믿음, 그리고 새로운 삶을 강조했다.' 때때로 씨앗이 가시밭 길에 떨어졌고, 때로는 비옥한 토양에 떨어졌다. 1778-1779년 잉글랜드 버스톨(Birstall) 순회에서 회심이 배가 되고, 전도도 배가 된다. 그러나 천둥과 번개, 꿈과 환상, 찬양과 기도, 모든 것이 죄인의 각성을 위해 사용되었다.[53] 그리고 거의 40년 이상 이런 일이 지속되었다.

토마스 테일러가 발견하고 오랜 생애 동안 선포한 참된 신앙은, 정치적 불안정, 경제적 기회, 영국의 출판 및 여행 분야의 하부구조 발달, 중산층 열망의 심리, 전통적 교회 환경에 대한 외침 등에 관해 설명 가능한 유용한 내용을 포함한다. 그러나 테일러의 상황 -마찬가지로 마싸 클라겟, 웨어 부부, 올라다 에퀴아노, 제임스 랙킹턴, 수재너 앤쏘니-을 이해하려면, 각자가 자기의 체험에 대해 내린 결론을 확인해 보는 것이 가장 좋은 방법일 것이다. 복음주의 역사를 기록하는 복음주의 역사학자의 결론이 용서받을 수 있는 이유는, 수많은 구체적 서술이 사실로 보이기 때문인지도 모른다.

---

53) Taylor, Memoir, in *Wesley's Veterans*, 12, 30, 37, 39, 62.

후기

 본서 초반부에 조지 휫필드가 보스턴의 잉글랜드 국교회 목회자들과 긴장된 대화를 나누는 장면이 나온다. 그로부터 반 세기 후, 노바스코샤의 딕비(Digby)에서 비슷한 대화가 이루어진다. 결과는 판이하다. 헨리 올린의 '새빛파 소동'에 감명 받았으며, 감리교인 프리본 개럿슨의 순회설교에 고무된 조셉 디목(Joseph Dimock, 1768-1846년)이 본인의 순회전도를 시작하려는 시점이었다. 디목은 해리스 하딩(Harris Harding), 에드워드 메이닝(Edward Manning), 제임스 메이닝(James Manning) 등 열정적인 젊은이들과 함께, 장차 캐나다 해안지방에서 번성할 침례교의 길을 예비하는 중이었다.[1] 디목은 1791년 7월, 아나폴리스 분지를 벗어나, 냉해의 보호를 받는 지역인 딕비로 오게 된다. 그의 설교는 스코틀랜드 이주민 무리의 환영을 받는다. 그들은 다시 그를 초대한다.
 그러나 그가 오기 전에 딕비전도협회는 '나는 대학생이 아니므로, 목회의 책임을 맡을 수 없다는 말을 듣게 된다.' 그가 대학에 다니지도 않았고, 적합한 안수를 받은 것도 아니라는 걱정 속에서, 스코틀랜드인들은 유전적 기질을 쫓아 순회전도자와 만날 위원회를 지명한다. 디목은 돌아와서, 그들이 들은 말이 사실이라고 위원회에 대답한다. 위원회는 그의 말에 대한 응답으

---

1) 이 운동에 관해서 참조하라. Daniel C. Goodwin, '"The Faith of the Fathers": Evangelical Piety of Regular Baptist Patriarchs and Preachers, 1790-1855' (PhD dissertation, Queen's University, Kingston, Ont., 1997).

로, '당신은 어떤 권한으로 이런 일들을 합니까?…어떤 권한으로 설교합니까?'라고 질문한다. 디목의 대답은 복음주의의 전형이었다. '저는 기쁘게 대답합니다. 제가 처음으로 진리에 관한 실천적 지식에 이르게 되었을 때, 저는 구원도 별로 생각하지 않는 무지한 주위 사람에 대한 걱정을 하게 되었습니다. 저도 전에는 그랬으니까요. 그리고 저는 때때로 개인적으로나 공개적으로 죄인이 임박한 분노로부터 도망치라는 경고를 하기 시작했습니다.' 그의 답변에 대해, 위원회 의장은 복음주의식의 인정을 표명한다. '선생님, 나라의 형편이 큰 목소리로 교사들을 요청합니다. 내 생각에 사역에 관한 당신의 실천이 당신의 설교 자격에 충분한 보증이 됩니다…그리고 저희들이 오늘 오후에 다시 당신의 말씀을 듣게 된다면 기쁠 것입니다.' 그러고 나서 의장은, 더 많은 스코틀랜드인이 15분 내에 모이기는 어려우므로, 위원회에서 그의 믿음의 순례를 더 자세히 말해달라고 요청한다. '여기서 제 경험의 일부를 이야기했는데, 그들은 애정을 가득 품고 들었습니다.' 대화 결과, 디목은 협회에서 정기적인 설교를 하게 되었으며, '그 후 나와 이 좋은 친구들과의 어울림을 번거롭게 만드는 일은 전혀 없었다.'[2]

아마 선천적 장로교인인 딕비의 스코틀랜드인들은 침례교인 조셉 디목의 진정한 기독교적 체험을 인정함으로써, 전통적 교회 질서를 넘어서는 선례를 가지게 되었으며, 자신들이 복음주의자임을 과시한다. 휫필드의 보스턴 인터뷰 후, 50년 동안 영어권에서 일어난 변화 중에, 조셉 디목의 딕비 도착보다 더 좋은 사례는 없을 것이다. 그러나 그 무렵, 거의 영어권 전역에 일어난 변화의 바람이, 급속히 경계선을 넘어 이동하기 시작한다.

새로운 복음주의에 최악의 평가를 내려 본다면, 복음주의는 개신교 종교개혁의 전통을 무시하고, 희화화하며, 왜곡한다. 복음주의적 신앙과 실천은 자기중심적, 이기적, 자아도취적 영성을 조장하며, 파괴적 영적 경쟁이라는 새로운 경연장을 만들었다. 복음주의자는 종종 그룹 내부의 상투적 표현과

---

2) George A. Rawlyk (ed.), *New Light Letters and Songs* (Hantsport, Nova Scotia: Lancelot, 1983), 284-285에 나오는 Joseph Dimock의 일기에서 발췌했다.

협회 및 조직을 다른 사람을 소외시키는 새로운 장벽으로 세우기도 한다. 구조적인 사회악을 무시하고, 집요할 정도로 내부에만 침잠한다. 팽창중인 대영제국의 열려진 문화적 시장에서 과민하고, 방향감각을 상실한 대중을 달래기 위해, 행상이 파는 과대 광고된 상품처럼 복음의 능력을 다루어, 기독교 복음을 진부하게 만들었다는 아주 중요한 지적도 있다.

그러나 최상의 평가를 내린다면, 복음주의는 영어 사용권 기독교가 요청하는 재생의 기운을 제공했다고 할 수 있다. 복음주의는 혼란에 빠진 신앙체제에 약동적인 신앙의 생기를 불어넣는다. 역동적인 자발적 사랑의 공동체와 상호 교제를 지원하는 국제적 네트워크를 창출한다. 복음주의는 존중받는 사회 바깥의 수많은 변경지에도 다가설 수 있었다. 진정한 개인적 체험을 통해 공동의 악을 드러내는 역동성을 제공한다. 복음주의는 넓고 다양한 배경 속으로 기독교 복음의 아름다움과 능력을 불어넣었으며, 복음을 통해 무수한 개인에게 하나님 앞에서 삶의 목적과 의미를 제공하고, 상당히 오래 역할을 감당하고 있다는 평가도 아주 중요하다.

복음주의가 정적이었거나 그냥 주어진 것은 아니다. 운동을 발생시킨 에너지가 처음부터 더 깊게 혁신으로 몰아갔다. 도달해야 할 깊이와 넓이를 확대시켰다. 무수한 오류로 고통 받고, 격렬히 경쟁하는 분파로 나뉜 것이, 전혀 새로운 관계로 더 넓은 사회에 진입하는 계기가 되었다고 보는 것도 타당하다. 복음주의의 중심에는 언제나 복음과의 접촉점이 있다. 그리고 1740년부터 1795년에 이르는 시기는 단지 시작일 뿐이다.

참고문헌

18세기 복음주의 운동의 연구 자료는 아주 방대하다. 이 목록은 필자가 본서의 준비에 사용한 서적에 주안점을 둔 것이다. 그러나 각자의 목적에 따라 관린 주제를 추구하려는 사람들을 위해 특별히 가치 있는 몇몇 연구서로 보완이 가능하다.

1. 주요 100가지 시대 자료

주요 자료 목록은 18세기 복음주의자의 저작이 출발점이다. 날짜를 제외한 초판의 출판 정보는 생략되었다. 18세기와 이후 대서양 양안에서 수많은 판본이 발견되기 때문이다. 목록에는 복음주의자들이 애정을 가지고 읽는 초창기 인물들의 저작과 적대자들의 일부 저작도 포함된다. 18세기 스타일로 확장된 제목이 나오는 것은 존경심의 발로다. 대문자 사용은 최소화되었다.

Alleine, Joseph (1672), *Alarm to the unconverted*.
Allen, Richard (1833), *The life experience and gospel labors of the Rt. Rev. Richard Allen, To which is annexed the rise and progress of the African Methodist Episcopal Church in the United States of America*.
Allestree, Richard (1657), *The whole duty of man*.

참고문헌 **365**

Alline, Henry (1783), *The anti-traditionalist*.
— (1795), *Hymns and spiritual songs*.
Anthony, Susanna (1799), *The life and character of Miss Susanna Anthony ... Consisting chiefly in extracts from her writings, With some brief observations on them* (ed. Samuel Hopkins).
Arndt, Johann (1605–1610), *On true Christianity*.
Asbury, Francis (1792), *An extract of the journal of Francis Asbury ... 1771 to ... 1778*.
Backus, Isaac (1772), *A history of New-England with particular reference to the denominations of Christians called Baptists*.
— (1773), *An appeal to the public for religious liberty*.
Baxter, Richard (1650), *The saints' everlasting rest*.
Bellamy, Joseph (1750), *True religion delineated; or, Experimental religion, as distinguished from formality on the one hand, and enthusiasm on the other*.
Boston, Thomas (1720), *Human nature in its fourfold state*.
Bunyan, John (1666), *Grace abounding to the chief of sinners*.
— (1678, 1684), *Pilgrim's progress*.
Butler, Joseph (1736), *The analogy of religion, natural and revealed, to the constitution and course of nature*.
Carey, William (1792), *An enquiry into the obligations of Christians, to use means for the conversion of the heathens: In which the religious state of the different nations of the world, the success of former undertakings, and the practicability of other undertakings, are considered*.
Cennick, John (1745), *The life of J. Cennick: With an account of the trials and tribulations which he endured till it pleased our Saviour to shew him his love, and send him into his vineyard*.
— (1752), *Sacred hymns, for the use of religious societies*.
Chauncy, Charles (1743), *Seasonable thoughts on the state of religion*.
Clarkson, Thomas (1786), *Essay on the slavery and commerce of the human species*.
Coke, Thomas (1783), *A plan of the society for the establishment of missions among the heathen*.
Coke, Thomas, and Francis Asbury (1792), *The doctrines and discipline of the Methodist Episcopal Church in America*.
Cranz, David (1767), *The history of Greenland: Containing a description of the country, and its inhabitants, a relation of the mission carried on for above thirty years by the Unitas Fratrum*, ET.
Davies, Samuel (1757), *Letters from the Rev. Samuel Davies, etc. Shewing the state of religion in Virginia, particularly among the Negroes*.
— (1766), *Sermons on most useful and important subjects* (reprinted as *Sermons on important subjects*).
Dickinson, Jonathan (1742), *A display of God's special grace*.
— (1755), *Hymns founded on various texts of Scripture*.
Doddridge, Philip (1744), *The rise and progress of religion in the soul*.
Edwards, Jonathan (1737), *A faithful narrative of the surprizing work of God in the conversion of many hundred souls in Northampton, and the neighbouring towns and villages of New-Hampshire* [sic] *in New-England*.
— (1738), *Discourses on various important subjects, nearly concerning the great affair of the soul's*

eternal salvation ... Delivered at Northampton, chiefly at the time of the late wonderful pouring out of the Spirit of God there.
— (1743), *Some thoughts concerning the present revival of religion in New England.*
— (1746), *A treatise concerning religious affections.*
— (1747), *An humble attempt to promote explicit agreement and visible union of God's people in extraordinary prayer for the revival of religion and the advancement of Christ's kingdom on earth.*
— (1754), *A careful and strict inquiry into the modern prevailing notion of that freedom of will, which is supposed to be essential to moral agency, vertue and vice, reward and punishment, praise and blame.*
— (1765), *Two Dissertations: I. Concerning the end for which God created the world. II. The nature of true virtue.*
Edwards, Jonathan (ed.) (1749), *The life of David Brainerd.*
Equiano, Olaudah (1789), *The interesting narrative of the life of Olaudah Equiano, or Gustavus Vassa, the African.*
Erskine, John (1743), *Signs of the times considered, Or the high probability that the present appearances in New England, and the West of Scotland, are a prelude of the glorious things promised to the church in the latter ages.*
— (1765), *Dissertation on the nature of Christian faith.*
Fisher, Edward (1645; reprinted 1718), *The marrow of modern divinity.*
Fletcher, John (1770–1775), *Checks to antinomianism.*
Fuller, Andrew (1785), *The gospel of Christ worthy of all acceptation.*
Gibson, Edmund (Bishop of London) (1744), *Observations upon the conduct and behaviour of a certain sect usually described by the name of Methodists.*
Gillies, John (1754), *Historical collections relating to remarkable periods of the success of the gospel, and eminent instruments employed in promoting it.*
Hall, Robert Sr (1781), *Help to Zion's travelers.*
Hervey, James (1755), *Theron and Aspasio.*
Hopkins, Samuel (1776), *A dialogue concerning the slavery of the Africans: Shewing it to be the duty and interest of the American colonies to emancipate all their African slaves: with an address to the owners of such slaves. Dedicated to the Honorable the Continental Congress.*
— (1793), *System of doctrine contained in divine revelation.*
Horne, Melville (1794), *Letters on missions.*
Horneck, Anthony (1681), *The happy ascetick ... Concerning the holy lives of the primitive Christians.*
Jarratt, Devereux (1806), *The life of the Reverend Devereux Jarratt ... written by himself.*
Kilham, Alexander (1795), *The progress of liberty among the people called Methodists.*
Lackington, James (1804), *The confessions of J. Lackington, late bookseller, at the Temple of the Muses, in a series of letters to a friend.*
Lavington, George (1749–1751), *The enthusiasm of Methodists and Papists compared.*
Law, William (1728), *A serious call to a devout and holy life.*
Lewis, John (1740–1748), *The Christian amusement containing letters concerning the progress of the*

gospel at home and abroad (later renamed as *The weekly history: Or, an account of the most remarkable particulars relating to the present progress of the gospel. By the encouragement of the Rev. Mr. Whitefield; An Account of the most remarkable particulars relating to the present progress of the gospel; and The Christian history or general account of the progress of the gospel in England, Wales, Scotland and America, as far as the Rev. Mr. Whitefield, his fellow labourers and assistants are concerned*), London.

McCullough, William (1741–1742), *The Glasgow-Weekly history relating to the progress of the gospel at home and abroad*, Glasgow.

Maurice, Matthias (1737), *A modern question modestly answered*.

Milner, Joseph (1800), *The history of the church of Christ*.

More, Hannah (1790), *An estimate of the religion of the fashionable world*.

Newton, John (1764), *An authentic narrative of some remarkable and interesting particulars in the life of *********.

Newton, John, and William Cowper (1779), *Olney hymns*.

Prince, Thomas (1743–1745), *The Christian history: Containing accounts of the revival and propagation of religion in Great Britain and America*, Boston.

Ramsay, James (1784), *Essay on the treatment and conversion of African slaves in the British sugar colonies*.

Rippon, John (1787), *A selection of hymns from the best authors: Intended to be an appendix to Dr. Watts's psalms and hymns*.

Robe, James (1743–1746), *The Christian monthly history or an account of the revival and progress of religion abroad and at home*, Edinburgh.

Rowland, Daniel (1774), *Eight sermons upon practical subjects*.

Scougal, Henry (1691), *The life of God in the soul of man*.

Spangenberg, A. G. (1785), *Instructions for members of the Unitas Fratrum who minister in the gospel among the heathen*. ET.

— (1788), *An account of the manner in which the Protestant Church of the Unitas Fratrum, or United Brethren, preach the gospel and carry on their missions among the heathen*. ET.

Spener, Philip Jakob (1675), *Pia Desideria*.

Steele, Anne (1780), *Miscellaneous pieces: in verse and prose*.

Tennent, Gilbert (1740), *The danger of an unconverted ministry*.

Toplady, Augustus M. (1790), *Psalms and hymns for public and private worship*.

Venn, Henry (1763), *The complete duty of man: Or, A system of doctrinal and practical Christianity, designed for the use of families*.

Walker, Samuel (1755), *Fifty-two sermons*.

Watts, Isaac (1706, 1709), *Horae Lyricae: Poems chiefly of the lyric kind. In three books sacred*.

— (1707, 1709), *Hymns and spiritual songs*.

— (1719), *The psalms of David imitated in the language of the New Testament, and apply'd to the Christian state and worship*.

Wesley, John (1739–1791), *Journals*.

— (1743), *The nature, design, and general rules of the United Societies*.

― (1745), *An earnest appeal to men of reason and religion*.
― (1746), *Standard sermons*.

2. 18세기 저작에 대한 이후 판본

18세기 복음주의를 공부하는 현재 연구자들은 이 시기 이후 나온 수많은 판본의 혜택을 누릴 수 있다. 판본은 대부분 포괄적 서문과 서지 자료를 포함한다.

Alline, Henry. George A. Rawlyk (ed.) (1997), *Henry Alline: Selected Writings*, New York: Paulist.
Asbury, Francis. Elmer T. Clark (ed.) (1958), *The Journals and Letters of Francis Asbury*, Nashville: Abingdon.
Brackney, William H. (ed.) (1998), *Baptist Life and Thought: A Source Book* (rev. ed., 1998), Valley Forge: Judson.
Buchanan, Dugald. Donald Maclean (ed.) (1913), *The Spiritual Songs of Dugald Buchanan*, Edinburgh: J. Grant.
Burr, Esther Edwards. Carol F. Karlsen and Laurie Crumpacker (eds.) (1984), *The Journal of Esther Edwards Burr*, New Haven: Yale University Press.
Bushman, Richard L. (ed.) (1970), *The Great Awakening: Documents on the Revival of Religion, 1740–1745*, New York: Atheneum.
Doddridge, Philip. Geoffrey F. Nuttall (ed.) (1979), *Calendar of the Correspondence of Philip Doddrige DD (1702–1751)*, London: Her Majesty's Stationery Office.
Edwards, Jonathan. Wilson M. Kimnach, Kenneth P. Minkema and Douglas A. Sweeney (eds.) (1999), *The Sermons of Jonathan Edwards*, New Haven: Yale University Press.
― Perry Miller, John E. Smith and Harry S. Stout (eds.) (1957–), *The Works of Jonathan Edwards*, New Haven: Yale University Press.
― John E. Smith, Harry S. Stout and Kenneth P. Minkema (eds.) (1995), *A Jonathan Edwards Reader*, New Haven: Yale University Press.
Erskine, Ebenezer. Samuel McMillan (ed.) (2001), *The Beauties of Holiness, Selected from His Complete Works*, Grand Rapids: Reformation Heritage.
Heimert, Alan, and Perry Miller (eds.) (1967), *The Great Awakening*, Indianapolis: Bobbs-Merrill.
Jeffrey, David Lyle (ed.) (1987), *A Burning and Shining Light: English Spirituality in the Age of Wesley*. Grand Rapids: Eerdmans.
Langford, Thomas A. (1984), *Wesleyan Theology: A Sourcebook*, Durham, NC: Labyrinth.

참고문헌 **369**

More, Hannah. Robert Hole (ed.) (1996), *Selected Writings of Hannah More*, London: William Pickering.

Potkay, Adam, and Sandra Burr (eds.) (1995), *Black Atlantic Writers of the 18th Century*, New York: St Martin's.

Rawlyk, George A. (ed.) (1983), *New Light Letters and Songs: Baptist Heritage in Atlantic Canada*, Hantsport, Nova Scotia: Lancelot.

Romaine, William. Peter Toon (ed.) (1970), *The Life, Walk and Triumph of Faith*, Cambridge: James Clarke.

Sandoz, Ellis (ed.) (1991), *Political Sermons of the American Founding Era, 1730–1805*, Indianapolis: Liberty Press.

Spener, Philip Jacob. Theodore Tappert (ed.) (1964), *Pia Desideria*, Philadelphia: Fortress.

Wesley, Charles. Frank Baker (ed.) (1962), *Representative Verse of Charles Wesley*, New York: Abingdon.

— Kenneth G. C. Newport (ed.) (2001), *The Sermons of Charles Wesley*, New York: Oxford University Press.

— John R. Tyson (ed.) (1989), *Charles Wesley: A Reader*, New York: Oxford University Press.

Wesley, John. Nehemiah Curnock (ed.) (1938 [orig. 1911–1912]), *The Journal of the Rev. John Wesley*, London: Epworth.

— Richard P. Heitzenrater and Frank Baker (eds.) (1975–), *The Works of John Wesley*, Bicentennial Edition, Oxford: Oxford University Press, and Nashville: Abingdon.

— Thomas Jackson (ed.) (1872), *The Works of John Wesley*, London: Wesleyan Conference Office.

— Albert C. Outler (ed.), *John Wesley* [selections] (1964), New York: Oxford University Press.

— John Telford (ed.) (1938), *The Letters of the Rev. John Wesley*, London: Epworth.

Wesley, Susanna. Charles Wallace, Jr (ed.) (1997), *Susanna Wesley: The Complete Writings*, New York: Oxford University Press.

Wheatley, Phillis. Julian D. Mason, Jr (ed.) (1966), *The Poems of Phillis Wheatley*, Chapel Hill: University of North Carolina Press.

Whitefield George. (1960), *George Whitefield's Journals*. London: Banner of Truth.

— J. C. Ryle and R. Elliot (eds.) (1958), *Select Sermons of George Whitefield*, London: Banner of Truth.

Wilberforce, William. Kevin Charles Belmonte (ed.) (1996), *A Practical View of Christiani*. Peabody: Hendrickson.

3. 이차자료

목록의 저작 대부분이 복음주의자나 복음주의 그룹을 직접 다룬다. 그러나 18세기의 일반적 배경을 제공하는 책도 있다. 이차자료 목록에는 데이비드 베빙톤과 브루스 힌드마쉬가 친절하게 제공한 제목이 조금 포함되어 있다. 그래서 필자가 참고해야 할 책이 많아졌다. 에세이가 들어 있는 책이 목록에 나올 경우, 에세이 제목은 축약되었다.

또 한 번, 최근판『블랙웰 복음주의 전기 사전, 1730-1860년』(*Blackwell Dictionary of Evangelical Biography, 1730-1860*)의 중요성이 강조되어야 한다. 사전은 본서에서 시도된 것처럼 역사적 종합을 이루려는 노력에 중요한 역할을 한다.

Reference works
Barrett, David B., et al. (2001), *World Christian Encyclopedia*, 2nd ed., New York: Oxford University Press.
Cameron, Nigel M. de S., et al. (eds.) (1993), *Dictionary of Scottish Church History and Theology*, Edinburgh: T. & T. Clark; Downers Grove: InterVarsity Press.
Cross, F. L., and E. A. Livingstone (eds.) (1997), *The Oxford Dictionary of the Christian Church*, 3rd ed., New York: Oxford University Press.
Garraty, John Arthur, and Mark C. Carnes (eds.) (1999), *American National Biography*, New York: Oxford University Press.
Gaustad, Edwin Scott, and Philip L. Barlow (2001), *New Historical Atlas of Religion in America*, Oxford and New York: Oxford University Press.
Hart, D. G. (ed.) (1999), *Dictionary of the Presbyterian and Reformed Tradition in America*, Downers Grove: InterVarsity Press.
Larsen, Timothy (ed.) (2003), *Biographical Dictionary of Evangelicals*, Leicester: Inter-Varsity Press.
Lewis, Donald M. (ed.) (1995), *The Blackwell Dictionary of Evangelical Biography, 1730–1860*, 2 vols, Oxford: Blackwell.
Matthew, Colin, and Brian Harrison (eds.) (2004), *Oxford Dictionary of National Biography*, Oxford: Oxford University Press.
Reid, Daniel G., et al. (eds.) (1990), *Dictionary of Christianity in America*, Downers Grove: InterVarsity Press.
Rogal, Samuel J. (1997), *A Biographical Dictionary of Eighteenth-Century Methodism*, Lewiston: Edwin Mellen.

참고문헌 371

Sprague, William B. (1857–1869), *Annals of the American Pulpit*, 9 vols, New York: Robert Carter.
Stephen, Leslie (ed.) (1885–1901), *Dictionary of National Biography*, 22 vols, London: Oxford University Press.

Secondary sources

Abelove, Henry (1987), 'The Sexual Politics of Wesleyan Methodism', in Jim Obelkevich, Lyndal Roper and Raphael Samuel (eds.), *Disciplines of Faith: Studies in Religion, Politics and Patriarchy*, London: Routledge & Kegan Paul.
Allchin, A. M. (1987), *Songs to Her God: Spirituality of Ann Griffiths*, Cambridge, MA: Cowley.
Andrews, Dee E. (2000), *The Methodists and Revolutionary America, 1760–1800: The Shaping of an Evangelical Culture*, Princeton: Princeton University Press.
Armstrong, Maurice (1946), 'Neutrality and Religion in Revolutionary Nova Scotia', *New England Quarterly* 9: 50–62.
— (1948), *The Great Awakening in Nova Scotia, 1776–1809*, Hartford: American Society of Church History.
Baker, Frank (1963), *William Grimshaw, 1708–63*, London: Epworth.
Bebbington, D. W. (1982), 'Religion and National Feeling in Nineteenth-Century Wales and Scotland', in Stuart Mews (ed.), *Religion and National Identity*, Oxford: Blackwell.
— (1989), *Evangelicalism in Modern Britain: A History from the 1730s to the 1980s*, London: Unwin Hyman.
— (1999), 'Science and Theology in Britain from Wesley to Orr', in Livingstone et al. (eds.), *Evangelicals and Science in Historical Perspective*.
Bennett, Richard (1962), *The Early Life of Howell Harris*, trans. G. M. Roberts, London: Banner of Truth (Welsh orig. 1909).
Berens, John F. (1978), *Providence and Patriotism in Early America, 1640–1815*, Charlottesville: University Press of Virginia.
Berg, Johannes van den (1956), *Constrained by Jesus' Love: An Enquiry into the Motives of the Missionary Awakening in Great Britain in the period between 1698 and 1815*, Kampen: J. H. Kok.
Berg, Johannes van den, and Martin Brecht (eds.) (1995), *Geschichte des Pietismus*, vol. 2: *Der Pietismus im 18. Jahrhundert*, Göttingen: Vandenhoeck & Ruprecht.
Bergman, Marvin (1990), 'Public Religion in Revolutionary America: Ezra Stiles, Devereux Jarratt, and John Witherspoon', PhD dissertation, University of Chicago.
Bloch, Ruth H. (1985), *Visionary Republic: Millennial Themes in American Thought, 1756–1800*, New York: Cambridge University Press.
Bowden, Henry Warner (1981), *American Indians and Christian Missions*, Chicago: University of Chicago Press.
Brackney, William H. (1997), *Christian Voluntarism: Theology and Praxis*, Grand Rapids: Eerdmans.
Bradley, James E. (1990), *Religion, Revolution and English Radicalism: Non-conformity in*

Eighteenth-Century Politics and Society, New York: Cambridge University Press.

Brecht, Martin (ed.) (1993), *Geschichte des Pietismus*, vol. 1: *Der Pietismus vom Siebzehnten bis zum frühen achtzehnten Jahrhundert*, Göttingen: Vandenhoeck & Ruprecht.

Breen, T. H. (1986), 'An Empire of Goods: The Anglicization of Colonial America, 1690–1776', *Journal of British Studies* 25: 487–499.

Brekus, Catherine A. (1998), *Strangers and Pilgrims, 1740–1845: Female Preaching in America*, Chapel Hill: University of North Carolina Press.

Bridenbaugh, Carl (1962), *Mitre and Scepter: Transatlantic Faiths, Ideas, Personalities, and Politics, 1689–1775*, New York: Oxford University Press.

Brooke, Peter (1987), *Ulster Presbyterianism: The Historical Perspective, 1610–1970*, New York: St Martin's.

Bruce, Steve (1983), 'Social Change and Collective Behaviour: The Revival in Eighteenth-Century Ross-shire', *British Journal of Sociology* 34: 554–572.

Brunner, Daniel L. (1993), *Halle Pietists in England: Anthony William Boehm and the Society for Promoting Christian Knowledge*, Göttingen: Vandenhoeck & Ruprecht.

Bumsted, J. M., and John E. Van de Wetering (1976), *What Must I Do To Be Saved? The Great Awakening in Colonial America*, Hinsdale: Dryden.

Bushman, Richard L. (1970), *From Puritan to Yankee: Character and the Social Order in Connecticut, 1690–1765*, New York: W. W. Norton.

Butler, Diana Hochstedt (1995), *Standing Against the Whirlwind: Evangelical Episcopalians in Nineteenth-Century America*, New York: Oxford University Press.

Campbell, Ted A. (1991), *The Religion of the Heart: A Study of European Religious Life in the Seventeenth and Eighteenth Centuries*, Columbia: University Press of South Carolina.

Canny, Nicholas (ed.) (1998), *The Oxford History of the British Empire*, vol. 1: *The Origins of Empire*, New York: Oxford University Press.

Cashin, Edward J. (2001), *Beloved Bethesda: A History of George Whitefield's Home for Boys, 1740–2000*, Macon: Mercer University Press.

Chamberlain, Ava (2000), 'The Immaculate Ovum: Jonathan Edwards and the Construction of the Female Body', *William and Mary Quarterly* 57: 289–322.

Champion, J. A. I. (1992), *The Pillars of Priestcraft Shaken: The Church of England and Its Enemies, 1660–1730*, Cambridge: Cambridge University Press.

Christie, Nancy (1990), '"In These Times of Democratic Rage and Delusion": Popular Religion and the Challenge to the Established Order, 1760–1815', in George A. Rawlyk (ed.), *The Canadian Protestant Experience*, Burlington, Ont.: Welch.

Clark, J. C. D. (2000), *English Society, 1660–1832*, 2nd ed., Cambridge: Cambridge University Press.

Claydon, Tony, and Ian McBride (eds.) (1998), *Protestantism and National Identity: Britain and Ireland, c.1650–c.1850*, Cambridge: Cambridge University Press.

Clifford, Alan C. (1990), *Atonement and Justification: English Evangelical Theology, 1640–1700: An Evaluation*, Oxford: Clarendon.

참고문헌 **373**

Coalter, Milton J., Jr (1986), *Gilbert Tennent, Son of Thunder: A Case Study of Continental Pietism's Impact on the First Great Awakening in the Middle Colonies*, Westport: Greenwood.
Colley, Linda (1992), *Britons: Forging the Nation, 1707–1837*, New Haven: Yale University Press.
Collins, Kenneth J. (1997), *The Scripture Way of Salvation: The Heart of Wesley's Theology*, Nashville: Abingdon.
Condon, Ann Gormon (1994), '1783–1800: Loyalist Arrival, Acadian Return, Imperial Reform', in Phillip A. Buckner and John G. Reid (eds.), *The Atlantic Region to Confederation: A History*, Toronto: University of Toronto Press.
Conforti, Joseph A. (1981), *Samuel Hopkins and the New Divinity Movement*, Grand Rapids: Eerdmans.
Connolly, S. J. (1992), *Religion, Law, and Power: The Making of Protestant Ireland, 1600–1760*, Oxford: Clarendon.
Cook, Faith (1997), *William Grimshaw of Haworth*, Edinburgh: Banner of Truth.
— (2001), *Selina, Countess of Huntingdon: Her Pivotal Role in the Eighteenth-Century Evangelical Awakening*, Edinburgh: Banner of Truth.
Coppedge, Allan (1987), *John Wesley in Theological Debate*, Wilmore: Wesley Heritage.
Cornman, Thomas H. L. (1998), 'Securing a Faithful Ministry: Struggles of Ethnicity and Religious Epistemology in Colonial American Presbyterianism', PhD dissertation, University of Illinois at Chicago.
Cowing, Cedric B. (1971), *The Great Awakening and the American Revolution: Colonial Thought in the Eighteenth Century*, Chicago: Rand McNally.
Crawford, Michael J. (1976), 'The Spiritual Travels of Nathan Cole', *William and Mary Quarterly* 33 (Jan. 1976): 89–126.
— (1991) *Seasons of Grace: Colonial New England's Revival Tradition in Its British Context*, New York: Oxford University Press.
Currie, David Alan (1990), 'The Growth of Evangelicalism in the Church of Scotland, 1793–1843', PhD dissertation, University of St Andrews.
Currie, Robert, Alan Gilbert and Lee Horsley (1977), *Churches and Churchgoers: Patterns of Church Growth in the British Isles since 1700*, Oxford: Clarendon.
Curry, Thomas J. (1986), *The First Freedoms: Church and State in America to the Passage of the First Amendment*, New York: Oxford University Press.
Dallimore, Arnold A. (1970, 1979), *George Whitefield: The Life and Times of the Great Evangelist of the Eighteenth-Century Revival*, 2 vols, Westchester, IL: Cornerstone.
Davie, Donald (1993), *The Eighteenth-Century Hymn in England*, New York: Cambridge University Press.
Davies, Horton (1961), *Worship and Theology in England: From Watts and Wesley to Maurice, 1690–1850*, Princeton: Princeton University Press.
Davis, David Brion (1975), *The Problem of Slavery in the Age of Revolution, 1770–1823*, Ithaca: Cornell University Press.
Davis, Derek (2000), *Religion and the Continental Congress, 1774–1789: Contributions to Original*

Intent, New York: Oxford University Press.
Demers, Patricia (1996), *The World of Hannah More*, Lexington: University Press of Kentucky.
Dreyer, Frederick (1996), *The Genesis of Methodism*, Bethlehem, PA: Lehigh University Press.
Duffy, Eamon (1977), 'Primitive Christianity Revived: Religious Renewal in Augustan England', in Derek Baker (ed.), *Renaissance and Renewal in Christian History*, Oxford: Blackwell.
Elliott-Binns, L. E. (1953), *The Early Evangelicals*, London: Lutterworth.
Embree, Ainslie T. (1962), *Charles Grant and British Rule in India*, New York: Columbia University Press.
Essig, James D. (1982), *The Bonds of Wickedness: American Evangelicals Against Slavery, 1770–1808*, Philadelphia: Temple University Press.
Evans, Eifion (1985), *Daniel Rowland and the Great Awakening in Wales*, Edinburgh: Banner of Truth.
Faull, Katherine M. (1997), *Moravian Women's Memoirs: Their Related Lives, 1750–1820*, Syracuse, NY: Syracuse University Press.
Fawcett, Arthur (1971), *The Cambuslang Revival: The Scottish Evangelical Revival of the Eighteenth Century*, London: Banner of Truth.
Ferm, Robert L. (1976), *Jonathan Edwards the Younger, 1745–1801: A Colonial Pastor*, Grand Rapids: Eerdmans.
Fiering, Norman (1981), *Jonathan Edwards's Moral Thought and Its British Context*, Chapel Hill: University of North Carolina Press.
Fitzmier, John R. (1998), *New England's Moral Legislator: Timothy Dwight, 1752–1817*, Bloomington: Indiana University Press.
Foster, R. F. (1989), *Modern Ireland, 1600–1972*, London: Penguin.
Foster, Stephen (1991), *The Long Argument: English Puritanism and the Shaping of New England Culture, 1570–1700*, Chapel Hill: University of North Carolina Press.
Frey, Sylvia R. (1991), *Water from the Rock: Black Resistance in a Revolutionary Age*, Princeton: Princeton University Press.
Frey, Sylvia R., and Betty Wood (1998), *Come Shouting to Zion: African American Protestantism in the American South and British Caribbean to 1830*, Chapel Hill: University of North Carolina Press.
Gaustad, E. S. (1957), *The Great Awakening in New England*, New York: Harper & Bros.
George, Carol V. R. (1973), *Segregated Sabbaths: Richard Allen and the Emergence of Independent Black Churches, 1760–1840*. New York: Oxford University Press.
George, Timothy (1998), *Faithful Witness: The Life and Mission of William Carey*. Worcester, PA: Christian History Institute.
Gewehr, Wesley M. (1930), *The Great Awakening in Virginia*, Durham, NC: Duke University Press.
Goen, C. C. (1969), *Revivalism and Separatism in New England, 1740–1800*, 2nd ed., Hamden: Archon.

'Golden Age of Hymns' (1991), *Christian History*, no. 31.
Goodwin, Daniel C. (1997), '"The Faith of the Fathers": Evangelical Piety of Regular Baptist Patriarchs and Preachers, 1790–1855', PhD dissertation, Queen's University.
Gordon, Grant (1992), *From Slavery to Freedom: The Life of David George, Pioneer Black Baptist Minister* (Baptist Heritage in Atlantic Canada), Hantsport, Nova Scotia: Lancelot.
Gordon, James A. (1991), *Evangelical Spirituality from the Wesleys to John Stott*, London: SPCK.
Greenall, R. L. (ed.) (1981), *Philip Doddridge, Nonconformity and Northampton*, Leicester: University of Leicester Press.
Greene, Jack P. (1988), *Pursuits of Happiness: The Social Development of Early Modern British Colonies and the Formation of American Culture*, Chapel Hill: University of North Carolina Press.
Haas, John W., Jr (1994), 'Eighteenth-Century Evangelical Responses to Science: John Wesley's Enduring Legacy', *Science and Christian Belief* 6: 83–100.
Habermas, Jürgen (1989), *The Structural Transformation of the Public Sphere: An Inquiry into a Category of Bourgeois Society*, trans. Thomas Berger, Cambridge, MA: MIT Press.
Halévy, Elie (1971), *The Birth of Methodism in England*, ed. and trans. Bernard Semmel, Chicago: University of Chicago Press.
Hall, Timothy D. (1994), *Contested Boundaries: Itinerancy and the Reshaping of the Colonial American Religious World*, Durham, NC: Duke University Press.
Hambrick-Stowe, Charles E. (1982), *The Practice of Piety: Puritan Devotional Disciplines in Seventeenth-Century New England*, Chapel Hill: University of North Carolina Press.
— (1992), 'The Spiritual Pilgrimage of Sarah Osborn (1714–1796)', *Church History* 61 (December 1992): 408–421.
— (1993), 'The Spirit of the Old Writers: The Great Awakening and the Persistence of Puritan Piety', in Francis J. Bremer (ed.), *Puritanism: Transatlantic Perspectives on a Seventeenth-Century Anglo-American Faith*, Boston: Massachusetts Historical Society.
Hatch, Nathan O. (1977), *The Sacred Cause of Liberty: Republican Thought and the Millennium in Revolutionary New England*, New Haven: Yale University Press.
— (1989), *The Democratization of American Christianity*, New Haven: Yale University Press.
— (2001), 'The Puzzle of American Methodism', in Hatch and Wigger (eds.), *Methodism and the Shaping of American Culture*.
Hatch, Nathan O., and Harry S. Stout (eds.) (1988), *Jonathan Edwards and the American Experience*, New York: Oxford University Press.
Hatch, Nathan O., and John H. Wigger (eds.) (2001), *Methodism and the Shaping of American Culture*, Nashville: Kingswood.
Heitzenrater, Richard P. (1989), *Mirror and Memory: Reflections on Early Methodism*, Nashville: Abingdon.
— (1995), *Wesley and the People Called Methodists*, Nashville: Abingdon.
Hempton, David (1987), *Methodism and Politics in British Society, 1750–1850*, 2nd ed., London: Hutchinson.

— (1990), 'Religion in British Society, 1740–1790', in Jeremy Black (ed.), *British Politics and Society from Pitt to Walpole*, London: Macmillan.
— (1994), 'Noisy Methodists and Pious Protestants: Evangelical Revival and Religious Minorities in Eighteenth-Century Ireland', in George A. Rawlyk and Mark A. Noll (eds), *Amazing Grace: Evangelicalism in Australia, Britain, Canada, and the United States*, Grand Rapids: Baker, and Kingston and Montreal: McGill-Queen's University Press.
— (1996), *The Religion of the People: Methodism and Popular Religion, c.1750–1900*, London: Routledge.
— (2002), 'Enlightenment and Faith', in Paul Langford (ed.), *Short Oxford History of the British Isles: The Eighteenth Century*, Oxford: Oxford University Press.
Hempton, David, and Myrtle Hill (1992), *Evangelical Protestantism in Ulster Society, 1740–1890*, London: Routledge.
Hempton, David, and John Walsh (2002), 'E. P. Thompson and Methodism', in Mark A. Noll (ed.), *God and Mammon: Protestants, Money, and the Market, 1790–1860*, New York: Oxford University Press.
Heyrman, Christine Leigh (1997), *Southern Cross: The Beginnings of the Bible Belt*, New York: Knopf.
Higman, B. W. (1996), 'Economic and Social Development of the British West Indies, from Settlement to ca. 1850', in Stanley L. Engerman and Robert E. Gallman (eds.), *The Cambridge Economic History of the United States*, vol. 1: *The Colonial Era*, New York: Cambridge University Press.
Hindmarsh, D. Bruce (1996), *John Newton and the English Evangelical Tradition Between the Conversions of Wesley and Wilberforce*, Oxford: Clarendon.
— (1998), 'The Olney Autobiographers: English Conversion Narratives in the Mid-Eighteenth Century', *Journal of Ecclesiastical History* 49: 61–84.
— (1999), '"My chains fell off, my heart was free": Early Methodist Conversion Narratives in England', *Church History* 68: 910–929.
— (2002), 'Reshaping Individualism: The Private Christian, Eighteenth-Century Religion and the Enlightenment', in Lovegrove (ed.), *The Rise of the Laity*.
Hodges, Graham Russell (ed.) (1993), *Black Itinerants of the Gospel: The Narratives of John Jea and George White*, Madison: Madison House.
Hofstadter, Richard (1971), *America at 1750: A Social Portrait*, New York: Knopf.
Hole, Robert (1989), *Pulpits, Politics and Public Order in England, 1760–1832*, Cambridge: Cambridge University Press.
Hoppit, Julian (2000), *A Land of Liberty? England, 1689–1727*, New York: Oxford University Press.
Hutson, James H. (1998), *Religion and the Founding of the American Republic*, Washington: Library of Congress.
Hylson-Smith, Kenneth (1988), *Evangelicals in the Church of England, 1734–1984*, Edinburgh: T. & T. Clark.

참고문헌 377

Isaac, Rhys (1982), *The Transformation of Virginia, 1740–1790*, Chapel Hill: University of North Carolina Press.
Johnson, Curtis D. (1993), *Redeeming America: Evangelicals and the Road to the Civil War*, Chicago: Ivan Dee.
Johnson, Thomas H. (1940), *The Printed Works of Jonathan Edwards, 1703–1758: A Bibliography*. Princeton: Princeton University Press.
Jones, Owain W. (1976), 'The Welsh Church in the Eighteenth Century', in David Walker (ed.), *A History of the Church in Wales*, Penarth: Church in Wales Publications.
Jones, R. Tudur (1962), *Congregationalism in England, 1662–1962*, London: Independent.
Juster, Susan (1994), *Disorderly Women: Sexual Politics and Evangelicalism in Revolutionary New England*, Ithaca: Cornell University Press.
Kenny, Michael G. (1994), *The Perfect Law of Liberty: Elias Smith and the Providential History of America*, Washington: Smithsonian Institution Press.
Kent, John (2002), *Wesley and the Wesleyans: Religion in Eighteenth-Century Britain*. New York: Cambridge University Press.
King, James (1986), *William Cowper: A Life*, Durham, NC: Duke University Press.
Kling, David W. (1993), *A Field of Divine Wonders: The New Divinity and Village Revivals in Northwestern Connecticut, 1792–1822*, University Park: Penn State University Press.
Krueger, Christine L. (1992), *The Reader's Repentance: Women Preachers, Women Writers, and Nineteenth-Century Social Discourse*, Chicago: University of Chicago Press.
Kuklick, Bruce (2001), 'An Edwards for the Millennium', *Religion and American Culture* 11: 109–117.
Lachman, David C. (1988), *The Marrow Controversy*, Edinburgh: Rutherford House.
Lambert, Frank (1994), *'Pedlar in Divinity': George Whitefield and the Transatlantic Revivals*. Princeton: Princeton University Press.
— (1999), *Inventing the 'Great Awakening'*, Princeton: Princeton University Press.
Landsman, Ned (1989), 'Evangelicals and Their Hearers: Popular Interpretations of Revivalist Preaching in Eighteenth-Century Scotland', *Journal of British Studies* 28: 120–149.
Langford, Paul (1989), *A Polite and Commercial People: England, 1727–1783*, New York: Oxford University Press.
LeBeau, Bryan F. (1997), *Jonathan Dickinson and the Formative Years of American Presbyterianism*, Lexington: University of Kentucky Press.
Lewis, H. Elvet (1900) *Sweet Singers of Wales*, London: Religious Tract Society.
Lindman, Janet Moore (2000), 'Acting the Manly Christian: White Evangelical Masculinity in Revolutionary Virginia', *William and Mary Quarterly* 57: 393–416.
Livingstone, David N., D. G. Hart and Mark A. Noll (eds.) (1999), *Evangelicals and Science in Historical Perspective*, New York: Oxford University Press.
Lovegrove, Deryck W. (1988), *Established Church, Sectarian People: Itinerancy and the Transformation of English Dissent, 1780–1830*, Cambridge: Cambridge University Press.

Lovegrove, Deryck W. (ed.) (2002), *The Rise of the Laity in Evangelical Protestantism*, London: Routledge.
Lovelace, Richard F. (1979), *The American Pietism of Cotton Mather: Origins of American Evangelicalism*, Grand Rapids: Eerdmans.
Lyerly, Cynthia Lynn (1998), *Methodism and the Southern Mind, 1770–1810*, New York: Oxford University Press.
Macbean, Lachlan (1919), *Buchanan, the Sacred Bard of the Scottish Highlands: His Confessions and His Spiritual Songs Rendered into English Verse*, London: Simkin, Marshall, Hamilton Kent.
McBride, I. R. (1998), *Scripture Politics: Ulster Presbyterianism and Irish Radicalism in the Late Eighteenth Century*, Oxford: Clarendon.
McClymond, Michael J. (1998), 'The Protean Puritan: *The Works of Jonathan Edwards*, Volumes 8 to 16', *Religious Studies Review* 24: 361–367.
Macfarlan, D. (ed.) (1847), *The Revivals of the Eighteenth Century, Particularly at Cambuslang*, Edinburgh: Johnston & Hunter.
McFarland, E. W. (1994), *Ireland and Scotland in the Age of Revolution*, Edinburgh: Edinburgh University Press.
McGonigle, Herbert Boyd (2001), *Sufficient Saving Grace: John Wesley's Evangelical Arminianism*. Carlisle: Paternoster.
MacInnes, John (1951), *The Evangelical Movement in the Highlands of Scotland, 1688 to 1800*. Aberdeen: Aberdeen University Press.
McIntosh, John R. (1998), *Church and Theology in Enlightenment Scotland: The Popular Party, 1740–1800*, East Linton: Tuckwell.
McLoughlin, William G. (1967), *Isaac Backus and the American Pietist Tradition*, Boston: Little, Brown.
— (1971), *New England Dissent, 1630–1833: The Baptists and the Separation of Church and State*, 2 vols, Cambridge, MA: Harvard University Press.
McLoughlin William G. (ed.) (1968), *Isaac Backus on Church, State, and Calvinism: Pamphlets, 1754–1789*, Cambridge, MA: Harvard University Press.
Maddox, Randy L. (ed.) (1990), *Aldersgate Reconsidered*, Nashville: Kingswood/Abingdon.
Marini, Stephen A. (1982), *Radical Sects of Revolutionary New England*, Cambridge, MA: Harvard University Press.
— (1983), 'Rehearsal for Revival: Sacred Songs and the Great Awakening in America', *Journal of the American Academy of Religion – Thematic Studies* 50: 71–91.
— (1996), 'Evangelical Hymns and Popular Belief', *Dublin Seminar for New England Folklife: Annual Proceedings* 21: 117–126.
— (2002), 'Hymnody as History: Early Evangelical Hymns and the Recovery of American Popular Religion', *Church History* 71: 273–306.
— (n.d.), 'The Government of God: Religion and Revolution in America, 1764–1792', unpublished manuscript.

참고문헌 **379**

Marshall, P. J. (ed.) (1998), *The Oxford History of the British Empire*, vol. 2: *The Eighteenth Century*, New York: Oxford.

Mason, J. C. S. (2001), *The Moravian Church and the Missionary Awakening in England, 1760–1800*, Woodbridge: Boydell.

Mathews, Donald G. (1965), *Slavery and Methodism: A Chapter in American Morality, 1780–1845*, Princeton: Princeton University Press.

Maxson, Charles Hartshorn (1920), *The Great Awakening in the Middle Colonies*, Chicago: University of Chicago Press.

May, Henry F. (1976), *The Enlightenment in America*, New York: Oxford University Press.

Meek, Donald E. (1997), 'Protestant Missions and the Evangelization of the Scottish Highlands, 1700–1850', *International Bulletin of Missionary Research* 21: 67–72.

Minutes of the Annual Conference of the Methodist Episcopal Church for the Years 1773–1828 (1840), New York: T. Mason and G. Lane.

Morgan, Derec Llwyd (1988), *The Great Awakening in Wales*, trans. Dynfnallt Morgan, London: Epworth.

Murray, Iain H. (1987), *Jonathan Edwards*, Edinburgh: Banner of Truth.

Noll, Mark A. (1976), *Christians in the American Revolution*, Grand Rapids: Eerdmans.

—— (1976), 'Observations on the Reconciliation of Politics and Religion in Revolutionary New Jersey: The Case of Jacob Green', *Journal of Presbyterian History* 44: 217–237.

—— (1979), 'The Founding of Princeton Seminary', *Westminster Theological Journal* 42: 72–110.

—— (1989), *Princeton and the Republic, 1768–1822*, Princeton: Princeton University Press.

—— (1999), 'Science, Theology, and Society: From Cotton Mather to William Jennings Bryan', in Livingstone et al. (eds.), *Evangelicals and Science in Historical Perspective*.

—— (2002), *America's God, from Jonathan Edwards to Abraham Lincoln*, New York: Oxford University Press.

Noll, Mark A., David W. Bebbington and George A. Rawlyk (eds.) (1994), *Evangelicalism: Comparative Studies of Popular Protestantism in North America, the British Isles, and Beyond, 1700–1990*, New York: Oxford University Press.

Nuttall, Geoffrey F. (1951), *Richard Baxter and Philip Doddridge: A Study in a Tradition*, Friends of Dr Williams's Library Lecture, London: Oxford University Press.

—— (1965), *Howel Harris, 1714–1773: The Last Enthusiast*, Cardiff: University of Wales Press.

—— (1981), 'Methodism and the Older Dissent: Some Perspectives', *United Reformed Church Historical Society Journal* 2: 259–274.

O'Brien, Susan Durden (1976), 'A Study of the First Evangelical Magazines', *Journal of Ecclesiastical History* 27: 255–275.

—— (1986), 'A Transatlantic Community of Saints: The Great Awakening and the First Evangelical Network, 1735–1755', *American Historical Review* 91: 811–832.

—— (1994), 'Eighteenth-Century Publishing Networks in the First Years of Transatlantic Evangelicalism', in Noll, et al. (eds.), *Evangelicalism*, 38–57.

Pailin, David A. (1994), 'Rational Religion in England from Herbert of Cherbury to William Paley', in Sheridan Gilley and W. J. Shiels (eds.), *A History of Religion in Britain*, Oxford: Blackwell.

Parry, R. (ed. and trans) (n.d.), *Hymns of the Welsh Revival*, Wrexham: Hughes & Son.

Phipps, William E. (2001), *Amazing Grace in John Newton: Slave-Ship Captain, Hymnwriter, and Abolitionist*, Macon: Mercer University Press.

Pilcher, George William (1966), 'Samuel Davies and the Instruction of Negroes in Virginia', *Virginia Magazine of Biography and History* 74: 293–300.

— (1971), *Samuel Davies: Apostle of Dissent in Colonial Virginia*, Knoxville: University of Tennessee Press.

Piper, John (2001), *The Hidden Smile of God: The Fruit of Affliction in the Lives of John Bunyan, William Cowper and David Brainerd*, Wheaton: Crossway; UK edition: *Tested by Fire: The Fruit of Suffering in the Lives of John Bunyan, William Cowper and David Brainerd*, Leicester: IVP, 2001.

Podmore, Colin (1998), *The Moravian Church in England, 1728–1760*, Oxford: Clarendon.

Pointer, Richard W. (1988), *Protestant Pluralism and the New York Experience: A Study of Eighteenth-Century Religious Diversity*. Bloomington: Indiana University Press.

Pollock, John (1977), *Wilberforce*, London: Constable.

Porter, Roy (2000), *The Creation of the Modern World: The Untold Story of the British Enlightenment*, New York: Norton.

Rack, Henry D. (1987), 'Religious Societies and the Origins of Methodism', *Journal of Ecclesiastical History* 38: 582–595.

— (1989), *Reasonable Enthusiast: John Wesley and the Rise of Methodism*, Philadelphia: Trinity.

— (1990), 'Survival and Revival: John Bennet, Methodism, and the Old Dissent', in Robbins (ed.), *Protestant Evangelicalism*.

Rawlyk, G. A. (1988), '*Wrapped Up in God': A Study of Several Canadian Revivals and Revivalists* Burlington, Ont.: Welch.

— (1994), *The Canada Fire: Radical Evangelicalism in British North America, 1775–1812*, Kingston and Montreal: McGill-Queen's University Press.

Rawlyk, G. A. (ed.) (1997), *Aspects of the Canadian Evangelical Experience*, Kingston and Montreal: McGill-Queen's University Press.

Reed, Ralph E., Jr (1988), 'From Riots to Revivalism: The Gordon Riots of 1780, Methodist Hymnody, and the Hálevy Thesis Revisited', *Methodist History* 26: 172–187.

Richey, Russell E. (1991), *Early American Methodism*, Bloomington: Indiana University Press.

— (1996), *The Methodist Conference in America: A History*, Nashville: Kingswood.

Rivers, Isabel (1991, 2000), *Reason, Grace, and Sentiment: A Study of the Language of Religion and Ethics in England, 1660–1780*, 2 vols. New York: Cambridge University Press.

Robb, George (1990), 'Popular Religion and the Christianization of the Scottish

Highlands in the Eighteenth and Nineteenth Centuries', *Journal of Religious History* 16: 18–34.

Robbins, Keith (ed.) (1990), *Protestant Evangelicalism: Britain, Ireland, Germany and America, c. 1750–c.1950, Essays in Honour of W. R. Ward*, Oxford: Blackwell.

Roberts, Phil (2001), 'Andrew Fuller', in Timothy George and David S. Dockery (eds.), *Theologians of the Baptist Tradition*, Nashville: Broadman & Holman.

Rogal, Samuel J. (1978), 'John Wesley on War and Peace', in Roseann Runte (ed.), *Studies in Eighteenth-Century Culture*, vol. 7, Madison: University of Wisconsin Press.

Rohrer, James R (1995), *Keepers of the Covenant: Frontier Missions and the Decline of Congregationalism, 1774–1818*, New York: Oxford University Press.

Rosman, Doreen (1984), *Evangelicals and Culture*, London: Croon Helm.

Roxburgh, Kenneth B. E. (1999), *Thomas Gillespie and the Origins of the Relief Church in 18th Century Scotland*, Bern: Peter Lang.

Rupp, Ernest Gordon (1986), *Religion in England, 1688–1791*, New York: Oxford University Press.

Ruth, Lester (2000), *A Little Heaven Below: Worship at Early Methodist Quarterly Meetings*. Nashville: Kingswood.

Ryken, Philip Graham (1999), *Thomas Boston as Preacher of the Fourfold State*, Carlisle: Paternoster.

Saillant, John (2003), *Black Puritan, Black Republican: The Life and Thought of Lemuel Haynes, 1655–1833*, New York: Oxford University Press.

Sanneh, Lamin (1999), *Abolitionists Abroad: American Blacks and the Making of Modern West Africa*, Cambridge, MA: Harvard University Press.

Scheuermann, Mona (2002), *In Praise of Poverty: Hannah More Counters Thomas Paine and the Radical Threat*, Lexington: University Press of Kentucky.

Schlenther, Boyd Stanley (1997), *Queen of the Methodists: The Countess of Huntingdon and the Eighteenth-Century Crisis of Faith and Society*, Durham: Durham Academic Press.

— (1998), 'Religious Faith and Commercial Empire', in Marshall (ed.), *Oxford History of the British Empire*, 2:129–139.

Schmidt, Leigh Eric (2001), 'The Edwards Revival: Or, the Public Consequences of Exceedingly Careful Scholarship', *William and Mary Quarterly* 58: 580–586.

— (2001), *Holy Fairs: Scottish Communions and American Revivals in the Early Modern Period*, 2nd ed., Grand Rapids: Eerdmans.

Schneider, A. Gregory (1993), *The Way of the Cross Leads Home: The Domestication of American Methodism*, Bloomington: Indiana University Press.

Sell, Alan P. F. (1982), *The Great Debate: Calvinism, Arminianism, and Salvation*, Grand Rapids: Baker.

Semple, Neil (1996), *The Lord's Dominion: The History of Canadian Methodism*, Kingston and Montreal: McGill-Queen's University Press.

Shiels, Richard D. (2001), 'The Methodist Invasion of Congregational New England', in

Hatch and Wigger (eds.), *Methodism and the Shaping of American Culture*.
Simonson, Harold (1974), *Jonathan Edwards: Theologian of the Heart*, Grand Rapids: Eerdmans.
Skoczylas, Anne (2001), *Mr. Simson's Knotty Case: Divinity, Politics, and Due Process in Early 18th-Century Scotland*, Kingston and Montreal: McGill-Queen's University Press.
Smaby, Beverly Prior (1988), *The Transformation of Moravian Bethlehem: From Communal Mission to Family Economy*, Philadelphia: University of Pennsylvania Press.
Smylie, James H. (1974), 'Charles Nisbet: Second Thoughts on a Revolutionary Generation', *Pennsylvania Magazine of History and Biography* 98: 189–205.
Sommerville, C. John (1992), *The Secularization of Early Modern England: From Religious Culture to Religious Faith*, New York: Oxford University Press.
Stanley, Brian (1992), *The History of the Baptist Missionary Society, 1792–1992*, Edinburgh: T. & T. Clark.
Stewart, Gordon, and George Rawlyk (1972), *A People Highly Favored of God: The Nova Scotia Yankees and the American Revolution*, Toronto: Macmillan.
Stout, Harry S. (1977), 'Religion, Communications, and the Revolution', *William and Mary Quarterly* 34: 519–541.
— (1986), *The New England Soul: Preaching and Religious Culture in Colonial New England*, New York: Oxford University Press.
— (1991), *The Divine Dramatist: George Whitefield and the Rise of Modern Evangelicalism*, Grand Rapids: Eerdmans.
— (1994), 'George Whitefield in Three Countries', in Noll, et al. (eds.), *Evangelicalism*.
Stout, Harry S., and Kenneth P. Minkema (forthcoming), 'The Edwardsian Tradition and Ante-Bellum Anti-Slavery'.
Stout, Harry S., and Peter Onuf (1983), 'James Davenport and the Great Awakening in New London', *Journal of American History* 70: 556–578.
Sykes, Norman (1934), *Church and State in England in the Eighteenth Century*, Cambridge: Cambridge University Press.
Tait, L. Gordon (2001), *The Piety of John Witherspoon: Pew, Pulpit, and Public Forum*, Louisville: Geneva.
Taylor, Adam (1818), *The History of the English General Baptists*, 2 vols, London: published privately.
Telford, John (ed.) (1912–1914), *Wesley's Veterans: Lives of Early Methodist Preachers Told by Themselves*, 7 vols, London: Robert Culley (orig. 1837–1865).
Thomas, George M. (1989), *Revivalism and Cultural Change: Christianity, Nation Building, and the Market in the Nineteenth-Century United States*, Chicago: University of Chicago Press.
Thompson, E. P. (1963), *The Making of the English Working Class*, New York: Pantheon.
Thompson, R. W. (1958), *Benjamin Ingham and the Inghamites*, Kendell: published privately.
Tolley, Christopher (1997), *Domestic Biography: The Legacy of Evangelicalism in Four Nineteenth-Century Families*, Oxford: Clarendon.

Tracy, Joseph (1845), *The Great Awakening: A History of the Revival of Religion in the Time of Edwards and Whitefield*, Boston: Charles Tappan.
Tracy, Patricia J. (1979), *Jonathan Edwards, Pastor: Religion and Society in Eighteenth-Century Northampton*, New York: Hill & Wang.
Trinterud, Leonard J. (1949), *The Forming of an American Tradition: A Re-examination of Colonial Presbyterianism*, Philadelphia: Westminster.
Turley, Briane K. (1991), 'John Wesley and War', *Methodist History* 29: 96–111.
Turner, Steve (2002), *Amazing Grace: The Story of America's Most Beloved Song*, New York: HarperCollins.
Tyerman, Luke (1876), *The Life and Times of the Rev. John Wesley*, 3 vols, 3rd ed., London: Hodder & Stoughton.
— (1876), *The Life of the Rev. George Whitefield*, 2 vols, London: Hodder & Stoughton.
Tyson, John R. (2000), 'Lady Huntingdon and the Church of England', *Evangelical Quarterly* 72: 23–34.
Valentine, Simon Ross (1997), *John Bennet and the Origins of Methodism and the Evangelical Revival in England*, Lanham: Scarecrow.
Valenze, Deborah M. (1985), *Prophetic Sons and Daughters: Female Preaching and Popular Religion in Industrial England*, Princeton: Princeton University Press.
Valeri, Mark (1984), 'Francis Hutcheson', in Emory Elliott (ed.), *American Colonial Writers, 1735–1781*, Detroit: Gale.
— (1991), 'The Economic Thought of Jonathan Edwards', *Church History* 60: 37–54.
— (1994), *Law and Providence in Joseph Bellamy's New England: The Origins of the New Divinity in Revolutionary America*, New York: Oxford University Press.
Virgin, Peter (1989), *The Church in an Age of Negligence: Ecclesiastical Structure and Problems of Church Reform, 1700–1840*, Cambridge: James Clark.
Walls, Andrew F. (1970), 'A Christian Experiment: The Early Sierra Leone Colony', in G. J. Cuming (ed.), *The Mission of the Church and the Propagation of Faith*, Cambridge: Cambridge University Press.
— (1994), 'The Evangelical Revival, The Missionary Movement, and Africa', in Noll, et al. (eds.), *Evangelicalism*.
— (1996), 'Missionary Societies and the Fortunate Subversion of the Church', in Walls, *The Missionary Movement in Christian History: Studies in the Transmission of Faith*, Maryknoll: Orbis.
— (2002), 'The Protestant Missionary Awakening in Its European Context', in Walls, *The Cross-Cultural Process in Christian History*, Maryknoll: Orbis.
Walsh, John (1959), 'Joseph Milner's Evangelical Church History', *Journal of Ecclesiastical History* 10: 174–187.
— (1965), 'Methodism at the End of the Eighteenth Century', in Rupert Davies and Gordon Rupp (eds.), *A History of the Methodist Church in Great Britain*, vol. 1, London: Epworth.

— (1966), 'Origins of the Evangelical Revival', in G. V. Bennett and Walsh (eds.), *Essays in Modern Church History in Memory of Norman Sykes*, New York: Oxford University Press.
— (1972), 'Methodism and the Mob in the Eighteenth Century', in G. J. Cuming and Derek Baker (eds.), *Popular Belief and Practice*, Cambridge: Cambridge University Press.
— (1974), 'The Anglican Evangelicals in the Eighteenth Century', in *Aspects de l'Anglicanisme*, Paris: Presses Universitaires de France.
— (1975), 'The Cambridge Methodists', in Peter Brooks (ed.), *Christian Spirituality: Essays in Honour of Gordon Rupp*, London: SCM.
— (1975), 'Elie Halévy and the Birth of Methodism', *Transactions of the Royal Historical Society* 25: 1–20.
— (1986), 'Religious Societies: Methodist and Evangelical, 1738–1800', in W. J. Shiels and Diana Wood (eds.), *Voluntary Religion*, Oxford: Blackwell.
— (1990), 'John Wesley and the Community of Goods', in Robbins (ed.), *Protestant Evangelicalism*.
— (1993), *John Wesley, 1703–1791: A Bicentennial Tribute*, Friends of Dr Williams's Library Lecture, London: Dr Williams's Trust.
— (1994), '"Methodism" and the Origins of English-Speaking Evangelicalism', in Noll, et al. (eds.), *Evangelicalism*.
Walsh, John, Colin Haydon and Stephen Taylor (eds.) (1993), *The Church of England, c.1689–c.1833*, Cambridge: Cambridge University Press.
Ward, W. R. (1972), 'The Religion of the People and the Problem of Control, 1790–1830', in G. J. Cuming and Derek Baker (eds.), *Popular Belief and Practice*, Cambridge: Cambridge University Press.
— (1973), *Religion and Society in England, 1790–1850*, New York: Schocken.
— (1980), 'Power and Piety: The Origins of Religious Revival in the Early Eighteenth Century', *Bulletin of the John Rylands University Library* 63: 231–252.
— (1992), *The Protestant Evangelical Awakening*, New York: Cambridge University Press.
— (1998), 'Missions in their Global Context in the Eighteenth Century', in Mark Hutchinson and Ogbu Kalu (eds.), *A Global Faith: Essays on Evangelicalism and Globalization*, Sydney: Centre for the Study of Australian Christianity.
— (1999), *Christianity Under the Ancient Régime, 1648–1789*, New York: Cambridge University Press.
— (2000), *Kirchengeschichte Großbritanniens vom 17. bis zum 20. Jahrhundert*, Leipzig: Evangelische Verlagsanstalt.
— (2000), 'Methodist History', *Epworth Review* 27: 48–51.
Watson, J. R. (1997), *The English Hymn: A Cultural and Historical Study*, Oxford: Clarendon.
Watts, Michael (1978, 1995), *The Dissenters*, vol. 1: *From the Reformation to the French Revolution*; vol. 2: *The Expansion of Evangelical Nonconformity, 1791–1859*, Oxford: Clarendon.

Watts, Michael (1978, 1995), *The Dissenters*, vol. 1: *From the Reformation to the French Revolution*; vol. 2: *The Expansion of Evangelical Nonconformity, 1791–1859*, Oxford: Clarendon.

Welch, Edwin (1995), *Spiritual Pilgrim: A Reassessment of the Life of the Countess of Huntingdon*, Cardiff: University of Wales Press.

Westerkamp, Marilyn J. (1988), *Triumph of the Laity: Scots-Irish Piety and the Great Awakening, 1625–1760*, New York: Oxford University Press.

Wheeler, Rachel (2003), 'Women and Christian Practice in a Mahican Village', *Religion and American Culture* 13: 27–68.

색 인

ㄱ

가우스태드, 에드윈 스코트 161, 221
각성(또한 대각성; 부흥을 보라) 45, 74, 360
감리교 26, 30, 86, 110, 128, 134, 155
    감리교 칼빈주의자 110
    미국 감리교 234, 252, 267, 275
    미국 중부 식민지 감리교 44, 57-58, 114, 115, 129-131
    아일랜드 감리교 129, 131, 254
    웨슬리파 감리교 196, 240, 254
    웨일즈 감리교 206, 255
개렛슨, 프리본 267, 270, 300, 306, 321
개릭, 데이비드 295
게르하르트, 파울 78
경건주의(또한 보라, 할레 경건주의자) 22, 61, 65, 79-74, 82-84, 87-89, 91, 220
계몽 54, 180, 185-187, 190, 223, 249, 296, 336, 386
고교회 잉글랜드 국교도 251
고대 기독교 80, 330
고든, 그랜트 220, 282, 307
고든, 앤 고몬 42
고든, 제임스 351
고든, 조지 242
광(廣)교회주의 48, 262
교회선교협회(CMS) 284, 287, 297
구엔 162
굿윈, 대니얼 360
그랜트, 존 웹스터 252
그랜트, 찰스 283-284
그레이험, 도로씨 328
글라스, 존 179
그리피쓰, 시드니 205
그리피쓰, 앤 346
그린 183
그린, 애쉬벨 262
그린, 잭 183
그린, 제이콥 308
그림쇼, 윌리엄 153-154, 244
기도합주회 145-146
기독교인의 체험 326

색인

기독교지식진흥회(SPCK) 81, 96, 101-102, 233, 277-278
기성체제, 교회-국가 243-252
기성교회주의 303-306
기즈, 존 97-98, 113
길레스피, 토마스 141, 208-209
길리스, 존 173
길버트, 나타니엘 217
길버트, 알란 254
깁, 애담 139
꿈(또한 보라 환상) 90-91, 141, 300, 331, 360

ㄴ

남아프리카 26, 28, 280, 283-284, 332
넛톨, 제프리 50
노바 스코샤 220, 240, 274, 282, 307
노예제도(또한 노예제도 반대를 보라) 16, 135, 215, 244, 249, 282,
놀랄만한 회심에 관한 충실한 이야기 111-113, 115, 128
놀, 마크 54, 164, 261
뉴마크, 조지 78
뉴잉글랜드 36-39, 40, 56-58
    뉴잉글랜드 대각성 70, 188, 224
    뉴잉글랜드 모라비아교인 114-119
    뉴잉글랜드의 휫필드 129-135
    뉴잉글랜드 장로교인 51, 201, 262
    뉴잉글랜드 침례교인 327, 333
    뉴잉글랜드 회중주의자 84, 131, 134, 159, 173, 232, 239

뉴질랜드 285
뉴튼, 아이잭 54, 63, 318
뉴튼, 존 243-244, 257, 281, 284, 295
    존 뉴튼의 회심 198
니들햄 294
니스벳, 찰스 232
니츠만, 다비드 215

ㄷ

다비스, 데렉 265
다비스, 새뮤얼 42
다비스, 호웰 110, 145, 207
다원주의 46
다익스, 엘리자베스 142
댈리모어, 아놀드 89, 107
더든, 수전(보라, 오브라이언, 수전 더든) 148
더피, 에몬 80, 83
데븐포트, 제임스 162, 291
데카르트, 르네 63
도드리지 필립 50-51, 111, 141, 200, 203, 207, 209, 228, 311
도버, 요한 레온하르트 215
도우, 로렌조 300
독립 전쟁(보라, 미국 혁명) 40, 194, 220, 232, 241, 250, 264
독립파 20, 25-26, 29, 41, 201, 244, 257,
두들리-스미쓰, 티모씨 246
드라이어, 프레데릭 151
드미어, 패트리샤 296
드와이트, 티모씨 249, 293

드 토퀘빌, 알렉시스 182
들라모트, 찰스 101, 132
디목, 조셉 361-362
디킨슨, 조나단 163

ㄹ

라이스, 모건 206
라이스터, 아비게일 301
라이어슨, 에거튼 251
라이얼리, 신씨아 린 266
라이커, 새라 301
라이큰, 필립 그레함 71
라이트, 비니타 햄튼 347
라익스, 로버트 303
라인햄, 피터 77, 91, 111, 196
라일랜드, 존 2세 258
라크, 크리스천 하인리히 279
라크맨, 데이비드 71
라 트로브, 벤자민 314
랙, 헨리 81, 179, 201, 328
랙킹튼, 제임스 355, 360
랜달, 벤자민 273
랜즈맨, 네드 141
램버트, 프랭크 144, 165, 176
램지, 제임스 311
랭포드, 토마스 336
러브그로브, 데릭 260, 351
러브그로브, 데릭 260
러브래스, 리처드 70
런던선교협회(LMS) 284, 287
레이놀즈, 조수아 295

로, 윌리엄 50, 89
로걸, 새무얼 320
로러, 제임스 250
로릭, 조지 25, 212, 274, 289, 300
로마 카톨릭 교회 12, 21, 39, 44
　　반-로마주의 58, 59, 178
로맨, 윌리엄 153, 155
로버츠, 필 258
로브, 존 135
로빈슨, 로버트 340, 342, 354
로스, 앤드류 284
로우랜드, 대니얼 51, 85, 93, 98, 160
로즈, 알란, 104
로즈맨, 도린 318
로크, 존 48, 63, 186, 318
록스버, 케네쓰 208
루소 63, 186
루쓰, 레스터 268
루이스 69
루이스, 도널드 31
루이스, 엘베트 206
루이스, 존 143
루터, 마틴 21, 118, 119
르보, 브라이언 163
리, 머더 앤 274
리버스, 이사벨 48
리엘, 조지 219, 227
리치, 러셀 266, 268
리폰, 존 340

ㅁ

마리니, 스테픈 221, 263, 271, 299, 339
마샬 227
마샬, 대니얼 226
마스덴, 새무얼 241, 285
마스덴, 조지 318, 94, 222
마싸, 코튼 70, 84, 318
매닝, 에드워드 361
매닝, 제임스 361
매덕, 랜디 117
매킨스, 존 211
매킨토쉬, 존 208, 247
매튜스, 도날드 316
맥그레디, 제임스 263
맥기페르트, 마이클 65
맥로린, 윌리엄 224, 229
맥빈, 라클란 210
맥스필드, 토마스 195
맥컬리, 자카리 310
맥쿨로크, 윌리엄 135, 144, 209, 353
맥클로린, 존 55, 135, 138, 144
맥클리먼드, 마이클 319
머레이, 그레이스 201
머레이, 존 273
멀린, 셜리 296
메이, 헨리 185
메이슨 199, 231, 278
모건, 데릭 로이드 205, 91
모건, 윌리엄 82
모라비아 교인 84, 96, 104, 105, 116
    미국의 모라비아 교인 214
    서인도 제도의 모라비아 교인 215
    아일랜드의 모라비아 교인 213
    유럽의 모라비아 교인 235
    잉글랜드의 모라비아 교인 199
모리스, 마티아스 258
모세스(버지니아의 설교자) 219
모어, 한나 247, 293, 296
몰레트, 새러 328
미국(또한 보라 보스턴; 내전; 대각성; 중
    부 식민지, 뉴잉글랜드; 남부 식
    민지) 44, 129
미국 남부 식민지 37, 40, 44
미국의 시민 종교 230-232
미국혁명 36, 42, 248, 250
미들튼, 마가렛 311
미들튼, 찰스 295, 311
미첼 38
미첼, 크리스토퍼 웨인 208
믹 53, 209, 210, 278
민케마, 케네쓰 166, 306
밀너, 아이잭 311
밀너, 조셉 172, 173, 285, 311
밀스, '자매들' 301

ㅂ

바레트, 데이비드 28
바로우, 필립 221
바이넘, 캐롤린 워커 358
바쿠스, 아이잭 224
바흐, 요한 세바스챤 122
반-기성교회주의 243, 328

반데어 캠프, 요하네스 284
반덴 베르그, 요하네스 278
반디, 마게리트 252
발레리, 마크 180, 249
발렌즈, 데보라 272, 299, 326
발렌틴, 사이먼 로스 201
발머, 랜달 229
배빙턴, 토마스 310
백스터, 리처드 50, 68, 69
버, 아론 100, 164, 229
버, 에드워즈 에스더 229
버자일, 메어리 291
버클리, 마이클 63
버클리, 조지 45
버틀러, 다이아나 호크스테드 262
버틀러, 조셉 49
번연, 존 69-70, 144, 359
베네젯, 앤쏘니 307, 309, 133
베네트, 존 201
베렌스, 존 261
베르그만, 마빈 234
베리지, 존 291
베빙턴, 데이비드 5, 8, 26, 186, 202
베이커, 프랑크 349, 154
베일리, 피에르 63
베일린, 버나드 250
벤, 존 290
벤, 헨리 198
벤슨, 마틴 106
벨, 조지 195
벨라미, 조셉 223, 248
벨처, 조나단 133, 164

벵겔, 조하네스 알브레히트 76, 78
보그, 데이비드 256-257
보드리, 리처드 251
보드맨, 리처드 236
보덴, 제임스 257
보스턴 65, 70, 72, 89, 109, 173, 178
보스턴, 토마스 71, 198
보우덴, 헨리 워너 278
복음주의
    복음주의 발흥에 대한 설명 169-191
    복음주의 정의 20-27
복음주의 신학의 다양성 149
복음주의자 134-139
    귀족적 복음주의자 293-298
    부르조아 복음주의자 298-302
    평민 복음주의자 303-306
복음주의자들이 사용하는 이성 320
복음주의자의 세계관 320
복음주의자의 여성관 326
볼테르 63
뵐러, 페터 115, 121, 150
부네, 휴 300
부르크, 에드먼드 277, 297
부쉬맨, 리처드 188
부캐넌, 듀골드 210
부흥(또한 보라, 각성, 대각성) 24-25, 27, 45, 53, 57, 67, 72, 77, 84-85, 90, 92, 93, 95-98, 101, 107, 111-112, 114, 125, 127, 135-137, 141, 143-144, 146-147, 161
    미국 식민지의 부흥 129-135

스코틀랜드의 부흥(캠버스랭과 킬시쓰) 138-143
  웨일즈의 부흥 106
  잉글랜드의 부흥 106
분리주의파(스코틀랜드) 138
브래들리, 제임스 232
브레이 씨(氏) 117
브레이너드, 데이비드 112, 212, 278
브레이너드, 존 278
브레쿠스, 캐서린 329
브레트, 마틴 73
브록웰, 찰스 275
브루너, 대니얼 278
브리덴바흐, 칼 234
브리머, 프란시스 70
브릭스 202
브린 56
블래어, 제임스 131
블랙, 윌리엄 300
블로크, 루쓰 261
비국교도(또한 보라, 침례교인; 독립파 교인; 장로교인) 40-41, 44, 50, 66, 72, 106, 114, 143, 145, 179, 193, 201
비순응(또는 비국교) 40, 50, 106, 131

ㅅ

사이먼, 리처드 63
사이키스, 노만 183
사체버렐, 헨리 47

30년 전쟁 62, 78
새빛파 223
  뉴잉글랜드의 새빛파 162, 224-225
  스코틀랜드와 아일랜드의 새빛파 54
샌느, 라민 282
샤프, 그랜빌 314
서부 아프리카 281, 298
서인도제도 36, 167, 309-310
  서인도제도의 모라비아 교인 214
선교 24, 26, 31, 36, 50, 74, 103, 116
선교사 76, 102, 234, 240, 278, 280, 282
설교 39, 46 53, 56, 67, 86, 98, 110, 105
  존 웨슬리의 설교 121
  여성의 설교 329
  횟필드의 설교 109, 119, 128, 133
  찰스 웨슬리의 설교 122
성(性) 30, 326
성경
  성경의 권위 330
  성경의 메시지 21, 91, 142
  성경의 배포 50, 304
  성경의 해석 40, 48, 63, 153, 335
  성경 읽기 359
  성경 번역 211
성령 48, 70, 76, 104, 108, 150, 174
성례 기간 53, 143
세일런트, 존 307
세퍼드, 토마스 65
셀, 알란 330
셀론, 월터 348
셸리, 브루스 226
셈플, 닐 252

순전한 기독교 69, 222
슈나이더 그레고리 328
슈나이더, 한스 76
슈니윈드 62
슈미트, 라이히 140
슈에르만, 모나 296
슈팡엔베르크, 아우구스트 고토리프 96,
    150, 280
슈페너, 필립 야콥 74,
슈트클리프, 존 257
슐렌더, 보이드 스탠리 42
스마비, 베벨리 프라이어 221
스마일리, 제임스 232
스미쓰, 새뮤엘 스탠호프 262
스미쓰, 엘리어스 301
스미쓰, 카렌 347
스코틀랜드 36, 38-41, 43, 52, 55-57,
    62, 71-72, 82, 129, 135, 141
   분리주의자 138
   스코틀랜드 고지대 57, 181, 193
   스코틀랜드 부흥 135
   스코틀랜드 장로교회 72
   스코틀랜드 위로의 교회 70, 141
스코틀랜드 교회(보라 스코틀랜드, 장로
    교회) 54, 136, 138-141, 143-
    144, 179, 209
스코틀랜드 기독교지식진흥회(SSPCK)
    277-278, 303
스코틀랜드 국교회주의자 89
스코질라스, 앤 54
스쿠갈, 헨리 89
스타우트, 해리 56

스탠리, 브라이언 260
스턴스, 슈발 226
스테넷, 새무얼 340
스테펀, 제임스 310
스토다드, 솔로몬 86
스토트, 존 351
스톤, 바튼 263, 301
스튜어트, 고든 274
스틸, 앤 346
스트라이프, 패트릭 196
스트로브리지, 로버트 235
스트로브리지, 엘리자베스 235
스프라그, 윌리엄 100
스피노자, 베네딕트 63
시미온, 찰스 207, 240
시워드, 윌리엄 176
신학 문제로서의 전쟁 250
실즈, 리처드 223
심슨, 존 54, 179
싸이러스(남부 캐롤라이나 노예) 220
쎄닉, 존 111, 128
쏘튼, 존 244
쏘튼, 한나 311
쏘튼, 헨리 298, 304

ㅇ

아놀드, 곳프리드 76
아담, 토마스 91
아른트, 요한 73
아리우스주의 51-52, 54
아빌러브, 헨리 291

아이잭, 라이스 227
아일랜드 35-36, 38, 41, 52, 72, 111,
   115, 162, 181-182, 188
   아일랜드의 감리교인 41
   아일랜드의 모라비아 교인 111
   아일랜드의 장로교인 41, 52-53
아켐피스, 토마스 74
아프리카; 남아프리카; 서부 아프리카;
   아프리카계 미국인 115, 214,
   216-220
안톤(덴마크 궁정의 하인) 215
알미니안주의 56, 179, 332, 334-335
   알미니안주의와 웨슬리 형제 332-336
   알미니안주의와 플레처 196
알레인, 조셉 68, 354
알렉산더, 아치볼드 218
알렌, 리처드 241, 275, 299, 354
알리스트리, 리처드 97
알미니우스, 야콥 334
애나(안톤의 자매이자, 성 토마스의 노예)
   215
애스베리, 프랜시스 236, 253, 330
앤드류, 디 235
앤쏘니, 수재너 357
앨리, 메리 217
야우드 285
어빈, 클라이드 298
어스킨, 랄프 209
어스킨, 에브네저 136, 160
어스킨, 존 141, 144-145, 207, 247, 271
언론(보라, 잡지) 304
에드워즈, 새러 피에퐁 132

에드워즈, 에스더 229
에드워즈, 조나단 45, 56, 78, 86, 88,
   놀랄만한 회심 이야기 114, 137
   노샘프턴 부흥 259
   다른 저작들 286
   설교 115
   에드워즈와 노예 114
   영향 114-116
   지적 관심 136
   회심 115
에드워즈 조나단 2세 249, 308
에반스, 에이피온 51, 85, 93, 160, 205
에반스, 케일럽 232, 203
에반스, 휴 203
에식, 제임스 316
에퀴아노, 올라다 281-282, 307, 315
엠베리, 필립 235
엠브리, 애인슬리 283
엘리어트-빈스 154
엘리어트, 존 278
열광 47, 48, 67, 83, 89, 105
영 18, 45, 40, 302
옛빛파 161 223, 248
오글리쏘프, 제임스 102, 108
오누프, 피터 162
오브라이언, 수잔 더든 144, 148
오브라이언, 패트릭 181
오켈리, 제임스 270, 272, 273, 300
오튼, 잡 202
옥스퍼드대학의 신성클럽 101, 106
올리, 메어리 217
올린, 헨리 299, 321, 361

올킨 348
와이트, 조지 276
와츠, 아이잭 51, 72, 145, 200
    와츠의 찬송가 51
우드, 베티 214, 217, 266
우드, 스케빙튼 90 198
우드워드, 조시아 81
울스턴, 토마스 179
울프, 존 310
유니테리안주의 25, 248
워드 73
워버튼, 윌리엄 49
워커, 새뮤엘 153, 198
월쉬, 존 46, 61, 81, 156, 158, 173
월즈, 앤드류 214, 278, 283, 303
웨스터캄프, 메릴린 53
웨스트폴, 윌리엄 251
웨슬리, 새뮤엘 48, 80
웨슬리, 수재너 175
웨슬리, 존 175
    조지아의 존 웨슬리 105, 339
    존 웨슬리 사망 299
    존 웨슬리와 감리교 30, 83
    존 웨슬리와 노예제도 323
    존 웨슬리와 설교 166, 235
    존 웨슬리와 알미니안주의 149, 153, 201, 219, 359
    존 웨슬리와 전쟁 322-323
    존 웨슬리와 지적 관심사 320
    존 웨슬리의 영향 240
    존 웨슬리의 회심 119-121
웨슬리, 찰스 5, 17, 23, 31, 48, 80, 82, 89, 103, 107, 108, 117, 121, 126, 194, 196, 242, 253
    조지아의 찰스 웨슬리 101-103
    찰스 웨슬리 사망 253-254
    찰스 웨슬리와 감리교 156
    찰스 웨슬리와 설교 127
    찰스 웨슬리와 알미니안주의 184
    찰스 웨슬리의 찬송가 341, 342-346
    찰스 웨슬리의 회심 118, 119
웨슬리 친교회 236, 253
웨일즈 52
    웨일즈 감리교 204, 206
    웨일즈와 대니얼 로우랜드 98-100
    웨일즈와 호웰 해리스 106-107
    웨일즈의 종교 협회 160, 204-207
웨어, 베일리 353
웨어 부인 353, 354
웰스, 데이비드 30
웰치, 에드윈 196
웹, 토마스 235-236
위거, 존 223, 266, 302
위더스푼, 존 208, 262
윈쓰롭, 존 65
윌러, 레이첼 279
윌록, 엘리자 244
윌리암스, 로버트 236
윌리암스, 로저 44
윌리암스, 에릭 315
윌리암스, 윌리엄(조나단 에드워즈의 삼촌) 99, 110
윌리암스, 윌리엄(팬티실린)(시인겸 찬송가 작사가) 205

윌리암스, 존 206
윌리암스, 피터 207
윌버포스, 사라 311
윌버포스, 윌리엄 208, 247, 284
윗틀리, 필리스 218
응치카나(코사족 예언자-복음전도자) 284
인구 변화 180
인도 284-288, 297
인우드, 스테픈 38
일리스, 조셉 234
잉글랜드(또한 보라, 잉글랜드 국교회; 비국교도, 영어; 모라비아교도; 부흥) 46-52
잉글랜드 국교회(또한 보라, 고교회 잉글랜드 국교회인; 저교회 잉글랜드 국교도) 46-50, 79-80, 159
　　　잉글랜드 국교회 내의 복음주의자 46
　　　클랩햄 그룹 297, 339
　　　잉글랜드 국교회와 감리교 195
　　　잉글랜드 국교회주의(보라, 미국, 잉글랜드 국교회 안의 잉글랜드 국교도)62, 82, 89
잉험, 벤자민 101, 103, 114, 121

ㅈ

자라트, 데브로 234
자원자 조직 257, 316
자원자 협회 82, 241, 285, 303, 305
자유의지(또한 알미니안주의를 보라) 273, 276, 301, 333
잡지 143-148, 175

장로교인 213, 228, 233
　　　미국 장로교인 263
　　　스코틀랜드 장로교인 232, 303
　　　아일랜드 장로교인 41
　　　잉글랜드 장로교인 200
저교회 잉글랜드 국교도 234
저스터, 수잰 326
제1차 대각성운동 357
제2차 대각성운동 263
제임스 국왕 40, 58
제프리, 데이비드 라일 89
젠킨스, 게레인트 85
젠틀맨, 로버트 202
조지 국왕 전쟁 194, 231
조지, 데이비드 219, 282, 307
조지, 캐롤 275
조지, 티모씨 258
존스, 그리피쓰 98, 106, 145
존스, 데이비드 207
존스, 오웨인 85
존스, 투더 202
존슨, 리처드 284
존슨, 새무얼 234, 295
존슨, 커티스 304
중도 언약 66
지아, 존 276
진젠도르프, 니콜라스 루드비히 반 77
짜이스베르거, 데이비드 279

ㅊ

찬송가 73, 78 ,79 ,103, 151, 203, 245,

찰스 웨슬리의 찬송가 271, 340
아이잭 와츠의 찬송가 339, 341-344
찰머스, 토마스 248
천시, 찰스 160-162, 224
1812년 전쟁 242, 251
청교도주의 79
청교도 혁명 176, 272
7년 전쟁(보라, 프랑스-인디언 전쟁) 43, 194
침례교 선교협회(BMS) 240, 260, 281
침례교인 42-43, 52, 106, 220, 226-227
특별침례교인 203, 240, 257

ㅋ

카드, 메리 세비지 301
카신, 에드워드 134
칼빈주의 54, 69, 145, 148-149, 152, 157, 159, 197, 223-224, 228, 234, 237, 249-250, 332, 338, 348-350
칼빈주의와 에드워즈 334
칼빈주의와 휫필드 335
칼빈주의와 톱레이디 337
칼슨, 캐롤 229
캐나다 37, 39, 57, 169, 249, 251, 275
캐나다 해안지역 40, 167, 267, 361
퀘벡 43-44
캐니, 니콜라스 33
캠버스랭 29, 137-142, 146, 248, 321
캠벨, 소피아 217
캠벨, 알렉산더 301

캠벨, 테드 64
커리, 토마스 265
커크햄, 로버트 82
커클릭, 브루스 319
커틀러, 티모씨 18
케니, 마이클 301
케리, 윌리엄 240, 259, 286
케이브, 윌리엄 80
켄, 토마스 79
코놀리 242
코메니우스, 요하네스 아모스 83
코비, 모니카 358
코크, 토마스 239, 253, 267, 284, 286
코튼, 존 65
코퍼, 윌리엄 245
코피지, 알란 149
콘맨, 토마스 162
콘포티, 조셉 249
콜, 나탄 133
콜리, 린다 329
콜린스, 앤쏘니 49
콜린스, 케네쓰 195
콜터, 밀턴 87
콜린스, 패트릭 65
콜만, 벤자민 95, 97, 107
쿠리, 데이비드 알란 248
쿠퍼, 에제키엘 330, 356
쿠리, 로버트 254
쿡, 캡틴 제임스 277
쿡, 페이쓰 196
퀘이커교도 43-44
크랜츠, 데이비드 286

크럼패커, 로리 229
크로포드, 마이클 86
크롬웰, 올리버 65-67
크룩, 헨리 244
크리스천의 완전성(보라 완전성) 341, 350
크립스햄 203
클라겟, 마싸 352, 360
클라크 59, 179, 231
클라크, 새뮤얼 48, 51
클라크, 에이브람 284
클락슨, 토마스 314
클링, 데이비드 244
키블 69
킨친, 찰스 122
킬시쓰 138, 141, 147, 248
킬햄, 알렉산더 272, 277, 300

ㅌ

타이어맨, 루크 127
터너, 스티브 245
털리, 브라이언 320, 323
테넌트, 길버트 57, 78, 87, 90-91, 100, 110, 114, 126, 128, 133, 163, 228, 298
테넌트, 윌리엄 229
테이트, 고든 208
테일러, 댄 203, 331
테일러, 스테픈 46, 79, 179
테일러, 아담 331
테일러, 존 321

테일러, 찰스 62
테일러, 토마스 358, 360
테일러, 토마스 티 263
톨란드, 존 49
토마스, 조지 305
톨레이, 크리스토퍼 297
톰슨, 조지 91
톱레이디, 오거스터스 148, 337, 348-350
트레베카 97, 106, 197, 202, 205, 281
트레이시, 조셉 173-174
트린테루드, 레오나드 162, 228
티모씨, 피터 131
틴달, 매튜 49-50, 179
틸로트슨, 존 48

ㅍ

파슨스, 샐리 301
파이퍼, 존 245
패로넷, 에드워드 340
팽창
   상업적 팽창 183
   제국의 팽창 181
퍼킨스, 윌리엄 65
펌, 로버트 249
페인, 톰 272
팔리, 윌리엄 356
편지 주간 145
포드모어, 콜린 151
포세트, 아써 137
포스터 42

포스터, 스테폰 66
포인터, 리처드 44, 229, 279
포터, 로이 185
포르티우스 베일비 313
폴, 로버트 65
폴, 캐서린 327
폴라드, 아써 243
폴라, 존 310
폴린, 데이비드 48
풀러, 앤드류 240, 258, 271, 333
프라이스, 리처드 200
프라이스, 제이콥 181
프란시스, 에녹 51
프랑스 37, 39, 41, 43, 47, 58, 62, 177, 178, 194, 242, 284, 313, 315, 321, 322
프랑스-인디언 전쟁 42, 230-232, 235
프랑케, 아우구스트 헤르만 76, 89
프랭클린, 벤자민 56, 132
프레이, 실비아 217
프렐링하이센, 테어도르 87, 100
프리스틀리, 조셉 200
프린스, 토마스 178
프린스, 토마스 2세 146
플레처, 존 196, 197
피니, 찰스 그랜디슨 263
피링, 노먼 318
피셔, 에드워드 71
피아 데시데리아 (보라, 슈페너, 필립 야콥) 23
피어스, 이앤 67
피츠미어, 존 249, 293

피터스, 이언 111
피터스, 토마스 307
피트, 윌리엄(젊은) 312
피프스, 윌리엄 243
핀리, 새뮤엘 229
필리칸, 야로슬로프 62
필모어, 조셉 236
필처, 조지 윌리엄 42, 229, 346

ㅎ

하딩, 해리스 361
하버마스, 위르겐 305
하이첸레이터, 리처드 254
하지스, 그레이엄 러셀 276
하트, 레비 308
하트, 조셉 29
하프, 길리스 234
할데인, 로버트 241
할데인, 제임스 알렉산더 241, 255
할레 경건주의자 106, 144, 151, 279
할레 대학 76
할레비, 엘리 317
해리스, 호웰 30, 97, 100, 106, 110-111, 114-115, 125-128, 132, 145, 156, 160, 197, 205, 298
해스팅스, 워렌 277
해외복음전도협회(SPG) 233, 277
해인스, 레뮤엘 307
해저드, 폴 62
해치, 나싼 223, 261, 266, 271, 299, 300, 302, 331

색인 **399**

햄브릭-스토우, 찰스 70, 357
허비, 제임스 153, 335
허친슨, 마크 278
허친슨, 존 320
허친슨, 프란시스 54, 186, 319
허트슨, 제임스 265
헌팅든 백작부인 친교회(또한 보라, 헌팅든, 셀리나, 백작부인) 293, 299, 327, 336
헤이든, 로저 203
헤이든, 콜린 46
헤이만, 크리스틴 라이 266
헥, 바바라 러클 235
헴튼, 데이비드 169, 212, 266, 300, 302, 328
호넥, 앤쏘니 80, 83
호들리, 벤자민 47
호슬리, 리 254
호시어, 해리 275
호이스, 토마스 198, 244
호주 37, 241, 284, 285
호튼, 웨이드 279
호프스타터, 리처드 183
혼, 멜빌 287
홀, 로버트 257, 296
홀, 로버트 1세 258
홀, 로버트 2세 257
홀, 웨스틀리 122
홀리, 조셉 97
홀, 티모씨 165, 185
홉킨스, 새무얼 223, 249, 307, 357
환상 154, 274, 300, 331, 360

회복주의 94, 711, 239, 257, 294, 297
회심 87-91, 65-68, 71, 83-84, 86-87, 90, 98, 100-104, 111-117, 122, 125-128, 133-134, 137-138, 155-157, 165, 183, 188, 190, 196-198, 219, 224-225, 244, 281-283, 306-308, 357
  조지 휫필드의 회심 19
  존 뉴턴의 회심 244
  존 웨슬리의 회심 119-121
  찰스 웨슬리의 회심
  회심과 청교도주의 64-72
회중주의자 25, 42, 44, 222
  뉴잉글랜드 회중주의자 84, 131, 146, 159, 162, 223, 232, 249-250, 327
휫필드, 조지 292, 299, 335
  뉴잉글랜드의 조지 휫필드 18
  보스턴의 조지 휫필드 17, 131
  조지아의 조지 휫필드 135
  조지 휫필드 사망 237
  조지 휫필드와 노예제도 217-219
  조지 휫필드의 설교 135-143
  조지 휫필드의 영향 308
  조지 휫필드의 회심 96
흄, 데이비드 186, 210
히에르만, 요한 78
힌드마쉬, 브루스 8, 188, 246, 288, 370
힐, 미틀 107, 254
힐슨-스미쓰, 케네쓰 154, 247

복음주의 발흥
The Rise of Evangelicalism
: The Age of Edwards, Whitefield and the Wesleys

2012년 1월 30일 초판 발행
2020년 6월 30일 초판 2쇄 발행

지은이 | 마크 A. 놀
옮긴이 | 한성진
펴낸곳 | 사) 기독교문서선교회
등록 | 제16~25호(1980. 1. 18)
주소 | 서울시 서초구 방배동 983-2
전화 | 02) 586-8761~3(본사) 031) 923-8762~3(영업부)
팩스 | 02) 523-0131(본사) 031) 923-8761(영업부)
홈페이지 | www.clcbook.com
이메일 | clckor@gmail.com
온라인 | 기업은행 073-000308-04-020, 국민은행 043-01-0379-646
　　　　　예금주: 사) 기독교문서선교회

ISBN 978-89-341-1176-4 (93230)

* 낙장·파본은 교환해 드립니다.